मध्यकालीन कविता-1

एम.एच.डी.-23

For

Master of Arts [MA (Hindi)]

नए पाठ्यक्रम पर आधारित

CHOICE BASED CREDIT SYSTEM (CBCS)

Useful For

Delhi University (DU), IGNOU, Berhampur University (Odisha), University of Kashmir, Sambalpur University (Odisha), University of Kalyani (West Bengal), Gurukula Kangri Vishwavidyalaya (Uttarakhand), Himachal Pradesh University, Cooch Behar Panchanan Barma University (West Bengal), Ranchi University, and other Indian Universities

Closer to Nature We use Recycled Paper

GPH BOOK

गुल्लीबाबा पब्लिशिंग हाउस प्रा. लि.

आई.एस.ओ. 9001 एवं आई.एस.ओ. 14001 प्रमाणित कं.

Published by:
GullyBaba Publishing House Pvt. Ltd.

Regd. Office:	Branch Office:
2525/193, 1st Floor, Onkar Nagar-A, Tri Nagar, Delhi-110035 (From Kanhaiya Nagar Metro Station Towards Old Bus Stand) Ph. 011-27387998, 27384836, 27385249	1A/2A, 20, Hari Sadan, Ansari Road, Daryaganj New Delhi-110002 Ph. 011-23289034 011-45794768

E-mail: hello@gullybaba.com, Website: GullyBaba.com

New Edition

ISBN: 978-93-89601-97-8

Author: GullyBaba.Com Panel

Copyright© with Publisher

All rights are reserved. No part of this publication may be reproduced or stored in a retrieval system or transmitted in any form or by any means; electronic, mechanical, photocopying, recording or otherwise, without the written permission of the copyright holder.

Disclaimer: This book is based on syllabus of IGNOU. This is only a sample. The book/author/publisher does not impose any guarantee or claim for full marks or to be pass in exam. You are advised only to understand the contents with the help of this book and answer in your words.

Gullybaba Publishing House Pvt. Ltd. is not connected to any university/board/institution in any way.

All disputes with respect to this publication shall be subject to the jurisdiction of the Courts, Tribunals and Forums of New Delhi, India only.

FREE HOME DELIVERY of GPH Books

You can get GPH books by VPP/COD/Speed Post/Courier.
You can order books by Email/SMS/WhatsApp/Call.
For more details, visit gullybaba.com/faq-books.html

Note : Selling this book on any online platform like Amazon, Flipkart, Shopclues, Rediff, etc. without prior written permission of the publisher is prohibited and hence any sales by the SELLER will be termed as ILLEGAL SALE of GPH Books which will attract strict legal action against the offender.

प्रस्तावना

हिंदी साहित्य में और विशेषकर भक्ति साहित्य में कबीर का स्थान मूर्धन्य है। इस रूप में उनके विचारों एवं रचनाओं से अवगत होना साहित्य एवं दर्शन के किसी भी अध्येयता के लिए अहम है। प्रस्तुत पुस्तक इसी दिशा में किया गया प्रयास है।

जी.पी.एच. की ***"मध्यकालीन कविता–1 (एम.एच.डी.–23)"*** पुस्तक चार अध्यायों में विभक्त है। हिंदी साहित्य के इतिहास में भक्ति आंदोलन का व्यापक महत्त्व है। इस धार्मिक और साहित्यिक आंदोलन ने हिंदी साहित्य को कबीर, जायसी, मुल्ला दाऊद, तुलसी, सूर, मीरा और रसखान जैसे कवि दिए। इन कवियों की कविता का स्वर मानवतावादी है। अपने मानवतावादी दृष्टिकोण के कारण ही भक्त कवियों ने संकीर्ण मनोवृत्ति से ऊपर उठकर मानव जीवन को बेहतर बनाने के लिए जनता को प्रेरित किया। जाति–प्रथा, कर्मकांड और सामंती मनोवृत्ति का उन्होंने विरोध किया। इस अर्थ में भक्त कवियों की कविता प्रतिरोध की कविता है। भक्त कवियों ने भारतीय जनता में गहरा आत्मविश्वास जगाया। इस आत्मविश्वास ने ही जनता के आत्मबल को मजबूत बनाया।

प्रस्तुत पुस्तक की विषय–सामग्री के विस्तृत एवं जटिल उपबंधों को तर्कपूर्ण एवं संप्रभावी ढंग से संक्षेप में प्रस्तुत किया गया है। पुस्तक की भाषा उपयुक्त, सरल एवं प्रवाहपूर्ण रखने का प्रयत्न किया गया है। पुस्तक के प्रत्येक अध्याय के प्रारंभ में अध्याय की भूमिका दी गई है जिससे छात्रों को अध्याय को समझने में सरलता होगी।

हमारी पुस्तक की सबसे बड़ी और महत्त्वपूर्ण विशेषता यही है कि इसके अंतर्गत आपको सैम्पल तथा गेस पेपर दिए जाते हैं जो आपकी परीक्षा को न केवल सरल बनाते हैं बल्कि आपको परीक्षा में अच्छे अंक प्राप्त करने में भी सहायक होते हैं। पुस्तक में प्रश्न पत्रों के प्रारूप को आपके सामने बिल्कुल उसी प्रकार प्रस्तुत किया गया है जैसा आपके सामने परीक्षा केंद्र में प्रस्तुत होता है, जो आपको अपने आप में एक अलग प्रकार का आत्मविश्वास बढ़ाने में सहायक होगा।

आगामी संस्करण में आपके सुझावों को यथास्थान साभार सम्मिलित किया जाएगा। अतः अपने सुझाव निःसंकोच हमें हमारी **Email : feedback@gullybaba.com** पर या सीधे प्रकाशन के पते पर लिखें और हमें अपने सुझावों से अनुग्रहित करें।

प्रकाशक (GPH) अपने कार्यरत सहायकों व लेखकों का सहृदय आभार प्रकट करता है, जिनके सहयोग और प्रयासों के कारण ही इस पुस्तक का प्रकाशन संभव हो पाया है।

हम आपकी सफलता की कामना करते हैं।

अध्याय—1	मध्ययुगीनता की अवधारणा
1.	मध्ययुगीनता की अवधारणा : भक्तिकाल के संदर्भ में
2.	भक्तिकाव्य संबंधी विविध दृष्टिकोण
3.	भक्तिकाव्य की पारिभाषिक शब्दावली

अध्याय—2	मुल्ला दाऊद
4.	सूफी काव्य परंपरा और मुल्ला दाऊद
5.	'चंदायन' की कथावस्तु और भावाभिव्यक्ति
6.	'चंदायन' का भाषा-शिल्प

अध्याय—3	रविदास
7.	निर्गुण काव्य परंपरा और रविदास
8.	रविदास की भक्ति और सामाजिक चेतना
9.	रविदास की काव्य-भाषा और शिल्प

अध्याय–4	सूरदास
10.	कृष्णकाव्य परंपरा और सूरदास
11.	सूरदास के काव्य की अंतर्वस्तु
12.	सूरदास की काव्यभाषा और शिल्प

अध्याय–5	रसखान
13.	कृष्णभक्त कवि और रसखान
14.	रसखान की कविता में प्रेम और भक्ति
15.	रसखान की काव्य कला

विषय-सूची

1. मध्ययुगीनता की अवधारणा — 1
2. मुल्ला दाऊद — 45
3. रविदास — 89
4. सूरदास — 141
5. रसखान — 193

प्रश्न पत्र

(1) सैम्पल पेपर - I (हल सहित) — 231
(2) सैम्पल पेपर - II (हल सहित) — 233
(3) गेस पेपर-I — 235
(4) गेस पेपर-II — 237
(5) जून, 2020 (हल सहित) — 239
(6) दिसम्बर, 2020 (हल सहित) — 243

अध्याय 1

मध्ययुगीनता की अवधारणा

भूमिका

आचार्य हजारी प्रसाद द्विवेदी की दृष्टि से देखा जाए तो हिंदी साहित्य भारतीय इतिहास के मध्ययुग से प्रारंभ होता है और वह भी लगभग उत्तर मध्ययुगीन काल से। हिंदी साहित्य के इतिहास का आदिकाल भी भारतीय इतिहास के मध्यकाल का ही हिस्सा है। इसे ही भक्तिकाल कहा गया है। 'तेरहवी से अठारहवी शताब्दी' के भीतर ही भक्तिकाल आता है। भक्तिकाल में सूरदास, कबीरदास, तुलसीदास, मीरा, दादू और जायसी जैसे कवि हुए। जिनका हिंदी साहित्य में महत्त्वपूर्ण स्थान है। इसे शुक्ल जी ने पूर्व मध्यकाल की संज्ञा दी है। जहाँ तक भक्तिकाल के महत्त्व को समझने का प्रश्न है, इस कार्य का प्रारंभ भी भक्तिकाल में ही हो गया था। 'चौरासी वैष्णवों की वार्ता', 'दो सौ बावन वैष्णवों की वार्ता' और 'भक्तमाल' जैसे ग्रंथ हिंदी समाज के बीच भक्तिकाव्य की स्वीकृति के ऐतिहासिक दस्तावेज हैं। हिंदी के भक्तिकाव्य के अध्येयताओं के लिए उसमें प्रयुक्त पारिभाषिक शब्दावलियों की अत्यंत महत्त्वपूर्ण भूमिका है। इस युग की चारों प्रमुख धाराओं में अलग–अलग प्रकार की विशेष शब्दावलियाँ प्रयुक्त हुई हैं। कहीं–कहीं एक ही शब्द विभिन्न धाराओं में भिन्न–भिन्न अर्थ में प्रयुक्त हुए हैं, तो कहीं एक ही अर्थ में। भक्तिकाव्य में प्रयुक्त इन पारिभाषिक शब्दावलियों का मूल अर्थ क्या है और इन कवियों के काव्य में आकर ये शब्द किन अर्थों में प्रयुक्त हुए हैं इसका ज्ञान भक्तिकाव्य को संपूर्ण रूप से समझने के लिए नितांत आवश्यक है।

प्रश्न 1. भक्तिकाल के संदर्भ में मध्ययुगीनता की अवधारणा को स्पष्ट कीजिए।

अथवा

मध्ययुगीनता की धारणा को स्पष्ट कीजिए।

उत्तर— अवधारणा की दृष्टि से मध्ययुग और मध्ययुगीनता में अंतर है। मध्ययुग कालवाचक है, जबकि मध्ययुगीनता एक मनोवृत्ति और विचार दृष्टि है। कुछ विचारकों का मत है कि मध्ययुग का अर्थ आधुनिक काल से पहले का और प्राचीन काल के बाद का काल है। हालाँकि इस काल में भी कुछ ऐसी बातें हैं या हो सकती हैं जो प्राचीन काल में थीं या आधुनिक काल में भी हैं। आचार्य हजारी प्रसाद द्विवेदी ने विस्तार में मध्यकालीनता बोध का स्वरूप स्पष्ट किया है। उनका मत है कि 'मध्ययुग' या 'मध्यकाल' शब्द भारतीय भाषाओं में नया ही है। आजकल इस शब्द का प्रयोग एक ऐसे काल के अर्थ में होने लगा है, जिसमें सामूहिक रूप से मनुष्य "एक जबदी हुई स्तब्ध मनोवृत्ति" का शिकार हुआ दिखाई पड़ता है।

प्राचीन दार्शनिक ग्रंथों का अध्ययन करके उन्होंने विस्तार से इस 'स्तब्ध' और 'जबदी' हुई मनोवृत्ति का विश्लेषण किया है। प्राचीनकाल के विचारक मानते थे कि वे कुछ 'नया' कह रहे हैं। इसी तरह आधुनिक चिंतकों ने भी सृष्टि के रहस्यों की नई व्याख्या की। पुनर्जागरण काल के विचारक कहते थे, अरस्तू बहुत महान थे। उन्होंने कई मौलिक बातें कहीं थीं, परंतु यह तर्क पर्याप्त नहीं है कि 'अरस्तू ने ऐसा कहा था'। अर्थात् भारतीय हो या यूरोपीय, मध्ययुग के चिंतक, विचारक और लेखक मानते थे कि सारा ज्ञान, सारी बातें अतीत में कही जा चुकी हैं। अब हम कुछ भी नया कहने की स्थिति में नहीं हैं। हम सिर्फ प्राचीन ग्रंथों का अर्थ कर सकते हैं। उन्हें समझ और समझा सकते हैं। उनकी टीका कर सकते हैं या थोड़ा अच्छी तरह से कहा जाए तो 'शास्त्रों में संगति' बिठाने का काम कर सकते हैं। इससे अधिक कुछ करने को अब नहीं बचा है।

महाकवि तुलसीदास से इस मानसिकता को मिलाकर देखना चाहिए। तुलसीदास 'रामचरितमानस' की रचना करते हुए कहते हैं कि नाना पुराण निगमागमों में जो बातें कही हुई हैं, वे उनकी ही रचना कर रहे हैं। यहाँ तक कि कबीरदास भी अपनी 'आँखों देखी' का ही वर्णन कर रहे हैं। वे भी नई बात नहीं कह रहे हैं जो बातें जगत में हैं, उन्हीं बातों को कह रहे हैं। यह दृष्टिकोण इन दोनों कवियों को मध्ययुगीनता बोध के भीतर ही रखती है। हालाँकि कई मौलिक बातें भी उनके काव्य में देखी जा सकती हैं।

आधुनिकता और मध्ययुगीनता की तुलना करते हुए हम कह सकते हैं कि 'सप्रश्न दृष्टि' आधुनिकता है। आधुनिकता सारे मान्य सिद्धांतों, आप्तवचनों शास्त्रों और विचारों पर संदेह करते हुए उन्हें प्रश्नसूचक दृष्टि से देखती है, जबकि मध्ययुगीनता आप्तवचनों पर विश्वास करती है। जो है, वह सही है। शास्त्रों में जो कहा गया है, वे ऋषि वचन सत्य हैं। उन पर अविश्वास करना पाप है। यह विश्वास उन्हें मध्ययुगीन बनाता है। मध्यकाल का कोई कवि जब प्रश्न करता है, तब हम उस कवि को आधुनिक कहने लगते हैं। इस दृष्टि से कई बार कबीर हमें आधुनिक दिखाई पड़ते हैं।

जिन दो बातों पर प्राचीन से भारतीय दर्शन और चिंतन में सहमति बनी हुई है उनमें से एक है कर्मफल की धारणा और दूसरी है पुनर्जन्म की धारणा। मनुष्य जो कर्म करता है, उसे उसका फल जरूर मिलता है। यदि आज नहीं मिला तो कल अवश्य मिलेगा। कल नहीं मिला तो भविष्य में मिलेगा। इस जन्म में नहीं मिला तो अगले जन्म में मिलेगा। कई बार कष्टों का कुछ कारण समय में नहीं आता। तब उसे पूर्वजन्म के कर्मों के फल की संज्ञा दी जाती है।

मध्ययुग में पुनर्जन्म की इस धारणा के साथ यह मान्यता भी स्वीकृत थी कि 84 लाख योनियों में से मानव श्रेष्ठ है। इन सब योनियों में भटकते–भटकते अंत में जीव, नर देह को प्राप्त करता है। इस नर–देह में ही वह पुण्य कर सकता है। भगवान की भक्ति कर सकता है और अपनी मुक्ति के उपाय कर सकता है। इसलिए 'चौरासी अंगुल का शरीर' बहुत महत्त्वपूर्ण है। यह बात सगुण और निर्गुण दोनों कवि कहते हैं। नादान–नासमझ व्यक्ति को भक्तिकालीन कवि 'काम का कीड़ा' कहते हैं, जबकि रीतिकाल में वह 'रसिक' कहलाता है। जन्म–मरण के इस बंधन से मुक्ति ही भक्तिकाल के कवियों की परम कामना है।

मध्यकालीन जीवन स्तर सिर्फ चिंतन के स्तर पर ही निश्चित नहीं हुआ था, वरन् सामाजिक जीवन में भी वह व्यवस्थित हो चुका था। 'वर्णाश्रम व्यवस्था' ठीक–ठीक कब प्रारंभ हो गई थी, इसकी प्रामाणिक जानकारी प्राप्त नहीं है। इसी वर्ण–व्यवस्था के भीतर से जाति प्रथा विकसित होती गई। चार वर्ण हैं–ब्राह्मण, क्षत्रिय, वैश्य और शूद्र। इसी तरह सौ वर्ष के जीवन की कल्पना करते हुए चार आश्रम भी नियत कर लिए गए थे–ब्रह्मचर्य आश्रम, गृहस्थ आश्रम, वानप्रस्थ आश्रम और संन्यास आश्रम।

इस वर्णाश्रम और जाति प्रथा के दो सिद्धांत मान्य हो चुके थे। जिनमें से एक यह है कि कोई व्यक्ति सिर्फ अपनी जाति में ही विवाह कर सकता था। इस नियम का उल्लंघन करने पर समाज में वह दंड का भागी होता था। कई बार दूसरी जाति में विवाह होने पर, संतान उत्पन्न हो जाने पर उसे जाति से बहिष्कृत कर दिया जाता था। कालांतर में उसकी नई जाति बन जाती थी। वर्ण संकर जातियों को सम्मान नहीं मिल पाता था।

इस व्यवस्था में कालांतर में ढील सिर्फ इतनी दी गई कि विजातीय स्त्री–पुरुषों में रिश्ते तो हो सकते थे, परंतु विवाह नहीं हो सकता था। वर्णन और जाति संबंधी ये मान्यताएँ मध्यकाल में स्वीकृत थीं। दूसरे, वर्णाश्रम व्यवस्था के अनुसार कोई व्यक्ति अपने पेशे में परिवर्तन नहीं कर सकता था। इसी के साथ यह भी तय हुआ कि कोई दलित वेदों का अध्ययन नहीं कर सकता था। वेद पूजनीय ग्रंथ हैं और यदि किसी का मत अलग होता तो यह कहकर उसकी निंदा की जाती थी कि ये मान्यता वेद विरोधी है। इसी के साथ इस पूरे दौर में ऐसे अनेक मत सामने आए जो खुले तौर पर वेदों का विरोध करते थे। इस बात को वे नहीं मानते थे कि वेद प्रमाण हैं।

जैसा कि सर्वविदित है कि वेद चार हैं–ऋग्वेद, सामवेद, यजुर्वेद और अथर्ववेद। इसी तरह छ: वेदांग हैं। ये वेद तो नहीं हैं, किंतु वेद के अंग हैं। वेदों को समझने के लिए वेदांगों को अध्ययन किया जाना चाहिए। ये हैं–ध्वनि शास्त्र (शिक्षा), अनुष्ठान (कल्प), व्याकरण,

व्युत्पत्ति (निरुक्त), छंद और खगोलशास्त्र (ज्योतिष)। इसके अलावा ब्राह्मण ग्रंथ और 18 पुराण – ये सब वैदिक परंपरा में माने जाते हैं।

उत्तर वैदिक काल में भारत वर्ष में बौद्ध मत, नाथ संप्रदाय (जिनके नौ नाथ प्रसिद्ध हैं), सिद्ध (84 सिद्ध मान्य है), जैन धर्म, कापालिक, शाक्त, योग, सहज साधक आदि आते हैं। ये सब परंपराएँ उनके चिंतन की परिधि में ही बनी रहती हैं। सारे कवि, भक्त परमपिता परमेश्वर और स्वर्ग-नरक में विश्वास करते थे। देवता, मंदिर, उपासना, पूजा, तीर्थाटन या इन सबके द्वारा अलौकिक दुनिया में अपने लिए स्थान सुरक्षित करने के साधन थे। ऐसे बहुत कम विचारक थे जो इन मान्यताओं को सप्रश्न दृष्टि से देखते थे। जो एक मत नहीं मानता था, वह दूसरा मत मानता था। सबकी परिधि का अंतिम बिंदु अलौकिक सत्ता में विश्वास था। भक्तों में यह विश्वास कभी डिगता नहीं था। मीरा को कृष्ण के होने पर उनका विश्वास दृढ़ था, हालाँकि कभी कृष्ण उनको मिले नहीं।

उत्तर मध्यकाल में भी हिंदी साहित्य के इतिहास के पूर्व मध्यकाल की इन मान्यताओं को चुनौती नहीं दी गई थी। वे इन्हें मानकर चलते थे, परंतु उनके कर्म का बिंदु बदल गया था। रीतिकाल में पुरुषार्थों की श्रेणी में परिवर्तन हो गया था। अब 'शृंगार' को प्रमुखता दी जाने लगी। इस काल के कवियों के लिए वेद या धार्मिक ग्रंथ महत्त्वपूर्ण नहीं रह गए थे। वे त्याज्य नहीं थे, वे आदरणीय थे, परंतु थोड़ा दूर थे। उनके मतलब का ग्रंथ था वात्स्यायन का 'कामसूत्र'। इसलिए इस काल के कवियों ने शारीरिक आकर्षण पर, युवावस्था पर सबसे अधिक जोर दिया। जब बुढ़ापा आएगा तब भगवद् भक्ति भी कर लेंगे, अभी रसराज शृंगार रस का भोग करते हैं, यही जीवन का काम्य आनंद है।

रीतिकाल की शृंगारिकता सिर्फ हिंदी में ही नहीं थी, वरन् इसकी परंपरा संस्कृत से हिंदी में आई थी। संस्कृत का 'अलंकृत काव्य' इन कवियों का आदर्श था। इसका विवेचन करते हुए आचार्य हजारी प्रसाद द्विवेदी ने लिखा है, 'अलंकृत काव्य' श्रेणी की रचनाओं में कवि को अच्छी शिक्षा की जरूरत होती है। उसे अलंकारों का बहुत अच्छा ज्ञान होना चाहिए, कौन-सी बात ग्राम्य हो जाती है और कौन-सी शिष्ट, इस बात की जानकारी होनी चाहिए, उसे रसों और भावों की पहचान होनी चाहिए, अनेक प्रकार की ऋतुओं में प्रेमियों के मानसिक उतार-चढ़ाव की ठीक-ठीक जानकारी होनी चाहिए, व्याकरणसम्मत, किंतु सरस भाषा के नाड़ी-स्पंदन का अनुभव होना चाहिए, प्रेम, मिलन, विरह आदि की विभिन्न स्थितियों को चमत्कारपूर्ण ढंग से कहने की क्षमता होनी चाहिए, प्रेमी और प्रेमिकाओं की विभिन्न अवस्थाओं का सूक्ष्म परिचय होना चाहिए, विशिष्ट अवसरों के वस्त्रों-आभूषणों आदि की सही-सही जानकारी होनी चाहिए, साथ ही उसके लिए अन्यान्य शास्त्रों की भी यथासंभव अधिक-से-अधिक जानकारी अपेक्षित है। रीतिकाल के कवियों के भी देवता थे, परंतु वे कामदेव थे। वे पारंपरिक धार्मिक प्रणाली के विरोधी नहीं थे, परंतु उनकी रुचि बदल गई थी। इसलिए इनका साहित्य भी उस व्यापक मध्ययुगीनता के भीतर ही आता है। यह भाव परवर्ती संस्कृत काव्य से लेकर भक्तिकाल और रीतिकाल तक अबाध गति से प्रवाहित होते हुए देखा जा सकता है।

प्रश्न 2. भक्तिकाव्य में मध्ययुगीनता पर एक निबंध लिखिए।

अथवा

भक्तिकाव्य मध्ययुगीन साहित्य है, कैसे? तर्क सहित स्पष्ट कीजिए।

उत्तर— ऐसा स्पष्टतया देखा जा सकता है कि भक्तिकाव्य में जहाँ आधुनिक मूल्यों की अभिव्यक्ति हुई है, वहीं मध्यकालीन मूल्यों की भी अभिव्यक्ति हुई है। हिंदी आलोचकों ने मध्यकालीन कवियों में कई आधुनिक जीवन मूल्य खोज निकाले हैं। यदि मध्ययुगीनता की दृष्टि से देखा जाए तो मध्ययुग का सारा साहित्य पारलौकिक जीवन की चिंता से ओत–प्रोत है। सारे कवि इहलौकिक जीवन को महत्त्व नहीं देते। कबीर आदि निर्गुण संत भी इस जगत को माया ही मानते हैं। माया अर्थात् भ्रम। सगुण भक्त भी इसे भवसागर ही मानता है, जिसे पार करके उस परमपिता परमेश्वर से मिलन संभव है। सारे कवि प्रार्थना करते हैं, पुकारते हैं, आर्त्तनाद करते हैं। सभी कवियों में यह आर्त्तनाद गूँजता रहता है। हालाँकि किसी कवि ने इस तथ्य को रेखांकित नहीं किया है कि कभी उन्हें ईश्वर मिले थे। ईश्वर से मिलन होता भी है, तो वह सपने में होता है। जागते ही कवि पुनः उदास हो जाता है और पुनः विरह की पीड़ा व्याप्त हो जाती है।

अपने वर्तमान जीवन से इस काल का कवि असंतुष्ट है। वह उसमें परिवर्तन करना चाहता है। वह बेचैन है, लेकिन इस कवि के पास संपूर्ण समाज के सुधार की कोई योजना नहीं है। वे मानते हैं कि ये रिश्ते–नाते, यह सारा समाज मोह और माया में बँधा हुआ है। इसमें कोई सुधार नहीं हो सकता। इसलिए सबको सुधारने का प्रयास करना बेमानी है। उनका कहना था कि हे मेरे जीव! तुम अपने आपको सुधार लो। स्वयं ईश्वर मिलन की योजना बना लो।

इन कवियों का मानना है कि सब लोगों को सामूहिक रूप से ईश्वर मिलन के लिए ले जाना संभव नहीं है। इनमें से जो प्रयास करेगा, वह अपने कर्मों के अनुसार जन्म–मरण के बंधन से मुक्ति प्राप्त कर सकता है। किसन ने ऐसी मुक्ति पाई है या नहीं, इसे बारे में कवि के पास कई पौराणिक संदर्भ हैं। कवि उनका वर्णन करके अपने आपको आश्वस्त करता है। यह विश्वास तुलसीदास, सूरदास, मीरा, दादू और कबीर की कविताओं का प्राणतत्व है और यह प्राणतत्व मध्ययुगीनता का परिचायक है।

रामचरित मानस में तुलसीदास ने रामराज्य की परिकल्पना प्रस्तुत की है, जिसमें किसी व्यक्ति को दैहिक, भौतिक और दैविक किसी तरह के कष्ट होते ही नहीं। सब विधि निषेधानुसार जीवन जीते हैं। वर्णाश्रम धर्म का पालन करते हैं। भगवान की भक्ति करते हैं और प्रसन्न रहते हैं। यदि इस दृष्टि से देखा जाए तो रामराज भी अतीत का पुनरागमन है। जब राजा राम हुए थे, तब राम का जैसा राज्य था, वैसा राजा जब आएगा, तब प्रजा के कष्ट दूर होंगे। इस तरह तुलसीदास भी मध्ययुगीन चिंतकों की तरह इस निष्कर्ष पर पहुँचते हैं कि सर्वोत्तम अतीत में हो चुका है। अतीत का पुनरागमन भविष्य की सुखद कल्पना है। इस दृष्टि से भी भक्तिकाव्य को मध्ययुगीन की श्रेणी में रखना उचित होगा। भक्तिकाव्य के संदर्भ में मध्ययुगीनता की अवधारणा पर विभिन्न दृष्टिकोण निम्नलिखित हैं—

(1) आचार्य रामचंद्र शुक्ल का मत—हालाँकि भक्तिकाल की कविता की शक्ति का उद्घाटन आचार्य रामचंद्र शुक्ल ने किया है, किंतु वे भी इसे मुस्लिम अक्रांताओं से पीड़ित जनता की करुण पुकार मानते हैं। उनकी दृष्टि में भी यह प्रतिरोध का काव्य नहीं है। अंतिम निष्कर्ष में यह पराजय का काव्य है। उनके अनुसार "देश में मुसलमानों का राज्य प्रतिष्ठित हो जाने पर हिंदू–जनता के हृदय में गौरव, गर्व और उत्साह के लिए वह अवकाश न रह गया। उसके सामने ही उनके देव मंदिर गिराए जाते थे, देवमूर्तियाँ तोड़ी जाती थीं और पूज्य पुरुषों का अपमान होता था और वे कुछ भी नहीं कर सकते थे। ऐसी दशा में अपनी वीरता के गीत न तो वे गा ही सकते थे और न बिना लज्जित हुए सुन ही सकते थे। आगे चलकर जब मुस्लिम–साम्राज्य दूर तक स्थापित हो गया, तब परस्पर लड़ने वाले स्वतंत्र राज्य भी नहीं रह गए। इतने भारी राजनीतिक उलटफेर के कारण हिंदू जन समुदाय पर बहुत दिनों तक उदासी–सी छाई रही। अपने पौरुष से हताश जाति के लिए भगवान की भक्ति और करुणा की ओर ध्यान ले जाने के अतिरिक्त दूसरा मार्ग ही क्या था?" यद्यपि हजारी प्रसाद द्विवेदी ने उनके मत का पुरजोर खंडन किया था, लेकिन राजनीतिक परिस्थितियों का यह विश्लेषण कपोल–कल्पित नहीं था। हिंदी साहित्य इन परिस्थितियों के दबाव में तो था ही और शुक्ल जी के मत को पूर्णतः नकारना तर्कसंगत नहीं जान पड़ता।

(2) ऐतिहासिक परिप्रेक्ष्य—भारत में भक्ति काव्य की रचना के दौरान भारत पर मुस्लिम आक्रमण प्रारंभ हो चुके थे। आचार्य रामचंद्र शुक्ल के अनुसार भक्तिकाल का समय संवत् 1375 से 1700 तक था। इसे सन् में बदलने पर यह समय 1318 से 1643 ई. तक ठहरता है। 712 ई. में पहली बार मोहम्मद बिन कासिम ने सिंध पर विजय प्राप्त की थी। इसके बाद 1192 में मोहम्मद गौरी ने पृथ्वीराज चौहान को पराजित करके भारत में मुस्लिम साम्राज्य को स्थायित्व प्रदान किया। आरंभिक मुस्लिम शासकों का उद्देश्य इस्लाम का प्रचार और लूटपाट था। बाद में उन्होंने अपना ध्यान भारत पर शासन करने में लगाया।

भक्तिकाव्य के समय भारत पर गुलाम वंश का शासन रहा। फिरोज शाह तुगलक के समय मुल्ला दाऊद ने 'चंदायन' की रचना की। दिल्ली सल्तनत के बाद 20 अप्रैल 1526 को पानीपत की लड़ाई में बाबर ने सिकंदर लोदी को हराया और इस तरह मुगल शासन की नींव रखी।

कालखंड की दृष्टि से बलबन से लेकर जहाँगीर तक का काल भक्तिकाल के अंतर्गत आता है। इस दौरान भारत में राजनीतिक लूटपात और कत्लेआम आम बात थी। जनता भले ही मूकदर्शक थी, परंतु मुगल साम्राज्य की स्थापना से पहले भारतवर्ष राजनीतिक रूप से अस्थिर था। हालाँकि किसी भी कवि ने अपने समय के शासकों पर टिप्पणी नहीं की–न सकारात्मक, न नकारात्मक। परंतु उनकी तटस्थता सत्ता के पक्ष में तो नहीं ही मानी जा सकती। हाँ, सूफी कवियों ने अवश्य अपने जमाने के शासकों की तारीफ की। मुल्ला दाऊद ने फिरोज शाह तुगलक और जायसी ने शाहजहाँ की तारीफ की। शेष कवि तो उन्हें 'जाको मुख देखे दुःख ऊपजे' की श्रेणी में ही रखते थे। हालाँकि ऐसे कई किस्से प्रचलित हैं कि मुगल

बादशाहों से हिंदी कवियों का मिलना–जुलना होता रहता था, परंतु किसी कवि ने उनकी प्रशंसा में कुछ नहीं लिखा। इस कारण आचार्य रामचंद्र शुक्ल के मत से सहमत हुआ जा सकता है। इन कवियों के विषय धर्म, दर्शन और पौराणिक कथाएँ ही रहे। तात्कालिक जीवन यथार्थ से उन्होंने अपनी कविताओं को अलग ही रखा।

मुस्लिम साम्राज्य के दौर में भारत में बड़े पैमाने पर धर्मांतरण हुआ। आरंभिक मुस्लिम शासक ये शर्त रखा करते थे कि या तो इस्लाम कबूल कर लो या मरने के लिए तैयार हो जाओ। इस भय से कई लोगों ने इस्लाम कबूल कर लिया। बाद में यह व्यवहार बंद हो गया, लेकिन लोभ और लालच तथा सूफियों के प्रेम व्यवहार से धर्मांतरण की यह प्रक्रिया चलती रही। इस तरह हिंदी भाषी प्रांतों में भी मुस्लिम आबादी बन गई। यह मानना संभव नहीं है कि भक्त कवियों पर इनका कोई प्रभाव नहीं पड़ा होगा, हो सकता है कि यह प्रभाव प्रत्यक्ष न होकर परोक्ष रहा हो।

(3) सगुण मतवाद—सगुण और निर्गुण के रूप में भक्तिकाल में दोनों पद्धतियाँ प्रचलित थीं। आचार्य रामचंद्र शुक्ल ने भी दो प्रकार की भक्ति पद्धति का जिक्र किया है—"भक्तों के भी दो वर्ग थे। एक वर्ग तो भक्ति के प्राचीन स्वरूप को लेकर चला था, अर्थात् प्राचीन भागवत संप्रदाय के नवीन विकास का ही अनुयायी था और दूसरा विदेशी परंपरा का अनुयायी, लोक धर्म से उदासीन तथा समाज व्यवस्था और ज्ञान–विज्ञान का विरोधी।" आगे उन्होंने अपने मत को स्पष्ट करते हुए कहा कि "प्रथम वर्ग के प्राचीन परंपरा वाले भक्त वेदशास्त्र तत्वदर्शी आचार्यों द्वारा प्रवर्तित संप्रदायों के अनुयायी थे।" इसका तात्पर्य यह है कि सगुण मतवाद परंपरा से परिचालित भक्ति पद्धति के अनुयायी थे अर्थात् उनकी दृष्टि से सत्य, प्राचीन आचार्यों द्वारा अभिव्यक्त किया जा चुका था। उनका मानना था कि हमें अब उस परंपरा को चलाए रखना है। कुछ नया नहीं कहना है क्योंकि नया कहने का तात्पर्य उस परंपरा का विरोध करने के समान था।

इस प्राचीन मत का स्रोत खोजते हुए आचार्य हजारी प्रसाद द्विवेदी ने लिखा है कि "आज के हिंदू समाज में आज से दो हजार वर्ष पहले से लेकर हजार वर्ष पहले तक के हजार वर्षों में ग्रंथ लिखे गए, उनकी प्रामाणिकता में बाद में चलकर कभी कोई संदेह नहीं किया गया और उन्हें ही यथार्थ में हिंदू धर्म का मेरुदंड कह सकते हैं। मनु और याज्ञवल्क्य की स्मृतियाँ, सूर्यादि पाँचों सिद्धांत – ग्रंथ, चरक और सुश्रुत की संहिताएँ, न्यायादि छंदों, दर्शन–सूत्र प्रसिद्ध पुराण, रामायण और महाभारत के वर्तमान रूप, नाट्य–शास्त्र, पतंजलि का महाभाष्य आदि कोई भी प्रामाणिक माना जाने वाला ग्रंथ क्यों न हो, उसकी रचना, संकलन या रूप–प्राप्ति सन् ईसवी के दो–ढाई सौ वर्ष इधर–उधर की है। उसके बाद की चार–पाँच शताब्दियों तक इन ग्रंथों के निर्दिष्ट आदर्श का बहुत प्रचार होता रहा और इसी प्रचार–काल में संस्कृत साहित्य के अनमोल रत्नों का प्रादुर्भाव हुआ। अश्वघोष, कालिदास, भद्रबाहु, वराहमिहिर, ब्रह्मगुप्त, कुमारिल, शंकर, दिङ् नाथ, नागार्जुन आदि बड़े–बड़े आचार्यों ने इन शताब्दियों में उत्पन्न होकर भारतीय विचारधारा को अभिनव समृद्धि से समृद्ध किया।"

इस प्रकार निष्कर्ष यह निकलता है कि हिंदी साहित्य के आरंभ से पहले भारतीय चिंतन का मूल रूप स्थिर हो चुका था। बाद में आने वाले सभी चिंतक और विचारक इनके मतों को ही उद्धृत करते हैं या व्याख्या करते हैं या उनको उचित ठहराने के लिए तर्क देते हैं। इसीलिए बाद के परस्पर विरोधी दार्शनिक भी अपने मत की पुष्टि प्रस्थान त्रयी से करते हैं। जिसका अर्थ है बादरायण का ब्रह्मसूत्र उपनिषद और गीता। इसे द्विवेदी जी ने 'चिंता–पारतंत्र्य' की संज्ञा दी है, जो बाहरी आक्रमणों से नहीं वरन् स्वयं की रक्षात्मक प्रवृत्ति के कारण हुआ।

मध्ययुग की तुलना आधुनिक युग से करते हुए द्विवेदी जी ने लिखा है, "आधुनिक युग में यह विश्वास किया जाने लगा है कि साहित्यकार जब लिखता है तो उसके द्वारा कुछ बदलना चाहता है। वह अपने इर्द–गिर्द की परिस्थितियों में कुछ असुंदर या अशोभन देखता है और उसे सुंदर–शोभन में परिवर्तित करने के लिए व्याकुल हो उठता है। उसका उद्देश्य जैसा है–उसकी व्याख्या करना नहीं होता न यह होता है कि जो कुछ पुराने जमाने से कहा जाता आया है उसे दुहराए। यह सचेत परिवर्तनेच्छा आधुनिक युग की विशेषता बताई जाती है। इस दृष्टि से देखा जाए तो हमारे आलोच्यकाल के भक्ति–साहित्य में इस प्रकार की व्याकुलता प्रचुर मात्रा में मिलती है। फिर भी वह आधुनिक इसलिए नहीं कही जाती कि इसका अनुध्यात आदर्श परलोक में मनुष्य को मुक्त करना है। इसी लोक में, इसी मर्त्यजगत को सुंदर और शोभन के उद्देश्य से वह नहीं लिखा गया। भक्ति–साहित्य संसार के बाह्य रूप को यथास्थित छोड़कर व्यक्ति–मानव के चित्त में परिवर्तन लाने पर अधिक जोर देता है।"

(4) निर्गुण मतवाद–भक्ति काल की इस दूसरी परंपरा को भी आचार्य हजारी प्रसाद द्विवेदी भारतीय परंपरा ही मानते हैं। यह परंपरा स्मार्त हिंदू मत की विरोधी रही है। विशेष रूप से बौद्ध धर्म से अनुप्रामाणित यह विचार परंपरा निर्गुण मत को मानती है। जिस तरह वेद–पुराण को मानने वाली परंपरा अत्यंत प्राचीन काल से इस देश में प्रचलित है, उसी तरह वेद–विरोधी परंपरा भी अत्यंत प्राचीन से चल रही है। इनका अपना शास्त्र है। काया का महत्त्व, शब्द का महत्त्व, योग की आराधना, तंत्र का महत्त्व आदि बातें मुस्लिम प्रभाव से इस देश में नहीं आईं। इन कवियों और दार्शनिकों ने प्रचलित पारंपरिक हिंदू धर्म की कुछ बातों का जोरदार खंडन किया। इस खंडन के कारण कुछ लोग इनमें आधुनिकता के दर्शन करते हैं, जिसे द्विवेदी जी सही नहीं मानते और इस परंपरा को भी मध्ययुगीन की श्रेणी का रखते हैं।

इन बातों का निर्गुण कवियों ने निम्न प्रकार विरोध किया–

(क) ईश्वर किसी मूर्ति में नहीं रहते। अतः मूर्तिपूजा गलत है। ईश्वर तो मनुष्य के मन में रहता है। वह तो घटघट व्यापी है।

(ख) धर्म का बाह्याचार गलत है। पूजा–पाठ, तीर्थाटन, केश कटाना या इस तरह की बातें सब गलत हैं।

(ग) वर्णाश्रम धर्म सही नहीं है। सभी मनुष्य बराबर हैं। न कोई–हिंदू है न मुसलमान है। न कोई छोटा है न बड़ा। सभी समान हैं।

(घ) इस तरह ब्राह्मण श्रेष्ठ नहीं हैं। तुलसीदास ने उन्हें 'पृथ्वी का देवता' कहकर संबोधित किया है। निर्गुण परंपरा इस धारणा का खंडन करती है।

(ङ) वेद, शास्त्र, पुस्तक प्रमाण नहीं है, वरन् व्यक्ति का अपना अनुभव प्रमाण है, जब कबीर कहते हैं, "तुम कहते हो कागद के लिखे हुए के अनुसार, जबकि मैं आँखों देखी अर्थात् इंद्रिय बोधगम्य बातों के अनुसार कहता हूँ।"

ऊपर से देखने पर खंडन की सारे बातें आधुनिक लगती हैं इसलिए आधुनिक चिंतक कबीर, दादू आदि निर्गुण संतों को आधुनिक सिद्ध करते हैं। जबकि स्थिति इतनी सरल नहीं है। यह खंडन तो ठीक है, लेकिन वे मंडल क्या करते हैं? इसे भी देखा जाना चाहिए।

निर्गुण मतवादी कहते हैं कि यह संसार माया है। संसार के सारे नाते–रिश्ते झूठे हैं। जब मनुष्य मरता है तो कोई साथ नहीं जाता। वह अकेला ही जाता है। अतः कबीर इस संसार के परित्याग का उपदेश देते हैं। वे भी इस मर्त्य जगत को यथावत् छोड़कर परमपिता परमेश्वर की शरण में जाने का उपदेश देते हैं और यह सब बातें मध्ययुगीनता के भीतर ही आती है।

इसी क्रम में देखा जा सकता है कि मीरा की कविता में स्त्री की वेदना व्यक्त हुई है, लेकिन वह भी तो अलौकिक प्रियतम के ही प्रेम में व्याकुल है। यदि कबीर के चिंतन का गहन विश्लेषण किया जाए तो, दर्शन के स्तर पर कबीर वही बातें कहते हैं जो कबीर के पूर्ववर्ती नाथ और सिद्ध कह चुके हैं। गोरखनाथ और सरहपा की वाणी में ये सब विचार सूत्र रूप में मिल जाते हैं। इसके अलावा बौद्ध धर्म से जुड़े हुए विभिन्न संप्रदायों में ये बातें कहीं न कहीं मिल जाती हैं। इसलिए कबीर भी मौलिकता का दावा नहीं करते, न दादू ऐसा दावा करते हैं। कबीर के दर्शन और कविता के अध्ययन से इन बातों की पुष्टि हो सकती हैं। इसके अलावा निर्गुण और सगुण में, तुलसी और कबीर में बहुत सी बातों में सिर्फ मत–भिन्नता ही नहीं मिलती, मतैक्य भी मिलता है।

कबीर आदि की ज्ञानमार्गी शाखा के संबंध में "आचार्य रामचंद्र शुक्ल ने कहा है कि ज्ञानमार्गी शाखा भारतीय ब्रह्मज्ञान और योग साधना को लेकर तथा उसमें सूफियों के प्रेम तत्त्व को मिलाकर उपासना–क्षेत्र में अग्रसर हुई और सगुण के खंडन में उसी जोश के साथ तत्पर रही जिस जोश के साथ पैगंबरी मत बहुदेवोपासना और मूर्तिपूजा आदि के खंडन में रहते हैं।" शुक्ल जी इन ज्ञानमार्गियों की रचनाओं को साहित्यिक नहीं मानते। इसका कारण यह है कि "संस्कृत बुद्धि, संस्कृत हृदय और संस्कृत वाणी का वह विकास इस शाखा में नहीं पाया जाता जो शिक्षित समाज को अपनी ओर आकर्षित करता।" जो भी हो शुक्ल जी ने इनकी मौलिकता पर प्रश्न उठाया है कि इस तरह इनको भी मध्ययुगीन सिद्ध किया है। दरअसल इन कवियों के विचार कितने मौलिक हैं या कितने परंपरा से प्राप्त हैं, यह महत्त्वपूर्ण नहीं है। महत्त्वपूर्ण यह है कि ये विचार कितने वर्षों, शताब्दियों तक संत पैदा करते रहे और देश की पीड़ित–प्रताड़ित जनता को जीवनी शक्ति प्रदान करते रहे।

प्रेमाश्रयी सूफी शाखा निर्गुण मत की दूसरी शाखा है। शुक्ल जी के अनुसार ये गाथाएँ "वास्तव में साहित्य–कोटि के भीतर आती हैं। हालाँकि इन्होंने कल्पित प्रेम कहानियाँ लिखी हैं। इन साधक कवियों ने लौकिक प्रेम के बहाने उसा 'प्रेमतत्व' का आभास दिया है जो प्रियतम ईश्वर से मिलाने वाला है। इन प्रेम कहानियों का विषय तो वही साधारण होता है अर्थात् किसी

राजकुमार का किसी राजकुमारी के अलौकिक सौंदर्य की बात सुनकर उसके प्रेम में पागल होना और घरबार छोड़कर निकल पड़ना तथा अनेक कष्ट और आपत्तियाँ झेलकर अंत में उस राजकुमारी को प्राप्त करना। पर 'प्रेम की पीर' की जो व्यंजना होती है वह ऐसे विश्वव्यापक रूप में होती है कि वह प्रेम इस लोक से परे दिखाई देता है।"

अपनी कथाओं में कवि सूफी हिंदू घरों में प्रचलित कहानियाँ चुनते हैं और सरग, पाताल सब भारतीय प्रतीकों से अपनी बात कहते हैं। इनमें योगी, साधु, सिद्ध सब आते हैं। इन प्रतीकों के द्वारा वे अपनी कथाओं से इस्लाम का संदेश देते हैं। ये कथाएँ लौकिक प्रेम कथाएँ नहीं हैं। मुल्ला दाऊद की रचनाओं में चाँदा का सौंदर्य खुदा के सौंदर्य को व्यक्त करता है। इस धार्मिकता के कारण ये कहानियाँ भी अंततः मध्ययुगीन की श्रेणी में ही रखी जाएगी।

प्रश्न 3. काल विभाजन की परंपरा बताते हुए पूर्व मध्ययुग का समय निर्धारित कीजिए।

उत्तर– ऐसा माना जाता है कि काल का प्रवाह कभी नहीं रुकता, यह निरंतर एवं अनंत है। इस निरंतर प्रवाहमान काल को समझने के लिए इसके खंड करने की जरूरत पड़ती है। प्रकृति ने काल के विभाजन का आधार दिया है। प्रकृति में सुबह होती है, दोपहर होती है, शाम होती है और फिर रात हो जाती है। रात और दिन के चक्र के साथ ऋतुओं का क्रम भी चलता है। सर्दी, गर्मी और बरसात का यह क्रम साल भर चलता है। इस तरह एक दिन और एक वर्ष का यह चक्र प्रकृति ने निश्चित कर रखा है। इसी आधार पर संपूर्ण काल का विभाजन किया जाता है।

काल का प्राथमिक विभाजन अतीत और सतत् वर्तमान के बीच में हुआ। यह चेतना सबसे पहले विकसित हुई। उसके बाद व्यवस्थित रूप से जब काल का विभाजन हुआ, वह इस रूप में हुआ–अतीत, वर्तमान और भविष्य। यदि मध्यकाल की दृष्टि से इसे कहना चाहें तो इस रूप में भी कह सकते हैं–प्राचीनकाल, मध्यकाल और आधुनिक काल, दरअसल मध्यकाल की धारणा आधुनिक काल के अस्तित्व में आने के बाद सामने आई। आधुनिक काल के बाद विचारकों की समझ में आया कि अतीत के दो भाग हैं–एक प्राचीनकाल और दूसरा मध्यकाल। वर्तमान काल आधुनिक काल है, जो इन पूर्ववर्ती दोनों कालों से भिन्न हैं।

प्राचीन भारतीय दर्शन में मध्यकाल की कोई अवधारणा नहीं थी। यह अवधारणा पश्चिम से आई है, जिसका एक निश्चित अर्थ और संदर्भ है। भारतीय चिंतन में सतयुग, त्रेतायुग, द्वापरयुग और कलियुग ही मान्य हैं। इन कालों को भारतीय चिंतक पतनोन्मुख कालों के रूप में देखते हैं। काल की यह चक्राकार धारणा है, कलियुग के समाप्त होने के बाद पुनः सतयुग का आगमन होगा, ऐसा विश्वास किया जाता है। आचार्य हजारीप्रसाद द्विवेदी ने सन् 1965 में भारतीय पंचांगों की गणना के अनुसार बताया कि 'कलियुग के 5066 वर्ष बीत चुके हैं।' इसके प्रारंभ के विषय पर दार्शनिकों में थोड़ा–बहुत मतभेद है, परंतु कुछ लोग मानते हैं कि 'महाभारत युद्ध के अंत में, कुछ श्रीकृष्ण के तिरोभाव के बाद और कुछ द्रौपदी के तिरोभाव के

बाद कलियुग का आरंभ' (हजारी प्रसाद द्विवेदी) मानते हैं। इस दृष्टि से देखें तो मध्यकाल का समय इसी कलियुग के बीच का ही समय है। हालाँकि आधुनिक युग भी दरअसल कलियुग ही है।

जहाँ तक यूरोपीय इतिहास का प्रश्न है, यूरोपीय इतिहास में मध्यकाल का समय रोमन साम्राज्य के पतन से कुस्तुनतुनिया पर तुर्कों के अधिकार (सन् 1453 ई. तक) तक का काल है। इसके बाद इटली का पुनर्जागरण होता है और धीरे–धीरे यूरोप आधुनिक काल में प्रवेश कर लेता है।

इस कालखंड की दृष्टि से देखा जाए तो भारतीय इतिहास में यूरोप के समानांतर मध्यकाल मानने में दिक्कत हो सकती है। आचार्य हजारी प्रसाद द्विवेदी ने भारतीय इतिहास में मध्ययुग के कालखंड पर विचार करते हुए लिखा है कि "आधुनिक विद्वान आठवीं शताब्दी को भारतीय साहित्य के स्वर्णयुग की अंतिम सीमा मानते हैं। हमने देखा है कि कलिकाल के जमकर बैठने का काल भी लगभग यही है। इसलिए मेरा सुझाव है कि यहीं से भारतीय साहित्य के स्वतंत्र चिंतन ह्रास का काल माना जाए और इस काल का सीमांत अठारहवीं शताब्दी तक स्वीकार किया जाए। यहीं से भारतीय साहित्य का टीका–युग शुरू होता है। इसे ही आधुनिक पारिभाषित शब्दावली में मध्ययुग या मध्यकाल कहा जाना चाहिए। फिर इस लंबे काल के भी दो हिस्से हैं। आठवीं शताब्दी का काल पूर्व–मध्य युग है और तेरहवीं से अठाहरवीं शताब्दी तक का काल उत्तर–मध्ययुग।"

भारतीय इतिहास में प्राचीन काल में हिंदू राजाओं का शासन था। इसके बाद मध्यकाल में मुस्लिम शासकों का साम्राज्य था और आधुनिक काल के प्रारंभिक वर्षों में अंग्रेजों का राज था। अतः कुछ लोग इसे हिंदू राज, मुस्लिम शासन और ईसाई शासन के रूप में भी देखते हैं। इस तरह भारतीय इतिहास की व्याख्या भी यूरोपीय व्याख्या के अनुरूप होने लगी। यूरोप में प्राचीन युग यूनानी–रोमन साम्राज्य का था, बाद में मध्यकाल अंधकार युग कहलाया। इसके बाद पुनः इटली के पुनर्जागरण से आधुनिक युग का प्रारंभ हुआ जो अब उत्तर–आधुनिक काल तक चला आया है।

इसी के साथ मार्क्सवादी चिंतकों ने भी इतिहास का विभाजन किया है। मार्क्स के अनुसार सबसे पहले आदिम साम्यवाद, फिर सामंतवाद, सामंतवाद के पतन के बाद पूँजीवाद, फिर समाजवाद और अंततः साम्यवाद, जिसमें वर्गविहीन और राज्यविहीन समाज स्थापित हो जाएगा। मार्क्सवाद को यदि मध्यकाल की दृष्टि से देखा जाए तो सामंतवाद का समय मध्ययुग का समय माना जाएगा तथा आधुनिकता का काल पूँजीवाद का काल है। इस पूँजीवाद का भी विकसित रूप साम्राज्यवाद है। इस तरह समानांतर रूप से सभी काल विभाजन अपने–अपने ढंग से मध्ययुग की व्याख्या करते हैं। जी.पी.एच. की पुस्तकों का मुख्य उद्देश्य ज्ञान के साथ–साथ अच्छे नम्बर दिलाना है।

प्रश्न 4. 'मध्ययुगीन होते हुए भी भक्तिकाल हिंदी साहित्य का श्रेष्ठ काल है।' इस कथन के संदर्भ में भक्तिकाव्य के महत्त्व को स्पष्ट कीजिए।

उत्तर— हिंदी साहित्य के भक्तिकालीन समय को साहित्यिक क्षेत्र का स्वर्ण युग माना जाता है। भक्तिकाल निस्संदेह हिंदी साहित्य का स्वर्ण युग है। इस काल का साहित्य अपने पूर्ववर्ती साहित्य एवं परवर्ती साहित्य से निश्चित रूप में उत्कृष्ट है। भक्तिकाल से पूर्व हिंदी के आदिकाल अथवा वीरगाथा काल में कविता वीर और शृंगार–सर प्रधान थी, जीवन की अन्य दशाओं और क्षेत्रों की ओर कवियों का ध्यान गया ही नहीं। इस काल के चारण कवि राज्याश्रित थे और उनकी कविता अपने आश्रयदाता राजाओं की प्रशस्तिमात्र थी। सर्वोपरि इस काल के साहित्य की प्रामाणिकता भी संदिग्ध है। भक्तिकाल के उत्तरवर्ती साहित्य में रीतियुक्त अथवा शृंगार–प्रधान कविता का बोलबाला रहा है। इस काल की कविता में भी जीवन की स्वस्थ प्रेरणाएँ नहीं रहीं एकमात्र शृंगार की ही इस युग में प्रधानता है और उसमें भी अश्लीलता अधिक है। वस्तुतः रीतिकालीन कविता 'स्वांतः सुखाय' अथवा 'जनहिताय' न होकर 'सामंत सुखाय' है। आधुनिक काल का साहित्य अपनी व्यापकता एवं विविधता की दृष्टि से भक्तिकाल से आगे निकल जाता है। विशेषकर गद्य–साहित्य का विकास जितना आधुनिक युग में हुआ, उतना भक्तिकाल में नहीं। इसके विपरीत भक्तिकाल में गद्य का प्रायः अभाव सा ही रहा है परंतु अनुभूति की गहराई एवं भाव–प्रवणता के क्षेत्र में आधुनिक युग का साहित्य भक्तिकाल के साहित्य की समकक्षता में नहीं रखा जा सकता।

भक्तिकालीन साहित्य को हिंदी साहित्य का स्वर्ण युग माना गया है। इस संदर्भ में अधिकांश विद्वानों का एक मत है। इस संदर्भ में कुछ मत उल्लेखनीय हैं—

बाबू श्यामसुंदर दास का मत—भक्तिकाल में अनेक भक्त कवियों — कबीर, सूर, तुलसी, मीराबाई, रसखान आदि की वाणी (साहित्य) की सरिता अगाध रूप में बही है। डॉ. श्यामसुंदर दास के शब्दों में, 'जिस युग में कबीर, जायसी, तुलसी, सूर जैसे रससिद्ध कवियों और महात्माओं की दिव्य वाणी उनके अंतःकरणों से निकलकर देश के कोने–कोने में फैली थी, उसे साहित्य के इतिहास में सामान्यतः भक्तियुग कहते हैं। निश्चय ही वह हिंदी साहित्य का स्वर्ण युग था' इस संदर्भ में आगे लिखते हैं–'हिंदी–काव्य में से यदि वैष्णव कवियों के काव्य (भक्तिकाव्य) को निकाल दिया जाए तो जो बचेगा वह इतना हल्का होगा कि उस पर किसी प्रकार का गर्व न कर सकेंगे। लगभग दो सौ वर्षों की इस हृदय और मन की साधन के बल पर ही हिंदी अपना सिर प्रांतीय साहित्य के ऊपर उठाए हुए है। तुलसीदास, सूरदास, नंददास, मीरा, रसखान, हितहरिवंश, कबीर इनमें से किसी पर भी संसार का कोई साहित्य गर्व कर सकता है। हमारे पास ये सब हैं। ये वैष्णव कवि हिंदी भारती के कंठमाल हैं।'

आचार्य हजारी प्रसाद द्विवेदी—आचार्य हजारी प्रसाद द्विवेदी ने अपना मत स्पष्ट करते हुए लिखा है। "समूचे भारतीय इतिहास में ये अपने ढंग का अकेला साहित्य है। इसी का नाम भक्ति–साहित्य है। यह एक नई दुनिया है।"

भक्तिकालीन काव्य सर्वोत्तम काव्य के रूप में—अंग्रेजों का मानना है कि 'यदि हमारे सम्मुख एक ओर शेक्सपियर रखा जाए और दूसरी ओर विश्व का साम्राज्य, तो हम पहले शेक्सपियर को ही चुनेंगे।' हमारे यहाँ सूर, तुलसी, नंददास आदि कितने ही शेक्सपियर हुए हैं

जो भारती के कंठहार है। इस प्रकार हिंदी के समालोचकों ने एकमत से हिंदी साहित्य के भक्तिकाल को हिंदी का स्वर्ण युग माना है। यह काल हिंदी काव्य की चतुर्मुखी उन्नति का काल था। काव्य-सौष्ठव, समन्वयवाद, भारतीय-संस्कृति, भावपक्ष, कलापक्ष और संगीत आदि सभी दृष्टियों से भक्तिकाव्य सर्वोत्तम है। यह एक साथ हृदय, मन और आत्मा की तृप्ति करता है।

प्रश्न 5. आरंभिक हिंदी साहित्य के इतिहास ग्रंथों में भक्तिकाव्य की स्थिति की विवेचना कीजिए।

अथवा

भक्तिकाल के अध्ययन में हिंदी साहित्य के आरंभिक इतिहासकारों के योगदान का मूल्यांकन कीजिए।

उत्तर— आरंभिक हिंदी साहित्य के इतिहास ग्रंथों में भक्तिकाव्य की स्थिति को निम्न प्रकार से समझा जा सकता है—

(1) शिवसिंह सरोज (1877 ई.)—इस ग्रंथ में हिंदी साहित्य में कार्यरत कवियों और लेखकों की सूचनाओं को दर्ज करने का प्रारंभिक प्रयास हुआ है। इस ग्रंथ में जैसे अन्य कवियों का परिचय दिया गया है, वैसे ही भक्तिकाल के कवियों का भी परिचय दिया गया है। यह परिचय प्रशंसात्मक है तथा उस कवि विशेष तक सीमित है। परिचय से उस कवि के युग और अन्य प्रवृत्तियों की कोई विशेष जानकारी नहीं मिलती। ऐसा इसलिए है, क्योंकि शिवसिंह कोई इतिहास ग्रंथ नहीं लिख रहे थे, वरन् वे हिंदी के कवियों का परिचय दे रहे थे। इस दृष्टि से देखा जाए तो भक्तिकाल के महत्त्वपूर्ण कवियों का परिचय प्रदान करने का एक सार्थक प्रयास इस ग्रंथ में किया गया है।

(2) हिंदुई साहित्य का इतिहास—दो भागों में प्रकाशित यह ग्रंथ मार्सा द तासी द्वारा रचित है। पहला भाग सन् 1839 ई. में और दूसरा भाग 1847 ई. में प्रकाशित हुआ। इसका दूसरा परिवर्धित संस्करण 1870-71 में प्रकाशित हुआ। कालांतर में लक्ष्मीसागर वार्ष्णेय ने हिंदी साहित्य से संबंधित अंश को 'हिंदुई साहित्य के इतिहास' के नाम से प्रस्तुत किया। अपने ग्रंथ में कहीं-कहीं इतिहास का उपयोग तासी ने किया है।

भक्तिकाल के बारे में इस ग्रंथ में तासी ने कई महत्त्वपूर्ण टिप्पणियाँ की हैं। तासी ने तुलसीदास के 'रामायण' अर्थात् 'रामचरितमानस' का उल्लेख किया है, परंतु कोई टीका उपलब्ध न होने के कारण उन्होंने इस पर कोई टिप्पणी नहीं की। हालाँकि वे मानते हैं कि "हिंदी कवियों में सूरदास, तुलसीदास और केशवदास आधुनिक भारतवासियों के तीन प्रिय कवि" हैं।

तासी ने पहली बार भक्तिकाव्य की काव्य भाषा का प्रश्न उठाया। उन्होंने लिखा है, "जिस प्रकार यूरोप के ईसाई धर्म सुधारकों ने अपने मतों और धार्मिक उपदेशों के समर्थन के लिए जीवित भाषाएँ ग्रहण की, उसी प्रकार भारत में हिंदू और मुसलमान संप्रदायों के गुरुओं ने

अपने सिद्धांतों के प्रचार के लिए सामान्यतः हिंदुस्तानी का प्रयोग किया है। ऐसे गुरुओं में कबीर, नानक, दादू, वीरभान, बख्तावर और अंत में अभी हाल के मुसलमान सुधारकों में अहमद नामक एक सैय्यद हैं।" जिन भक्तकवियों की तासी ने अपने ग्रंथ में किंचित विस्तार से चर्चा की है – उनमें कबीर, केशवदास, तुलसीदास, दरियादास, दादू धन्ना, मंडन, रैदास, नानक, नाभाजी, पीपा, मीराबाई, सुंदरदास, सूर या सूरदास उल्लेखनीय है। इनमें भी तासी ने मीराबाई की चर्चा विस्तार से की है।

(3) वर्नाक्युलर लिटरेचर ऑफ हिंदुस्तान—इस ग्रंथ की रचना जॉर्ज अब्राह्म ग्रियर्सन ने सन् 1889 में अंग्रेजी में की। परवर्ती विचारकों ने इसे हिंदी साहित्य का प्रथम इतिहास कहा है। इसे हिंदी में डॉ. किशोरी लाल गुप्त ने 'हिंदी साहित्य का प्रथम इतिहास' शीर्षक से प्रस्तुत किया है। ग्रियर्सन ने खुले दिल से भक्तिकाल की और विशेष रूप से तुलसीदास की प्रशंसा की है। अब तक सूरदास का नाम तुलसीदास से पहले आता था लेकिन ग्रियर्सन ने स्थापित किया कि तुलसीदास सूरदास से बड़े कवि थे। यही क्रम बाद में आचार्य रामचंद्र शुक्ल ने भी बनाए रखा। अपने इस ग्रंथ में ग्रियर्सन ने भक्तिकाल पर पाँच अध्यायों में लिखा—

(क) पंद्रहवीं शती का धार्मिक पुनर्जागरण
(ख) मलिक मुहम्मद जायसी की प्रेम कविता
(ग) ब्रज का कृष्ण संप्रदाय
(घ) मुगल दरबार
(ङ) तुलसीदास

आगे आने वाले हिंदी आलोचक भक्तिकाल के उदय के बारे में ग्रियर्सन के विचारों से सहमत नहीं हैं, परंतु उनकी कुछ बातें आज भी मान्य हैं। कृष्णकाव्य परंपरा की दृष्टि से विद्यापति बहुत महत्त्वपूर्ण कवि हैं। ग्रियर्सन ने लिखा कि विद्यापति ठाकुर उस महान गीत परंपरा के प्रवर्तक थे, जो बाद में संपूर्ण बंगाल में फैल गई और उनका नाम आज तक कर्मनाशा से कलकत्ता तक प्रत्येक घर में सुपरिचित है। उनकी परंपरा का संबंध चंडीदास और जयदेव से भी जुड़ा हुआ है।

आचार्य हजारी प्रसाद द्विवेदी ने इन कवियों को सूरदास के साथ जोड़कर दिखाया है। इसी तरह ग्रियर्सन "पद्मावत के प्रशंसक थे। जायसी की यह रचना 'जनसाधारण की विशुद्ध बोलचाल की भाषा' में विरचित है।" आचार्य रामचंद शुक्ल ने आगे चलकर 'जायसी ग्रंथावली' का संपादन किया और उसकी लंबी भूमिका लिखी।

ग्रियर्सन ने लिखा कि तुलसीदास के बारे में उनका मत है कि भारत के इतिहास में तुलसीदास का महत्त्व जितना भी अधिक आँका जाता है वह ज्यादा नहीं है। भक्तिकाल के महत्त्व के बारे में ग्रियर्सन ने लिखा कि "हिंदुस्तान के लिए सचमुच सौभाग्य की बात है कि यह ऐसा है, क्योंकि इसने इस क्षेत्र को शैव धर्म की तांत्रिक अश्लीलता से बचा लिया है। रामानंद उत्तरी भारत के प्रारंभिक शिक्षक हैं, जिन्होंने उस दुर्भाग्य से इसे बचाया जो कि बंगाल के

ऊपर पड़ा। लेकिन तुलसीदास तो वह महान देवदूत हैं जो उनके सिद्धांत को पूर्व और पश्चिम ले गए तथा उसे स्थिर विश्वास में परिणत कर दिया।"

(4) मिश्रबंधु विनोद—तीन भाइयों गणेश बिहारी मिश्र, श्याम बिहारी मिश्र और शुकदेव बिहारी मिश्र द्वारा रचित 'मिश्रबंधु विनोद' के चतुर्थ संस्करण की भूमिका (संवत् 1993) के अनुसार इसका 'पहला संस्करण संवत 1970 में निकला था। सर्वप्रथम इस ग्रंथ में तीन खंड, 1953 पृष्ठ तथा 3757 कवियों और लेखकों के विवरण थे। इनमें से 3012 के कथन समालोचनाओं तथा चक्रों में थे और शेष 745 वर्तमान लेखकों की एक सूची मात्र दे दी गई थी। दूसरे संस्करण में चार खंड और 412, 569, 364 और 660 कुल 2005 पृष्ठ थे, जिनमें से 745 लेखकों की उपर्युक्त सूची निकाल डाली गई थी। कुल मिलाकर 4591 कवियों और लेखकों के विवरण समालोचनाओं तथा चक्रों में दिए गए थे। इसी तरह 'चौथा खंड', एक नवीन ग्रंथ है। इसकी प्रथमावृत्ति संवत 1991 में निकली। इसकी प्रायः समस्त सामग्री नवीन है अर्थात् अन्य ग्रंथों से न ली जाकर खोज द्वारा प्राप्त की गई है तथा इसकी कालावधि संवत 1945 से 1990 तक चलती है।

मिश्रबंधुओं ने चतुर्थ संस्करण की भूमिका में चार कवियों के छंदों का काव्यशास्त्रीय विश्लेषण किया है, जिनमें से एक तुलसीदास भक्तिकाव्य से आते हैं। इन छंदों का विश्लेषण उन्होंने छंद, अलंकार व रस की दृष्टि से किया है। मिश्रबंधु विनोद के अलावा मिश्रबंधुओं ने 'हिंदी–नवरत्न' (सन् 1910) पुस्तक लिखी। इसमें हिंदी के नौ (दरअसल दस) श्रेष्ठ कवियों की सूची दी और उनके साहित्यिक महत्त्व पर प्रकाश डाला। इस सूची में भक्तिकाल के तीन कवि शामिल किए गए हैं – गोस्वामी तुलसीदास जी, महात्मा सूरदास और महात्मा कबीरदास। हिंदी में इस ग्रंथ की बहुत चर्चा हुई। इस ग्रंथ से हिंदी में भक्ति और रीतिकाल की तुलना का स्वर भी सुनाई पड़ता है। मिश्रबंधुओं ने इस मान्यता को स्वीकार किया कि मूल्यांकन की दृष्टि से भक्तिकाव्य रीतिकाव्य से श्रेष्ठ है, उनकी श्रेष्ठता का कारण आध्यात्मिक है। हालाँकि आस्वाद की दृष्टि से रीतिकाव्य को आनंददायक माना गया है।

मिश्रबंधुओं ने भक्तिकाल के उदय के बारे में आचार्य रामचंद्र शुक्ल के मत से विपरीत मत दिया है। जहाँ शुक्ल जी का मत था कि भक्तिकाल का उदय मुस्लिम आक्रांताओं के कारण हुआ वहीं मिश्रबंधुओं ने लिखा, "यदि हमारा समाज निराशा के गर्त में पड़ा होता, तो पाँच सौ वर्षों के मुस्लिम शासन से हिंदुओं का नामो–निशान भी न रहा गया होता। जैसा कश्मीर में कई कारणों से हुआ। यों तो संहिता–काल के पीछे से धार्मिक निराशा का समावेश चला आता है, किंतु कोई वास्तविक नैराश्य मुसलमान–काल में नहीं आया। हमारे यहाँ राजकीय तथा शेष समाज की दो पृथक् संस्थाएँ थीं। सामाजिक संस्था राजकीय पतनोत्थान से अपना विशेष संबंध न समझती थी और न मुसलमानों के पूर्ववर्ती सात–आठ विजयिनी धाराओं ने वहाँ के राज मिटाकर भी समाज पर धार्मिक या सामाजिक हस्तक्षेप किया।"

इस्लाम ने हालाँकि आरंभ में बलपूर्वक धर्म की स्थापना का प्रयास किया था, लेकिन समाज ने अत्याचार सहन करके भी अपना मत नहीं बदला। "इस साढ़े तीन शताब्दियों के

लंबे, धार्मिक युद्ध में हानि सहकर, जजिया देकर, अपमान झेलकर, राज्य से उचित न्याय न पाकर एवं अनेकानेक अन्य कष्ट सहकर समाज अपने निश्चय पर डटा ही रहा और अंत में विजयी हुआ, जैसा आगे प्रकट होगा। इस युद्ध में हमारी अंगरक्षा हमारे ग्राम्य संगठन, जाति और संत शिक्षा ने की।"

ग्राम्शी से पूर्व ही मिश्रबंधुओं ने राज्य और नागरिक समाज के अलगाव की धारणा सामने रखी। हालाँकि वे इसे शास्त्रीय रूप नहीं दे पाए। दूसरे, उन्होंने कबीर आदि संतों के मुस्लिम प्रभाव के स्थान पर उन्हें इस्लाम से बचने का एक शक्तिशाली वैचारिक आधार स्वीकार किया। आचार्य हजारी प्रसाद द्विवेदी के चिंतन में मिश्रबंधुओं के इस मत का विकास आगे चलकर दिखाई देता है।

हालाँकि यह नोट करने की बात है कि आचार्य रामचंद्र शुक्ल से पूर्व भक्तिकाव्य की यह आलोचना, 'गुण–दोष विवेचन' तक ही सीमित थी, जिसमें मिश्रबंधु भी शामिल हैं।

प्रश्न 6. हिंदी साहित्य के इतिहास संबंधी आचार्य रामचंद्र शुक्ल तथा हजारी प्रसाद द्विवेदी द्वारा रचित ग्रंथों पर प्रकाश डालिए।

अथवा

भक्तिकाल के संदर्भ में आचार्य रामचंद्र शुक्ल की मान्यताओं का विश्लेषण कीजिए।

अथवा

भक्तिकाल के मूल्यांकन के संबंध में आचार्य रामचंद्र शुक्ल और हजारी प्रसाद द्विवेदी के मतों की तुलना कीजिए।

उत्तर– हिंदी साहित्य के इतिहास संबंधी आचार्य रामचंद्र शुक्ल तथा आचार्य हजारी प्रसाद द्विवेदी द्वारा रचित कुछ ग्रंथों का विवरण इस प्रकार है–

(1) आचार्य रामचंद्र शुक्ल–'हिंदी साहित्य का इतिहास' के अलावा आचार्य रामचंद्र शुक्ल ने 'गोस्वामी तुलसीदास', 'चिंतामणि' भाग 1 और भाग 2, 'रस मीमांसा' आदि पुस्तकें लिखीं। इसके अलावा उन्होंने 'भ्रमरगीत सार' और 'जायसी ग्रंथावली' का संपादन किया और इनकी विद्वत्तापूर्ण भूमिका लिखी। इस तरह से देखा जाए तो शास्त्र चिंतन के अलावा उन्होंने सिर्फ भक्त कवियों पर स्वतंत्र पुस्तकें लिखीं। इन पुस्तकों के अलोचनात्मक निष्कर्ष भले ही संपूर्ण साहित्य पर लागू होते हों, परंतु उन्होंने विश्लेषण की दृष्टि से केवल भक्तिकाव्य पर ही ध्यान केंद्रित किया।

हिंदी साहित्य का काल विभाजन करने के साथ–साथ शुक्ल जी ने भक्तिकाल के काव्य का भी विभाजन किया। भक्तिकाल का समय उन्होंने संवत् 1375–1700 (1318–1643 ई.) के बीच निर्धारित किया।

इसके बाद उन्होंने चार भाग किए–

(1) निर्गुणधारा	(क) ज्ञानाश्रयी शाखा
	(ख) प्रेममार्गी (सूफी) शाखा

(2) सगुणधारा (क) रामभक्ति शाखा
(ख) कृष्णभक्ति शाखा

शुक्ल जी ने इन धाराओं के एक–एक प्रतिनिधि कवि की पहचान की। ज्ञानाश्रयी शाखा के कबीर, प्रेममार्गी (सूफी) शाखा में जायसी, रामभक्ति शाखा में तुलसीदास और कृष्णभक्ति शाखा में सूरदास। इसके अलावा इन शाखाओं में जिन कवियों का नाम आता है वह इनके बाद आता है। इसी तरह से उन्होंने भक्तिकाल के तीन कवियों की 'त्रिवेणी' शीर्षक पुस्तक निकाली इसमें तुलसीदास, जायसी और सूरदास हैं। अब प्रश्न उठता है कि इसमें कबीर क्यों नहीं हैं? फिर यदि तीन कवियों को ही रखना होता तो इन तीनों में से किसे हटाते? शायद जायसी को क्योंकि भक्तिकाल में से सूर और तुलसी को हटाना मुश्किल है। संभवतः इसी कारण उन्होंने कबीर को इस श्रेणी से बाहर रखा।

काशी हिंदू विश्वविद्यालय के पाठ्यक्रम के लिए आचार्य रामचंद्र शुक्ल ने सूरदास के सूर सागर में से कुल 400 पद अलग से संकलित और संपादित किए – 'भ्रमरगीत सार' शीर्षक से। इसमें गोपियों द्वारा निर्गुण मत का खंडन किया गया है। शुक्ल जी की निर्गुण विरोधी मानसिकता से ये पद मेल खाते हैं। भारत के लगभग सभी विश्वविद्यालयों में आज भी यह सबसे स्वीकृत 'पाठ्य पुस्तक' है। भले ही सूरदास बाल लीला के, वात्सल्य रस के सर्वश्रेष्ठ कवि हों, लेकिन पाठ्यक्रम में इसी पुस्तक को समाविष्ट किया जाता है।

भ्रमरगीत के संबंध में शुक्ल जी ने लिखा, "भ्रूरगीत सूरसागर के भीतर का एक सार रत्न है। समग्र 'सूरसागर' का कोई अच्छा संस्करण न होने के कारण 'सूर' के हृदय से निकली हुई अपूर्व रसधारा के भीतर प्रवेश करने का श्रम कम ही उठाते हैं। मैंने सन् 1920 में भ्रमरगीत के अच्छे पद चुनकर इकट्ठे किए और उन्हें प्रकाशित करने का आयोजन किया।"

शुक्ल जी ने भूमिका में सूरदास के महत्त्व को स्थापित किया। हालाँकि आचार्य शुक्ल काव्यशास्त्र के विद्वान थे, पर उन्होंने रीतिकाल पर लिखा और आधुनिक काल पर भी लिखा। जिस पर भी लिखा मन लगाकर लिखा फिर भी उन्हें मुख्यतः भक्तिकाव्य के आलोचक मानें तो कोई अतिशयोक्ति नहीं होगी।

पूर्व मध्यकाल का सामान्य परिचय देते हुए शुक्ल जी ने लिखा, "देश में मुसलमानों का राज्य प्रतिष्ठित हो जाने पर हिंदू जनता के हृदय में गौरव, गर्व और उत्साह के लिए वह अवकाश न रह गया। उसके सामने ही उनके देवमंदिर गिराए जाते थे, देव मूर्तियाँ तोड़ी जाती थीं और पूज्य पुरुषों का अपमान होता था और वे कुछ नहीं कर सकते थे। ऐसी दशा में अपनी वीरता के गीत न तो वे गा ही सकते थे और न बिना लज्जित हुए सुन ही सकते थे। आगे चलकर जब मुस्लिम साम्राज्य दूर तक स्थापित हो गया तब परस्पर लड़ने वाले स्वतंत्र राज्य भी नहीं रह गए। इतने भारी राजनीतिक उलटफेर के पीछे हिंदू जनसमुदाय पर बहुत दिनों तक उदासी सी छायी रही। अपने पौरुष से हताश जाति के लिए भगवान की भक्ति और करुणा की ओर ध्यान ले जाने के अतिरिक्त दूसरा मार्ग ही क्या था?"

वज्रयानी सिद्ध योगी, नाथपंथी, कापालिक आदि में भी धर्म के स्वर उस काल में थे परंतु ये अशिक्षित जनता में लोकप्रिय थे। आचार्य शुल्क इनके प्रशंसक नहीं थे। इन लोगों ने अर्थ

शून्य बाहरी विधि–विधान, तीर्थाटन, पर्व स्नान आदि की निस्सारता का संस्कार फैलाने का कार्य किया था। इससे सच्ची धर्म भावना का ह्रास हो रहा था, जिसे भक्त कवियों ने संभाला।

ज्ञानाश्रयी शाखा के कवियों के बारे में शुक्ल जी की राय थी कि यह "शाखा भारतीय ब्रह्मज्ञान और योग–साधना को लेकर तथा उसमें सूफियों कें प्रेम तत्त्व को मिलाकर उपासना–क्षेत्र में अग्रसर हुई और सगुण के खंडन में उसी जोश के साथ तत्पर रही जिस जोश के साथ पैगंबरी मत बहुदेवोपासना और मूर्तिपूजा आदि के खंडन में रहते हैं। इस शाखा की रचनाएँ साहित्यिक नहीं है–फुटकल दोहों या पदों के रूप में हैं, जिनकी भाषा और शैली अधिकतर अव्यवस्थित और ऊटपटांग है। कबीर आदि दो–एक प्रतिभा संपन्न संतों को छोड़ दें औरों में ज्ञानमार्ग की सुनी सुनाई बातों का पिष्टपेषण तथा हठयोग की बातों के कुछ रूपक भद्दी तुकबंदियों में है। भक्ति रस में मग्न करने वाली सरसता भी बहुत कम पाई जाती है।" इसके आगे शुक्ल जी शिक्षित और अशिक्षित जनता में भेद करते हुए लिखते हैं कि "इस पंथ का प्रभाव शिष्ट और शिक्षित जनता पर नहीं पड़ा, क्योंकि उसके लिए न तो इस पंथ में कोई नई बात थी, न नया आकर्षण। संस्कृत बुद्धि, संस्कृत हृदय और संस्कृत वाणी का वह विकास इस शाखा में नहीं पाया जाता जो शिक्षित समाज को अपनी ओर आकर्षित करता।"

आचार्य शुक्ल ने कबीर और जायसी की तुलना करते हुए लिखा, कबीर ने अपनी झाड़–फटकार के द्वारा हिंदुओं और मुसलमानों का कट्टरपन दूर करने का जो प्रयत्न किया वह अधिकतर चिढ़ाने वाला सिद्ध हुआ, हृदय को स्पर्श करने वाला नहीं। मनुष्य–मनुष्य के बीच जो रागात्मक संबंध है वह उसके द्वारा व्यक्त न हुआ। अपने नित्य के जीवन में जिससे हृदय–साम्य का अनुभव मनुष्य कभी–कभी किया करता है, उसकी अभिव्यंजना उससे न हुई।

कुतुबन, जायसी आदि इन प्रेम–कहानी के कवियों ने प्रेम का शुद्ध मार्ग दिखाते हुए उन सामान्य जीवन दशाओं को सामने रखा जिनका मनुष्य मात्र के हृदय पर एक–सा प्रभाव दिखाई पड़ता है। हिंदू–हृदय और मुसलमान–हृदय को आमने–सामने करके अजनबीपन मिटाने वालों में इन्हीं का नाम लेना पड़ेगा। इन्होंने मुसलमान होकर हिंदुओं की कहानियाँ, हिंदुओं की ही बोली में पूरी सहृदयता से कहकर उनके जीवन की मर्मस्पर्शिनी अवस्थाओं के साथ अपने उदार हृदय का पूर्ण सामंजस्य दिखा दिया। कबीर ने केवल भिन्न प्रतीत होती हुई परोध सत्ता की एकता का आभास दिया था। प्रत्यक्ष जीवन की एकता का दृश्य सामने रखने की आवश्यकता भी थी। यह जायसी द्वारा पूरी हुई।

अपनी पुस्तक 'गोस्वामी तुलसीदास' में आचार्य शुक्ल ने भक्तिकाव्य संबंधी अपने विचारों को स्पष्ट रूप से लिखा है। उन्होंने भक्तों के दो वर्ग किए। एक वर्ग उन भक्तों का था जो 'भक्ति के प्राचीन स्वरूप' को लेकर चल रहा था। शुक्ल जी इन भक्तों के समर्थक थे। दूसरा वर्ग 'विदेशी परंपरा का अनुयायी' था। यह वर्ग शुक्ल जी की दृष्टि में लोकधर्म से उदासीन तथा समाज व्यवस्था और ज्ञान–विज्ञान का विरोधी था। फिर शुक्ल जी ने ज्ञान मार्ग, भक्ति मार्ग और योग मार्ग तीनों को अलग कर इनकी विशेषताएँ बताई तथा 'वेदशास्त्री, तत्वदर्शी आचार्यों द्वारा प्रवर्तित संप्रदायों' की भक्ति का समर्थन किया और शुक्ल जी के अनुसार यह कार्य कृष्णभक्ति और रामभक्ति के कवियों ने किया।

शुक्ल जी ने विस्तार से निर्गुण संप्रदाय पर सूफी पीरों और फकीरों के प्रभाव की चर्चा की है। यहाँ तक कि 'चैतन्य महाप्रभु में सूफियों की प्रवृत्तियाँ स्पष्ट लक्षित' होती है। इसी प्रवृत्ति को उन्होंने मीराबाई में भी लक्षित किया। मीराबाई भी 'लोक–लाज खोकर' अपने प्रियतम कृष्ण के प्रेम में मतवाली और विरह में व्याकुल रहा करती थीं।

तुलसीदास की लोक नीति और मर्यादावाद का विश्लेषण करते हुए शुक्ल जी ने लिखा है। "गोस्वामी जी के समाज का आदर्श वही है जिसका निरूपण वेद, पुराण, स्मृति आदि में है। अर्थात् वर्णाश्रम की पूर्ण प्रतिष्ठा।" उन्होंने समानता की आधुनिक धारणा का खंडन करते हुए लिखा है, "परिवार में जिस प्रकार ऊँची नीची श्रेणियाँ होती हैं उसी प्रकार शील, विद्या, बुद्धि, शक्ति आदि की विचित्रता से समाज में भी ऊँची–नीची श्रेणियाँ रहेंगी। कोई आचार्य होगा, कोई शिष्य, कोई राजा होगा कोई प्रजा, कोई अफसर होगा कोई मातहत, कोई सिपाही होगा, कोई सेनापति।

इसी प्रकरण में शुक्ल जी ने लेनिन की साम्यवादी व्यवस्था का विरोध किया। हालाँकि शुक्ल जी ने बराबर इस बात पर जोर दिया की वर्ण व्यवस्था में 'छोटी श्रेणी के लोग' हमेशा दुःख में ही रहे, यह वांछनीय नहीं है। सभी अपने कर्त्तव्यों का निर्वाह खुशी–खुशी करते रहे।

हालाँकि शुक्ल जी ने तुलसीदास में कुछ खटकने वाली बातें भी दिखाई हैं, लेकिन आमतौर से वे तुलसी की रचना को उचित ठहराने का तर्क देते हैं। यहाँ तक कि उन्होंने इन पंक्तियों के निहितार्थ की व्याख्या करते हुए तुलसी का बचाव निम्न व्याख्या करते हुए किया है–

पूजिय बिप्र सील गुन हीना, सूद्र न गुन गन ग्यान प्रवीना।

या

ढोल, गँवार, शुद्र, पशु, नारी, ये सब ताड़न के अधिकारी।।

शुक्ल जी के अनुसार इन पंक्तियों से "कुछ लोग चिढ़ते हैं। चिढ़ने का कारण है, 'ताड़न' शब्द जो ढोल शब्द के योग्य में आलंकारित चमत्कार उत्पन्न करने के लिए लाया गया है। 'स्त्री' का समावेश भी सुरुचि विरुद्ध लगता है पर उनको वैरागी समझकर उनकी बातों को उसी अर्थ में लिया जाना चाहिए।"

आचार्य शुक्ल हिंदी साहित्य में गोस्वामी जी का स्थान निर्धारित करते हुए 'सूर, सूर तुलसी ससी, उडुगन केशवदास' की धारणा का खंडन करते हैं। केशव बिहारी आदि रीतिकालीन कवियों को तो शुक्ल जी तुलसीदास से तुलना योग्य ही नहीं समझते। सिर्फ एक महात्मा हैं – जिनका नाम गोस्वामी जी के साथ लिया जा सकता है, वे हैं भक्तवर सूरदास जी। अंत में निष्कर्ष देते हुए शुक्ल जी कहते हैं कि "सबसे बड़ी विशेषता है उनकी प्रबंध पटुता जिसके बल से आज 'रामचरितमानस' हिंदी समझने वाली हिंदू जनता के जीवन का साथी रहा है।"

हालाँकि तुलसीदास को सूरदास से बड़ा सिद्ध करने के लिए उन्होंने साहित्य का नया सिद्धांत ही गढ़ डाला – 'लोकमंगल की साधनावस्था'। तुलसीदास लोकमंगल की साधनावस्था के कवि हैं, जबकि सूरदास लोकमंगल की सिद्धावस्था के कवि हैं। इसलिए तुलसीदास बड़े

कवि हैं। सूरदास में भी शुक्ल जी को भ्रमरगीत प्रकरण अधिक पसंद है, जिसमें सूरदास योगमत और निर्गुण मत का खंडन करते हैं। शुक्ल जी की भक्ति संबंधी धारणाओं के अनुकूल होने के कारण सूरदास की ये मान्यताएँ शुक्ल जी को रास आती हैं।

(2) आचार्य हजारी प्रसाद द्विवेदी–आचार्य हजारी प्रसाद द्विवेदी ने आचार्य रामचंद्र शुक्ल के बाद भक्तिकाव्य का विस्तृत विवेचन किया। 'हिंदी साहित्य का इतिहास' संबंधी पुस्तकों के अलावा उन्होंने सूरदास और कबीर पर स्वतंत्र पुस्तकें लिखीं तथा अनेक आलोचनात्मक निबंध लिखे। उन्होंने जो मत हमारे सामने रखा वह आचार्य रामचंद्र शुक्ल की मान्यताओं से भिन्न था।

अपनी पुस्तक 'हिंदी साहित्य की भूमिका' के प्रथम अध्याय के प्रथम पृष्ठ पर उन्होंने शुक्ल जी पर टिप्पणी करते हुए अपनी स्थापनाएँ रखी हैं। "दुर्भाग्यवश, हिंदी साहित्य के अध्ययन और लोक–चक्षु गोचर करने का भार जिन विद्वानों ने अपने ऊपर लिया है, वे भी हिंदी साहित्य का संबंध हिंदू जाति के साथ ही अधिक बतलाते हैं और इस प्रकार अनजान आदमी को दो ढंग से सोचने का मौका देते हैं – एक यह कि हिंदी साहत्य एक हतदर्प पराजित जाति की संपत्ति है, इसलिए उसका महत्त्व उस जाति के राजनीतिक उत्थान–पतन के साथ आंगिभाव से संबद्ध है और दूसरा यह कि ऐसा न भी हो तो भी वह एक निरंतर पतनशील जाति की चिंताओं का मूर्त प्रतीक है, जो अपने आपमें कोई विशेष महत्त्व नहीं रखता।" इन दोनों बातों का द्विवेदी जी खंडन करते हैं और जोर देकर स्थापित करते हैं कि "अगर इस्लाम नहीं आया होता तो भी यह साहित्य बारह आना वैसा ही होता, जैसा कि आज है।"

आचार्य हजारी प्रसाद द्विवेदी ने इस क्रम में हिंदी साहित्य को 'भारतीय चिंता का स्वाभाविक विकास' के रूप में देखा। आचार्य शुक्ल जिस वेद विहित भक्ति मार्ग का समर्थन करते हैं, वहीं द्विवेदी जी भक्ति मार्ग को यहीं तक सीमित नहीं रखते। भारतीय परंपरा का विश्लेषण करते हुए वे नाथ पंथ, बौद्ध धर्म, कौल, कापालिक आदि अन्य मान्यताओं को मानने वालों को भी भारतीय मानकर इनके योगदान पर बल देते हैं।

नामवर सिंह इस कारण आचार्य हजारी प्रसाद द्विवेदी को दूसरी परंपरा के आलोचक–विचारक मानते हैं। वे सिर्फ आर्य परंपरा को ही भारतीय नहीं मानते, सिर्फ वेद समर्थकों को ही भारतीय नहीं मानते, वरन् वेद विरोधी विचारकों को भी भारतीय मानकर उनका विवेचन करते हैं। इसलिए उन्होंने भक्तिकाल के कवियों में कबीर को चुना और कबीर पर गंभीर शोध–परक पुस्तक लिखी। द्विवेदी जी ने वेद विरोधी विचारों को अतिरिक्त बल के साथ हमारे सामने रखा है।

तुलसीदास आचार्य रामचंद्र शुक्ल के आदर्श कवि हैं, जबकि आचार्य हजारी प्रसाद द्विवेदी के आदर्श कवि कबीरदास हैं। उनके व्यक्तित्व को द्विवेदी जी सिर्फ तुलसीदास से तुलनीय मानते हैं। शुक्ल जी कबीर के विचारों से असहमत थे। यह असहमति उन्होंने अनेक स्थानों पर व्यक्त की है। संभवत वे इसी कारण कबीर की भाषा को अटपटी, सधुक्कड़ी, झाड़–फटकार वाली मानते हैं।

कबीर के चिंतन, समाज, इतिहास, पुराण का गंभीर अध्ययन करने के उपरांत द्विवेदी जी इस निष्कर्ष पर पहुँचे कि "भाषा पर कबीर का जबर्दस्त अधिकार था। वे वाणी के डिक्टेटर थे। जिस बात को उन्होंने जिस रूप में प्रकट करना चाहा है, उसे उसी रूप में भाषा के जरिए कहलवा लिया–बन गया है तो सीधे–सीधे, नहीं तो दरेरा देकर। भाषा कुछ कबीर के सामने लाचार–सी नजर आती है। उसमें मानो हिम्मत ही नहीं है कि इस लापरवाह फक्कड़ की किसी फरमाइश को नाहीं कर सके और अकह कहानी को रूप देकर मनोग्राही बना देने की तो जैसी ताकत कबीर की भाषा में है वैसी बहुत कम लेखकों में पाई जाती हैं।"

कबीर के व्यक्तित्व में ही भाषा की इस विशिष्टता का स्रोत है। कबीर के व्यक्तित्व में मस्ती है और उनका स्वभाव 'फक्कड़ाना' है। वे सब कुछ को झाड़–फटकार कर चल देने वाले अद्वितीय व्यक्ति हैं। वे जब व्यंग्य करते हैं तो "चोट खाने वाला केवल धूल झाड़कर चल देने के सिवा और कोई रास्ता नहीं पाता।" "कबीरदास एक जबर्दस्त क्रांतिकारी पुरुष थे।" ये शब्द कबीर के प्रति द्विवेदी जी के मनोभावों को प्रकट करते हैं।

'समकालीन हिंदी आलोचक और आलोचना' में प्रो. रामबक्ष ने आचार्य हजारी प्रसाद द्विवेदी की कबीर विषयक आलोचना पर टिप्पणी करते हुए लिखा है कि उनके आदर्श कवि कालिदास रहे हैं। कालिदास की सुकुमार रचनाओं के परम प्रशंसक आचार्य द्विवेदी के सामने कबीर की रचनाएँ आईं। वे उनके मस्तिष्क की आदत से, उनके सनातनी संस्कारों से टकराईं। यहाँ आचार्य द्विवेदी की संवेदनशीलता और उनकी ईमानदारी में टक्कर हुई। उनके लिए यह बहुत आसान रास्ता था कि संवेदनशील बने रहकर कबीर के मन (उनका ही एक हिस्सा) को काटकर अपने से अलग कर देते और सूर–काव्य की तारीफ के गीत गाते रहते। लेकिन उन्होंने आसान रास्ता नहीं चुना, कबीर की चुनौती को खुले मन से स्वीकार किया।

कबीर को पढ़ते समय उन्होंने अपने मन को अपने आपसे मुक्त करके छोड़ दिया। इस मन पर जो प्रभाव पड़ रहे थे, उन्हें पड़ने दिया, उनसे बचकर, उन्हें बीच में ही छोड़कर भागे नहीं, बल्कि सतर्क होकर (तटस्थ रहकर) अपने ही मन पर पड़े इन प्रभावों को समझने का प्रयास करने लगे। एक जगह पर इस प्रक्रिया को द्विवेदी जी ने 'आत्मानुप्रवेश' की संज्ञा दी है।

द्विवेदी ही इस तरह वे कबीर के भीतर घुसे और कबीर को अपने भीतर घुसने दिया। जब बाहर निकले तो कबीर का काव्यात्मक विश्लेषण मौजूद था। 'कबीर' में उन्होंने वहीं विशेषताएँ देखीं जो उनके मन पर पड़ी अर्थात् कबीर का व्यंग्य, उनकी चोट करने वाली दो–टूक भाषा, उनका फक्कड़पन, बेपरवाही, मौज और मस्ती का निराला रूप। इस 'कबीर' को समझने के लिए वे इतिहास, पुराण–लोकजीवन, भारतीय संस्कृति–समाज के विश्लेषण की तह में गए। कबीर ने यदि किसी पर सबसे ज्यादा चोट की है तो वह है स्वयं पंडित हजारी प्रसाद द्विवेदी और उनके संस्कार जिनके प्रभाव का विश्लेषण ही उनकी पुस्तक कबीर में देखने को मिलता है। उनकी इस रचना के बाद हिंदी आलोचना में कबीर साहित्य पर खूब बहस हुई।

जहाँ कुछ आलोचकों ने द्विवेदी जी का समर्थन किया वहीं डॉ. धर्मवीर ने दलित दृष्टि से आचार्य द्विवेदी को ब्राह्मणवादी संस्कारों से ग्रस्त पाया। इसी क्रम में आचार्य परशुराम चतुर्वेदी

ने संपूर्ण निर्गुण साहित्य की परंपरा में 'कबीर साहित्य की परख' नामक महत्त्वपूर्ण ग्रंथ लिखा। इसी तरह निर्गुण साहित्य का विशद विश्लेषण पीतांबर दत्त बड़थ्वाल ने भी प्रस्तुत किया।

प्रश्न 7. भक्तिकाव्य को डॉ. रामविलास शर्मा एवं गजानन माधव मुक्तिबोध ने किस तरह से समझा है? स्पष्ट कीजिए।

अथवा

प्रगतिशील दृष्टि से निम्नलिखित विद्वानों के कार्यों पर टिप्पणी लिखिए–

(i) रामविलास शर्मा

(ii) गजानन माधव मुक्तिबोध

उत्तर– (i) रामविलास शर्मा–भक्तिकाव्य की उत्पत्ति के बारे में डॉ. रामविलास शर्मा ने कुछ नई बातें कही हैं। एक तो उन्होंने कहा कि "संत साहित्य भारतीय जीवन की अपनी परिस्थितियों से पैदा हुआ था। उसका स्रोत बौद्ध धर्म या इस्लाम में या हिंदू धर्म में – ढूँढ़ना सही नहीं है। इन धर्मों का उस पर असर है लेकिन ये उसके मूल स्रोत नहीं हैं। मलिक मुहम्मद जायसी कुरान के भाष्यकार नहीं हैं, न कबीर और दादू पिटकाचार्य हैं न सूर और तुलसी वेद, गीता या मनुस्मृति के टीकाकार हैं।" इसी क्रम में उन्होंने कहा कि सबसे पहले यह देखने की आवश्यकता है कि 'संत साहित्य का सामाजिक आधार' क्या है? तभी हम इस साहित्य का मर्म समझ सकते हैं। भक्तिकाव्य को समझने का आधार सिर्फ धार्मिक नहीं हो सकता।

प्राचीन साहित्य के मूल्यांकन का आधार भी रामविलास शर्मा ने स्पष्ट किया है। "हम उसकी विषय–वस्तु और कलात्मक सौंदर्य को ऐतिहासिक दृष्टि से देखकर उसका उचित मूल्यांकन कर सकते हैं। हम उन तत्त्वों को पहचान सकते हैं जो प्राचीन काल के लिए उपयोगी थे, किंतु अब उपयोगी नहीं रह गए। हम उन तत्त्वों को परख सकते हैं, जो प्राचीन युग के लिए भी उपयोगी नहीं थे या उपयोगी थे तो कुछ शक्तिशाली लोगों के लिए ही थे और जिन्हें उस काल की ऐतिहासिक सीमा में देखते हुए प्रतिक्रियाबादी कहा जाएगा। जब हम विभिन्न मूल्यों के निर्माण में विभिन्न वर्गों की भूमिका देखते हैं, तब यह देखने में आता है कि किसी युग–विशेष में किसी वर्ग–विशेष की भूमिका प्रगतिशील थी या प्रतिक्रियावादी और उसके अनुरूप उस वर्ग द्वारा निर्मित मूल्य जनता के लिए उपयोगी थे अथवा हानिकर। विभिन्न वर्ग एक ही समाज व्यवस्था में रहने के कारण एक–दूसरे को प्रभावित करते हैं। उनकी वर्ग–संस्कृति को परखते हुए इस परस्पर प्रभाव को देखना होगा।"

रामविलास शर्मा मानते हैं कि उस दौर धर्म पर पुरोहितों का अधिकार था तथा भूमि पर सामंतों का अधिकार था। भक्तिकाल के कवियों ने पुरोहितों के इस वर्चस्व को तोड़ा और अब धर्म सबसे लिए सुलभ हो गया। यह अपने आप में कम महत्त्वपूर्ण बात नहीं है।

शर्मा जी का इस क्रम में मानना है कि यह साहित्य "लोक जागरण का साहित्य है।" उनका मत है कि भारत में सौदागरी पूँजीवाद के रूप में पूँजीवाद का प्रारंभ बारहवीं शताब्दी में हो जाता है। इसी कारण भारत में जाति का निर्माण, जातीय भाषाओं का विकास और जातीय साहित्य की रचना प्रारंभ हो गई थी।

इस दृष्टि से भक्तिकाल भारतीय इतिहास के मध्ययुग में नहीं आता, वरन् आधुनिक युग के अंतर्गत आता है। भक्तिकाल को लोक जागरण इसलिए कहा जाना चाहिए क्योंकि इसमें समस्त रीति मुक्त काव्य शामिल हो जाता है। लोक जागरण का अगला विकास "भारतेंदु हरिश्चंद्र से लेकर सूर्यकांत त्रिपाठी निराला तक का साहित्य है।"

भक्तिकाल की आलोचना मुख्य रूप से आचार्य रामचंद्र शुक्ल और आचार्य हजारी प्रसाद द्विवेदी के विरोध और समर्थन के इर्द–गिर्द घूमती रही है। 'दूसरी परंपरा की खोज' (नामवर सिंह) द्विवेदी जी के समर्थन में लिखी हुई है, जबकि 'लोक जागरण और हिंदी साहित्य' (रामविलास शर्मा) आचार्य शुक्ल के समर्थन में लिखी हुई है। विश्वनाथ त्रिपाठी ने भी रामविलास शर्मा का समर्थन अपनी पुस्तक 'लोकवादी तुलसी' में किया है।

निर्गुण कवियों के लिए हिंदी में प्रायः संत शब्द और सगुण कवियों के लिए भक्त शब्द प्रयुक्त होता रहा है। डॉ. रामविलास शर्मा संत और भक्त में यह भेद नहीं मानते। रांगेय राघव आदि कई दूसरे आलोचक तुलसीदास को सामंतवादी कवि मानते हैं, क्योंकि तुलसीदास वर्णाश्रम व्यवस्था के समर्थक रचनाकार हैं।

डॉ. रामविलास शर्मा इस मत के समर्थक नहीं हैं। उन्होंने विस्तार से तुलसी–साहित्य के सामंत विरोधी मूल्यों को उद्घाटित किया है। उनका मत है कि "दो तरह के लेखकों ने तुलसी साहित्य का मूल्यांकन बहुत आसान बना दिया है। पहली तरह के लेखक वे हैं जो समझते हैं कि तुलसीदास ने रामचरितमानस लिखकर इस्लाम के आक्रमण से हिंदू धर्म की रक्षा कर ली और राम, सीता आदि चरित्रों द्वारा हिंदू समाज और हिंदू संस्कृति के लिए अमर आदर्शों की प्रतिष्ठा कर दी। दूसरी तरह के आलोचक वे हैं जो समझते हैं कि तुलसीदास ने वर्णाश्रम धर्म को छिन्न–भिन्न होने के समय फिर ब्राह्मणवाद का समर्थन किया, नारी की पराधीनता आदर्श रूप में रखी और जनता को भक्ति रूपी अफीम की घूटी देकर सुला दिया।" डॉ. शर्मा ने अपने विश्लेषण के द्वारा आचार्य रामचंद्र शुक्ल की मान्यताओं को पुनः प्रतिष्ठित किया। विश्वनाथ त्रिपाठी ने अपने बारीक तर्कों से गोसवामी तुलसीदास, आचार्य रामचंद्र शुक्ल और डॉ. रामविलास शर्मा को मार्क्सवादी दृष्टि से उचित और न्यायप्रिय ठहराने का प्रयास किया।

(ii) गजानन माधव मुक्तिबोध–हालाँकि मुक्तिबोध ने भक्ति आंदोलन पर विस्तार से कुछ नहीं लिखा, सिर्फ एक लेख 'मध्ययुगीन भक्ति–आंदोलन का एक पहलू' में एक प्रश्न उठाया और उस पर विचार किया–"प्रश्न उठता है कि कबीर और निर्गुण पंथ के अन्य कवि तथा दक्षिण के कुछ महाराष्ट्रीय संत तुलसीदास जी की अपेक्षा अधिक आधुनिक क्यों लगते हैं?" जबकि समाज का धार्मिक रूप से कट्टर वर्ग आज भी तुलसीदास को इतना अपना कवि क्यों मान रहा है?

इस संदर्भ में मुक्तिबोध ने लक्षित किया कि निर्गुण संत आम तौर से नीची समझी जाने वाली जातियों से आए थे। उन कवियों में अपने जातीय अपमान की आवाज मुखरित हुई है। जबकि तुलसीदास सवर्ण समाज से आए थे। अतः थोड़े–बहुत सहमति–असहमति के बावजूद वे वर्णाश्रम धर्म के पक्ष में खड़े हो जाते हैं और यह प्रक्रिया नाथों और सिद्धों के समय से ही प्रारंभ हो गई थी।

उनके अनुसार "निर्गुण मत में निम्न जातीय धार्मिक जनवाद का पूरा जोर था। उसका क्रांतिकारी संदेश था, कृष्णभक्ति में वह बिल्कुल कम हो गया, किंतु फिर भी निम्न जातीय प्रभाव अभी भी पर्याप्त था। तुलसीदास ने भी निम्न जातीय भक्ति स्वीकार की, किंतु उसको अपना सामाजिक दायरा बतला दिया। निर्गुण मतवाद के जनोन्मुख रूप और उसकी क्रांतिकारी जातिवाद विरोधी भूमिका के विरुद्ध तुलसीदास जी ने पुराण मतवादी स्वरूप प्रस्तुत किया।" इस तरह कबीर से आरंभ हुआ यह आंदोलन तुलसीदास के काल में अपनी परिणति पर पहुँच गया और वर्णाश्रम धर्म की पुनः प्रतिष्ठा हो गई। इस तरह भक्ति आंदोलन का अवसान हो गया।

प्रश्न 8. संत काव्यधारा के प्रमुख पारिभाषिक शब्दों पर प्रकाश डालिए।

अथवा

निम्नलिखित पर टिप्पणियाँ लिखिए–

(i) बीजक

(ii) उलटवाँसी

(iii) नादबिंद (अनाहद नाद)

(iv) सुरति शब्दयोग (नादानुसंधान)

(v) नाडियाँ, कुंडलिनी शक्ति और चक्र

उत्तर– निर्गुण भक्तिधारा में ईश्वर को निर्गुण–निराकार माना गया। इसकी भी दो उपशाखाएँ थीं–ज्ञानमार्गी (संतकाव्य) काव्यधारा और प्रेममार्गी (सूफी काव्य)। ज्ञानमार्गी काव्यधारा को संतकाव्य भी कहा गया। संत काव्य का अर्थ है–संतों द्वारा रचा गया काव्य। सामान्यतः 'संत' शब्द का अर्थ होता है कोई भी सदाचारी पवित्रात्मा व्यक्ति। इसीलिए संत, साधु, महात्मा आदि शब्दों को पर्यायवाची मान लिया जाता है, लेकिन उनके अर्थ में अंतर है।

विशिष्ट अर्थ में संत उस व्यक्ति को कहते हैं जिसने सत्यरूप परमात्मा का साक्षात्कार कर लिया हो और जो पवित्र जीवन व्यतीत करते हुए निःस्वार्थ भाव से लोक कल्याण में रत रहता हो। संत का यह पारिभाषिक अर्थ कुछ व्यापक है। यह शब्द विकसित होते हुए एक और अर्थ में रूढ़ हो गया है। यह शब्द ज्ञानेश्वर इत्यादि उन निर्गुण भक्तों के लिए रूढ़ हो गया, जिन्होंने दक्षिण में विट्ठल अथवा वारकरी संप्रदाय का प्रचार किया। इनके साथ अनेक बातों में समानता होने के कारण कबीर आदि भक्त कवियों के लिए भी यह शब्द चल पड़ा। इसलिए हिंदी में जब 'संतकाव्य' कहा जाता है तो उसका अर्थ होता है–कबीर आदि निर्गुणोपासक ज्ञानमार्गी कवियों के द्वारा रचित काव्य। 'संतकाव्य' विशेष रूप से निर्गुण काव्य धारा के अर्थ का द्योतक है हालाँकि सगुणोपासक कवि भी स्वभाव से संत ही थे।

(1) निर्गुण राम–ईश्वर का स्वरूप भारतीय चिंतन धारा में विवाद का केंद्र रहा है। कहीं उसे निर्गुण कहा गया तो कहीं सगुण और कहीं उसे विरुद्ध धर्मयुक्त, उभयलिंगी भी कहा गया है। वेदांत के अनुसार ब्रह्म अपने आप में निर्गुण, निराकार, निर्विशेष और निरुपाधि ही है, परंतु

अविद्या या गलतफहमी के कारण, या उपासना के लिए उसमें उपाधियों या सीमाओं का आरोप करते हैं।

स्वयं कबीरदास के ब्रह्म संबंधी विचार से एकेश्वरवाद, विशिष्टाद्वैतवाद, अद्वैतवाद, द्वैताद्वैतविलक्षणवाद आदि कई परस्पर विरोध मतों का समर्थन हो सकता है पर इस विरोध का कारण कबीर के विचारों की अस्थिरता नहीं है बल्कि यह है कि वे भगवान को अनुभवैकगम्य और निखिलातीत तथा समस्त ऐश्वर्यों और विभूतियों का आधार समझते थे। कबीर के ब्रह्म विचार में एक बात स्पष्ट हे कि वे निर्गुण निराकार ब्रह्म के उपासक है। उनके राम, सत्व, तम और रज के त्रिगुण से परे गुणातीत हैं। ब्रह्म कर्त्ता है इसलिए वह कर्म के हाथ नहीं बिक सकता, तो वह अवतार कैसे हो सकता है। इसलिए कबीर के राम पुराण प्रतिपादित अवतार अथवा दशरथ के पुत्र नहीं हैं।

सगुण मत की केंद्रीय अवधारणा अवतारवाद है जिसके अनुसार ब्रह्म पृथ्वीलोक में अवतार ग्रहण कर नाना प्रकार के कर्म और लीलाएँ संपन्न करते हैं, दुष्टों का संहार करते हैं, दीनों की रक्षा करते हैं। पर कबीर के राम इस सब से परे हैं। वे न तो दशरथ के घर उतरे और न लंकेश का नाश करने वाले हैं। कबीर के निर्गुण ब्रह्म न तो देवकी की कोख से पैदा हुए, न यशोदा ने उन्हें गोद में खेलाया; न तो उन्होंने वामन होकर बलि को छला, न वेदोद्धार के लिए वराह रूप धारण कर धरती को अपने दाँतों पर उठाया; न वे गंडक के शालिग्राम हैं, न वराह, मत्स्य, कच्छप आदि वेषधारी विष्णु के अवतार; न तो वे नरनारायण के रूप में बदरिकाश्रम में ध्यान लगाने बैठे और न परशुराम होकर क्षत्रियों का ध्वंस करने गए; न तो उन्होंने द्वारिका में शरीर छोड़ा और न वे जगन्नाथ धाम में बुद्ध रूप में अवतरित हुए।

कबीर का मानना है कि वे सब ऊपरी व्यवहार हैं। जो संसार में व्याप्त हो रहा है वह राम इनकी अपेक्षा कहीं अधिक अगम अपार है। कबीर ने बारंबार 'दशरथ सुत तिहुँ लोक बखाना। राम नाम का मरम है आना।' जैसी बातें कहकर पुराण प्रतिपादित सुगण ब्रह्म का प्रत्याख्यान किया है। वे बार–बार याद दिलाते हैं कि यह जो उपासना बताई जा रही है वह सगुण अवतार की नहीं, वरन् 'निर्गुण राम' की है। उसको दूर खोजने की जरूरत नहीं। उन्होंने स्पष्ट कहा है कि केवल सत्य है वह राम जो इस सारे शरीर में रम रहा है इसके अतिरिक्त लहू, झूठ है, धर्म झूठ है।

(2) बीजक–गुप्तधन को बताने वाले सांकेतिक लेख को 'बीजक' कहते हैं। कबीर साहब की वाणियों को पुस्तक के रूप में भागोदास ने संकलित किया जो बीजक के नाम से विख्यात है। बीजक की भाषा ठेठ प्राचीन पूर्वी है। बीजक के सांकेतिक शब्द 'राम' का तात्पर्य अवतारी राम से और अधिकतर शुद्ध स्वरूप चैतन्य से है। इसी प्रकार हरि, जादवराम, गोविंद, गोपाल आदि का भी उसी अर्थ में प्रयोग किया गया है। मन के लिए मच्छ, मांछ, मीत, जुलाहा, साउज, सियार, रोझ, हस्ती, मतंग, निरंजन आदि का प्रयोग किया गया है। पुत्र, पारथ, जुलाहा, सिंह, मूलस, भँवरा, योगी आदि शब्द जीवात्मा को सूचित करते हैं। माया के बोधक शब्द माता, नारी, छेरी, गैया, बिलैया आदि और संसार के बोधक शब्द सायर, बन, सीकस आदि हैं। इसी प्रकार नर–तन के लिए यौवन, दिवस, दिन और इंद्रियों के लिए सखी, सहेलरी

आदि सांकेतिक शब्दों का प्रयोग हुआ है। इसी ग्रंथ में 'हंस कबीर' मुक्तात्मा सूचक है, 'कहहिं कबीर' गुरुवचन (कबीर के लिए) कहैं कबीर 'और' 'कबीर' अन्योक्ति का, 'दास कबीर' ईश्वर के उपासकों का और 'कबीरा' तथा 'कबिरन' अज्ञानी तथा वंचक गुरुओं के लिए प्रयुक्त हुआ है।

(3) उलटवाँसी–"उलटवाँसी" शब्द की व्युत्पत्ति प्रस्तुत करते हुए विभिन्न विद्वानों ने उलटा–अंश, उलटा–बाँस, उलटवाँ–सी के योग से इस शब्द का प्रचलन में आना माना है। कुछ भी हो यह बात स्पष्ट है कि "उलटवाँसी" में उल्टी बात कहकर यानी विरोध के द्वारा उक्ति का चमत्कार पैदा किया जाता है। उलटवाँसी की यह परंपरा बहुत प्राचीन है। वैदिक साहित्य से लेकर इसका प्रयोग होता रहा है। धार्मिक अभिव्यक्तियों से लेकर तांत्रिकों और वज्रयानी सिद्धों तक पहुँचकर उलटी बात कहने की शैली को बहुत प्रोत्साहन मिलता रहा।

कबीर की उलटवाँसियाँ प्रतीक परिवार की सहेलियाँ मानी जाती हैं। कबीर ने अनेक विचार उलटवाँसियों में ही व्यक्त किए हैं। इसलिए कहा जा सकता है कि उलटवाँसियों में भी कबीर का ज्ञान संचित है। कबीर ने उलटवाँसी को "उलटा वेद" कहकर महत्त्व दिया है। सिद्धों और नाथों की वाणी से कबीर की वाणी का अटूट रिश्ता रहा है। कबीर ने उन्हीं के गोला बारूद से सिद्धों–नाथों के गढ़ पर चढ़ाई की थी। भाषा की प्रवृत्ति में काफी समानता दिखाई देती है। गोरखनाथ की रहस्यात्मक शैली या उलटवाँसियों का प्रभाव कबीर आदि संत कवियों के काव्य में दृष्टिगोचर होता है।

(4) शून्यावस्था और सहजावस्था–शून्य और सहज को आचार्य हजारी प्रसाद द्विवेदी भारतीय साहित्य के अत्यधिक मनोरंजक शब्दों में मानते हैं, क्योंकि इनका ऐतिहासिक विकास भारतीय दर्शन परंपरा में बहुत रोचक रहा है। बौद्ध महायान संप्रदाय के दार्शनिकों की दो शाखाएँ 'शून्यवाद' और 'विज्ञानवाद' हैं। 'शून्यवाद' के अनुसार संसार में सब कुछ शून्य है, किसी की कोई सत्ता नहीं।

बौद्ध विचारक नागार्जुन ने शून्य की व्याख्या में कहा है कि इसे शून्य भी नहीं कह सकते, अशून्य भी नहीं कह सकते और दोनों अर्थात् शून्याशून्य भी नहीं कह सकते। यह भी नहीं कह सकते कि शून्य भी नहीं है और अशून्य भी नहीं है। इसी भाव की प्राप्ति के लिए शून्य का व्यवहार होता है। इस प्रकार यह सिद्धांत बहुत कुछ अनिर्वचीनयता का रूप ग्रहण कर लेता है।

दूसरी ओर हम यह देख चुके हैं कि नाथपंथी लोग अपने सबसे ऊपरी सहस्रार चक्र को शून्य चक्र कहते हैं। उनके मतानुसार जब जीवात्मा नाना–प्रकार की यौगिक क्रियाओं द्वारा इस चक्र में पहुँचती है तो वह समस्त द्वंद्वों से ऊपर उठकर केवल रूप में विराजमान हो जाती है।

दर्शनशास्त्र में यही शून्यावस्था है जिसमें आत्मा को और किसी प्रकार की अनुभूति नहीं होती, न सुख की, न दुःख की; न राग की, न द्वेष की, न हर्ष की, न अमर्ष की। इन समस्त द्वंद्वों से रहित केवलावस्था ही शून्यावस्था है। योगी लोग इस केवल शून्यावस्था को 'शून्याशून्य अवस्था' भी कहते हैं और इस प्रकार शब्दों में नागार्जुन के बताए हुए परम लक्ष्य को ज्यों–का–त्यों स्वीकार करते हुए भी अर्थ की दृष्टि से अलग–अलग हो जाते है।

इस केवलावस्था को 'सहजयानी' सिद्धों ने बार–बार शून्य पद कहा है। ये सिद्धगण प्रायः 'शून्य' और 'सहज' शब्द का व्यवहार एक साथ करते हैं। यह परंपरा अर्थात 'शून्य' और 'सहज' का एक साथ व्यवहार करना, नाथपंथी योगियों में ज्यों–की–त्यों चली आई। कबीरदास प्रायः 'सहज' और 'शून्य' का एक ही साथ प्रयोग करते हैं और अनेक स्थानों पर उन्होंने यह प्रयोग एक ही अर्थ में भी किया है।

सहजयानी सिद्धों की चरम साधना 'सहजावस्था' है और वह इस 'शून्यावस्था' से भिन्न नहीं है। सिद्ध सरहपा अपने चित्त को संबोधित करते हैं–'ऐ मेरे चित्त, वहाँ चलकर विश्राम करो जहाँ सूर्य और चंद्र की भी गति नहीं है, जहाँ मन और पवन भी संचरित नहीं होते – जहाँ आदि भी नहीं, अंत भी नहीं, मध्य भी नहीं, जन्म भी नहीं, मरण भी नहीं, अपना भी नहीं, पराया भी नहीं – जो महासुख है, जो सहजावस्था है।'

नाथपंथी योगी भी सहजावस्था और शून्यावस्था को अभिन्न मानते प्रतीत होते हैं। सहजावस्था–शून्यवास्था को प्राप्त करने पर ही साधक अवधूत होता है। यहाँ यह रेखांकित करना जरूरी है कि इसके बावजूद योगियों के सहजानंद से सहजयानियों के सहजनांद का तात्त्विक भेद है। योगी को जहाँ इस अवस्था में आत्मोपलब्धि होती है, वह आत्माराम हो जाता है अर्थात् अपने ही आप में रमने लगता है, वहीं सहजयानी को इस अवस्था में इंद्रिय–बोध के लोप हो जाने का तो अनुभव होता ही है, अपने आप को जानने की स्थिति भी तुप्त हो जाती है। वहाँ वह केवल एक ऐसी अवस्था में पहुँच जाता है, जिसे किसी शब्द से कहकर नहीं समझाया जा सकता, जो केवल अनुभवगम्य है। सर्वज्ञ को भी इसकी व्याख्या करते समय वचन–दरिद्र हो जाना पड़ता है। इसी अवस्था को 'सुखराज' अथवा 'महासुख' नाम दिया गया है। किंतु कबीरदास ने शून्य और सहज से जिस प्रकार की समाधि की बात कही है वह योगियों की सहजावस्था से भिन्न है। वे उस संत को अपना सारा जप–तप दलाली में भेंट कर देने को तैयार थे जो उन्हें सहज सुख के योग्य बना दे, राम रस की एक बूँद चखा दे। यह राम ही उनकी सहजावस्था का सुख है। इस 'राम–रस' का रसास्वादन उन्होंने सहज–शून्य में किया था। इड़ा–पिंगला की भट्ठी बनाई, उसमें ब्रह्माग्नि जला दी, सूर्य और चंद्र से दसों दरवाजे बंद कर दिए और उल्टी गंगा बहाकर पानी की व्यवस्था की, तब जाकर पाँचों प्राणों को साथ लेकर 'राम–रस' चुआया गया और कबीरदास ने छककर पान किया। किंतु सद्‌गुरु न मिले होते तो यह विचित्र रस संभव नहीं होता। यह द्रष्टव्य है कि सद्‌गुरु की कृपा के बिना सहजावस्था को हठयोगी भी दुर्लभ मानते हैं।

सहजावस्था या सहज समाधि कबीरदास के काव्य में वह हैं जिसमें पद–पद पर भगवान के दर्शन होते हैं। कबीर योगमार्ग की क्लिष्ट साधनाओं को भी बाह्याचार ही समझते हैं, इसलिए वे जिस सहज–समाधि की घोषणा करते हैं उसमें नाना प्रकार के प्राणायाम, आसन, समाधि और मुद्राएँ परमतत्त्व की उपलब्धि के साधन हैं, साध्य नहीं। सहज–समाधि से ही अगर वह उद्देश्य सिद्ध हो जाता है तो काया को क्लेश देने से क्या लाभ है? आँखें मूँदे बिना, मुद्रा धारे बिना, आसन लगाए बिना, खुली आँखों से परमाराध्य का मनोहर रूप देख सकना

ही सहज-समाधि है। ऐसे साधक का हिलना-डुलना सब कुछ परिक्रमा है, सोना-बैठना ही दंडवत है, बोलना ही नाम-जप है, खाना-पीना ही पूजा है।

एक बार इस सहज-समाधि में जो साधक रम गया वह उस अनहद नाद को निरंतर सुनता रहेगा, जिसके सुनने मात्र से व्यक्ति का रोम-रोम प्रफुल्लित हो जाता है, समस्त इंद्रिय श्लथबंध हो जाते हैं, मन आनंद से परिपूर्ण हो जाता है। जन्म-मरण का ज्ञान हस्तामलक की भाँति सहज हो जाता है; न तो साधक से कोई उद्विग्न होता है और न किसी और से साधक ही उद्वेग पाता है।

इस प्रकार कबीर के मत से सहजावस्था वह है, जहाँ भक्त सहज ही भगवान को पा सके। पुत्र-कलत्र और वित्त का त्याग करना कृतघ्नता है, कोई एक ऐसा योग है जिसमें ये चीजें स्वयं छूट जाती हैं। कबीरदास ने इसी 'अनासक्ति योग' को अपनाया था और उनसे अपने पुत्र और कलत्र की ममता और अर्थ-काम की चिंता सहज ही चली गई थी—वे एकमेक होकर राम से सहज ही मिलन हो सका था।

(5) सुरति-निरति—सुरति-निरति शब्दों के संबंध में अलग-अलग विद्वानों ने अपने भिन्न-भिन्न विचार व्यक्त किए हैं। डॉ. संपूर्णानंद के शब्दों में सुरति को 'स्रोत' का बिगड़ा हुआ रूप कहा गया है और वे उसका अर्थ 'चित्तवृत्तियों का प्रवाह' मानते हैं। डॉ. बड़थ्वाल 'सुरति' को 'स्मृति' से निकला हुआ मानते हैं। परशुराम चतुर्वेदी ने सुरति का अर्थ जीवन का वह निर्मल रूप बताया है जिसमें मूल सत्य का रूप बराबर झलकता है। पं. गोपीनाथ कविराज आध्यात्मिक दृश्य दर्शनरत असाधारण दृष्टि को सुरति और निर्विकल्प ध्यान को निरति मानते हैं। आचार्य हजारी प्रसाद द्विवेदी साधन-साध्य रूपा रति को सुरति और विरति को निरति बताते हैं। गोरखनाथ 'सुरति' के भावनात्मक अर्थ-प्रसंग को लेकर 'सुरति' का साधक रूप में उल्लेख करते हैं—'अवधू सुरति सो साधक सबद सो सिधि'।

सुरति के समान ही निरति शब्द की व्याख्या भी भिन्न-भिन्न प्रकार से की गई है। डॉ. बड़थ्वाल के अनुसार पूर्णतन्मयता की स्थिति निरति है। आचार्य द्विवेदी के अनुसार सारे बाह्य भ्रमजाल से निरत होकर अंतर्मुख होने की प्रवृत्ति का नाम निरति है। पं. राहुल सांकृत्यायन निरति का संबंध बौद्धों-सिद्धों के नैरात्म्य से जोड़ते हैं। पं. परशुराम चतुर्वेदी के अनुसार 'शब्द एवं सुरति' का मिलकर एक हो जाना ही 'निरति' है। सुरति-निरति के संबंध में काफी भ्रमजाल फैला हुआ है।

वस्तुतः सुरति शब्द 'सु' उपसर्गपूर्वक रम् धातु से निष्पन्न हैं। रम् धातु के दो अर्थ होते हैं—(क) रमण करना तथा (ख) रुक जाना। इस प्रकार सुरति शब्द का अर्थ हुआ सुतराम् रति अर्थात् किसी विषय में इतने अधिक आनंद का अनुभव करना कि चित्त की चंचलता समाप्त हो जाए, चित्त वहीं पर रुक जाए। वस्तुतः सुरति शब्द का सामान्य अर्थ है—मैथुन के समय का आनंद। वज्रयानियों ने इसका उसी अर्थ में प्रयोग किया है। किंतु संतों ने इस शब्द को आध्यात्मिक रूप दे दिया है। यहाँ सुरति का अर्थ है—अच्छी प्रकार से रति, अपने उपास्य का निरंतर स्तरण, चित्त का भली प्रकार से ईश्वर प्रेम में लगना।

इसी प्रकार 'निरति' का अर्थ है–नितराम् रति अर्थात् पूर्ण रूप से रति। निरति–सुरति की चरमावस्था है। साधना की अंतिम अवस्था में सुरति–निरति में लीन हो जाती है, सोच्चार निरुच्चार में परिणत हो जाता है, साकार निराकार हो जाता है। कबीर ने इसी अर्थ में इन शब्दों का प्रयोग किया है। उनके अनुसार जब सुरति का निरति से परिचाय ही प्रभु के साक्षात्कार में परिणत हो जाता है।

(6) उन्मुनी (उन्मन)/मनोन्मनी अवस्था–यह समाधि की एक विशेष अवस्था है, जिसमें वायु भीतर संचरित होकर मन को स्थिरता देती है और इस स्थिरता की दशा में साधक शेष जगत से निश्चिंत होकर 'उन्मनत' अथवा 'मतवारा' हो जाता है। कबीरदास मनोन्मनी दशा को 'उन्मुनि रहनी' कहते हैं। वस्तुतः राजयोग, समाधि उन्मुनी, मनोन्मनी, अमरत्व, लय, तत्व, शून्य, अशून्य, परमपद, अमनस्क, जीवन्मुक्ति, सहजा और तुर्या एक ही समाधि के वाचक हैं।

यह वह अवस्था है जब मन और प्राण एकीभूत हो जाते हैं और चंचल मन स्थिर और वशवर्ती हो जाता है। इंद्रियों का स्वामी मन है, मन का मारुत, मारुत का लय या लौ और लय का नाद। मन और प्राण के लौ लगने पर एक अभूतपूर्व आनंद मिलता है। हठयोग में कहा गया है कि आत्मा को शून्य में करके और शून्य को आत्मा में करके योगी को निश्चित हो जाना चाहिए। शून्य अर्थात् समाधि–जबकि आत्मा छः चक्रों को भेदकर सहस्रार या शून्य चक्र में अवस्थित होती है, ऐसी अवस्था में उसके भीतर भी शून्य है, बाहर भी शून्य, आसमान में जैसे कोई सूना घड़ा रखा हो। परंतु असल में वह भीतर से पूर्ण होता है और बाहर से भी – समुद्र में जैसे भरा घड़ा डुबाकर रखा गया है। कबीर इसे ही व्यक्त करने के लिए जल कुंभ का रूपक गढ़ते हैं। जल में कुंभ, कुंभ में जल है, भीतर बाहर पानी यही कबीर काव्य में मनोन्मनी अवस्था है।

(7) अजपा जप–शाब्दिक दृष्टि से अजपा जप का अर्थ है – वह जप जिसमें किसी भी बाह्य उपकरण का आश्रय नहीं लिया जाता है। यहाँ बाह्य उपकरण से तात्पर्य हाथ में माला लेकर किया जाने वाला जप है। जिह्वा के द्वारा उच्चारित जाप या नामस्मरण एक प्रकार की सायास क्रिया है। जब यह क्रिया समाप्त हो जाती है और बिना किसी आयास के श्वास, प्रक्रिया के साथ निरंतर चलने लगता है, तब अजपा जप की स्थिति आती है। योग–साधना में इसे 'योगियों की गायत्री' कहा गया है।

योगियों का विश्वास है कि श्वास–प्रश्वास में जीव सदा 'सोहं' अथवा 'हंस' ध्वनित करता है। हंकार की ध्वनि के साथ श्वास बाहर जाता है और 'सकार' की ध्वनि के साथ भीतर प्रवेश करता है। इसी को 'सोऽहंवृत्ति' अथवा 'अजपा गायत्री' कहते हैं–

हंकारेण बहिर्याति सकारेण विशेत्पुनः
हंस हंसेत्ययं मन्त्रं जीवो जपति सर्वदा।।

बौद्ध–सिद्धों की साधना के विषय में आचार्य परशुराम चतुर्वेदी ने अजपा जप का संदर्भ लेते हुए कहा है कि वे अपने श्वासों को निरुद्ध करके 'चंडाग्नि' प्रज्वलित करते थे और

बीजाक्षर में ध्यान केंद्रित करके इस प्रकार की क्रिया में रत होते थे कि प्रत्येक श्वास–प्रश्वास के साथ 'एवं–एवं निसृत होने लगे। यही उनकी वज्रयोग साधना का वज्रजप कहलाता था। उस साधना–पद्धति को जप की बात कहीं गई।

गोरखनाथ का कहना है कि इस प्रकार मन लगाकर जाप जपो कि सोऽहं सोऽहं का उच्चारण वाणी के बिना भी होने लगे। दृढ़ आसन पर बैठकर ध्यान करो और रात–दिन ब्रह्म–ज्ञान का चिंतन करो। श्वास–प्रश्वास की अजपा–जप की पद्धति से कबीर परिचित अवश्य थे किंतु वे उस अजपा के जपी न थे। जप की यह अंतर्मुखी प्रक्रिया ध्यान योग के अंतर्गत आ जाती है।

कबीरदास जिस अजपा जप के साधक थे वह श्वास–प्रश्वास की निरोध प्रक्रिया पर आधारित न होकर 'सुरति शब्द' पर आधारित था अर्थात् मन का योग शब्द से करना पड़ता था। बिना उच्चार किए हुए, श्वास–प्रश्वास के साथ राम का सुमिरन नाम के साथ नामी के गुणों का स्मरण भी है। इस प्रकार कबीर का अजपा जप मनःसंयोगपूर्वक की गई शब्द साधना ही है।

(8) अनहद नाद, बीज और बिंदु—सृष्टि तत्त्व को समझाते हुए तंत्र ग्रंथ 'शारदातिलक' में कहा गया है कि शिव के दो रूप हैं—निर्गुण और सगुण। निर्गुण शिव विशुद्ध चैतन्य है और सगुण शिव उपाधियुक्त। उपाधियुक्त चैतन्य से उपाधियुक्त शक्ति उत्पन्न होती है। इन दोनों के संयोग से विश्व में जो एक विक्षोभ होता है वही 'नाद' है और उस विक्षोभ का क्रियाशील होना 'बिंदु' है। इसी क्रम में सृष्टि तत्त्व के रूप में 'बीज' का भी उल्लेख आता है। नाद, बीज और बिंदु क्रमशः इच्छा, ज्ञान और क्रिया के प्रतीक हैं। इन्हीं से क्रमशः विष्णु, ब्रह्मा और रुद्र की उत्पत्ति होती है। तंत्र का निर्गुण शिव कबीरपंथ के 'सत्यपुरुष' के समान है, सगुण शिव निरंजन हैं और शक्ति 'आद्याशाक्ति' है। नाद में जो स्वयंवेध है वहीं कबीरदास की वाणियों में 'निर्मल वेद' है और बिंदु उसकी क्रिया है।

हठयोग मत में कुंडलिनी जब उद्बुद्ध होकर ऊपर की ओर उठती है तो उसे स्फोट होता है जिसे 'नाद' कहते हैं। 'नाद' से प्रकाश होता है और प्रकाश का ही व्यक्त रूप महाबिंदु है। यह बिंदु तीन प्रकार का होता है—इच्छा, ज्ञान और क्रिया। इन्हें कभी सूर्य, चंद्र और अग्नि भी कहा गया है और कभी ब्रह्मा, विष्णु और शिव भी।

नाथपंथी मान्यताओं को अभिव्यक्त करने के क्रम में 'गोरक्ष–सिद्धांत–संग्रह' में कहा गया है कि नाथ का अंश नाद है, नाद का अंश प्राण और उधर शक्ति का अंश बिंदु है और बिंदु का अंश शरीर। इससे स्पष्ट है कि नाद और प्राण, बिंदु और शरीर से अधिक महत्त्वपूर्ण हैं अर्थात पुत्र क्रम की अपेक्षा शिष्य–क्रम का महत्त्व अधिक है।

तंत्र विद्या के अनुसार यह जो नाद और बिंदु है वह असल में अखिल ब्रह्मांड में व्याप्त 'अनाहत नाद' या 'अनहद' का व्यष्टि में व्यक्त रूप है। अर्थात जो नाद अनाहत भाव से सारे विश्व में व्याप्त है इसी का प्रकाश जब व्यक्ति में होता है तो उसे 'नाद' कहते हैं। बद्ध जीव श्वास–प्रश्वास के अधीन होकर निरंतर इड़ा और पिंगला के मार्ग में चल रहा है और सुषुम्ना

का पथ प्रायः बंद है। यही कारण है कि बद्ध जीव के इंद्रिय और मन की वृत्ति बहिर्मुख है। जो कुछ भी अखंडनाद जगत के अंतस्तल में और निखिल ब्रह्मांड में निरंतर ध्वनित हो रहा है उसे वह सुन नहीं पाता। परंतु जब क्रिया-विशेष से सुषुम्ना-पथ उन्मुक्त हो जाता है और कुंडलिनी शक्ति जाग उठती है, तो प्राण स्थित होकर शून्य पथ से निरंतर उस अनाहत ध्वनि या अनहद को सुनने लगता है। ऐसा माना जाता है कि पहले तो शरीर के भीतर समुद्रगर्जन, मेघगर्जन और भेरी, झर्झर आदि का सा शब्द सुनाई देता है, फिर मर्दल, शंख घंटा की हल्की-सी आवाज सुनाई देती है और अंत में किंकिणी, वंशी, भ्रमर और वीणा के गुंजार-सी मधुर ध्वनि सुनाई देने लगती है और यह सब कुंडलिनी द्वारा विभिन्न चक्रों के भेदन के क्रम में होता है। जिस प्रकार मकरंद-पान में मत्त भौंरा गंध की ओर ताकता भी नहीं, उसी प्रकार योगी का नादासक्त चित्त नाद में ही रम जाता है, तथा उसे दुनिया के किसी और विषय की चिंता नहीं रहती।

किंत जैसे-जैसे मन विशुद्ध और स्थिर हो जाता है, त्यों-त्यों इन शब्दों का सुनाई देना बंद हो जाता है, क्योंकि चिदात्मक आत्मा उस समय अपने स्वरूप में स्थिर हो जाती है और बाह्य प्रकृति से उसका कोई सरोकार नहीं रहता। यह नाद मूलतः एक होकर भी विभिन्न उपाधियों से युक्त होने के कारण सात स्वरों में विभक्त है।

शास्त्र जिसे 'प्रणव' या 'ओंकार' कहते हैं वही उपाधि रहित शब्द-तत्व है। किसी-किसी साधक ने तथा वैयाकरणों ने इसे ही स्फोट कहा है। यह स्फोट अखंड सत्ता रूप 'ब्रह्म' तत्व का वाचक है। स्फोट को ही शब्द ब्रह्म और सत्ता को ही 'ब्रह्म' कहा गया है। इस तरह वाच्य सत्य को प्रकाशित करने वाला वाचक स्फोट या नाद भी ब्रह्म ही है अर्थात् शब्द भी ब्रह्म है। कबीर के यहाँ सबद का भारी महत्त्व है। यह शब्द मूलाधार से उठता है और सहस्रार में जाकर विलीन हो जाता है।

(9) अवधू—अवधू या अवधूत का भी कबीरदास के यहाँ आए अन्य संबोधनों की तरह एक खास प्रयोजन है। अवधूत को पुकारते हुए वे अवधूत की भाषा में ही उसके क्रिया-कलाप की आलोचना करते हैं। कबीर हालाँकि अवधूत मत को मानते नहीं, पर अवधू के प्रति उनकी अवज्ञा भी नहीं है, उसे वे काफी सम्मान से पुकारते हैं। कभी कुछ उपदेश देते हैं, कभी कुछ बूझने को ललकारते हैं, कभी उसकी साधना पद्धति की व्यर्थता दिखा देते हैं और कभी कुछ ऐसी शर्तें रख देते हैं जिनको अगर अवधू समझ सके तो कबीरदास का गुरु तब बन सकता है। शाब्दिक रूप से अवधूत के बारे में कहा गया है कि 'वधू जा के न होइ सो अवधू कहावै' अर्थात् अवधू वधू-हीन जीव हैं किंतु स्वयं कबीर ऐसा मानते प्रतीत नहीं होते। उनके अनुसार अवधू जोगी जग से न्यारा है। वह मुद्रा, निरति, सूरति और सींगी धारण करता है, नाद से धारा को खंडित नहीं करता, गगन-मंडल में बसता है और दुनिया की ओर देखता भी नहीं। चैतन्य की चौकी पर विराजता है, आकाश पर चढ़ा हुआ भी आसन नहीं छोड़ता, महामधुर रस का पान करता रहता है। प्रकट में कंथा में लिपटा रहता है पर वस्तुतः वह हृदय के दर्पण में कुछ देखता रहता है। निश्चल बैठा वह नासिका में 21 हजार 6 सौ धागों को पिरोया करता

है। वह ब्रह्म–अग्नि में काया को जलाता है, त्रिकुटी से संगम में जागता है, सहज और शून्य की लौ लगाए रहता है।

जहाँ तक भारतीय परंपरा का प्रश्न है, 'अवधू' शब्द कई संप्रदायों के सिद्ध आचार्यों के अर्थ में व्यवहृत हुआ हैं। साधारणतः जागतिक द्वंद्वों से अतीत, मानापमान विवर्जित, पहुँचे हुए योगी को अवधूत कहा जाता है। यह शब्द मुख्यतया तांत्रिकों, सहजयानियों और योगियों का है। सहयान और वज्रयान के आचार्यगण सहजावस्था की बात करते हैं। सहजावस्था की प्राप्ति के उपरांत ही साधक अवधूत होता है, सहजावस्था नाथपंथ में भी प्रचलित थी और आगे इसके उल्लेख कबीर के यहाँ भी मिलते हैं।

(10) निरंजन–जिस 'निरंजन' का उल्लेख कबीर–काव्य में आता है उसके सूत्र मध्यकालीन साधनाओं में खोजे जा सकते हैं। साधारणतया 'निरंजन' निर्गुण ब्रह्म और विशेष रूप से शिव का वाचक माना जाता रहा है। नाथपंथ में भी यह शब्द खूब परिचित है। मध्ययुग में एक अन्य पंथ भी विकसित हुआ, जो निरंजन–पद को परम–पद मानता था और 'निरंजनी संप्रदाय' के नाम से प्रसिद्ध हुआ। आगे चलकर यह पंथ कबीरपंथ में अंतर्भुक्त हो गया और साथ ही निरंजन की महिमा में भी कमी आ गई।

जिस 'निरंजन' की महिमा का कबीरदास के यहाँ वर्णन है, वह संभवतः नाथ पंथ से होकर उन तक पहुँची थी। इसलिए इस 'निरंजन' को समझने के लिए हठयोगी निरंजन को समझाना चाहिए। हठयोग में मान्यता है कि जब साधक नादानुसंधान का सफल अभ्यासी हो जाता है तो उसके समस्त पाप क्षीण हो जाते हैं, उसके चित्त और मारुत निरंजन में लीन हो जाते हैं। यह योगी का परमसाध्य है, क्योंकि जब तक ज्ञान निरंजन के साक्षात्कार तक नहीं उठता तभी तक इस संसार के विविध जीवों और नाना पदाथों में भेद–दृष्टि बनी रहती है। एक विशेष पद तक पहुँचने पर निरंजन का साक्षात्कार होता है। ऐसी हालत में योगी समस्त उपाधियों या विशेषताओं से हीन हो जाता है और तभी वह अपने को अखंड ज्ञान रूपी निरंजन कह सकता है।

ऐसा माना जाता है कि बिंदु–युक्त योगी लोग ओंकार का नित्य ध्यान करते हैं। इसके भी ऊपर निरंजन है जो सृष्टि, स्थिति और प्रलय का कारण है। 'माया' इसी की शक्ति है। यही परम तत्त्व है जो सद्‌गुरु कृपा बिना दुर्लभ है। इस प्रकार निरंजन का साक्षात्कार ही हठयोग में परमपद है। निरंजन को स्वयं कबीरदास की कुछ उक्तियों में भी परमाराध्य के रूप में देखा जा सकता है।

(11) अमृत–बौद्ध तांत्रिकों और योगियों ने एक ऐसे रस का उल्लेख किया है जिसे उन्होंने 'अमर वारुणी' कहा है, जो सहस्रार में विद्यमान सोम से स्रावित होता है। उनका मानना था कि इसका पान करने से साधक अमर हो जाता है।

नाथयोगियों के अनुसार सहस्रदल कमल के बीच एक त्रिकोण है। उस त्रिकोण के मध्य पूर्णचंद्र है जिससे रस टपकता है, तब कुछ साधकों के अनुसार नाभि में स्थित सूर्य इस रस को सोख लेता है, कुछ के अनुसार यह मूलाधार में जाकर सूख जाता है। उस रस को सूखने से बचाने के दो उपाय है–(क) कुंभक प्राणायाम द्वारा योगी उस टपकते हुए रस को सुषुम्ना मार्ग

से पुनः सहस्रदल में चढ़ा लेता है। जहाँ जीवात्मा उसे पीकर अमरत्व का अनुभव करता है। (ख) खेचरी मुद्रा द्वारा योगी जिह्वा को लंबी करके उस टपकते हुए रस को विशुद्ध चक्र में मार्गांतरित कर देता है।

गोरक्ष संहिता में कहा गया है कि नाभि के मूल में सूर्य है और तालु के मूल में चंद्र। चंद्र से जो अमृत झरता है, सूर्य उसे ग्रस लेता है, उसी कारण मनुष्य मृत्यु का शिकार होता है। अमीरस, महारस, सहजरस, सोमरस, रामरस, प्रेमरस आदि अमृत के समानार्थी एवं पर्याय हैं। कबीर वाणी में इस शब्द का अनेकशः प्रयोग हुआ है।

(12) औंधा कुआँ—ब्रह्मरंध्र या दसमद्वार के लिए संतकाव्य में औंधा कुआँ, अधोकूप, उरधकूप, उलटा कुआँ, कमलकूप आदि शब्दों का प्रयोग किया गया है। डॉ. पीतांबर दत्त बड़थ्वाल ने त्रिकुटी में स्थित अमृतकूप को ही औंधा कुआँ माना है। हठयोग साधना में कहा गया है कि पिंड के शिरोभाग में, जिसे ब्रह्मांड कहा जाता है, एक सूख्म छिद्र है जिसे ब्रह्मरंध्र या कूप कहते हैं, उसका मुख नीचे की तरफ रहता है। इसलिए इसे औंधा कुआँ या उलटा मुख वाला अधःकूप कहते हैं। इसमें अमृत तत्त्व का निवास रहता है। जब साधक सुषुम्ना मार्ग से प्राण—शक्ति को ऊर्ध्वस्थ करता है तब इस औंधे कूप में गिरने वाले अमृत रस का पान करता है जिसे कबीरदास ने निम्न शब्दों में अभिव्यक्त किया है—

आकासे मुखि औंधा कुआँ, पाताले पनिहारि।
ताका पांणी को हंसा पीवै, बिरला आदि विचारि।

(13) गगन मंडल—नाथयोगियों के अनुसार पिंड में 'गगन' की स्थिति मेरुदंड के ऊपरी भाग में मानी गई है। कुंडलिनी शक्ति जब षट्चक्रों का भेदन करती हुई सहस्र मंडल में प्रवेश करती है तब उस स्थिति को ही गगन मंडल, गगन गुफा, गगन शिखर, शून्य शिखर, शून्य मंडल, आकाश—मंडल आदि नामों से अभिहित किया गया है। ये सभी शब्द साधनांतर्गत शून्यावस्था के द्योतक हैं। यहाँ पहुँचकर शक्ति का शिव में, चित्त का आनंद में विलय हो जाता है। जैसा कि कबीर के निम्न पद में स्पष्ट किया गया है—

कबीर मोती ऊपजै सुन्नि सिषर गढ़ मांहि।
गगन मंडल आसण किया, काल गया सिर कूटि।
जन कबीर का सिखर घर, बाट सलैली सैल।
गगन मंडल महं फुल एक फूला
तरि भौ डार उपरि भी मूला।।

(14) त्रिवेणी—संगम एवं मानसरोवर—स्नान—नाथयोगियों की साधना पद्धति में इड़ा, पिंगला और सुषुम्ना नाड़ियों को प्रतीक रूप में गंगा—यमुना—सरस्वती का नाम दिया गया है तथा इनके संगम स्थल को त्रिवेणी 'संगम' नाम से जाना जाता है। जब साधक इन तीनों नाड़ियों का संगम करता है तब दशम द्वार खुलता है और साधक काल—पाश को उच्छिन्न कर देता है। कबीर ने त्रिवेणी—स्नान की चर्चा निम्नानुसार की है—

अरध उरध की गंगा जमुना, मूल कंवल कौ घाट।
शट चक्र की गागरी, त्रिवेणी संगम बाट।।

जब कुंडलिनी शक्ति सुषुम्ना मार्ग से ब्रह्मरंध्र में पहुँचती है, तब शिव शक्ति का समागम होता है। साधना की यह चरमावस्था ही मानसरोवर स्नान या कैलाश–वास है। "मानसरोवर सुभग जल, हंसा केलि कराहिं" कहते हुए कबीरदास ने भी उसी अर्थ में इन शब्दों का प्रयोग किया है।

(15) अरध–उरध–नाथों और संतों के साहित्य में अरध–उरध को एक में मिलाने की बात बार–बार आती है। उरध संस्कृत के 'ऊर्ध्व' का ध्वनि परिवर्तित रूप है। अरध 'अधः' से उरध के सादृश्य पर गढ़ लिया गया शब्द है – वैसे ही जैसे इड़ा को पिंगला के सादृश्य पर इंगला बना दिया गया है।

नाथों और संतों के साहित्य में इस अरध–उरध को कई अर्थों में प्रयुक्त किया गया है। इड़ा और पिंगला को क्रमशः शिव और शक्ति का प्रतीक माना गया है। शक्ति, मूलाधार में स्वयंभू लिंग जो साढ़े तीन वलयों में आवृत्त करके अधोमुखी अवस्था में सोई रहने वाली कुंडलिनी है और शिव सहस्रार में रहता है। अतः शिव और शक्ति अरध–उरध हुए। वास्तव में अधः और उर्ध्व को संतों ने अरध–उरध के रूप में व्यवहृत किया है। हठयोग–साधना में मेरुदंड के निम्न भाग में स्थित मूलाधार की अधः और सहस्रार की ऊर्ध्व रूप में कल्पना की गई है।

(16) सुरति शब्दयोग या नादानुसंधान–नाथयोगियों की साधना पद्धति हठयोग पर आधारित है। सामान्यतया योग के चार रूप हैं–मंत्रयोग, हठयोग, लययोग और राजयोग। इसके आठ अंग हैं–यम, नियम, आसन, प्राणायाम, प्रत्याहार, धारणा, ध्यान और समाधि। ये नाथयोगियों के साधना पक्ष के अंतर्गत आते हैं। उसके अलावा इनका आचार पक्ष है, जिसमें मुद्रा धारण, भस्म लेपन, सींगी खप्पर, मृगचर्म आदि आते हैं।

कबीर की विशिष्टता परंपरा का अंधानुकरण नहीं है। वे बाह्याचार का खंडन करते हैं। इसीलिए कबीर के काव्य में षटचक्र, कुंडलिनी, इंड़ा, पिंगला, सुषुम्ना, सहस्रार, शून्य, अनहद आदि की चर्चा तो है किंतु वे नाथयोगियों की तरह आसन, प्रणायाम, मुद्रा आदि के विरोधी हैं। वे खप्पर, चिमता, सींगी आदि उपकरणों के भी विरोधी हैं। सिद्धियों के प्रदर्शन के विरोधी हैं–'अवधू जोगी जग थै न्यारा। मुद्रा निरति–सुरति कै सींगी नाद न खंडै धारा।'

कबीर अपने को नाथयोगियों से अलग कर लेते हैं। उनकी साधना नाथयोगियों की हठयोग की साधना से अलग है। कबीर के अनुसार अजपा जाप से ही कुंडलिनी का जागरण हो जाता है। यह भ्रांत धारणा है कि कुंडलिनी के जागरण के लिए कष्टसाध्य प्राणायाम, बंध और मुद्रा की आवश्यकता है बल्कि उसका जागरण निदिध्यासन, भक्ति और सुरति से हो जाता है। इसी को कबीर ने सुरति शब्दयोग कहा है अर्थात् सुरति के माध्यम से शब्द रूपी ब्रह्म से योग या नाद का अनुसंधान। कुंडलिनी को जाग्रत कर योगी लोग जब उद्‌बुद्ध कर लेते हैं, तब वह ऊपर की ओर उठती है। उसकी इस ऊर्ध्व गति से जो स्फोट होता है, उसे नाद कहते हैं। अनाहतनाद को संतों ने सोहं ध्वनि की भी संज्ञा दी है।

(17) नाड़ियाँ, कुंडलिनी शक्ति और चक्र–मनुष्य शरीर के भीतर कई सूक्ष्म नाड़ियाँ हैं जिनमें वायु का प्रसरण होता है। इनमें तीन मुख्य हैं–इड़ा पिंगला और सुषुम्ना। योग–परंपरा

में 'इड़ा' 'गंगा' नाम से अभिहित है। संतवाणी में इसके लिए इड़ा, इंगला, गंगा आदि नामों का प्रयोग हुआ है। उस नाड़ी की स्थिति मेरुदंड के सहारे नासिका के दाहिनी ओर है। पिंगला नाड़ी को 'यमुना' कहा गया है यह नासिका के वामस्थ रहती है। इड़ा प्राणवायु की वाहिनी है और पिंगला अपान वायु की। सुषुम्ना नाड़ी की स्थिति इड़ा पिंगला के मध्य में मेरुदंड के समानांतर में मानी गई है। मध्यवर्तिनी होने के कारण इसे 'सरस्वती' कहते हैं। कबीर ने शरीर को चादर मानते हुए इनका उल्लेख किया है–'इंगला पिंगला ताना भरनी, सुषमन तार से बीनी चदरिया।' सुषुम्ना नाड़ी को ब्रह्म नाड़ी या ब्रह्म–पथ भी कहते हैं। यह कुंडलिनी के ऊर्ध्वगमन की मार्ग है। ये तीनों नाड़ियाँ जहाँ मिलती हैं उस स्थल को त्रिवेणी–संगम या त्रिकुटी प्रयाग कहा गया है। यह स्थान दोनो भौंहों के मध्य आज्ञाचक्र में स्थित है। कबीर काव्य में कुंडलिनी के लिए धरती, पनिहारिन, साँपिनी, शक्ति आदि शब्दों का प्रयोग मिलता है। 'हठयोग प्रदीपिका' में इसके सात नाम मिलते हैं–कुटिलांगी, कुंडलिनी, भुजंगी, शक्ति, ईश्वरी, कुंडली, अरुंधती। शिव–संहिता में इसे 'विद्युतल्लताकार परदेवता (2/23) कहा गया है। यह कुंडलिनी सर्पाकार है। यह मेरुदंड के नीचे मूलाधार चक्र में गुदा और लिंग के मध्य में, साढ़े तीन कुंडली मारकर, अपने ही मुख में अपनी पूँछ दबाकर सुषुप्त भाव से अवस्थित रहती है। जब योगी प्राणायाम करता है तब एक ऐसी स्थिति आती है जब इड़ा और पिंगला पर बहते हुए प्राण और अपान एकीभूत हो जाते हैं। तब कुंडलिनी जागृत होकर ऊर्ध्वमुख होती है और सुषुम्ना में प्रविष्ट होती है तथा धीरे–धीरे षट्चक्रों का भेदन करती हुई ब्रह्मांड में प्रतिष्ठित होती है। यही सहस्रार चक्र के मध्य में एक चंद्राकार स्थान है, जहाँ से 'अमृत' की वर्षा निरंतर होती रहती है। इस अवस्था में पहुँचकर साधक 'सोऽहम्' की ध्वनि सुनता है और उसे 'मनोन्मनी' दशा प्राप्त हो जाती है। कुंडलिनी जब ऊर्ध्वमुखी होकर आगे बढ़ती है, तब उसे छः चक्रों मूलाधार, स्वाधिष्ठान, मणिपूर, अनाहत चक्र, विशद्धाख्य, आज्ञा और सहस्रार चक्र का भेदन करना पड़ता है। इन चक्रों को कमल–दल के आकार की संज्ञा दी जाती है।

(18) माया–कबीर के काव्यांतर्गत 'माया' का स्वरूप भी अतिशय स्पष्ट रूप में अंकित हुआ है। अद्वैत वेदांत में निर्गुण ब्रह्म को ही संपूर्ण जगत की अधिष्ठान, मूल उपादान, स्थिति तथा प्रलय का हेतु और निर्विकल्प तत्त्व माना गया है। माया से संयुक्त होकर ही वह निर्विकल्प, निर्विशेष और निरुपाधि ब्रह्म, अनेकविध प्रापंचिक रूपों में विभावित होता है। माया शब्द अद्वैत साहित्य में इन कतिपय अर्थों में प्रयुक्त हुआ है–भ्रमात्मिका प्रपचंरूप चराचर जगत्–सृष्टि, प्रपंच के साथ ब्रह्म के स्वरूप–विनिमय का हेतु, जगत के उद्भव की हेतुभूत शक्ति ब्रह्मा की उपाधियों और विवर्तकी हेतु शक्ति, आत्मा तथा जगत् के परस्पर स्वरूप की अनिर्वचनीयता। ऋग्वेद और यजुर्वेद में माय इंद्र की शक्तियों के प्रतीक और उपनिषद् साहित्य में ब्रह्म की सहचरी शक्ति के रूप में वर्णित हुई है। अद्वैत सिद्धांत में यह त्रिगुणात्मिका, नामरूपमय और संपूर्ण संसार की बीजशक्ति मानी जाती है। ब्रह्म इससे संयुक्त हो सबल और सगुण रूप में शासित होता है और इसी रूप में जगत् का कारण भी बनता है। हिरण्यगर्भ शब्द से ब्रह्म के इसी रूप को संज्ञित किया जाता है। साधारण रूप में माया को सांसारिक भ्रम और

अज्ञान का ही नामांतर माना जाता है और इस चराचर सृष्टि के मिथ्यात्व और उसकी भ्रमात्मकताओं को भी माया शब्द से व्यंजित किया जाता है। बौद्ध दर्शन में इसी तात्पर्य को लेकर सभी भाव मायोपम बताए गए हैं। हिंदी साहित्य में सिद्ध–साहित्य, निर्गुणवादी संत साहित्य और भक्तिकाल के सगुण साहित्य में माया का प्रयोग मिलता है। निर्गुणवादियों में कबीर ने अद्वैत सिद्धांतों से प्रभावित होकर ही माया का प्रयोग किया है। माया उनके लिए ब्रह्म की फँसरी है। यह मोहिनी और महाठगिनी है, जिसके वश में होकर संपूर्ण संसार भ्रमित हो रहा है। इस प्रकर संस्कृत में माया के स्वरूप का जो सूक्ष्म और विशद विश्लेषण हुआ था, हिंदी साहित्य में उसके सामान्य स्वरूप सांसारिक भ्रम तथा प्रपंच और अज्ञानात्मकता का ही ग्रहण हुआ तथा उसे त्रिगुणात्मिका और शब्दों द्वारा अकथ्य बताया गया। कहीं–कहीं इंद्रजाल और यौगिक शक्तियों के अर्थ में भी माया के वर्णन की प्राप्ति होती है। जी.पी.एच. की पुस्तकों का मुख्य उद्देश्य ज्ञान के साथ–साथ अच्छे नम्बर दिलाना है।

प्रश्न 9. सूफी काव्यधारा के प्रमुख पारिभाषिक शब्दों पर प्रकाश डालिए।

अथवा

निम्नलिखित पर टिप्पणियाँ लिखिए–

(i) मसनवी

(ii) शरीअत

(iii) तरीकत

(iv) हकीकत

(v) मारिफत

उत्तर– "सूफी" शब्द की व्युत्पत्ति कैसे हुई, यह बात विद्वानों में विवाद का विषय रही है। कुछ विद्वानों की धारणा है कि यह "सूफा" से बना है जिसका अर्थ है—पवित्रता। इस धारणा के अनुसार "सूफी" उन्हें ही कहना चाहिए जो व्यक्ति मन, वचन, कर्म से पवित्र कहे जा सकते हैं। एक–दूसरे मत के अनुसार "सूफा" शब्द हृदय से निष्कपट या छल रहित व्यक्ति के लिए प्रयुक्त किया गया है। इसलिए सूफी ऐसे व्यक्ति को ही कहना चाहिए जो परमात्मा के प्रति निश्छल प्रेम भाव रखता हो और समस्त प्राणियों के साथ भी निश्छल व्यवहार करता हो। एक तीसरा मत यह है कि "सूफी" शब्द "सोफिया" से निकला है जिसका अर्थ "निर्मल ज्ञान" होता है। इस अर्थ के अनुसार निर्मल ज्ञानी व्यक्ति ही सूफी कहलाने के अधिकारी कहे जा सकते हैं। चौथा मत यह है कि "सूफी" शब्द "सफ" से निकला है जिसका अर्थ है–"सबसे आगे की पंक्ति"। इस अर्थ के अनुसार "सूफी" केवल उन्हीं विशिष्ट व्यक्तियों को कहा जा सकता है जो "कयामत" के दिन ईश्वर के प्रियपात्र होने के कारण सबसे आगे की पंक्ति में खड़े किए जाएँगे। पाँचवाँ मत यह है कि यह शब्द "सूफ" से बना है जिसका अर्थ "चबूतरा" होता है। यह शब्द विशेष रूप से अरब देश की किसी मस्जिद के प्रांगण में बने हुए किसी ऊँचे स्थान या चबूतरे को सूचित करता है जहाँ पर हजरत मुहम्मद साहब के शिष्य एकत्र होकर परमात्मा का

चिंतन करते थे और इन शिष्यों के स्वभाव के कारण ही इन्हें "सूफी" नाम दिया गया। एक छठा महत्त्वपूर्ण मत यह है कि "सूफी" शब्द वास्तव में "सूफ" से बना है जिसका अर्थ है—"ऊन"। यह केवल उन्हीं व्यक्तियों के लिए प्रयुक्त होता था जो मोटे ऊनी वस्त्रों का व्यवहार करते थे और भोग-विलास से दूर रह कर सीधा-सादा जीवन जीते थे। इनका जीवन केवल आध्यात्मिक साधना के प्रति समर्पित होता था। आजकल अधिकतर विद्वान और मुस्लिम आलिम आदि अंतिम मत "ऊन पहनने वाले सूफी संत" को ही स्वीकार करते हैं। सूफी काव्यधारा के प्रमुख पारिभाषिक शब्द निम्नलिखित हैं—

(1) मसनवी—शाब्दिक दृष्टि से 'मसनवी' शब्द का अर्थ 'दो' होता है। यह काव्य का ऐसा रूप है, जिसके हर शेर के दोनों मिसरे एक ही रदीफ और काफिए में होते हैं। हर शेर का रदीफ और काफिया आपस में अलग-अलग भी हो सकता है। इसलिए मसनवी में शायर को क्रमबद्ध विषय-वर्णन में बड़ी आसानी होती है।

मसनवी के लिए सात बहरें नियम हैं। इन्हीं सात बहरों में मसनवी लिखी जा सकती है। मसनवी में शेरों की संख्या की कोई सीमा नहीं है। छोटी मसनवियाँ हजारों तक पाई जाती हैं। 'मसनवी' में विषय की भी कोई सीमा नहीं है। कवि जिस विषय पर चाहे, मसनवी लिख सकता है। उर्दू मसनवी लिखने वालों ने मसनवियों में आख्यान भी लिखे हैं, भगवान की प्रशंसा भी की है तथा साहित्यिक तत्त्वों और प्राकृतिक दृश्यों को भी चित्रित किया है।

मसनवी की खूबी यह है कि जिस घटना या वृत्त का वर्णन किया जाए उसे सरलता व विस्तार के साथ इस प्रकार चित्रित किया जाए कि वह घटना आँखों के सामने फिरने लगे और पूरा वातावरण चलचित्र की तरह सामने आ जाए।

उर्दू में मीर, मीर हसन, दयाशंकर, नसीम, मिर्जा शौक आदि ने मसनवियाँ लिखी हैं। हिंदी सूफीकाव्य परंपरा में इसी काव्य रूप को अपनाया गया है। जायसी का 'पद्मावत' मसनवी ही है। उस दृष्टि से मसनवी को भी एक ऐसा कथा काव्य का रूप कह सकते हैं जिसकी स्थिति महाकाव्य के नामक काव्य रूप के निकट ठहरती है।

(2) शरीअत—इस्लाम-धर्म के अनुयायी कुरान के वचनों और हदीसों द्वारा अनुमोदित नियम-कानून का पालन करना आवश्यक मानते हैं। इन नियमों के द्वारा सांसारित जीवन और उपासना, दोनों का मार्गनिर्धारण होता है।

(3) तरीकत—तरीकत का अर्थ है आध्यात्मिक मार्ग। लेकिन ईसा की नवीं-दसवीं शताब्दी तक इसका अर्थ कुछ और ही था। उस काल में साधकों को साधना के पथ पर अग्रसर होने का व्यवहारिक ज्ञान कराने की एक पद्धति का बोध होता था। सन् ईसवी की ग्यारहवीं शताब्दी के बाद जब नाना सूफी संप्रदाय का आविर्भाव होने लगा, तब इसका अर्थ विभिन्न संप्रदायों में प्रचलित धार्मिक क्रिया और अनुष्ठान हो गया, जिनका सहारा लेकर उस संप्रदाय के साधन साधना के पथ पर आगे बढ़ते रहे।

(4) हकीकत—हकीकत से तात्पर्य सूफी मार्ग की इस मंजिल से है, जिसमें साधक को परमात्मा के वास्तविक स्वरूप का ज्ञान होता है और उसके साथ वह 'एकमेक' हो जाता है।

(5) मारिफत–मारिफत का अर्थ है ईश्वरीय अर्थात् आध्यात्मिक ज्ञान। सूफी साधक मानते हैं कि यही मारिफ (आध्यात्मिक सच्चा ज्ञान) परमात्मा के 'एकत्व' का बोध है। इसके द्वारा मनुष्य समझ पाता है कि 'भिन्न' की प्रतीति होना मिथ्या है। इस ज्ञान के सहारे मनुष्य अपने–आपको जान पाता है और अपने–आपको जानना परमात्मा को जानना है। इस प्रकार परमात्मा–विषयक सूफियों के रहस्यमय ज्ञान को मारिफ कहते हैं। सूफी इसे प्रकाश मानते हैं, जिससे हृदय आलोकित हो उठता है। मारिफत ज्योतिस्वरूप परमात्मा के प्रकाश से ही प्रकाशवान होता है तथा इसी के सहारे साधक परमात्मा के 'एकत्व' को देखने में सक्षम हो पाता है।

प्रश्न 10. सगुण काव्यधारा के प्रमुख पारिभाषिक शब्दों पर प्रकाश डालिए।

अथवा

अष्टछाप पर संक्षिप्त टिप्पणी लिखिए।

उत्तर– सगुण काव्यधारा के प्रमुख पारिभाषिक शब्द निम्नलिखित हैं–

(1) अष्टछाप–हिंदी में कृष्ण–काव्य का बहुत कुछ श्रेय श्री वल्लभाचार्य को है क्योंकि इन्हीं के चलाए हुए पुष्टिमार्ग में दीक्षित होकर सूरदास आदि अष्टछाप के कवियों ने अत्यंत मूल्यवान कृष्ण–साहित्य की रचना की। वल्लभ–संप्रदाय के अंतर्गत अष्टछाप के सूरदास आदि आठ कवियों की मंडली अष्टसखा के नाम से भी अभिहित की जाती है। संप्रदाय की दृष्टि से ये आठों कवि भगवान् कृष्ण के सखा हैं। गुसाई विट्ठलनाथ ने सं. 1602 के लगभग अपने पिता वल्लभ के 84 शिष्यों में से चार तथा अपने 252 शिष्यों में चार को लेकर संप्रदाय के इन आठ प्रसिद्ध भक्त कवि तथा संगीतज्ञों की मंडली की स्थापना की। अष्टछाप में महाप्रभु वल्लभ के चार प्रसिद्ध शिष्य थे–कुम्भनदास, परमानन्ददास, सूरदास तथा कृष्णदास अधिकारी और गुसाई विट्ठलनाथ के प्रसिद्ध शिष्य थे–गोविंद स्वामी, छीत स्वामी, चतुर्भुजदास तथा नन्ददास। इन अष्टछाप के कवियों में सबसे ज्येष्ठ कुम्भनदास थे तथा सबसे कनिष्ठ नन्ददास थे। काव्य–सौष्ठव की दृष्टि से इनमें सर्वप्रथम स्थान सूरदास का है तथा द्वितीय स्थान नन्ददास का। पद–रचना की दृष्टि से परमानन्द–दास का है। गोविंद स्वामी प्रसिद्ध संगीत–मर्मज्ञ है। कृष्णदास अधिकारी का साहित्यिक दृष्टि से तो कोई महत्त्व नहीं है पर ऐतिहासिक महत्त्व अवश्य है। कृष्ण–भक्तों में सांप्रदायिकता, लीलाओं में आध्यात्मिकता के स्थान पर ऐहलौकिकता, श्रीनाथ के मंदिर में विलास–प्रधान ऐश्वर्य, कृष्ण–भक्ति साहित्य में नख–शिख तथा नायिका–भेद के वर्णन का बहुत कुछ दायित्व इन्हीं पर है। इस बात के सम्यक् ज्ञान के लिए दो–सौ बावन वैष्णवन की वार्ता का अध्ययन उपयोगी रहेगा। अष्टछाप के शेष कवियों की प्रतिभा साधारण कोटि की है।

(2) रास–भगवान को रस स्वरूप कहा गया है–रसो वै सः। रस स्वरूप परमात्मा को अपने आप आस्वाद्य–आस्वादक भाव से विविध रूपों में प्रकट करके बिहार करना 'रास' कहलाता है। दूसरे शब्दों में 'जिस दिव्य क्रीड़ा में एक ही रस अनेक रसों के रूप में होकर अनंत–अनंत रस का

समास्वादन करे, एक रस ही रस समूह के रूप में प्रकट होकर स्वयं ही आस्वाद्य–आस्वादक लीला, धाम और विभिन्न आलंबन और उद्दीपन रूप में क्रीड़ा करे, उसका नाम रास है।

रास की दूसरी व्याख्या इस प्रकार की गई है–'नृत्यगीत चुंबनलिंगनादीनां रसानां समूहो रासः'। अर्थात् नाच, गान, चुंबन, आलिंगन आदि रसों का समूह रास है।

तीसरे मत से, रास उस नृत्य को कहते हैं जिसमें एक क्रम से नर–नारी हाथ पकड़कर मंडलाकार नाचते हैं–

स्त्रीभिश्च पुरुषैश्चैवं धश्तहस्तैः क्रमस्थितैः।
मंडले क्रियते नश्त्यं स रासः प्रोच्यते बुधैः।।

कालांतर में रास को धर्म से जोड़ दिया गया और श्रीकृष्ण को रास का नायक स्वीकार कर लिया गया। कहा गया कि श्रीकृष्ण रस के विग्रह, राधा रासेश्वरी तथा गोपिकाएँ, वृंदावन धाम आदि रस रूप हैं।

जिस प्रकार एक बालक दर्पण अथवा जल में पड़े अपने प्रतिबिंब से खेलता है, उसी प्रकार भगवान कृष्ण ने अपने को अनेक रूपों में प्रकट करके गोपियों के साथ रासलीला की – 'रेमे रमेशो ब्रजसुंदरीर्भियथार्भकः स्वप्रतिबिंबविभ्रमः।' इस प्रकार प्रेम–रस–स्वरूप तथा लीलारस में भगवान् श्रीकृष्ण अपनी आह्लादिनी शक्तिरूपा चिन्मयरस–प्रतिभाविता अपनी ही प्रतिमूर्ति अथवा प्रतिबिंबस्वरूप गोपियों के साथ दिव्य क्रीड़ा को 'रास' कहा गया।

श्रीमद्भागवत' में रास के अवसर पर नृत्य के साथ ध्रुपद आदि गीत गाये जाने का भी उल्लेख मिलता है। श्रीमद्भागवत के समान 'सूरसागर' में भी ऋतु–भेद से दो प्रकार के रास का वर्णन मिलता है–शारदीय रास और बासंती रास। पात्रों के आधार पर भी इसके दो भेद मिलते हैं–(क) राधा–कृष्ण रास और (ख) गोपी–कृष्ण सामूहिक रास कहा जाता है।

(3) शुद्धाद्वैतवाद–चार प्रमुख वैष्णवाचार्यों के अलावा रामानंद और वल्लभाचार्य का सांस्कृतिक योगदान सर्वाधिक उल्लेखनीय है। कृष्णभक्ति साहित्य को नई दिशाओं में अग्रसर करने का श्रेय वल्लभाचार्य का सांस्कृतिक योगदान सर्वाधिक उल्लेखनीय है। कृष्णभक्ति साहित्य को नई दिशाओं में अग्रसर करने का श्रेय वल्लभाचार्य (1 5–1 6वीं सदी) को है। वल्लभ का दार्शनिक सिद्धांत शुद्धाद्वैत है जो शंकर के मायावाद का खंडन करता है। उन्होंने माया को ब्रह्म की शक्ति के रूप में निरूपित किया, पर यह भी प्रतिपादित किया की ब्रह्म उसके आश्रित नहीं है। वल्लभ के कृष्ण ही परब्रह्म हैं। जो परमानंद रूप हैं–परम अन्नदाता। कल्पना की गई कि ब्रह्म कृष्ण का जो अविकृत रूप है, वह हर स्थिति में बना रहता है, वह शुद्ध अद्वैत है। रमण की इच्छा से वे नर रूप ग्रहण करते हैं, जहाँ मुख्य जीव के सुख और कल्याण हैं। इस प्रकार वल्लभ का भक्ति चिंतन ईश्वर और जीव के बीच एक घनिष्ठ संबंध स्थापित करता है, जहाँ ब्रह्म लीला भूमि से संचरित होकर भी शुद्ध है, जीवन उनसे तदाकार होकर आनंद की उपलब्धि करता है। दर्शन में जो शुद्धाद्वैत है, वह व्यवहार अथवा साधन पक्ष में पुष्टि मार्ग कहा जाता है। पुष्टि का अर्थ है–ईश्वर के अनुग्रह, प्रसाद, अनुकंपा अथवा कृपा से पुष्ट होने वाली भक्ति। यहाँ ईश्वर की कृपा ही प्राप्य है, वही परम सुख और परम आनंद है। कृष्ण के प्रति

निश्छल भाव से संपूर्ण समर्पण पुष्टि मार्ग का आग्रह है। इस प्रकार वल्लभ रामानुज की शास्त्रीय प्रपति और शरणागति के भाव को एक नई दीप्ति प्रदान करते हैं। उन्होंने राधा की कल्पना कृष्ण की आह्लादिनी शक्ति के रूप में की। इस प्रकार इन आचार्यों ने कृष्णभक्ति साहित्य को वैचारिक आधार दिया, जिसे भक्तिकालीन कवियों ने अपने संवेदन संसार में विलयति करने का प्रयत्न किया।

(4) पुष्टि मार्ग—महाप्रभु वल्लभाचार्य जी द्वारा संस्थापित दार्शनिक सिद्धांत का नाम शुद्धाद्वैतवाद है और उनके साधना–पथ का नाम है पुष्टि मार्ग। पुष्टि का अर्थ है, 'पोषण' अर्थात् प्रभु का 'अनुग्रह'। श्रीमद् भगवत में कहा गया है–'पोषण तदनुग्रहः'। अतः भगवान की कृपा का नाम ही पुष्टि है। भगवान की कृपा को सर्वस्व मानना, भाव से भगवान की सेवा करना, उसके विरह में कष्ट सहना, यही पुष्टि मार्ग है। इसे ही प्रेमलक्षणा भक्ति भी कहते हैं। यही रागात्मिक या रागानुगा भक्ति है। पुष्टि मार्ग का अनुयायी आत्मसमर्पणयुक्त प्रेम के द्वारा भगवान की आनंदलीला में लीन होने का इच्छुक होता है।

जीवों की सृष्टि का विवेचन करते हुए आचार्य वल्लभ ने दो भेद किए हैं, आसुरी जीव और दैवी जीव। आसुरी तो संसार के प्रवाह–मार्ग में पड़े रहते हैं। दैवी जीवों के भी दो भेद होते हैं, मर्यादा जीव और पुष्टि जीव। मार्यादामार्गी जीव वेद–विहित मर्यादा पर चलकर स्वर्ग अथवा अक्षर–सायुज्य की प्राप्ति कर सकते हैं। भगवान की प्राप्ति तो पुष्टि जीवों को ही होती है।

पुष्टि जीवों के भी चार भेद किए गए हैं–प्रवाह पुष्ट, मर्यादा पुष्ट, पुष्टि–पुष्ट और शुद्ध–पुष्ट। आसुरी वृत्ति होते हुए भी जो शत्रुभाव से कृष्ण का निरंतर स्मरण करती है, उनका भी उद्धार होता है। ये प्रवाह–पुष्ट जीव है। इसी प्रकार मर्यादा–मार्ग में रहकर जिन पर प्रभु कृपा करते हैं, वे मर्यादा–पुष्ट हैं। पुष्टि–पुष्ट जीव वे हैं, जो पुष्टि मार्ग की साधना करते हुए प्रभु की लीला के अंग बनते हैं और शुद्ध पुष्ट वे हैं जो नित्य–मुक्त होते हैं। वे भगवान के अवतार के समय भी लीलाओं का आनंद लेने के लिए अवतरित होते हैं, जैसे नित्य–सिद्धा गोपियाँ। भगवान की कृपा का मार्ग सबके लिए खुला है। किसी भी स्थिति में जीव हो, पुष्टि–मार्ग की सच्ची साधना द्वारा वह भगवान को प्राप्त कर सकता है, यही इस संप्रदाय का सिद्धांत है।

(5) विशिष्टाद्वैतवाद—11वीं सदी में श्रीरामानुजाचार्य ने शंकर के मायावाद के प्रतिक्रियास्वरूप विशिष्टाद्वैतवाद मत का प्रवर्तन किया। उन्होंने 'ब्रह्मसूत्र' और 'विष्णुसहस्त्रनाम' पर श्रीभाष्य तथा आलवारों के 'दिव्यप्रबंधम' की टीका लिखकर वैष्णव समाज का बड़ा उपकार किया। धर्म को सरल बनाते हुए शूद्रों के लिए भक्ति का अधिकार दिया और आलवारों की भक्ति के साथ श्रुति प्रतिपादित ज्ञान और कर्म का समन्वय कर 'प्रपतिवाद' का सिद्धांत आविष्कार किया। द्विजों के साथ शूद्रों को भी वैष्णवधर्म में दीक्षित होने का अधिकार प्रदान करके उन्होंने शूद्र नाम आलवार की शिष्य परंपरा में हुए अपने गुरु नाथमुनि के ऋण को पूरी तरह चुकाया। प्राप्ति यानी भगवान की शरण में अपने को समर्पित कर उन्हीं की कृपा का आश्रय लेकर जीवन यापन करना – को रामानुज ने शूद्र भक्ति के विशेष रूप से श्रेयस्कर

एवं विहित समझा। इस प्रकार उन्होंने वर्णाश्रम धर्म और विराट मानवतावाद के बीच सराहनीय संधि कर ली। उनके द्वारा प्रवर्तित भक्ति के अजस्र प्रवाह में समस्त उत्तरी एवं दक्षिणी भारत निमग्न हो गया। शास्त्रीय, अशास्त्रीय, शूद्र और ब्राह्मण, सभी अपनी अहमन्यता एवं भेदभाव को भूलकर भक्ति रस में डूबकर तृप्त हो गए।

शंकराचार्य के अद्वैत के भीतर ही विशिष्ट सिद्धांत का प्रतिपादन करने से रामानुज ने अपने मत को विशिष्टाद्वैत के नाम से पुकारा। शंकराचार्य ने जीव और ब्रह्म की एकता सिद्ध की है। जीव को ब्रह्म का ही प्रतिबिंब मानकर ब्रह्म के सामान उसे नित्य–मुक्त होना बताया है किंतु रामानुज ने इस मत का खंडन किया और कहा कि जीव न तो ब्रह्म का आभास या प्रतिबिंब है और न नित्यमुक्त है। जिस प्रकार आग से निकलने वाली चिंगारी उसका अंश है पर दोनों के रूप में महान अंतर है, उसी प्रकार जीव भी ब्रह्म से निर्गत होता है तथा उसका अंश है और दोनों के रूप में महान अंतर है। जीव अणु अर्थात् क्षुद्र है तथा ब्रह्म विभु अर्थात् महान है। ब्रह्म के साथ उसका एक्य होना किसी प्रकार संभव नहीं। संसारी दशा में जैसे जीव ब्रह्म से पृथक् है, मुक्त दशा में भी वह वैसा ही बना रहेगा। हाँ, इस दशा में वह ब्रह्मानंद का अनुभव करेगा, यही उसका वैशिष्ट्य है। शंकर तत्वमसि ज्ञान को ही मुक्ति का साधन मानते थे किंतु रामानुज के मतानुसार भक्ति ही मुक्ति का एक मात्र साधन है। ज्ञान तो मुक्ति का सहायक मात्र है। भक्ति सेवा से ही भगवान का जीव को मुक्ति लाभ मिल सकता है। अनन्यभाव से भगवान का प्रियपात्र बनाकर उसकी सेवा करना जीव का परम धर्म है। भक्ति सार है–प्रपति। आत्मनिवेदन के बिना भक्ति की अनन्य साधना केवल बहिरंग मात्र है। भगवान के चरणों में अपने को अर्पित कर देना, आत्माभिमान छोड़कर सब धर्मों का परित्याग कर शरणागत होना ही प्रपति का स्वरूप है। प्रपति की उपासना से भगवत्कृपा और भगवत्कृपा से भगवान की प्राप्त होती है। रामानुज द्वारा प्रवर्तित भक्ति एवं प्राप्ति का मध्यकालीन संतों की साधना पर गहरा प्रभाव पड़ा है। इनके बाद माध्यवाचार्य, निम्बार्काचार्य और विष्णुस्वामी ने भक्ति पक्ष को और पुष्ट किया।

(6) द्वैतवाद—संस्कृत शब्द 'द्वैत', 'दो भागों में' अथवा 'दो भिन्न रूपों वाली स्थिति' को निरूपित करने वाला एक शब्द है। इस शब्द के अर्थ में विषयवार भिन्नता आ सकती है। दर्शन अथवा धर्म में इसका अर्थ पूजा अर्चना से लिया जाता है जिसके अनुसार प्रार्थना करने वाला और सुनने वाला दो अलग रूप हैं। इन दोनों की मिश्रित रचना को द्वैतवाद कहा जाता है। इस सिद्धांत के प्रथम प्रवर्तक मध्वाचार्य (1199–1303) थे।

द्वैतवाद को 'द्वित्ववाद' के नाम से भी जाना जाता है। द्वैतवाद के अनुसार संपूर्ण सृष्टि के अंतिम सत् दो हैं। इसका एकत्वाद या अद्वैतवाद के सिद्धांत से मतभेद है जो केवल एक ही सत् की बात स्वीकारता है। द्वैतवाद में जीव, जगत तथा ब्रह्म को परस्पर भिन्न माना जाता है। कहीं–कहीं दो से अधिक सत् वाले बहुत्ववाद के अर्थ में भी द्वैतवाद का प्रयोग मिलता है। यह वेदांत है क्योंकि इसे श्रुति, स्मृति, एवं ब्रह्मसूत्र के प्रमाण मान्य हैं। ब्रह्म को प्राप्त करना इसका लक्ष्य है, इसलिए यह ब्रह्मवाद है।

द्वैतवाद 13वीं शताब्दी से शुरू हुआ। यह अलग बात है कि इसके प्रवर्तक मध्वाचार्य ने इसे पारंपरिक मत बताया है। इस मत के अनुयायी संपूर्ण भारत में मिलते हैं परंतु महाराष्ट्र,

कर्नाटक, तथा गोवा से लेकर कर्नाटक तक के पश्चिमी तट में इनकी संख्या काफी है। इनके ग्यारह मठों में से आठ कर्नाटक में ही हैं।

(7) द्वैताद्वैतवाद—द्वैताद्वैत दर्शन के प्रणेता निम्बार्क हैं। उनके दर्शन को भेदाभेदवाद (भेद+अभेद वाद) भी कहते हैं। ईश्वर, जीव व जगत् के मध्य भेदाभेद सिद्ध करते हुए द्वैत व अद्वैत दोनों की समान रूप से प्रतिष्ठा करना ही निम्बार्क दर्शन (द्वैताद्वैत) की प्रमुख विशेषता रही है। श्रीनिम्बार्काचार्य चरण ने ब्रह्म ज्ञान का कारण एकमात्र शास्त्र को माना है। संपूर्ण धर्मों का मूल वेद है। वेद विपरीत स्मृतियाँ अमान्य हैं। जहाँ श्रुति में परस्पर द्वैध (भिन्न रूपत्व) भी आता हो वहाँ श्रुति रूप होने से दोनों ही धर्म हैं। किसी एक को उपादेय तथा अन्य को हेय नहीं कहा जा सकता। तुल्य बल होने से सभी श्रुतियाँ प्रधान हैं। किसी के प्रधान व किसी के गौण भाव की कल्पना करना उचित नहीं है। इसी तथ्य को ध्यान में रखते हुए भिन्न रूप श्रुतियों का भी समन्वय करके निम्बार्क दर्शन ने स्वाभाविक भेदाभेद संबंध को स्वीकृत किया है। इसमें समन्वयात्मक दृष्टि होने से भिन्न रूप श्रुति का भी परस्पर कोई विरोध नहीं होता। अतएव निम्बार्क दर्शन को 'अविरोध मत' के नाम से भी अभिहित करते हैं।

(8) भ्रमरगीत—भ्रमरगीत का अभिप्राय भ्रमर को संबोधित करके अथवा उसे आलंबन मानकर रचे गए गीत से है। गीत मानव के सुख–दुख और उसके वैयक्तिक भावों, संवेगों और इच्छा व्यापारों की सहज अभिव्यक्ति का माध्यम होता है। शैली की दृष्टि से वह गेय होता है। भ्रमरगीत में भ्रमर को संबोधित करते हुए ऐसा गीत रचा गया है जिसमें प्रवासी कृष्ण के वियोग में गोपियों की विरह वेदना तथा कृष्ण के प्रति उनकी विरहासक्ति को अभिव्यक्त किया गया है। भ्रमरगीत का मूल स्रोत 'श्रीमद्भागवत' है। उसके दशम स्कंध के सैतालिसवें अध्याय में उद्धव गोपी संवाद है। वर्ण, गुण, कर्म और स्वभाव में भ्रमर और कृष्ण में ऐसी समानता है कि प्रतीक में अत्यंत स्वाभाविकता और मार्मिकता आ गई है। भ्रमरगीत प्रसंग भागवतकार की निजी विशेषता है। कृष्ण कथा से संबद्ध अन्य पुराणों में यह प्रसंग नहीं है। उस प्रसंग के माध्यम से भागवतकार ने भावभक्ति की प्रतिष्ठा की है। 'श्रीमद्भागवत' के अनुसार एक दिन श्री कृष्ण ने अपने प्रिय सखा और मंत्री तथा तत्वज्ञानी उद्धव को बुलाकर कहा कि तुम ब्रज जाकर मेरे माता–पिता तथा वियोग व्यथिता गोपियों को मेरा संदेश सुनाकर उन्हें शांति प्रदान करो। कृष्ण का यह संदेश लेकर उद्धव सायंकाल ब्रज पहुँचते हैं और रात्रि में नंद यशोदा को समझाते हैं। वहाँ उद्धव ने कृष्ण के परब्रह्म रूप का विवेचन करते हुए बताया कि कृष्ण पुरुष हैं और बलराम प्रकृति हैं। उद्धव के वचनों को सुनकर यशोदा की वेदना और तीव्र हो जाती है तथा वह अश्रुपात करने लगती हैं। प्रातःकाल नंद द्वारा पर एक रथ को देखकर गोपियों को अक्रूर के पुनरागमन का संदेह होता है। वे अक्रूर के प्रति कटु वचनों का प्रयोग करती हैं। इसी बीच उद्धव आ जाते हैं। गोपियाँ यह जानकर कि उद्धव कृष्ण के सख हैं तथा उनका संदेश लाए हैं, उन्हें एकांत में ले जाती हैं और कृष्ण का समाचार पूछती हैं। वे कृष्ण के प्रेम में अत्यंत विह्वल हैं तथा उनकी प्रेमलीलाओं का स्मरण कर रही है। इसी बच एक भ्रमर गुंजन करता हुआ उनके निकट आता है। गोपियाँ उसे भी कृष्ण द्वारा भेजा गया दूत समझकर उसके प्रति

उपालंभ देना प्रारंभ करती हैं। यहीं से 'भ्रमरगीत' प्रारंभ होता है। गोपियाँ भ्रमर के ब्याज से कृष्ण को उपालंभ देती रहीं। श्रीमद्भागवत के इस भ्रमरगीत–प्रसंग का परवर्ती कृष्णभक्त कवियों, विशेष रूप से बल्लभाचार्य के अनुयायी भक्तों पर व्यापक प्रभाव पड़ा और उन्होंने अपने–अपने ढंग से इस प्रसंग पर संक्षेप अथवा विस्तार से अपना मंतव्य प्रकट किया है। किंतु सूरदास ने उसे न केवल व्यापकता प्रदान की है अपितु नया आयाम भी दिया है। इसमें गोपियों की तीव्र विरहानुभूति भ्रमर की अन्योक्ति के सहारे अत्यंत ललित और संगीतमय पदों में वर्णित हैं, इसलिए इसे भ्रमरगीत की संज्ञा दी जाती है।

❑❑❑

ATTENTION IGNOU STUDENTS

Email at info@gullybaba.com
to claim your FREE book

"How to pass IGNOU exams on time with Good Marks"

अध्याय
2

मुल्ला दाऊद

भूमिका

विश्व में इस्लाम के प्रसार के साथ सूफी काव्य परंपरा का गहरा रिश्ता है। सूफी दर्शन को ठीक से समझने के लिए इस्लाम से इसके रिश्ते को समझना जरूरी है। सूफी काव्य परंपरा का गहरा संबंध सूफी दर्शन और जीवन से है। सूफी काव्य की परंपरा का स्वरूप और प्रभाव अखिल भारतीय है। यह वैश्विक परंपरा है, जिसका उदय अरब भारत में हुआ। इस परंपरा के स्रोत ईरान, इराक, तुर्की, सीरिया, जॉर्डन आदि देशों में मिलेंगे। वहाँ से यह काव्य परंपरा मुस्लिम शासकों के साथ–साथ या उनके आगे–पीछे भारत में आई।

'चंदायन' मुल्ला दाऊद की एक अप्रतिम रचना है। हिंदुस्तान में दो धर्म साथ रहते–रहते उस बिंदु पर पहुँच चुके थे, जहाँ पारस्परिक सहिष्णुता के लिए एक विमर्श जरूरी हो गया था। सूफी दर्शन उसी का मूर्त रूप है।

दिल्ली सल्तनत के समय से ही देश के विभिन्न भागों में सूफी फकीरों का आगमन होता है। उस समय तुर्क और हिंदू में संग्राम छिड़ा हुआ था। लेकिन सांस्कृतिक जीवन में धार्मिक कट्टरता के खिलाफ एकता की भावना का विकास तीव्र वेग से हो रहा था। इसी अवधि में मुस्लिम लेखकों ने जिन ग्रंथों की रचना की चंदायन उनमें प्रमुख है। इस युग में पुरानी भारतीय कला की विभिन्न देशी शैलियों के साथ मिलने के कारण नई भारतीय शैली का विकास हुआ। इसके साथ–साथ दो मित्र परंपराएँ एकता के सूत्र में बंधी। सूफी काव्य ने उसे अपने में समाहित किया और हिंदी प्रेमाख्यान को एक नया रूप दिया। सूफियों के आंदोलन ने दर्शन और साहित्य में देश के एक सिरे से दूसरे सिरे तक प्रभावित किया। इन प्रेमाख्यानों के काव्य की शैली, कथन की भंगिमाएँ, प्रस्तुत करने के तरीके आदि हिंदी काव्य से बिल्कुल अलग है।

प्रश्न 1. सूफी कवि मुल्ला दाऊद का संक्षिप्त परिचय देते हुए उनकी रचना 'चंदायन' पर प्रकाश डालिए।

उत्तर— मुल्ला दाऊद की रचना 'चंदायन' से ही हिंदी में सूफी काव्य का प्रारंभ माना जाता है। 'चंदायन' की रचना 1379 ई. में हुई। उस समय भारतवर्ष में फिरोजशाह तुगलक का शासन था। मुल्ला दाऊद ने अपने ग्रंथ में इसका उल्लेख किया है। उनके गुरु शेख जैनद्दीन थे तथा उनके आश्रयदाता जोनाशाह थे। ग्रंथ की रचना उत्तर प्रदेश के डलमऊ नगर में हुई, जो इस समय रायबरेली जिले में है। ऐसा कहा जाता है कि फिरोजशाह तुगलक ने इस्लामी धर्म का प्रचार करने के लिए एक विद्यालय की स्थापना की थी और दाऊद को उसमें शिक्षक नियुक्त किया गया था।

उस काल के सूफी काव्य में रचना की तिथि, स्थान, आश्रयदाता और तत्कालीन सम्राट की चर्चा का प्रचलन था। यह प्रचलन शायद मुल्ला दाऊद ने ही किया था। परवर्ती कवियों ने इस परंपरा का पालन किया।

साहि पेरोज ढीली सुलतानु। जौनाशाह उजीरू बषानू।।

मुल्ला दाऊद और 'चंदायन' के बारे में इन तथ्यों के अलावा और कोई जानकारी प्राप्त नहीं होती। यहाँ यह जान लेना उपयोगी है कि मुल्ला एक मुस्लिम उपाधि है। इस्लाम के अनुसार जो हदीस, शरीआ, तफसहीह और फिक्क की प्रामाणिक जानकारी रखता है और इनकी विधिवत् शिक्षा ले चुका है, वह मुल्ला कहलाता है। उसे कुरान याद हो जानी चाहिए तथा इस्लामी परंपरा और कानून की समझ होनी चाहिए।

यहाँ यह प्रश्न अवश्य उठता है कि क्या दाऊद सूफी थे? ऐसा कोई प्रमाण तो नहीं मिलता, अलबत्ता यह प्रमाण मिलता है कि इस्लामी दुनिया में उन्हें आदर और सम्मान की दृष्टि से देखा जाता है। इसका भी कोई प्रमाण नहीं मिलता कि मुल्ला दाऊद ने 'चंदायन' के अलावा किसी और ग्रंथ की रचना की थी।

'चंदायन' का अभी खंडित और अपूर्ण पाठ ही उपलब्ध है। 'चंदायन' पर शोध कार्य करने वाले विद्वानों का मत है कि 'चंदायन' का संपूर्ण पाठ अभी उपलब्ध नहीं है। इसकी आधारभूत प्रतियों में भी तारतम्यता नहीं है। इसलिए कई बार अनुमान का सहारा लेना पड़ता है। कथा में विशेष रूप से रचना के अंत के बारे में तो अनुमान लगाना भी कठिन है।

चंदायन के इस पाठ के अलावा लोक में भी इसकी कथा प्रचलित है। लोक कथाओं के विभिन्न रूपों में कथा का अंत भिन्न-भिन्न है। इसलिए रचना का अंत क्या रहा होगा? इसका अनुमान लगाना सरल नहीं है। डॉ. माता प्रसाद गुप्त ने जो पाठ संपादित किया है, उसमें भी उन्होंने रचना का अंत नहीं दिया है। अभी तक उपलब्ध पाठों में विद्वानों में डॉ. माता प्रसाद गुप्त के पाठ को ही सर्वाधिक प्रामाणिक पाठ मानने की परंपरा रही है। जी.पी.एच. की पुस्तकों का मुख्य उद्देश्य ज्ञान के साथ-साथ अच्छे नम्बर दिलाना है।

प्रश्न 2. सूफी शब्द का अर्थ स्पष्ट कीजिए।

उत्तर— कुछ विद्वानों का मानना है कि सूफी शब्द अरबी भाषा के 'सूफ' शब्द से बना है। जिसका अर्थ 'पवित्रता' है। फारसी में इसका अर्थ होता है– wisdom. सैय्यद अथर अब्बास रिजवी के अनुसार सूफी इस्लाम का वह रहस्यवादी हिस्सा है जो सारी वस्तुओं में संवेदन से परे किसी अंतिम एकात्म की अनुभूति पर विश्वास करता है। यह रहस्यात्मक अनुभूति किसी नियम, कानून या विधि विधान से नहीं होती, यह तो बस हो जाती है। इस होने को व्याख्यायित नहीं किया जा सकता।

आचार्य रामचन्द्र शुक्ल ने "जायसी ग्रन्थावली" की भूमिका में सूफी और सूफीमत का परिचय देते हुए कहा है कि "आरंभ में सूफी एक प्रकार के फकीर या दरवेश थे जो खुदा की राह पर अपना जीवन ले चलते थे। दीनता और नम्रता के साथ बड़ी फटी हालत में दिन बिताते थे, ऊन के कंबल लपेटे रहते थे, भूख–प्यास सहते थे और ईश्वर के प्रेम में लीन रहते थे। कुछ दिनों तक तो इस्लाम की साधारण धर्मशिक्षा के पालन में विशेष त्याग और आग्रह के अतिरिक्त इनसे कोई नई बात या विलक्षणता नहीं दिखाई पड़ती थी। पर ज्यों–ज्यों ये साधना के मानसिक पक्ष की ओर अधिक प्रवृत्त होते गए, त्यों–त्यों इस्लाम के बाह्य विधानों से उदासीन होते गए। फिर धीरे–धीरे अंतःकरण की पवित्रता और हृदय के प्रेम को ही मुख्य कहने लगे।" जाहिर है कि सूफी उन संत फकीरों को कहते थे जो सादा जीवन, उच्च विचार के साथ कठोर साधना का जीवन व्यतीत करते थे और भोग–विलास से दूर थे। ईश्वर के प्रेम में लीन रहना ही उनके जीवन का उद्देश्य था।

शुरुआत में इन सूफियों को गैर इस्लामिक माना गया। अतः इन्हें प्रारंभ में दंडित किया जाता था। मंसूर अल हल्लाज (858–922) ने तब यह घोषणा की कि अनलहक अर्थात् मैं सच हूँ तो उन्हें कैद कर लिया गया और 8 वर्षों तक कैद में रखने के बाद इन्हें मृत्युदंड दे दिया गया। कठोर यातनाओं के बाद भी मंसूर ने अपने मत में परिवर्तन नहीं किया। विमल कुमार जैन के अनुसार "सूफी शब्द का सर्वप्रथम प्रयोग हजरत मोहम्मद साहब के देहावसान के लगभग दो सौ वर्षों पश्चात् नौवीं शताब्दी के मध्य में अरबी लेखक बसरा के जाहिज द्वारा हुआ था। जामी के अनुसार सर्वप्रथम इसका प्रयोग कूफा के अबू हाशिम के लिए हुआ। पुनः पचास वर्ष में इराक और दो सौ वर्षों में सभी मुस्लिम रहस्यवादियों के लिए इसका व्यवहार होने लगा।" इसकी उत्पत्ति के बारे में कई कथाएँ प्रचलित हैं। कुछ इसे पवित्र आचरण से जोड़ते हैं, कुछ ऊनी वस्त्र से, कुछ चबूतरे पर बैठने वाले संतों से जोड़ते हैं। इस मत में कोई दो राय नहीं है कि 'सूफी' परंपरागत इस्लाम की कट्टरता के विपरीत उदार मानवतावादी और रहस्यवादी धार्मिक संप्रदाय है।

प्रश्न 3. इस्लाम और सूफीमत की प्रमुख मान्यताओं पर प्रकाश डालिए।

अथवा

सूफीमत पारंपरिक इस्लाम से कितना मेल खाता है और किन बिंदुओं पर वह इससे अलग है? स्पष्ट कीजिए।

उत्तर— सूफी मत तथा इस्लाम की मान्यताओं में जो भिन्नता पायी गई उसी के आधार पर सूफी मत को समझा जा सकता है। दोनों मतों की ये भिन्नताएँ आगे वर्णित हैं। वैसे तो सूफियों के अनुसार मोहम्मद साहब स्वयं एक सूफी थे। जब वे प्रोफेट (रसूल) बनने लगे तभी वे सूफी बन गए। सितंबर 622 में जब मोहम्मद साहब मक्का से मदीना आए तब वे सूफी बन गए थे। सारी वस्तुओं में संवेदन से परे किसी अंतिम एकात्म की अनुभूति करना यह सूफियों की मूल मान्यता है। ऐसे विद्वान यह तर्क देते हैं कि जैसे ईसा मसीह स्वयं इसाई नहीं थे, यहूदी थे। उसी प्रकार मोहम्मद साहब भी स्वयं मुसलमान नहीं थे। वे मुसलमान बने—अर्थात् सूफी बने। मुसलमान बनने की यह प्रक्रिया ही सूफी बनने की प्रक्रिया है। परंपरागत इस्लाम के अनुसार कुरान ईश्वर द्वारा रचित रचना है। इस कुरान की व्याख्या मोहम्मद साहब ने की। जिसे हदीस कहा जाता है। हदीस की 7 किताबें हैं। जो मोहम्मद साहब के वचन हैं। अतः कुरान के साथ हदीस की चर्चा करना अनिवार्य है। इसके बिना कुरान की चर्चा अधूरी है। इसके अलावा इस्लाम में शरीआ के कानूनों का महत्त्व है। अतः परंपरागत इस्लाम के अनुसार कुरान की शिक्षा, शरीआ कानून और हदीस के अनुसार आचरण करने से आप अल्लाह के करीब होते हैं। सूफी संत इसको नहीं मानते। वे कुरान और हदीस को तो मानते हैं परंतु शरीआ को नहीं मानते। इसको निश्चित रूप से नहीं कहा जा सकता है कि अल्लाह इस आचरण से प्रसन्न होता है। वे उस रचनात्मक अनुभूति को महत्त्वपूर्ण मानते हैं। फिर इस्लाम के अनुसार अल्लाह से मिलन मृत्यु के बाद संभव होता है। सूफी इसे नहीं मानते। उनके अनुसार उनकी रहस्यात्मक अनुभूति में जीवित रहते हुए भी अल्लाह का साक्षात्कार संभव है।

पारंपरिक इस्लाम द्वारा भौतिक सुख-सुविधाओं को त्यागने का उपदेश नहीं दिया जाता। वे धन-संग्रह करते हैं, लेकिन सूफी गरीबी में रहना पसंद करते हैं। इसलिए सूफी गरीबी और फकीरी की गीत गाते हैं। इसी तरह परंपरागत इस्लाम में हज यात्रा अत्यंत महत्त्वपूर्ण है। हज करने वाले के नाम से पहले हाजी लग जाता है जो सम्मान का सूचक है। सूफी हज यात्रा को इतनी अहमियत नहीं देते। कला और साहित्य के संदर्भ में सबसे महत्त्वपूर्ण बात यह है कि परंपरागत इस्लाम संगीत और नृत्य का विरोधी है, जबकि सूफी दर्शन में संगीत और नृत्य बहुत महत्त्वपूर्ण है। साधक अलौकिक अनुभूति के समय नृत्यमय मुद्राएँ करने लगता है।

'शिया और सुन्नी' परंपरागत इस्लाम की दो शाखाएँ हैं। मोहम्मद साहब के उत्तराधिकारी खलीफा माने जाते हैं। उनके चार खलीफा प्रसिद्ध हैं, जो कि इस प्रकार हैं—

(1) अबू बकर अस सिद्दीक
(2) उमर इब्न अल-खत्ताब
(3) उस्मान इब्न अफ्फान और
(4) अली इब्न अबू तालिब।

प्रारंभिक तीन खलीफा नाजायज थे, ऐसा शिया मत वालों का मानना था। वे मोहम्मद साहब के बाद अली को ही खलीफा मानते हैं क्योंकि वे मोहम्मद साहब के रिश्तेदार थे और

मोहम्मद साहब की बेटी फातिमा के पति थे सुन्नी इन चारों को मानते हैं। 10 अक्टूबर, 680 ई. में प्रसिद्ध कर्बला युद्ध हुआ। इसके बाद शिया और सुनी में मतभेद स्थायी हो गया। सूफियों की दृष्टि में शिया और सुन्नी दोनों सूफी हो सकते हैं। प्रथम खलीफा भी सूफी मिजाज के थे और चतुर्थ खलीफा ने भी सूफी जीवन का आदर्श अपनाया था। वे गरीबी में रहना पसंद करते थे। सूफियों का एक आदर्श गरीबी का जीवन भी रहा है। सूफियों का चरम लक्ष्य है परमात्मा के साथ एकमेक होना। परमात्मा और साधक में कोई भेद नहीं है। दोनों एक ही हैं। यह कहने में जितना सहज और सरल है, उतना सहज और सरल यह है नहीं। जब कोई साधक इस स्थिति पर पहुँच जाता है, तब वह मंसूर अल हल्लाज की तरह कह सकता है– 'अनलहक' अर्थात् मैं सच हूँ। इसे कट्टरपंथी लोगों ने इस्लाम का अपमान समझा और 26 मार्च, 922 को मंसूर को बगदाद में फाँसी दे दी गई। आरंभ में पारंपरिक इस्लाम और सूफी मत में बहुत संघर्ष हुआ। मंसूर के अलावा अन्य कई सूफियों को मौत के घाट उतार दिया गया था। उन्हें कड़ी शारीरिक यातनाएँ दी गई। रामपूजन तिवारी के अनुसार टर्की और फारसी कविताओं में सूफी शब्द का व्यवहार 'धर्म का ढोंग करने वाले', 'चरित्रहीन' और 'मनमानी राह पर चलने वाले' के रूप में भी किया गया है, जो इस्लाम के मान्य सिद्धांतों का अनुकरण नहीं करते।

कभी भी सूफियों ने इस्लाम का विरोध नहीं किया। वे कुरान और मोहम्मद साहब में विश्वास करते थे। सूफियों के सिलसिलों को इस आधार पर दो भागों में विभाजित किया गया है–
(1) ब–शरा अर्थात् इस्लामी सिद्धांतों का अनुसरण करने वाले
(2) बे–शरा अर्थात् जो इस्लामी सिद्धांतों से बँधे हुए नहीं थे।

इस्लाम और सूफियों के लंबे संघर्ष के बाद सूफियों ने भी अपने मत की व्याख्या कुरान के अनुसार ही करनी आरंभ कर दी थी। वे अपने मत के समर्थन में कुरान की आयतों को उद्धृत करने लगे। जहाँ पर उनका मत पारंपरिक इस्लाम से अलग है, वहाँ सूफी अपने मत के अनुरूप कुरान की नई व्याख्या भी करने लगे। आगे चलकर इस्लाम और सूफियों में आपसी मेलजोल बढ़ने लगा। इस्लामी शासकों को जब लगने लगा कि साम्राज्य का विस्तार करने और साम्राज्य को स्थायी रखने के लिए सूफी उपयोगी हो सकते हैं, तब उन्होंने सूफियों को राजनीतिक संरक्षण देना प्रारंभ कर दिया। भारत में इस्लाम के आगमन के दौर में उनका आपसी मेलजोल साफ दिखाई देता है। हालाँकि दरबार में कट्टर मौलवियों और सूफियों में तकरार होती रहती थी, परंतु यह तकरार भीतरी होती थी। दरबार के अंदर और बाहर मौलवी और सूफी दोनों सम्राट के वफादार बने रहते थे।

कालांतर में सूफियों में भी आपस में कई मतभेद उभर कर आए और उनके कई संप्रदाय बन गए, जिन्हें सिलसिले की संज्ञा दी जाती है। इनकी संख्या करीब 175 के आसपास थी। भारत में सूफियों के चार सिलसिले सक्रिय रहे, जो कि इस प्रकार हैं–
(1) चिश्ती
(2) सुहरावर्दी

(3) कादरी और
(4) नक्शबंदी।

इनमें भी चिश्ती संप्रदाय का प्रभाव भारत में सर्वाधिक रहा। निजामुद्दीन औलिया, अमीर खुसरो और बाबा फरीद का संबंध चिश्ती संप्रदाय से था। बाबा फरीद की रचनाओं का संकलन 'गुरुग्रंथ साहब' में भी किया गया है।

काव्य परंपरा की दृष्टि से देखा जाए तो सूफी मत का प्रचार-प्रसार कविता, संगीत और नृत्य के द्वारा हुआ। पारंपरिक इस्लाम ने तलवार के बल पर अपनी विजय यात्रा आरंभ की। सूफियों ने कविता के द्वारा उस विजय को मानवीय रूप दिया। इस प्रकरण में बाबा फरीद की प्रसिद्ध उक्ति है कि मुझे तलवार की जरूरत नहीं है, जो काटने का काम करती है। मुझे सुई की जरूरत है, जो जोड़ने के काम आती है। बिखरे हुए मानवीय रिश्तों को सिलने का कार्य सूफी कवियों ने किया।

सूफी उलेमाओं का विरोध करते हैं जो इस्लाम की मृत परंपराओं और रूढ़ियों का समर्थन करते हैं। सहाबुद्दीन इरकी ने इनकी तुलना करते हुए बताया है कि उलेमा समानता और भाईचारा की इस्लामी धारणा को सिर्फ मुस्लिम समाज तक सीमित रखना चाहते हैं जबकि सूफी इसका विस्तार गैर-मुस्लिम समुदायों तक ले जाते हैं। साथ ही यह भी कि मुस्लिम रहस्यवादियों ने आरंभ से ही जातीय भेदभाव, वर्गीय श्रेष्ठता और धार्मिक मतभेदों को दूर करने की कोशिश की। दरअसल सूफियों के दर्शन का मूल आधार यह मान्यता रही है कि सभी धर्म समान है। सभी अलग-अलग रास्तों से परमात्मा तक पहुँचते हैं। इसलिए इस्लामी और गैर-इस्लामी में अंतर करने से बचना चाहिए।

प्रश्न 4. भारत में सूफीमत के आगमन पर विस्तारपूर्वक चर्चा कीजिए।
अथवा
भारत में सूफी संतों के आगमन और उनके प्रभाव का मूल्यांकन कीजिए।

उत्तर— भारत में सूफी मत के आने का गहरा संबंध भारत में मुस्लिम साम्राज्य की स्थापना से है। हालाँकि इन आक्रमणों से पूर्व भी मुस्लिम धर्म-प्रचारक भारत आते रहे थे, विशेष रूप से समुद्री रास्ते से केरल में इनके आगमन का जिक्र विभिन्न इतिहासकार करते हैं। भारत पर पहली मुस्लिम विजय का श्रेय 712 ई. में मोहम्मद बिन कासिम को जाता है। उन्होंने सिंध पर अधिकार किया था। वे अरब थे। भारत पर दूसरा आक्रमण तुर्कों ने किया, जब महमूद गजनवी ने 1192 में पृथ्वीराज चौहान को परास्त किया था। भारत में विधिवत मुस्लिम साम्राज्य की स्थापना की नींव इसी से पड़ी थी।

भारत में लूट-पाट करना और धन इकट्ठा करना प्रारंभिक मुस्लिम आक्रमणकारियों का उद्देश्य था। इसलिए वे आते और ऐसे स्थानों पर अपना ध्यान केंद्रित करते जहाँ उन्हें धन मिलने की संभावना होती। उस धन को लेकर वे वापिस अपने देश लौट जाते। लेकिन बाद में, विशेष रूप से तुर्कों में भारत पर स्थायी शासन करने की महत्वाकांक्षा पनपी। वे विजित प्रदेश

के राजाओं, सैनिकों और आम जनता के सामने यह प्रस्ताव रखते कि या तो इस्लाम कबूल कर लो या फिर मरने के लिए तैयार हो जाओ। मृत्य भय से कई लोगों ने इस्लाम कबूल कर लिया। मुल्तान, सिंध और पंजाब में इस दौरान बड़ी संख्या में धर्मांतरण हुआ। तब भी कई ऐसे लोग भी सामने आए जो भय से इस्लाम स्वीकृत करने के लिए तैयार नहीं हुए। इतने लोगों का प्रमुख रूप से आम जनता का संहार करना संभव ही नहीं था।

इसके अतिरिक्त भारत में प्राचीन काल से युद्ध से संबंधित अलिखित नियम थे, जिसका पालन सभी करते थे। वह यह कि यदि शत्रु अपनी पराजय स्वीकृत कर ले तो उसे जान से नहीं मारा जाता और युद्ध बंद कर दिया जाता था। आरंभिक मुस्लिम शासकों ने देखा कि ऐसा करना राजनीतिक और कूटनीतिक दृष्टि से ठीक नहीं है। अतः उन्होंने तय किया कि युद्ध समाप्त होने के बाद भी, हिंदू शासकों द्वारा पराजय स्वीकार करने के बाद भी कत्लेआम बंद नहीं करना है तथा शत्रु दल के प्रत्येक सैनिक की हत्या कर देनी है। इसके साथ ही ये अपने सैनिकों में धार्मिक जोश भरते थे कि यह युद्ध सिर्फ अपने लिए युद्ध नहीं है, वरन इस्लाम के प्रचार के लिए युद्ध है। फिर सैनिकों को विजय के बाद विजित प्रदेश में लूटपाट करने की स्वतंत्रता थी। इससे सैनिकों को व्यक्तिगत रूप से भी धन मिलने की संभावना रहती थी। इस कारण वे प्राणपण से संघर्ष करते थे। उस काल के इतिहासकारों ने विशेष रूप से मुस्लिम इतिहासकारों ने इस कत्लेआम और लूटपाट का वर्णन किया है। लूटपाट और कत्लेआम युद्ध की अनिवार्य परिणति है जो विजेता सैनिक करते थे। अब तक युद्ध सिर्फ राजाओं के बीच होता था। जनता अपना दैनिक काम करती रहीत थी। इस लूटपाट का आम लोगों पर भी प्रभाव पड़ा।

हिंदू जनता के मन में इस कारण भय का सृजन हुआ और इस्लाम के अनुयायियों की छवि एक क्रूर, लोभी, हत्यारे की बनने लगी, जिसमें जरा भी दया, मानवीयता और सहृदयता नहीं है। यह छवि लंबे समय के स्थायी शासन के लिए अच्छी नहीं थी। जनता की घृणा पर आधारित कोई भी राज्य सुरखित नहीं हो सकता है। इस घृणा को समाप्त करना तत्कालीन शासकों की सबसे बड़ी चिंता थी। इसके साथ ही एक और प्रश्न उठ खड़ा हुआ। 'भक्ति मूवमेंट इन मेडिएवल इंडिया' में सहाबुद्दीन इराकी ने लिखा कि उस काल के भारतीय मुस्लिम शासकों के सामने धर्म और राजनीति के बीच द्वंद्व स्थापित हो गया। यह सही है कि मुस्लिम शासकों ने अपने विजय अभियान को इस्लाम के विजय अभियान के रूप में प्रचारित किया। इसी से वे अपने सैनिकों में जोश भरते थे। अदना–सा सैनिक भी यही मानता था कि कि वे मूर्तिपूजकों पर विजय प्राप्त करने, उन्हें नेस्तनाबूद करने आया है। अतः उसे अत्याचार करते हुए दया नहीं आती थी। वरन वह अपनी क्रूरता को उचित ठहरा रहा था। इसके बावजूद संपूर्ण भारतवर्ष का इस्लामीकरण नहीं हो पाया। बहुसंख्यक जनता हिंदू ही बनी रही। अब यदि धर्म के अनुसार, मोहम्मद साहब के उपदेशों के अनुसार अर्थात् हदीस और शरीआ के अनुसार शासन करते हैं तो उनका शासन खतरे में पड़ सकता है और यदि वे ऐसा नहीं कर पाते तो वे धर्म के नियमों का अनुपालन न कर पाने के दोषी होंगे। यहाँ उन्हें निर्णय लेना था और उन्होंने

धर्म के अनुसार निर्णय नहीं लिया, राजनीतिक निर्णय लिया। सभी मध्यकालीन शासक मानते थे और प्रचारित करते थे कि बादशाह धरती पर खुदा की प्रतिच्छाया है। अतः बादशाह के आदेश का पालन करना अनिवार्य है। यदि चाहे तो वह शासन के हित में शरीआ के कानूनों में ढील भी दे सकता है। इस तरह धर्म पर राजनीति का वर्चस्व स्थापित हुआ। शासन की यह समस्या मोहम्मद साहब के समय में भी आई थी। तब उन्होंने विधर्मियों को तीन भागों में विभाजित किया—

(1) अहल इ किताब अर्थात् जिनके धर्म में किताब का महत्त्व है।

(2) मुशवह अहल इ किताब अर्थात् जिनके धर्म में कुछ मान्य किताबें हैं।

(3) अन्य सभी कुफ्र और मुरिरकिन अर्थात् बहुदेववादी हैं। इस्लाम के कानूनों के जानकारों ने कहा कि पहले दो प्रकार के विधर्मियों को मुसलमानों के समान ही सुविधाएँ दी जा सकती हैं। ये लोग जिम्मी माने जाएँगे तथा उन्हें अपनी सुरक्षा के लिए जजिया कर देना होगा। मोहम्मद साहब ने ईसाइयों पर कर लगाया था।

जब मोहम्मद बिन कासिम ने सिंध पर अधिकार किया (712 ई.) तब प्रथम बार वहाँ जजिया लगाया। यहाँ के ब्राह्मणों को यह दायित्व सौंपा गया था कि वे शेष हिंदू जनता से जजिया इकट्ठा करके सरकारी खजानों में जमा करा दें। इसके बदले में ब्राह्मणों को जजिया से मुक्त रखा गया। जो ऐसा न कर पाए वह साम्राज्य छोड़कर चला जाए। 1564 ई. में अकबर ने इस जजिया की समाप्ति कर दी।

इसी राजनीतिक पृष्ठभूमि में भारतीय समाज, जीवन और राजनीति में सूफियों का प्रवेश होता है जो मानवता, प्रेम, दया और धर्म की बात करते हैं। सबकी सहायता करने के लिए तत्पर रहते हैं। शासकों को जनता और शासन के बीच संवाद की कड़ी के रूप में सूफी उपयुक्त लगे। भारत में मुस्लिम साम्राज्य की स्थापना होते–होते पारंपरिक इस्लाम और सूफी मत का विवाद भी समाप्तप्राय हो गया था। हालाँकि भारत में चार सूफी सिलसिले आए थे, लेकिन मुल्ला दाऊद के समय तक सिर्फ दो सिलसिले ही सबसे प्रभावशाली थे। इनमें भी सबसे प्रमुख चिश्तिया था। इस सिलसिले की स्थापना अबू इश्क शामी ने 940 ई. में हेरात के पास चिश्त ग्राम में की थी। इस सिलसिले को भारत में लाने का श्रेय ख्वाजा मोईनुद्दीन चिश्ती को है। इन्होंने अजमेर में इसे स्थापित किया। सुहरावर्दी सिलसिले की स्थापना 1169 ई में शेख नजीबुद्दीन अब्दुल क्वाहिर सुहारावर्दी ने सुहरावर्दी गाँव में की। इन्होंने अपने बहुत से शिष्यों को भारत भेजा। उनमें से शेख बहाउद्दीन जकारिया ने मुल्तान और सिंध में इसे स्थापित किया। इसके बाद फिरदौसी, कादरी और नक्शबंदी सिलसिले भारत आए। सूफी संत हालाँकि पारंपरिक इस्लाम को पूरी तरह से नहीं मानते थे। तलवार के बल से इस्लाम के प्रचार में भी उनका यकीन नहीं था। वे मानते थे कि जो काम तलवार के बदल से नहीं हो सकता, वह प्रेम से स्वतः हो जाता है। इसलिए भारत में मुस्लिम इतिहास के जानकारों का मत है कि सूफियों के प्रेम और जादू तथा शासकों की तलवार से भारत में इस्लाम का प्रचार–प्रसार हुआ और मुस्लिम साम्राज्य को स्थायित्व प्राप्त हुआ। इसके साथ ही यह भी तथ्य

है कि भारत में बसे हुए सारे सूफी इस्लाम के मत को, पवित्र कुरान और मोहम्मद साहब को मानते थे। सभी सूफी मुस्लिम बादशाहों के अधीन थे। अपनी रचनाओं में उन्होंने शाहे-वक्त के रूप में मुस्लिम बादशाहों की वंदना कर रखी है। किसी ने उनकी कभी आलोचना नहीं की। वे कभी किसी हिंदू राजा के अधीन नहीं हरे। इसके अलावा उन्होंने बादशाह की सर्वसत्ता की सदा वकालत ही की है।

सूफियों की कार्य प्रणाली का सैय्यद अथर अब्बास रिजवी ने विवरण देते हुए लिखा है कि इस्लाम में नवदीक्षित भारतीयों को सूफी यह समझाने में सफल रहे कि अली दरअसल विष्णु का ही दसवाँ अवतार हैं, आदम शिव का दूसरा रूप हैं और मोहम्मद साहब तो दरअसल ब्रह्मा हैं। इस तरह यह इस्लाम गैर नहीं है। अपना ही है। परिवर्तित रूप में हिंदू ही है। अपने मत के समर्थन में उन्होंने कई अतिरंजित कहानियों को विश्वसनीय रूप में प्रचलित किया जिससे सूफियों की अतिमानवीय शक्तियों पर विश्वास जमाया जा सके। उदाहरण के तौर पर, निजामुद्दीन औलिया की खिड़की पर रोज रात में एक ऊँट आता था, जिस पर बैठकर वे रात भर में मक्का चले जाते थे और सुबह होने से पहले वापिस आ जाते थे। एक बार बाबा फरीद की माँ धार्मिक पूजा कर रही थीं। इतने में कुछ चोर घर में घुस गए। चारों ने देखा कि एक औसत पूजा कर रही है। तत्काल वे अंधे हो गए। फिर चारों ने क्षमा माँगी तब माता ने उन्हें दृष्टि वापिस दे दी। इस चमत्कार से प्रभावित होकर उन चोरों ने इस्लाम कबूल कर लिया। रामपूजन तिवारी ने इनके चमत्कारों के बारे में लिखा है–"सूफियों ने जनता में ऐसा विश्वास फैला दिया था कि भगवान ने उन्हें ऐसी शक्ति दी है कि वे अपनी इच्छा के अनुसार संसार के एक कोने से दूसरे कोनों में क्षणभर में चले जा सकते हैं। संसार की दृष्टि से एक क्षण में ओझल हो सकते हैं और एक ही क्षण में सामने आ उपस्थित हो सकते हैं। वे एक क्षण में हजारों मील की यात्रा कर अन्य स्थानों पर पहुँच सकते हैं। पानी पर सहज भाव से चल सकते हैं। पहाड़ों की चोटियाँ उनके मार्ग में किसी प्रकार की बाधा नहीं पहुँचा सकतीं। साधारण मनुष्यों के लिए जो असंभव है, उसमें उनकी अबाध गति है। वे अपनी अलौकिक शक्ति से वर्षा कर सकते हैं, जड़ वस्तुओं से जो बेजान हैं, बातें कर सकते हैं, भविष्य की बातों को देख सकते हैं और भविष्यवाणी कर सकते हैं। एक ही समय में अनेक स्थानों पर दिखाई पड़ सकते हैं, मृतकों को जिला सकते हैं, मुँह से फूँककर बीमारी भगा सकते हैं। मिट्टी को सोना बना सकते हैं। ऐसे स्थानों पर जहाँ भोजन की सामग्री, जल आदि न हो, वहाँ अपनी अलौकिक शक्ति के बल से ऐसी खाद्य वस्तुओं को मंगा सकते हैं। इस प्रकार के अनेक कार्य वे कर सकते हैं जिनकी गिनती करना संभव नहीं। इन चमत्कारों के संबंध में नाना प्रकार की कहानियाँ प्रचलित हैं और जिस संत की जितनी अधिक प्रसिद्धि है, उसके नाम के साथ और भी अधिक कहानियाँ जुड़ी हुई हैं।"

इन अतिरंजित कहानियों के साथ भारतीय सिद्धों और योगियों से उनकी टकराहट के भी कई किस्से प्रचलित किए गए, जिनमें सूफियों के चमत्कार विजयी रहे। कहने की आवश्यकता नहीं है कि सूफी मत के प्रचार–प्रसार में इन अलौकिक चमत्कार कथाओं की भी बड़ी भूमिका

रही है। इस्लाम का आधिकारिक धार्मिक केंद्र मस्जिद होती है। यहाँ मौलवी रहता है। सूफी मस्जिद में नहीं रहते। उनके रहने का स्थान खानकाह कहलाता है। कहते हैं कि प्रथम सूफी अबू हाशिम थे। उनके रहने की कोई जगह नहीं थी। अतः उनके रहने के लिए किसी ईसाई ने उन्हें खानकाह बनाकर दी। फिर जहाँ भी सूफी रहने लगे, वहाँ खानकाह बनाकर रहे। इसके लिए उन्हें अनुदान मिला करता था।

भारत में जो व्यापारी अरब से आते थे, वे इन खानकाहों में ठहर सकते थे। वे भी आर्थिक अनुदान द्वारा इनकी मदद करते थे। कई सरकारी कर्मचारी, राजकुमार और व्यापारी उन्हें चंदा देते थे। सूफियों ने अपने आपको साम्राज्य की छाया में बचाकर रखा। चिश्ती संप्रदाय में अमीर खुसरो के अलावा किसी ने भी राजदरबार में नौकरी नहीं की। चिश्ती संप्रदाय के प्रसिद्ध संत मोईनुद्दीन चिश्ती ने उनके प्रिय शिष्य हम्मीद्दीन नागौरी को सूफी साधना के मार्ग के बारे में बताया। सैयद अथर रिजवी ने इन नौ रास्तों का जिक्र किया है जो चिश्ती मानते रहे हैं–

(1) सूफी को कभी पैसा नहीं कमाना चाहिए।

(2) उसे किसी दूसरे से पैसा उधार नहीं लेना चाहिए।

(3) अगर उसने कुछ नहीं खाया है तब भी उसे न तो किसी को बताना चाहिए और न किसी की मदद लेनी चाहिए। कम से कम सात दिनों तक तो ऐसे ही रहना चाहिए।

(4) यदि उसे अधिक मात्रा में खाने की वस्तु, रुपए, अनाज या कपड़े मिल गए हों तो उसे अगले दिन के लिए संभाल कर नहीं रखना चाहिए।

(5) उसे किसी को शाप नहीं देना चाहिए। यदि कोई उसे दु:खी करता है तब भी खुदा से उसके लिए प्रार्थना करनी चाहिए कि वह शत्रु को सही रास्ता दिखाए।

(6) यदि किसी से कोई भलाई का काम हो जाए तो एसे यह मानना चाहिए कि यह कार्य पीर की दयालुता या रसूल मोहम्मद साहब के द्वारा दैवी कृपा से हो गया है।

(7) यदि किसी से कोई बुरा काम हो जाए, इसकी जिम्मेदारी लेनी चाहिए और इस बुरे काम से बचने के लिए खुदा से प्रार्थना करनी चाहिए और आइंदा से ध्यान रखना चाहिए कि ऐसा बुरा काम फिर न हो।

(8) इन सबका पालन करने के लिए नियमित रूप से दिन में उपवास रखना चाहिए और रात में खुदा की प्रार्थना करते रहना चाहिए।

(9) उसे हमेशा शांत रहना चाहिए और जब जरूरी हो तभी बोलना चाहिए। शरीआ के अनुसार अतिरिक्त बोलना और चुप रहना दोनों गैर–कानूनी है। उसे ऐसे शब्द बोलने चाहिए जिससे खुदा प्रसन्न हो।

इन सूफियों का कहना है कि भूखे को खाना खिलाना और असहाय व्यक्ति की सहायता करना ही सबसे बड़ी पूजा है। ख्वाजा के अनुसार खुदा के मित्र को समुद्र की तरह उदार, सूर्य की तरह दयालु और पृथ्वी की तरह विनम्र होना चाहिए। सूफियों की इन मान्यताओं का भारतीय जनता पर जबर्दस्त नैतिक प्रभाव पड़ा। उन्होंने भारतीय समाज की बहुभाषिकता और बहुधार्मिकता का आदर करते हुए गरीबी को वैभव के रूप में अपनाया।

प्रश्न 5. सूफी काव्य–परंपरा पर प्रकाश डालिए।

अथवा

भारतीय सूफी काव्य के ऐतिहासिक योगदान पर प्रकाश डालिए।

उत्तर– पद्मावत के अनुसार जायसी से पूर्व–स्वप्नावती, मुग्धावती, खंडरावती, मधुमालती और प्रेमवती काव्य लिखे जा चुके थे। किंतु उपलब्ध सूफी प्रेमाख्यानों में से काल–क्रमानुसार सर्वप्रथम रचना "चन्दायन" ही समझी जाती है। इसका रचना–काल सन् 1377 या 1379 ई. (सं. 1434–1436) जान पड़ता है। तब से अर्थात् चौदहवीं शताब्दी से लेकर लगभग आज तक छः सौ वर्षों के समय तक सूफी काव्यों की रचना होती रही है। इन रचनाओं के क्रमिक विकास के अनुसार हम इस दीर्घ अवधि को तीन युगों में विभाजित कर सकते हैं।

(1) आदि काल (ई. सन् की चौदहवीं शती के उत्तरार्ध से लेकर 15वीं शती के अंत तक)

(2) मध्ययुग (ई. सन् की सोलहवी शती से लेकर 18वीं शती के अंत तक)

(3) उत्तर काल (19वीं शती से लेकर बीसवीं शती की आज तक की अवधि तक)

(1) आदि काल–इस काल की एकमात्र उपलब्ध रचना 'चन्दायन' है। हम केवल उसी के आधार पर तत्कालीन सूफी काव्यों की प्रवृत्तियों का अनुमान लगा सकते हैं। उन दिनों केवल घटनाओं के विवरण को महत्त्व दिया जाता था तथा नायकों के अलौकिक बल, वीर्य, दैवी शक्ति की सहायता एवं चमत्कारपूर्ण प्रसंगों का समावेश किया जाता था। इस काल में प्रमुख रूप से दो रचनाएँ उल्लेखनीय हैं–

मुल्लादाऊद कृत 'चन्दायन' तथा शेख कुतबन कृत 'मृगावती'।

मुल्लादाऊद अल्लाउद्दीन के समय में हुए। इनकी रचना चन्दायन की कथा प्रचलित एक लोक गाथा है। इसके पात्र एवं घटना निम्न वर्ग के समाज के साथ संबद्ध हैं। इसमें शुभाशुभ शकुन, जादू–टोना और मंत्रादि का भी उल्लेख है। घटना वर्णन पर अत्यधिक बल दिया गया है। इसकी भाषा और रचना–शैली सीधी–सादी है।

शेख कुतुबन की मृगावती भी एक प्रेम कहानी को लेकर चलती है। इसका नायक राजकुमार है। नायिका भी इसी कोटि की है। यहाँ नायिका को उड़ने की विद्या में निपुर्ण बताया गया है। वह न केवल अपने प्रेमी को धोखा दे सकती है, अपितु अपने पिता का देहांत हो जाने पर उसकी जगह राज्य का भार भी संभालने लग जाती है। इसमें भी कौतूहलवर्धन के लिए घटनाओं पर अत्यधिक बल है। लेखक शैली के प्रति अपेक्षाकृत कुछ अधिक सतर्क रहा है।

रंजन का समय मुल्लादाऊद के बाद आता है। 'प्रेमवनजीव निरंजन' इनकी रचना कही जाती है, जायसी ने इसे शायद प्रेमावती के नाम से अभिहित किया है।

(2) मध्य युग–सूफी प्रेम काव्यों का यह स्वर्ण युग है। श्री परशुराम चतुर्वेदी के शब्दों में "इस काल के प्रथम सौ वर्षों में हमें वस्तुतः पूर्वकालीन बातों की ही आवृत्ति, उन पर आश्रित काव्य–सौंदर्य एवं रचना–चातुर्य की विविध अभिव्यक्तियों के साथ दिख पड़ती है। फिर उसके दूसरे सौ वर्षों में हमें इनके पात्रों के क्षेत्रों के अंतर्गत कुछ अधिक व्यापकता आ गई लक्षित होती हैं और इनके पात्रों के स्वभावादि में भी आ गए कुछ न कुछ परिवर्तनों के दर्शन होने

लगते हैं तथा इसी प्रकार कभी इनमें फारसी साहित्य से उधार ली गई कतिपय बातों का अंतर्भाव भी प्रकट होने लग जाता है। इसके अंतिम दो सौ वर्षों में तो हमें इस बात के भी प्रमाण अच्छी मात्रा में मिलने लगते हैं कि सूफियों की इस रचना–पद्धति का मूल उद्देश्य वस्तुतः सांप्रदायिक ही रहा होगा।"

मलिक मुहम्मद जायसी का पद्मावत सूफी काव्य–परंपरा में एक जगमगाता रत्न है। इनकी रचना मृगावती के 17 वर्ष बाद में हुई। यह एक प्रौढ़ रचना है, इसमें काव्य–सौंदर्य की एक अनुपम छटा है। इस ग्रंथ का विस्तृत परिचय आगे चलकर दिया जाएगा।

मंझन की रचना मधुमालती में नायक राजकुमार है और नायिका राजकुमारी है। इन दोनों का प्रेम संबंध परियों के द्वारा संपन्न होता है। परियाँ राजकुमार मनोहर को मधुमालती की चित्रसारी में रातों–रात पहुँचा देती हैं और फिर उसे लौटा भी जाती है। मधुमालती माँ के शाप से चिड़िया के रूप में बदल जाती है। राजकुमार राज्य छोड़कर जोगी बन जाता है। इस कहानी के अध्ययन के पश्चात् कहा जा सकता है कि रचयिता ने जायसी की अपेक्षा कुतुबन के आदर्श का पालन अधिक रुचि से किया है।

उसमान की चित्रावली में घटना विस्तार पर अपेक्षाकृत अधिक बल दिया गया है। चित्रावली की कथा का आरंभ शीघ्र नहीं होता। इसका नायक चित्रावली का चित्र देखकर एक अपना चित्र भी बना देता है। नायक और नायिका के मिलन–कार्य में एक दूत का उपयोग किया गया है। एक मंदिर में दोनों का मेल होता है। घटना–विस्तार–प्रियता के कारण नायक को जंगल में पहुँचा दिया जाता है, वहाँ उसे अजगर निगल जाता है। एक बार उसे हाथी की चपेट भी सहनी पड़ती है। इसके सिवाय नाटक को एक अन्य नायिका से विवाह भी करना पड़ जाता है। अंत में कथा को सुखांत बना दिया गया है। यह रचना बहुत कुछ पद्मावत के ढंग पर रचित दिख पड़ती है। इसमें एक बात और भी नई है कि इनके जोगी अंग्रेजों को भी देख आए थे। इसी समय में रचित जलालुद्दीन के ग्रंथ "जमाल पच्चीसी" की एक हस्तलिखित प्रति उपलब्ध हुई है। इसकी कविता साधारण सी है।

उसमान के समसामयिक कवि जान ने अनेक छोटे–बड़े ग्रंथों की रचना की। उन्होंने उनमें कई नवीन बातों का भी समावेश कर दिया है। उन्होंने अपनी "रत्नावती" रचना के संबंध में बतलाया है कि वह किसी रूम निवासी महागुनी राय द्वारा महमूद गजनबी के लिए कहीं गई अद्वितीय कथा का भारतीय रूप है। मधुकर मालती नामक अपनी रचना के संबंध में उसने दास–प्रथा, हारू–रशीद, तुर्किस्तान और अरमनी आदि का उल्लेख किया है। कवि ने अपनी रचनाओं के लिए जहाँ एक ओर प्रसिद्ध भारतीय पौराणिक कथा नल–दमयंती को चुना वहाँ दूसरी ओर "लैला मजनू" तथा "कथा खिजरबाँ साहिजादे' को चुना। कथा कहने में ये अत्यंत निपुण थे। ये फतेहपुर (जयपुर) के निवासी थे।

उसमान के अन्य समकालीन कवि शेख नवी ने "ज्ञान दीप" नाम की रचना की सृष्टि की। इस रचना में कवि ने बिल्कुल भारतीय प्रेम–परंपरा का पालन किया है। इसमें कहीं–कहीं सामी प्रभाव भी आ गया है। इस ग्रंथ में राजा ज्ञानदीप और रानी देवयानी की प्रेम कथा का वर्णन है। इस युग में कवि अहमद हुए। इनके दोहे, सोरठे आदि अत्यंत उत्तम बन पड़े हैं।

इधर हिंदवी या दक्खिनी हिंदी के साहित्य के इतिहास से पता चलता है कि यह काल वहाँ प्रेमाख्यान रचने के लिए स्वर्ण युग बन गया था। इसी समय वहाँ के प्रसिद्ध कवि गवासी, वजही, तबई और हाशमी ने सीमा कथाओं को लेकर अथवा उनके आदर्शों पर अपनी मसनवियाँ लिखीं। मुकीमी नुसरती और गुलाम अली ने भी इसी कार्य को पूरा किया। इन रचनाओं का प्रभाव उत्तर भारत के सूफियों पर भी पड़ा। उदाहरणार्थ "अनुराग बाँसुरी" की रचना करते समय नूर मुहम्मद ने मुल्ला वजही के ग्रंथ "सब रस" का अनुकरण किया। कासिम शाह ने अपने "हंस जवाहर" नामक ग्रंथ को लिखते समय बहुत कुछ गवासी के "सेफुल्मुलक" का अनुसरण किया है। शेख निसार ने भी हाशमी के युसुफ जुलेखां को अपनी कथावस्तु का आधार बनाया। इन सूफी कवियों में एक नई प्रवृत्ति काम करने लग गई थी। नूर मुहम्मद ने अपनी "अनुराग बाँसुरी की रचना इसलिए की थी कि वह कदाचित् संखवाद की रीति को मिटाने में समर्थ हो। उनका स्पष्ट शब्दों में कहना है कि "मेरी इस हिंदी रचना का कोई विपरीत अर्थ न लगाए, क्योंकि मैं इसके द्वारा हिंदू मार्ग पर नहीं चल रहा हूँ।"

(3) उत्तर युग—इस युग में कोई अधिक संख्या में सूफी प्रेमाख्यानों का प्रणायन नहीं हुआ।

प्रश्न 6. 'चंदायन' की कथावस्तु का वर्णन कीजिए।

उत्तर— सूफी प्रेमाख्यान का प्रस्थान बिंदु 'चंदायन' को माना जाता है। यहाँ सूफी शब्द जुड़ने मात्र से 'चंदायन' को रहस्य, दर्शन और आध्यात्म का पुँज समझने का मर्म नहीं होना चाहिए। सूफी तत्ववाद की दार्शनिक परिभाषा से अलग इसे साहित्यिक कृति के रूप में पढ़ने और समझने की जरूरत है। आध्यात्मिक अवस्था में 'चंदायन' का साहित्यिक पाठ संभव नहीं है। लेकिन आध्यात्मिकता का आवरण उतरते ही उसमें से मानवीय जीवन की गहरी अनुभूति का साक्ष्य हमारे समक्ष उपस्थित होता है। उसमें परिवार, समाज विचार–जीवन–पद्धति के साथ–साथ भाव आवेग सौंदर्य और शृंगार का मार्मिक उद्घाटन है। इसमें कवि दाऊद ने संपूर्णता में मनुष्य को तलाशने का प्रयत्न किया है। इसलिए जीवन और समाज के भिन्न–भिन्न पड़ाव को निपट अनुभव में समेटना और उसकी निरछल प्रस्तुति ही सूफी काव्य परंपरा में इसे अपनी पहचान देती है। चन्दायन प्रेमाख्यान परंपरा का दूसरा काव्य है। इसकी कथावस्तु निम्नवत् है–

गोवर में महर सहदेव के घर पद्मिनी जाति की सुंदर कन्या के रूप में चाँदा का जन्म हुआ। वह बारह मास की हुई तभी से उसके सौंदर्य की ख्याति सर्वत्र फैल गई। जब वह चार वर्ष की हुई, जहत नाम के सजातीय ने अपने पुत्र बावन के साथ उसका विवाह करने के लिए कहलाया। महर ने प्रस्ताव स्वीकार कर लिया। धूम–धाम से बारात आई और विवाह हुआ। विवाह के बारह वर्षों के बाद जब सोलह वर्ष की हुई, उसको अपने पति सिउहर के संबंध में दुख होने लगा। वह कद में छोटा (बावन) तथा एक आँख से काना था। वह गंदगी से रहता था एवं चाँदा से दाम्पत्य संबंध न रखता था। चाँदा संदेश भेजकर अपने मायके चली गई।

बाजुर नाम का एक भिक्षुक गोवर आया। वह गा–बजाकर पेट भरने के लिए भिक्षा माँगता फिरता था। एक दिन वह चाँदा को देखते ही मूर्च्छित हो गया। वह दंड–भय से वहाँ से भाग निकला। एक मास बाद वह रूपचंद के नगर राजपुर में पहुँचा। बाजुर ने राजा रूपचंद्र से चाँदा के रूप की प्रशंसा की। इस पर राजा रूपचंद ने गोवर पर आक्रमण करने का आदेश दिया। उसने गोवर को जा घेरा।

महर ने राव रूपचंद्र के पास बसीठ भेजे। उनके पूछने पर राव रूपचंद्र ने बताया कि चाँदा का विवाह उसके साथ कर दिया जाए, वह इसलिए आया था। महर कुँबरू और धँवरू के विचारानुसार युद्ध के लिए प्रस्तुत हुआ। महर की तरफ से कुँबरू आगे बढ़ा, रूपचंद की ओर से वीरबांठा आया। बांठा के आक्रमण के कुँबरू धराशायी हुआ। अब घँवरू आगे आया, वह भी बांठा के प्रहार से धराशायी हुआ। इन दोनों के गिरने से महर के योद्धा भयभीत हो गए। यह देखकर महर ने लोरिक के पास संदेश भेजा। लोरिक युद्ध में भाग लेने के लिए तैयार हो गया। लोरिक को माता तथा स्त्री मैना ने रोका, किंतु फिर उन्होंने उसे प्रसन्नतापूर्वक विदा दी। इसके बाद लोरिक अपने गुरु अजई के पास गया। लोरिक उससे शस्त्रास्त्र–संचालन की युक्ति लेकर विदा हुआ। लोरिक महर की सेवा में उपस्थित हुआ। लोरिक के युद्ध में उतरते ही महर की सेना लौट पड़ी और वहाँ डटकर स्थित हो गयी। अब रूपचंद्र की इच्छानुसार एक–एक से एक–एक का युद्ध होने लगा। जब बाँठा युद्ध मैदान में आया तो महर ने लोरिक से उसका सामना करने का अनुरोध किया। लोरिक के सामने बाँठा टिक न सका। वह भाग खड़ा हुआ। लोरिक के सामने रूपचंद्र की सेना नहीं टिक पायी। रूपचंद्र सेना सहित भाग गया। इस विजय का महर ने उत्सव मनाया। उसने लोरिक को एक हाथी पर चढ़ाकर नगर भर में घुमाया। चांदा ने अपने धवल गृह पर से उसका दर्शन किया। उसे देखते ही वह लोरिक से स्नेह से अभिभूत हो गयी। उसकी धाय बृहस्पति ने इस प्रकार रोमांच में आने का कारण पूछा, तो चांदा ने बताया और उससे पुनः लोरिक को दिखाने का अनुरोध किया। इसके लिए बृहस्पति ने उस विजयोत्सव के संदर्भ में पिता से एक वृहद ज्यौनार आयोजित कराने का सुझाव दिया जिसमें लोरिक को आमंत्रित किया गया।

चांदा के अनुरोध पर महर ने एक बड़े ज्यौनार का आयोजन किया। लोरिक एवं नगर निवासी इस भोज में सम्मिलित हुए। श्रृंगार करके धवल गृह पर खड़ी चांदा पर लोरिक की दृष्टि पड़ी वह चांदा के सौंदर्य से अभिभूत होकर सुधि–बुधि खो बैठा। उसे किसी तरह उसके घर पहुँचाया गया। लोरिक अपने घर में बीमार पड़ा रहा। वैद्यों ने बताया कि वह काम–विद्ध था। संयोगवश बृहस्पति उसके घर गयी। उसने बृहस्पति से पूरी बात बतायी तथा चांदा से मिलाने का अनुरोध किया। बृहस्पति ने यह युक्ति बतायी कि वह तपस्वी के रूप में मंदिर में रहे तो देवदर्शन के बहाने उस मंदिर में चांदा को लाकर उससे मिला देगी। चांदा ने जैसे ही मंदिर में कदम रखा, तपस्वी अचेत हो गया और चांदा वापस चली गई। घर जाकर चांदा अनमनी हो रही थी। बृहस्पति ने उससे तपस्वी को उबारने की बात कही। चांदा ने उससे कहा कि वह तो उसी दिन लोरिक की हो चुकी थी जिस दिन से उसने उसे देखा था। बृहस्पति ने

चांदा के कथानुसार जाकर लोरिक को सांत्वना दिया। लोरिक उसके पैरों पर गिरकर चांदा से मिलाने का अनुरोध करने लगा। अब लोरिक इधर–उधर भटकता रहता था, घर में नहीं आता था। चांदा ने लोरिक से मिलाने के लिए बृहस्पति से कहा। बृहस्पति वन–खंड में जाकर लोरिक से मिली, और उसने चांदा के धवल गृह पर किसी युक्ति से चढ़कर उससे मिलने की राय दी। लोरिक ने रात में जाकर चांदा के धवल गृह पर बरहा फेंका। वह बरहे के सहारे धवल गृह पर चढ़ गया। दोनों के बीच प्रेमालाप हुआ। दिन हुआ तो चांदा ने उसे शैय्या के नीचे छिपा दिया। दूसरी रात को कुछ बातचीत होने के बाद दोनों शैय्या में मिले और कामतृप्ति का लाभ कर अपूर्व हो गए। दूसरे दिन भी चांदा ने लोरिक को शैय्या के नीचे छिपा रखा। जब पुनः रात्रि हुई तो चांदा ने अमृत छिड़ककर उसको जीवित किया। लोरिक वहाँ से भाग निकला। चांदा ने धवलगृह पर चढ़कर देखा कि लोरिक अपने घर पहुँच गया था। फिर उसने ग्रह–नक्षत्रों की स्थिति को देखकर समझ लिया कि दोनों गंगा को पारकर जब हरदी जाएँगे तभी वे मिल सकेंगे।

चांदा–लोरिक का वह प्रेम–प्रसंग गोपित न रह सका। मैना ने सुना तो लोरिक से सांकेतिक रूप में उसने अपनी व्यथा कही। खोलिन ने बुरा–भला कहकर लोरिक मैना में मेल कराया। आषाढ़ आने पर चांदा गोवर की अन्य स्त्रियों के समान मनोकामना पूर्ति के अभिप्राय से सोमनाथ की पूजा के लिए अपनी सखियों के साथ मंदिर में गयी। अपनी सखियों की टोली लेकर मैना भी वहाँ पहुँच गयी। जब चांदा और मैना मिली, उनमें विवाद छिड़ गया। उनमें हाथपायी की नौबत आ गयी। मैना ने चांदा की चीर पकड़कर खींचा तो वह विवस्त्रा हो गयी। तब तक लोरिक आ पहुँचा। उसने दोनों को समझा–बुझाकर शांत किया और दोनों को अंकवारों में भरा। चांदा इस प्रसंग से दुखित होकर घर गयी। अब उसके मुख पर ऐसा कालिख लग गया जो धोया नहीं जा सकता था। मैना हँसती हुई घर आयी, क्योंकि उसने चांदा का पानी उतार दिया था। चांदा ने समझ लिया कि इस अपवाद के बाद उसका गोवर में रहना ठीक नहीं है। उसने बृहस्पति से लोरिक को कहलाया कि वह रातों रात उसको लेकर निकल भागे, नहीं तो सबेरा होते ही वह विष खाकर प्राण त्याग देगी। चांदा के मानने पर लोरिक ने पंडित से दूसरे दिन का मुहूर्त लेकर प्रस्तान करने का वचन दिया। सबेरा होते ही लोरिक ने पंडित से मुहूर्त लिया। रात होने पर लोरिक बरहे की सहायता से धवल गृह पर चढ़ गया, चांदा पहले से तैयार बैठी थी। दोनों अपनी यात्रा पर निकल पड़े। दस कोस चलकर लोरिक भाई कुँबरू ने कहा—लोरिक तुमने यह अच्छा न किया। कार्तिक मास की ऋतु का उत्सव मनाकर हम लौट आएँगे। हम हरदीं के मार्ग पर हैं विदा दो। संध्या होने पर वे गंगा के तट पर पहुँच कर वृक्ष के नीचे सो रहे। नाव द्वारा दोनों गंगा पार कर गए। पीछा करता हुआ बावन नदी तट पर आ पहुँचा। बावन लोरिक को उस पार देखकर नदी में कूद पड़ा। जब उसने नदी पार की, चांदा लोरिक चार कोस आगे जा चुके थे। बावन दौड़कर दस कोस पर उन्हें पकड़ लेता है। बावन ने क्रमशः तीन बाण छोड़े किंतु लोरिक सुरक्षित रहा। उसने धनुष फेंक दिया और दोनों को श्राप दिया। बावन ने कहा कि लोरिक तुम यमपुर में राज्य करोगे और चांदा को साँप

डसेगा। वे दोनों आगे बढ़े। जब वे कलिंग के राज्य में पहुँचे, उन्हें वोदई नाम का एक कर वसूलने वाला मिला, जो कर के रूप में चांदा को माँगने लगा। लोरिक अर्थ कर देने लगा, लेकिन उसने उसे स्वीकार न किया। लोरिक और चांदा युद्ध के लिए तैयार हो गए। उन्होंने विपक्ष के सभी लोगों को मार गिराया। वोदई ने लोरिक को पहचानकर जीवन दान माँगा। वोदई राजा के पास पहुँचा एवं उसने सारी घटना सुनाई। राजा ने सयानों की बात मानकर लोरिक–चांदा को आदरपूर्वक बुलाया राजा ने उन्हें घोड़े पर बिठाकर विदा किया। लोरिक और चांदा कलिंग देश में ही एक ब्राह्मण के घर ठहरे। वे फूलों की शैय्या बिछाकर सोये। खा पीकर जब वे सो गए, तो रात्रि के अंतिम प्रहर में एक विषधर आ निकला और उसने चांदा को डस लिया। एक गुणी ने जाकर मंत्र का उच्चारण करके जैसे ही पानी छिड़का, चांदा चेत में आ गयी। लोरिक ने चांदा के और अपने आभरण एवं बहुमूल्य पदार्थ गुणी को दे दिए। चौदह कोस आगे बढ़ने पर वे हरदीपाटन पहुँचे। वहाँ के राजा छेदम ने उनके रहने की व्यवस्था कर दी। एक वर्ष माह तक दोनों ने वहाँ सुखपूर्वक निवास किया। इधर मैना लगातार रोती और लोरिक का इंतजार करती रहती। वह उन पथिकों का मार्ग देखती रहती जिनसे उसे लोरिक का कुशल समाचार मिल सकता। एक दिन उसने एक टांडे (सार्थ) के आने की बात सुनी। खोलिन ने उसके नायक को बुलाकर पूछा कि वह कहाँ का निवासी है और कहाँ जा रहा है। उसने बताया कि वह गोवर का है, सुरजन उसका नाम है और वह हरदीपाटन जा रहा है। मैना ने उससे बताया कि उसका स्वामी एक वर्ष से एक अन्य स्त्री चांदा के साथ हरदीपाटन में रह रहा है। उसी के पास वह संदेश भेजना चाहती है। उसने उससे सावन मास से लेकर आषाढ़ के बरस–दिन के कष्टों का वर्णन किया। चार मास तक चलने पर टांडा हरदीपाटन पहुँचा। सुरजन ने लोरिक से कहा, 'तेरा भाई कुबरूँ, तेरी माता, तेरे कुटुम्बी एवं तेरी पत्नी मैना सभी तेरी बाट देख रहे हैं, मैना तो तेरी विरह ज्वाला में सबसे अधिक जल गई है। मैना का संताप सुनकर लोरिक रोने लगा, और दूसरे दिन उसके साथ स्वदेश के लिए प्रस्थान करने को तैयार हो गया। चांदा ने गोवर जाने से उसे बहुत रोका किंतु लोरिक ने उसकी एक न सुनी। पचास कोस चलकर गोवर के निकट देवहाँ में लोरिक–चांदा उतरे। प्रातः काल लोरिक ने एक माली को बुलाया तथा उसे कुछ फूल देकर गोवर में भेजा। वह घर–घर में फूल देता फिरा किंतु जब वह मैना के पास पहुँचा तो उसने यह कहकर फूल स्वीकार नहीं किया कि उसका 'पति परदेश गया हुआ है। फिर भी हठपूर्वक माली ने उसके गले में एक पुष्प की माला डाल दिया। उससे मैना को कुछ वैसी गंध मिली जैसी उसे केवल लोरिक के हाथों में लाए हुए फूलों में मिलती थी। वह रोते हुए उससे पूछने लगी कि उसका परदेशी प्रिय कहाँ पर आया हुआ है। माली ने कहा कि विभिन्न स्थानों से आए हुए परदेशी वहाँ ठहरे हुए थे। संभव था कि उनसे उसके प्रिय परदेशी को कोई समाचार मिल जाता, यदि वह सवेरे ही दूध बेचती हुई वहाँ आ जाती। लोरिक ने माली द्वारा उसे वहाँ आने के लिए प्रेरित कर ग्वालिनों से दूध दही लेने का प्रबंध किया। जो ग्वालिनें आयी उनके सिर में सिंदूर डलवा कर और उनसे दूध–दही लेकर उन सभी को दूध–दही का दस गुना दाम देने के लिए कहा। लेकिन मैना सिंदूर कराने के लिए तैयार नहीं

हुई। उसने कहा, उसका पति हरदी गया हुआ था और उसके न होने से उसे इस प्रकार की साध नहीं होती। चांदा उसे अपने साथ पलंग पर बिठाने लगी, लेकिन मैना दूसरे दिन आने का वचन देकर चली गई। दूसरे दिन वह पुनः और महरियों के साथ आयी। चांदा से बात–चीत करते हुए वह उसे पहचान गयी और आपस में झगड़ने लगीं। लोरिक ने दोनों को शांत किया। मैना रात वहीं रूक गयी। रात्रि में लोरिक ने उसके पास जाकर उसकी मनुहार की। गोवर में यह अपयश की बात फैल गयी कि मैना पिछली रात को किसी परदेशी के साथ रह गई थी। खोलिन यह समाचार अजयी के पास लेकर गई, तो उसके आघात से ज्यों ही लोरिक का टाटर–टूटा, अजई लोरिक को पहचान गया। उसने लोरिक को अंकों में भरा और घर चलने के लिए कहा। लोरिक घोड़े पर चढ़कर घर गया। वह माता के चरणों में पड़ा और उससे क्षमा याचना की। खोलिन दोनों बहुओं को घर के भीतर ले गयी। गीत गाए गए और बधावे हुए। खोलिन ने लोरिक की अनुपस्थिति में मांकर के अत्याचारों का वर्णन किया। उसने मांकर द्वारा कुंबरू के मारे जाने का समाचार लोरिक को बताया।

इसके आगे की रचना का अंश अनुपलब्ध है। लोकगाथा रूप के अनुसार–"यह समाचार सुनकर लोरिक मांकर के घर जाता है। उसे युद्ध के लिए ललकारता है। युद्ध में मांकर मारा जाता है। इसके बाद मांकर के बेटे देवसिया से उसका युद्ध होता जिसमें एक क्षेत्रीय रूप में लोरिक मारा जाता है। एक दूसरे क्षेत्रीय रूप के अनुसार लोरिक विजय प्राप्त करता है। किसी अन्य कारण से वह काशी जाकर अपने चारों ओर उपले जलाकर (करसी–सीझकर) जल मरता है।"

प्रश्न 7. 'चंदायन' की प्रेम पद्धति पर प्रकाश डालिए।

अथवा

'चंदायन' में अभिव्यक्त प्रेम के स्वरूप की चर्चा कीजिए।

अथवा

चंदायन तथा अंध सूफी काव्यों की प्रेम पद्धति का अंतर बताइए।

उत्तर– 'चंदायन' एक नितांत मौलिक प्रेम कहानी है। इसी कारण फारसी के साथ–साथ यह भारतीय प्रेम कथा से भिन्न है। दाऊद के सामने निजामी का 'लैला मजनू', 'खुसरो शीरी', जामी का 'यूसुफ जुलेखा' आदि फारसी परंपरा मौजूद थी। दूसरी ओर 'नल दमयंती', 'उर्वशी पुरुरवा' की भारतीय कथावस्तु का स्वरूप सामने था।

अन्य सूफी कवियों ने कथा में भारतीय परंपरा का अनुसरण करते हुए नायिकाओं को कुमारी रखा। लेकिन दाऊद ने एक ऐसी नारी को प्रेम की विषय–वस्तु बनाया है, जिसका पति नपुंसक है। वह अपने भीतर के दर्द को स्पष्ट रूप से कह नहीं सकती। लोक लाज के कारण अपनी पीड़ा मन में ही पी जाती है। लेकिन नवयौवन की उठती उमंग के बीच अपने आवेग को छिपाने में मुश्किल हो रही है। वह अपने मन की बात का जिक्र पहले अपनी सास से करती है, फिर नैहर आकर सखियों को बताती है। समाज उसे विवाहिता के रूप में देख रहा है। लेकिन

उसके मन की आशा अधूरी रह गई। वह अपने को सुहागिन नहीं विधवा समझती है जिसका वर्णन चंदायन में निम्नानुसार देखा जा सकता है—

एको साध न हियें बुझानी। मुयों पियासन नाँक लहिपानी।
यहिं बिरहै उठि मैंके जाऊँ। तैसों राँड सुहागिन नाँऊँ।
ननद बात सब सुनके, कही महरि सो जाइ।
दीदी जाय मनावहु, चांदा (रजलस) खाइ।।

अर्थात् माँग में सिंदूर भर देने से न कोई पति हो जाता है और न ही कोई सुहागिन हो जाती है। सुहागिन और गैर सुहागिन का फर्क हृदय की आशा से जुड़ा है। दांपत्य जीवन के कुछ निजी सरोकार होते हैं। उसे पूरा करने में पति असमर्थ है तो वह औरत अपने को अभागिन मानती है। औरत के भीतर घुमड़ते हुए इन भावों की आहट ने कवि को भाव विह्वल बना दिया है। इससे खोखली नैतिकता का आवरण चरमरा कर टूट पड़ता है और उससे जो कुछ निकलता है वह मौलिक और नया है।

अंतर्वस्तु का नयापन 'चंदायन' को बिल्कुल नया आयाम देता है। चाँदा का लोरिक से प्रेम महज अनुराग भर नहीं है। उसमें नैतिकता और आंतरिक आवेग का प्रबल संघर्ष छिपा हुआ है—

बिरहिन नैन न आग बुझायी। सौर सुपेतीं जाड़ न जायी।
अस कै सखी बिगोतिउँ नाँहाँ। सेज बहै जलहर माँहाँ।।
जस बारै दह मारे, हीउँ सरहि सुखाइ।
पिउ बिरहै मोर जोबन, फूल जैस कुँमलाई।

इस प्रकार 'चंदायन' में प्रेम प्रेम का प्रारंभ स्वप्न–दर्शन, चित्र–दर्शन अथवा तोता द्वारा रूप वर्णन से नहीं होता है न ही भोग–विलास रंगरेलियों के रूप में प्रारंभ होता है। वह ठोस और वास्तविक जीवन स्थितियों के बीच पैदा होता है। वह चाँदा के आकुल हृदय की पुकार है। चाँदा को छीनने के लिए रूपचंद की सेना आती है। लोरिक की वीरता से रूपचंद की सेना की हार होती है। इस वीर नायक को देखकर चाँदा आकर्षित होती है। आकर्षण का कारण बड़ा स्वाभाविक सा लगता है। नायिका प्रेम से वंचित रही है, इसलिए तड़प परिस्थिति की माँग बन गई है। आमतौर पर सूफी काव्य में रहस्य से प्रेम को ढक दिया गया है, लेकिन दाऊद ने नए प्रश्न को नए संदर्भ में उठाया है। इसलिए उनका प्रेम–प्रसंग रहस्य से मुक्त जान पड़ता है। चंदायन में निम्न प्रकार के प्रेम–स्वरूप देखने को मिलते हैं—

(1) शौर्य और प्रेम—'चंदायन' में नायक और नायिका में दोनों तरफ से साहस दिखाया गया है। चांदा और लोरिक दो भिन्न प्रकार के समाज का प्रतिनिधित्व करते हैं। चाँदा सामंत परिवार की कन्या है और लोरिक एक अहीर है। दोनों के वर्ग में वही अंतर है जो महल और झोपड़ी का हो सकता है। लेकिन प्रेम इस वर्ग भेद को मिटाता है। इस रूप में प्रेम एक प्रतिरोध का प्रतीक बन जाता है।

सूफी काव्य का आरंभ किसी भी प्रकार के समानता और असमानता से ऊपर था, परंतु धीरे–धीरे कथानक को सामंती जीवन तक सीमित कर दिया गया। इसलिए वह राजकुमार

और राजकुमारी की प्रेम कहानी बन कर रह गई। इसलिए अधिकांश सूफी काव्य में शौर्य का अभाव मिलता है किंतु 'चंदायन' शौर्य से भरा हुआ है। वह चाँदा का लोरिक के प्रेम में व्याकुल होने का प्रसंग हो, लोरिक के महल में छिपने का प्रसंग हो अथवा गोवर को छोड़कर भागने का प्रसंग हो। हर जगह संकट से जूझता हुआ लोरिक चाँदा को प्राप्त करता है। संकट मानवीय और अतिमानवीय दोनों प्रकार के हैं। मानवीय संकट में सबसे गहरी समस्या समाज में मुँह दिखाने की है। इस प्रेम ने चाँदा को यहाँ तक पहुँचा दिया कि वह विरस्पत से लोरिक को जो संदेश देती है वह निम्नानुसार है–

'हौं जौं सुनतेऊ बोल परावा। जिंह डरेउँ सो आगैं आवा।
अब तौ मरिहौं पेट कटारी। कैं दुख सहब देस कै गारी।।
लोर कहसि बिरस्पत, महिं लै नगर पराइ।
आज राति लै निकरो, नतुर मरौ भोर बिस खाइ।।"

इन पंक्तियों में बड़े साफ रूप में देखा जा सकता है कि चाँदा के अंदर समाज का कितना भय था। इसे तोड़ने के लिए नायक में साहस और हिम्मत के साथ–साथ परिस्थिति से लड़ने का कौशल भी चाहिए। लोरिक ने इसे स्थान–स्थान पर दिखाया है। वह जीवन में इतना वीर है फिर भी लोरिक चाँदा के बिना कितना अकेला और निर्बल लगता है। इसे लोरिक की निम्न पंक्ति से ही समझा जा सकता है।

जिहि लगि तजेउँ सम घर बारू। तिह बिन कस अब जीउँ अधारू।
चंदन काटि कै चितइ रची। आन आग तिंह ऊपर सजी।

यह प्रेम का रोमांटिसिज्म ही है कि उसे घर–बार छोड़ने को मजबूर करता है। वन में बावन से लड़ते और जोगी की तिकड़म को भेदते हुए आगे बढ़ता है। उसमें उसकी एक ही आशा है कि चाँदा का स्नेह बना रहे।

(2) गृहस्थ जीवन का प्रेम–गृहस्थी पर जीवन में किसी भी तरह की उथल–पुथल का सबसे बड़ा प्रभाव पड़ता है। मध्यकाल का समय ऐसा है कि निरंतर संघर्ष के कारण गृहस्थ जीवन में स्थायित्व बना रहना असंभव हो गया था। उपभोग की मनोवृत्ति का असर समाज के ऊँचे लोगों में ही नहीं था, बल्कि उसका रिसाव सामान्य जनजीवन में हो चुका था, परस्त्री प्रेम में झोपड़ी भी सूनी पड़ने लगी थी।

सूफी कवियों के सामने सबसे बड़ा प्रश्न यही था कि गृहस्थी का रोजगार कैसे चले। पति–पत्नी के लिए सर्वस्व होता है। मैना और लोरिक का स्नेह भी इसी का उदाहरण है। मैना जहाँ कहीं इसमें कमी पाती है बौखला उठती है। लोरिक की युद्ध की तैयारी के समय वह लोरिक से कहती है–

जो तुम्ह है जुझै के साधा। महिं तू मार करहु दुइ आधा।
तै पीछे उठ झूझे जायह। मोर असीस जीत घर आयह।।
जाकर नारि सो झूजहि न आई। बावन सिखण्डि रहा लुकाई।

इसका अनुमान लोरिक से ज्यादा मैना को है कि युद्ध घर–बार कैसे छीनता है। शत्रु से मुकाबला घर को दो टुकड़े करके ही किया जा सकता है। उसे मैना भली–भाँति समझती है।

उसे यह भी पता है कि एक ऐसी स्त्री के लिए मुकाबला होगा जिसका पति शिखंडी की तरह कायर है। ऐसी विषम परिस्थिति के बीच जाने से पति को रोकती है। पर–स्त्री चाँदा के साथ लोरिक के बढ़ते संबंध को मैना भाँप लेती है। उसके पास प्रमाण नहीं है लेकिन शरीर की भाषा को पढ़कर बता देती है कि लोरिक के मनोभाव बदल गए हैं। ग्रामीण नारी है, लेकिन भाव को पढ़ने की कला अनुभव से सीखी है। वह सीधे–सीधे पूछती है रात तुमने कहाँ गँवाई। तुम्हारे देह में रक्त हल्दी जैसा पीला पड़ा हुआ है, मुँह पर स्याही जैसा अंधकार छाया हुआ है। पूरा शरीर निरंग हो गया है।

एक तरफ मैना लोरिक के मनोभाव को बताती है, दूसरी तरफ उसके प्रति चिंता जाहिर करती है। मैना अपने पति की निंदा नहीं सुन सकती है। चाँदा और मैना विवाद के प्रसंग में इसे सूक्ष्मता से कवि ने रचा है। चाँदा को उत्तर देती हुई मैना जो कहती है उसका वर्णन निम्न पद में देखने लायक है–

मोर पुरुख खाँड जग जानै। गन गंधरप सब रूप बखानै।
पंडित पढ़ा खरा सहदोऊ। चार बेद जित जाय न कोऊ।

कई स्थलों पर मैना ही नहीं लोरिक भी उसके प्रति अपना विश्वास और स्नेह व्यक्त करता है। लोरिक मैना के साथ नाटक करता हुआ प्रतीत होता है, वह उसे कंठ लगाता है, उसकी प्रशंसा करता है और व्यवहार में वह चाँदा के प्रति वचनबद्ध है। उसके मानसिक धरातल पर कोई संकोच और संशय नहीं है। इससे ऐसा प्रतीत होता है, जैसे कि वह पहले से किसी बनाए हुए रास्ते पर चल रहा हो। ऐसा होना नई बात नहीं है। काव्य के आखिरी हिस्से में चाँदा के साथ रहते–रहते उसे अचानक मैना का संदेश मिलता है। सिरजन के मुँह से निकले संवादों की मार्मिकता देखने योग्य है–

मैल चीर सिर तेल न जानइ। यह दुख लोरक तोर बखानइ।
कहत संदेस नैंन झरि पानी। बरसहि मेघ जइस खरवानी।
बूड़ि सरै थाह न पावा। करिया नहीं तीर को लावा।

इसके पश्चात् मैना के संताप से बेचैन वह घर को चल देता है। यह उसकी गृहस्थी का ही प्रेम है जो उसे अंततः गृहस्थ बनाकर दम लेता है। प्रेम का आवेग तो एक बिंदु पर ठहरकर शांत हो गया है। दाऊद ने इस संकट का समाधान इस रूप में किया है कि खोलिन अपनी दोनों बहुओं का अभिवादन काजल और सिंदूर लगाकर करती है।

(3) नायक–नायिका के संयोग के चित्र–मिलन की स्थितियों को लेकर हिंदी सूफी कविता और फारसी सूफी काव्य का मुख्य अंतर है। निजामी की 'खुसरो सीरी' और अमीर खुसरो की 'शीरी खुसरो' में महत्त्वपूर्ण अंतर यही है। खुसरो संयोग की दशा को नहीं भूलते और निजामी में संयोग है ही नहीं। 'चंदायन' के नायक–नायिका के आपसी मनोरंजन में जायसी जैसी विविधता नहीं है, जो कुछ भी है उसमें शोभा और श्रृंगार कम नहीं है।

मिलन के प्रसंग को कवि ने नाटक जैसा बना दिया है। लोरिक चाँदा के महल में छिपकर आता है। वह महल की सजावट, स्थापत्य और चित्रकारी देखकर मुग्ध है। वह प्रेम में बेहोश

है, उसका मन बावला है और चित्त बेसुध है। चाँदा पहले उसे चोर समझती है, लेकिन लोरिक उत्तर से उसे संतुष्टि मिलती है–

तोहि लागि जो मरेउँ, नेह न छाड़ेउँ काउ
पितर तुम्हार लाग मोर हिरदै, जे जिउ बिनु जाइ तो जाउ

स्नेह के बंधन में जान देने की शपथ प्रेमियों के पुराने तरीके हैं। लोरिक बार–बार चाँदा के सौंदर्य की दुहाई देता है। उसके अनमोल रूप और नैन में नायक का प्राण साँस ले रहा है। संयोग के क्षण में दोनों अपने–अपने मन की बात रखते हैं। प्रेम ऐसा भाव है जो दूसरे सभी कुछ को विस्मृत कर देता है। लोरिक घर–बार, भुवन, अर्थ, अपना सौंदर्य सब कुछ को भूलकर चाँदा के पास आता है। नेह का रंग उस पर चढ़ चुका है। वह उस स्वर्गिक अनुभूति का रस चख चुका है, जिसका वर्णन संभव नहीं है–

नह तारें रंग पुरोवा, हिरदें लागेउँ आइ
कूतब सरग चढ़ धरती, जे सर जाइ तो जाइ

लोरिक और चाँदा का समय हास–परिहास में बीतता है। इस संदर्भ में दोनों एक दूसरे को ताना देते हैं। जो प्रेम का ही एक हिस्सा है। नायिका नायक से कहती है तुम अहीर जाति के हो, तुम रंग की बात नहीं जानते, तुम वीर हो लेकिन तुम्हें रंग और रस का पता नहीं है। इस तरह उसे उत्तेजित करती है और उसे प्रेम के मनोविज्ञान को समझाती है कि मन में भाव होना चाहिए। उसके बिना अनुराग की लालिमा नहीं फूटती है। यथा–

रंग के बात कहउँ सुनु लोरा। कैसें रात मोह मन तोरा।।
जात अहीर रंग आह न तोही। रंग बिनु निरंग न राता होई।।

यहाँ नायिका में अभिजात होने का भाव भरा है। उसका मद बार–बार छलक पड़ता है। विनोद के बहाने चाँदा नायक को उसकी हैसियत भी बता देती है, इसके बाद श्रृंगारिक मनोवृत्ति के मांसल सौंदर्य का चित्र है जिसमें लोरिक और चाँदा का तन–मन एक हो गया है। स्पर्श के आवेश में मोती की माला टूटकर बिखर जाती है। कपड़ा अस्त–व्यस्त हो जाता है। चेतना पर से नियंत्रण समाप्त हो जाता है। काम और भोग स्थूल भाव से शरीर संचालित हो उठता है–

अधर–अधर कर कर गहे। नाभी नाँह सो ताने रहे।।
जोंग जोर तस कै लै लाये। जनु गज मैंमत बरकहुँ आये।।
काम मुकुति रस बहि निसि आहे। फुन रई बहुत अब रवते भये।।

(4) विरह और व्यथा–विरह सया से ही साहित्य का एक प्रिय विषय रहा है। लौकिक और पारलौकिक – दोनों प्रकार के वियोग से भक्तिकालीन कवियों का गहरा संबंध रहा है। सूफियों के यहाँ विरह प्रतीकात्मक रखे गए हैं। वह ईश्वर से बिछुड़ने की स्थिति मानी गई है। लेकिन लोकजीवन के प्रसंग को उठाने के कारण सूफी कवियों ने इसे बिल्कुल जीवन में ही ढाल दिया है। दाऊद की मैना और जायसी के नागमती का वियोग कहीं से भी आध्यात्मिक विरह नहीं लगता है। इन नायिकाओं की पीड़ा–वेदना बहुत कुछ लौकिक जान पड़ती है। जैसा कि निम्न पद में देखा जा सकता है–

जेंहि पिरम तिंह विरह सतावई। विरह जेंहि तिंह पिरम सुहावई।।

प्रेम और विरह – दोनों का संबंध द्वंद्वात्मक है। इसलिए विरह केवल मानसिक वेदना नहीं है, वह प्रेम का सार है। 'चंदायन' में पात्र के अनुसार वियोग की परिकल्पना की गई है। उदाहरण के तौर पर चाँदा के विरह में काम की व्याकुलता है। लोरिक की वेदना में सौंदर्य और उपभोग की मानसिकता है। मैना में परित्यक्ता नारी की स्वाभाविक पीड़ा है।

चाँदा अपने पति की अनुपस्थिति में विरह का अनुभव करती है। उसके मन से अधिक शरीर इस पीड़ा को सहता है। पति ने उसे वैवाहिक जीवन का सुख नहीं दिया। उसे पति का स्पर्श नहीं मिला, इसलिए दोनों में दूरियाँ बन गई हैं। इसकी कचोट से वह तड़पती है। अपने मन की पीड़ा सास और ननद से कहती है। नैहर में अपनी सखियों से कहती है। इसी सिलसिलें में बारहमासा का जिक्र आता है। 'चंदायन' में इस प्रसंग का आधा–अधूरा अंश ही मिला है। लेकिन इससे अनुमान अवश्य लगाया जा सकता है कि प्रिय के अभाव की वेदना सह रही चाँदा के वियोग को रचने के लिए कवि ने बिंबों में गहन अर्थ छिपा रखा है। एक तो काली रात में जागने का और दूसरा आग के जलने का। एक चित्र में वियोग में ठहरे हुए समय का दु:ख है और दूसरे में न बुझने वाली प्यास की भावना है–

रैन डरावन बरबर कारी। घटैं न आवइ बजर कै मारी।।
जागत लोयन आधी राती। पहरेदार पिउ घर तरसहिं राती।।

मैना के संताप भरे जीवन में विरह का दूसरा रूप देखा जा सकता है। मैना का विरह बहुत कुछ जायसी की नागमती से मिलता–जुलता सा लगता है। नागमती रानी है और मैना साधारण ग्रामीण नारी है, जो पति के वियोग में व्याकुल है। एक सहृदय व्यापारी सिरजन से वह दु:ख बाँटती है। इस प्रसंग को पढ़ते हुए अब्दुल रहमान के 'संदेश रासक' का स्मरण हो आता है। वहाँ भी नायिका पथिक से अपनी बात कहती है। मैना के विरह में बारहमासा का वर्णन है।

यह बारहमासा का वर्णन सावन से शुरू होता है। सावन अभिलाषा और स्मृतियों से जुड़ा है। सावन की फुहार और भादों की भयावनी घटा विरह के अवसाद का प्रतीक बन कर आती है। नयनों के नीर में मैना का काजल धुल जाता है। मोती की माला की डोरी सरक जाती है। बाहर प्रकृति में झड़ी लगी हुई है और भीतर उसके हृदय में अनुभूति का बादल उठकर आँखों से बरसता है। भादों की कड़कड़ाती बिजली और घटा का विकराल रूप अबला के जीवन पर गाज गिराने वाली है। अपनी दुसह स्थिति का वर्णन मैना निम्न शब्दों में करती है–

भादों मास निसि भई अँधियारी। रैन डरावन हौं धनि बारी।।
बिजलि चमक मोर हियरा भागै। मंदिर नाह बिनु डहि डहि लागै।।
संग न साथी न सखी सहेली। देखि फाटि हिय मंदिर अकेली।।

हर ऋतु में पति बिना मैना को विषाद होता है। बदलता मौसम एक दंश दे जाता है। उसके लिए आश्विन रस से फीका, कार्तिक अंधेरा, अगहन काम की व्यथा से भरा, पूस बाट जोहने में, माघ विरह की अंगीठी और फागुन राख से भरा हुआ है। इस प्रकार ऋतु के साथ उसके भाव का कहीं साम्य है, कहीं वैषम्य है। चाँदा और मैना के विरह को आमने–सामने रखते हैं तो अभिजात और लोक का अंतर स्पष्ट दिखता है।

विरह की व्यथा केवल नायिका को नहीं सताती है उससे लोरिक भी बेचैन होता है। लेकिन उसकी बेचैनी में लोभ अधिक समर्पण कम दिखता है। लोरिक को कभी चाँदा का विरह सताता है और कभी मैना के दु:ख से दु:खी होता है। काव्य में एकाध स्थल अवश्य ऐसे मिलते हैं जहाँ उसका मनोभाव सच्चा जान पड़ता है। गोवर छोड़ने के बाद रास्ते में चाँदा को साँप काट लेता है। उसकी हालत नाजुक है। चाँदा विष के प्रभाव से मरने की स्थिति में पहुँच जाती है। वहाँ लोरिक का पश्चाताप ऐसा मालूम पड़ता है मानो सीधा दिल से निकला हो।

छाडेउ माइ बाप महतारी। तजेउँ बियाही मैना नारी।।
लोग कुटुंब घर बार विसारेउँ। देख छाड़ि परदेस सिधारेउँ।।
गाँउ ठाँउ पोखर अँबराई। पर हरि निसरेउँ कवन उपाई।।
अरथ दरब कर लोभ न कीन्हेंउँ। चाँदा सनेह देसन्तर लीन्हेंउँ।

अपनी भूमि अपने खेत–खलिहान से एक गाँव का आदमी कैसे जुड़ा होता है इसे यहाँ अनुभव किया जा सकता है। देशी और परदेशी होने का अर्थ भी बाहर निकलने के बाद ही समझ में आता है।

(5) 'चंदायन' में प्रेम का स्वरूप—अपने काव्य में मुल्ला दाऊद ने प्रेम को विषय–वस्तु बनाया है। यहाँ कवि के लिए भाव महत्त्वपूर्ण है। उसके सामने संसार भी है और आध्यात्म भी। कवि संसार और परलोक के बीच किस प्रकार संतुलन बनाता है, उसे समझना जरूरी है। मध्यकालीन साहित्य पूरी तरह से परलोक को निकाल दे यह संभव नहीं है। ईश्वर वहाँ एक बड़ी सत्ता है जो शहंशाह से भी ऊपर है। शहंशाह भी उसी से अपनी वैधता अर्जित करता है। सूफियों की विशिष्टता इस बात में है कि उन्होंने इसे दर्शन से अधिक भाव के क्षेत्र में स्वीकार किया है इसलिए वह विचार और अवधारणा से परे अनुभव की वस्तु है। जो विचार सामने आते भी हैं वे पूरी तरह अनुभव से सींचे हुए हैं। दाऊद के निम्न पद में इसे स्पष्ट रूप से देखा जा सकता है—

जरम न छूट पिरम कर बाँधा। पिरम खाँड होई विस साँधा।
जिहँ यह चोट लागि सो जानी। कै लोरक कै चाँदा रानी।
कोई न जान दुख काहू केरा। सोई जान परे जिहँ पीरा।

अर्थात् इस अनुभूति और संवेदना को अनुभव किया जा सकता है। इसकी पीड़ा को जानने के बाद चित्त में शांति नहीं रह जाती। नतीजा प्रेमी प्रेम के लिए वैरागी बनता है, भिखारी और जोगी बनता है। विश्वास इतना ही है कि नाता न इस लोक में टूटेगा और न परलोक में। हालाँकि इस मर्म को जानना आसान नहीं है और इसका रास्ता जोखिम से भरा है जैसा कि उनके निम्न पद में देखा जा सकता है—

पिरम धाउ औखद न मानै। पिरम बान जिंह लाग सो जाने।।
भल फुनि होइ खरग कर मारा। जरम न पलुवहि विरह का जारा।।
कोउ भाँत न जीवँत देखऊँ, परै पिरम के चोलि।।
पिरम खेल सो नै खेलै, सो सर सेतैं खेलि।।

इस खेल में हृदय और आत्मा फटती है, इसलिए यह लाइलाज रोग है। शरीर के घाव को तो दवा–दारू से ठीक किया जा सकता है किंतु इसका इलाज तो महबूब के ही पास है।

प्रश्न 8. चंदायन में लोकजीवन का वर्णन किस रूप में हुआ है? स्पष्ट कीजिए।

अथवा

चंदायन में व्यक्त सामंती जीवन तथा सामाजिक कर्मकांडों का विश्लेषण कीजिए।

उत्तर— स्थानीय भाषा, संस्कृति और लोकजीवन को सूफी कवियों ने बड़ा महत्त्व दिया है। यही कारण है कि भारत में उनकी लोकप्रियता हर क्षेत्र में रही। धीरे–धीरे वे जीवन और समाज के हिस्से बन गए। उन्होंने धार्मिक विभेद को दूर कर दिया और लोकजीवन में मानवता का संदेश दिया।

सूफी कवियों ने यूँ तो विविधता में जनजीवन को अपनाया है, परंतु स्थानीय होने के उनके अंदाज अनूठे हैं। 'चंदायन' में अवध के मध्यकालीन गाँव का संपूर्ण चित्र उपस्थित है। गाँव की भौगोलिक बनावट, धार्मिक जीवन, आर्थिक कार्यकलाप, सामाजिक गतिविधि, सांस्कृतिक हलचल, लोक विश्वास, मान्यताएँ, रीति–रिवाज, कर्मकांड और पाखंड सभी कुछ तस्वीर की तरह खुलता जाता है। 'चंदायन' के आरंभ में गोवर की प्रकृति का वर्णन है जहाँ प्रकृति हँसती हुई प्रतीत होती है।

पैरहिं हंस माँछ बहिराहैं। चकवा चकवी कोरि कराहैं।
दबला डेंक बैठ झरपाये। बगुला बगुली सहरी खाए।।

यहाँ पर सरोवर और जल गाँव की शोभा बढ़ा रहे हैं। सरोवर के एक–एक विवरण का सूक्ष्मता से निरीक्षण कवि की विशेषता है कि कैसे चकवा–चकवी किलोल कर रहे हैं, बगुला मछली खाने में ध्यान लगाए हुए हैं। पक्षियों की आवाज से वातावरण में किस प्रकार कोलाहल भरा हुआ है। आम–इमली के दरख्त के नीचे कैसे लोकजीवन चलता है उसकी बारीकी का नमूना 'चंदायन' में स्पष्टता से देखा जा सकता है।

कवि ने गोवर को नगर कहना पसंद किया है। गोवर किस गाँव, नगर अथवा स्थान का नाम है, इसकी पुष्टि नहीं हो पायी है। इसे एक कस्बा मानने में हर्ज नहीं है। सल्तनत की उठा–पटक केवल दिल्ली तक सीमित नहीं थी। इसका प्रभाव स्थानीय स्तर पर भी था। यहाँ भी दो सामंत के बीच युद्ध की स्थिति बनती रहती थी। युद्ध का कारण नारी अथवा भूमि होता था। कस्बे के सामंतों के भी गढ़ बने हुए थे। जो जितना बड़ा सामंत उसका उतना दुर्गम गढ़। गढ़ के साथ खाई भी होती थी। गढ़ वास्तव में सत्ता के प्रतिष्ठान थे। उसे सुरक्षित रखने के लिए खाइयाँ बनाई जाती थी। गढ़ का टूटना अस्तित्व के टूटने के समान माना जाता था, यथा–

तेल धा जइस चिकनाई। ऊपर देखहिं चढ़इ न जाई।।
सकर देवस चहुँ दिसि फिर आऐ। सूर अथवईं और न पाये।।
बीस पौर बीसो महँ लोहे रसे केबार।।
देव सहिं रहहिं पवरिया, रात सम्हों कोटवार।।

यहाँ पर पत्थर के बने हुए महल में सामंतों की रक्षा के लिए द्वारपाल हैं। साथ ही लोहे से बने किवाड़ भी हैं। जिन्हें भेदना आसान नहीं है। सत्ता बनाने के साथ ही सत्ता के सुरक्षा–चक्र निर्मित होने लगते हैं। इसे चलाने के लिए केवल ईंट–पत्थर–लोहे की दीवार ही नहीं है। जाति में बँटा हुआ समाज भी इसको ताकत देता है। आर्थिक गतिविधि के लिए समाज की एक अलग संरचना है जिसका अवलोकन निम्न पद के माध्यम से किया जा सकता है–

बाँभन खतरी बसहिं गुवारा। गहरवार औ आगरवारा।।
बसहिं तिवारी औ पचवानाँ। घागर चूनी और हजमानाँ।।
बसहिं गँधाई और बानजारा। जात सराबग और बानबारा।।
सोनी बसहिं सुनार बिनानी। राउत लोग बिसाती आनी।।
ठाकुर बहुत बसहिं चौहानाँ। परजा पौनि गिनति को जानाँ।।

इस पद में लगभग उन सभी जातियों का जिक्र है जो समाज की मुख्यधारा में अपनी भूमिका निभाते हैं। बुद्धि और पराक्रम के हिसाब से उनके स्थान तय हैं। इन जातियों के द्वारा जो कुछ भी उत्पादन होता था, उसके लिए बाजार भी था। लेकिन बाजार में हंगामा नहीं था। हाट में जरूरत की वस्तुएँ मिल जाती थीं। उपभोग के नाम पर फूल, इत्र, फल और कपड़े मिलते थे। न बेचने की जल्दबाजी थी और न खरीदने की हड़बड़ी। बाजार का सौंदर्य देखकर मन आकर्षण से भर जाता है। वह खरीद और बिक्री का केंद्र मात्र नहीं था। वह सांस्कृतिक जीवन की सुरुचि से संपन्न भी था। बाजार में पक्षी रामकथा का पाठ कर रहे हैं, नट और बाजीगर अपना तमाशा दिखाने में व्यस्त हैं। नृत्य–संगीत और तरह–तरह के करतब से बाजार जादू जैसा लगता है। यहाँ बाजार अपने अर्थ और मतलब में सार्वजनिक स्थान है। चंदायन में लोक जीवन से संबंधित निम्न बातें देखने को मिलती हैं–

(1) सामंती जीवन–अमीर लोगों की जीवनशैली को सूफी कवियों ने नजदीक से देखा था इसलिए न सिर्फ महल की बनावट का बारीकी से वर्णन किया है, उसमें चलते हुए कार्य–व्यापार को भी विश्वसनीय ढंग से पेश किया है। महल सोने के खंभों से बना था। उसे मजियों से सजाया गया था। उसे सूफियों ने कबिलास कहा है। अर्थात् वह स्वर्ग है। एक सामंत की अनेक रानियाँ हो सकती थी। उदाहरण के तौर पर दाऊद ने रायमहर की चौरासी रानियों का उल्लेख किया है।

उस काल में आभूषण, फूल और कपड़ों से अपने को सजाना और नाना प्रकार के व्यंजन का रस पान महल की रानियों का कार्य था। एक–एक रानी की अनेक दासियाँ होती थीं। पटरानी हिंडोला झूलती थी। जीवन में उपभोग ही उपभोग था। महल की राजकुमारियों का अवैध प्रेम–संबंध भी होता था। उसके लिए किन–किन युवतियों को प्रयोग में लाया जाता था उसका विवरण चाँदा और लोरिक के प्रसंग में मिलता है।

दूत और दूतियों की भूमिका राजमहल के जीवन में प्रभावी होती थी। युद्ध के समय दूत संदेश लेकर आते थे। संदेश का आदान–प्रदान होता था। बात नहीं बनने की स्थिति में युद्ध की तैयारी होती थी। युद्ध से पहले सेनानायकों का परामर्श होता था। दोनों सेनाओं के

आमने–सामने होने पर आक्रमण की तैयारी आदि का वर्णन मिलता है। विजय होने पर सेना के प्रधान योद्धा का शहर में स्वागत किया जाता था। विजयोल्लास में भोज दिया जाता था। उसमें तरह–तरह के भोजन का आयोजन होता था। इस प्रकार सामंती जीवन के पूरे कार्य–व्यापार का जिक्र 'चंदायन' में देखा जा सकता है।

(2) समाज में बढ़ता जादू–टोना और कर्मकांड–पूरे 'चंदायन' में समाज में जोगी की भूमिका को भी दिखाया गया है। जोगी के अपने मठ भी थे और वे विचरण भी करते रहते थे। सामंत के गढ़ के समानांतर ही धर्म के भी मठ और खानकाह बने हुए थे। दोनों ही अपनी–अपनी सत्ता के विस्तार में लगे हुए थे।

कनफटा जोगी अपना आश्रम बनाए हुए थे। भस्म से लिपटा शरीर, हाथ में डमरू और सींगी नाद बजाते हुए विचरण करते थे। बाजिर घर–घर से माँगकर भोजन करते थे और बिहाग मानते थे। चाँदा के सौंदर्य को देखकर बाजिर भी बेहोश हो जाता है और हृदय हार देता है। सामंत तो सामंत सन्यासी भी नारी के रूप में इतने बँधे हुए थे। जोग के आवरण में भोग कैसे लिपटा हुआ है इसे निम्न शब्दों में देखा जा सकता है जहाँ बाजिर कहता है–

कितै मैं देख घौराहर ठाढ़ी। हते नैन जिउ लै गई काढ़ी।।

वास्तव में ये जोगी सामंत के सूचना–तंत्र थे, जो हर जगह विचरण करते रहते थे। हर जगह की खबर सामंत तक पहुँचाते थे। इसकी भी जानकारी सामंत को इन्हीं के द्वारा मिलती थी कि किस घर में सुंदरता छिपी हुई है।

इस क्रम में समाज पर जादू–टोना का भयंकर प्रभाव था। साँप काटने पर अथवा मूर्च्छा की स्थिति में मंत्र के प्रभाव पर लोगों का भरोसा था। गारुड़ी विद्या से साँप के विष उतर जाने का जिक्र चाँदा के प्रसंग 'चंदामन' में निम्नानुसार मिलता है–

बोलि मंत्र छिर कसि लइ पानी। उतरा बिस चाँद अँगरानी।।
धाइ लोर घर बाँह उचाई। पिरम पियार चाँपि गियें लाई।।

एक प्रसंग में टूँटा जोगी चाँदा की मति को चेतना शून्य कर देता है। वह पागल हो जाती है और विस्मृति में खो जाती है। टूँटा जोगी उसे पत्नी बनाना चाहता है। सभा में भी वह चाँदा पर अपनी पत्नी होने का दावा करता है। जादू–टोने के अंधविश्वास से समाज ग्रस्त था। टोने का भय दिखाकर योगी एक से एक व्यभिचार करते थे। धर्म की पवित्रता तंत्र–मंत्र में खो गई थी।

उस समय के लोकजीवन पर कर्मकांड का गहरा असर था। चाँदा के जन्म पर ब्राह्मण कुंडली बनाकर भावी जीवन की भविष्यवाणी करते हैं। ब्राह्मण और नाई की जोड़ी विवाह में मध्यस्थ की भूमिका निभाते थे। यात्रा से पहले ग्रह और नक्षत्र की परीक्षा की जाती थी। लोरिक चाँदा को लेकर निकलने से पहले ब्राह्मण से यात्रा का समय तय करता है।

इसी प्रकार अपशकुन का भी अंधविश्वास उस समाज में व्याप्त था। रूपचंद्र की सेना जब कूच करने की तैयारी में थी, उसी समय कौआ रिरियाता हुआ अभख बोल बोलता है, भस्म चढ़ाए जोगी का दर्शन हो जाता है। अपशगुन, अनिष्ट की आशंका की पूर्व सूचना दे देते थे।

जादू-टोने और कर्मकांड पर विचार किया जाए तो ऐसा मालूम पड़ता है कि समाज में ब्राह्मणवादी कर्मकांड के साथ-साथ जोगी का प्रभाव भी प्रमुखता प्राप्त करने लगा था, अभी तक उसे मुख्यधारा में जगह नहीं थी, लेकिन भय दिखाकर उन्हें लोगों में खौफ पैदा करने में सफलता मिलने लगी थी।

(3) परिवार और रीति-रिवाज—'चंदायन' में मध्यकालीन परिवार में सास, ननद और बहू के रिश्ते की झलक देखने को मिलती है। सास बहू को हमेशा सीख देती थी। परिवार में बहू की कठिनाई को सास दूर करती थी। बावन चाँदा से दूर है तो उस समय सास ही उसे समझाने जाती है। मैना की सास खोलिन भी अपनी बहू को समझाती है। सास का काम घर में लगी आग को पानी देने का था। ननद, सास और बहू के बीच सूत्रधार का काम करती थी। चाँदा अपने मन की बात सास और ननद को बताती है पर उल्टे उसे ही ताना मिलता है।

परिवार में नवविवाहिता वधू का किसी प्रकार के अत्याचार के खिलाफ बोलना सम्मान के योग्य नहीं माना जाता था। चाँदा अपने ससुराल से रूठ कर नैहर चली आती है। नारी के सामने तीन ही विकल्प थे ससुराल, नैहर अथवा वैश्यालय। लड़की अपने मन की बात से परिवार में किसी की सहानुभूति नहीं प्राप्त कर सकती थी। उसे अपनी सहेलियों का सहारा होता था। परिवार में सौत के बीच भयंकर लड़ाई होती थी। जब लोरिक को मैना की खबर मिलती है तो वह गोवर लौटने की तैयार करने लगता है, तब उस समय चाँदा का मुँह लटक जाता है जिसका वर्णन निम्न पद में देखा जा सकता है—

मैनाँ बात जो सिरजन कही। सुनत चाँदा राहु जनु गही।।
पूनेउँ जइस मुख दीपत अहा। गयी सो जोति खीन होइ रहा।।

किसी पुरुष का परस्त्री से संबंध बनते ही वह समाज में चर्चा का विषय हो जाता था। कितना भी छिपाने का प्रयत्न हो लेकिन घर से बात बाहर निकल ही जाती थी। फिर प्रेमिका और पत्नी के बीच कैसा द्वंद्व छिड़ता है इसका उदाहरण 'चंदायन' में मैना और चाँदा के विवाद के प्रसंग में अनुभूत किया जा सकता है।

मैना और चाँदा की लड़ाई में एकदम ग्रामीण जीवन की अनगढ़ता को दाऊद ने उसी रूप में रख दिया है। यहाँ मर्यादा, संयम और अनुशासन नहीं है। गाली गलौज वाले प्रसंग में गाँव के सामान्य नारी के लड़ाई के दृश्य को ज्यों का त्यों रख दिया गया है। दोनों अपने गरूर को बखानती है। मैना को अपने पति के पराक्रम का अभिमान है और चाँदा को अपने सामंती वैभव की शान का अभिमान है। चाँदा अपनी शान का वर्णन निम्नानुसार करती है—

गाय चरावइ करै दुहावा। तिंह से तै यहें अगरग लावा।
जिंह धौराहर मोर बासेरा। सीस टूटि जे ऊपर हेरा।।

भारतीय जीवन में रीति-रिवाज का भी विशेष महत्त्व रहा है। सूफियों ने रीति-रिवाज को भी नजरअंदाज नहीं किया। ऋतु के साथ पर्व-त्योहार मनाए जाते हैं। उसकी एक-एक विशेषता को दाऊद ने रेखांकित किया है। कार्तिक में दीवाली के त्योहार का उल्लेख है। मकर संक्रांति के पर्व से दिन बड़ा होने की बात कही गई है। फागुन में होरी के हुड़दंग का वर्णन है।

किस ऋतु में क्या भोजन होता था, किस तरह से त्योहार के उल्लास लोगों के मन में उमंग भर देते थे, उससे कैसे श्रृंगार और सौंदर्य का रूप बदलता था इन सबका वर्णन 'चंदायन' में किया गया है। जैसा कि निम्न पंक्तियों में देखा जा सकता है–

मुँख तँ बोल चख काजर पूरहिं। अंग माँग सिर चीर सिंदूरहि।।
नाचहि फागु होइ झनकारा। तिह रस भई नई सँय सारा।।

इस प्रकार हमें 'चंदायन' में लोक जीवन के व्यापक दर्शन होते हैं।

प्रश्न 9. चंदायन में कवि की निरपेक्षता पर प्रकाश डालिए।

उत्तर– इतिहास में अनेक भ्रांतियाँ दाऊद के विषय में फैली हुई हैं। 'चंदायन' पढ़ने के बाद ये सारे विवाद समाप्त हो जाते हैं। 'चंदायन' की कथा–वस्तु में जिस समाज को उन्होंने गढ़ा है उसके प्रति उनका कोई राग–द्वेष नहीं है। किसी प्रकार की कट्टरता से ऊपर उठकर उन्होंने कवि कर्म का निर्वाह किया है। बिल्कुल निष्पक्ष होकर लोरिक और चाँदा के प्रेम का बखान किया है। उनके काव्य में सूफियों की दार्शनिक शब्दावली और रहस्य के एकाध उदाहरण मिल भी जाते हैं, लेकिन उसमें कोई सांप्रदायिक आग्रह नहीं है।

चंदायन में कवि ने डूबकर अवध के जनजीवन का रस लिया है। मनुष्य के उदात्त और गरिमापूर्ण चरित्र की विशालता के बजाय कमजोरी के आईने में उसे देखने का प्रयत्न किया है। कवि प्रेम को विश्वासघात, लोभ, साहस और समर्पण की कसौटी पर कसता है। उसके पात्र अपने हृदय के आईने में झूठ नहीं बोल पाते हैं। इसलिए उनके आचरण कहीं–कहीं नाटकीय हो गए हैं। बाजिर जोगी, जादू तंत्र–मंत्र सभी कुछ कवि के लिए स्रोत हैं। कवि ने सब कुछ के बीच गाँव की प्रकृति, उसके रंग और संवेदना को निस्संग होकर रचना में शब्द बद्ध कर दिया है। अवध की मिट्टी की महक दाऊद के सिर चढ़कर बोलती है। दाऊद ने एक ऐसी परंपरा की नींव डाली जो बाद में भारत की मिश्रित संस्कृति और भारतीयता को परिभाषित करने में सक्षम हुई।

प्रश्न 10. 'चंदायन' के कथानक की विशेषताओं पर प्रकाश डालिए।

अथवा

'चंदायन' के कथानक की संरचनात्मक विशेषताएँ बताइए।

उत्तर– आज हमारे पास 'चंदायन' की जो प्रति उपलब्ध है वह खंडित और अपूर्ण है। उसके आरंभ और अंत के बारे में एक निश्चित अनुमान लगाना पड़ता है। लेकिन जिस रूप में भी 'चंदायन' का प्रकाशन हुआ है, उससे एक प्रकार की काव्य–संरचना अवश्य प्राप्त होती है, जो सूफी काव्य से मिलती–जुलती है।

मसनवी काव्य के आरंभ में ईश्वर स्तुति, पैगंबर की वंदना, शाहे वक्त की प्रशंसा आदि दिखाई देती है। दाऊद के 'चंदायन' में भी इस काव्य–संरचना को ज्यों का त्यों स्वीकार किया गया है। इस काव्य के आरंभ में सृजन करने वाले की प्रशंसा है, बाद में मुहम्मद साहब की

स्तुति है और उनके चारों यारों का जिक्र है। शाहे–वक्त के रूप में फिरोजशाह की प्रशंसा की गई है। दाऊद ने मसनवी शैली को अपनाया है। मसनवी में सरल ढंग से कथा–विन्यास को रचने में सहूलियत तो होती ही है, इसके साथ–साथ एक दृष्टि का अंतर भी पैदा होता है। मसनवी में सुर्खियाँ एक–एक प्रसंग के बाद दी जाती हैं। 'चंदायन' में भी घटनाओं का जिक्र इसी रूप में मिलता है। सूफियों के साहित्य में घटना इतिहास की तारीख को दर्ज करती है, जो भारतीय परंपरा के सनातन होने के बोध से बिल्कुल अलग है।

आचार्य रामचंद्र शुक्ल ने लिखा है, "इन प्रेमगाथा काव्यों में पहली बात ध्यान देने की यह है कि इनकी रचना बिल्कुल भारतीय चरितकाव्यों की सर्गबद्ध शैली पर न होकर फारसी की मसनवियों के ढंग पर हुई है, जिसमें कथा सर्गों या अध्यायों में विस्तार के हिसाब से विभक्त नहीं होती, बराबर चली चलती है, केवल स्थान–स्थान पर घटनाओं या प्रसंगों का उल्लेख शीर्षक के रूप में रहता है।" कहने का अर्थ यह है कि दृष्टि के बदलाव ने कलेवर को बदलने के लिए बाध्य किया।

भारतीय प्रेमकथा सनातन की ओर उन्मुख होती है और सूफी प्रेमाख्यान संसार की गतिविधियों से जुड़ा होता है। गोवर के दृश्य–वर्णन से वास्तविक कथा का प्रारंभ होता है। लेकिन उस कथा में गति नहीं है। ठहरी और अलसायी गति से धीरे–धीरे पूरा चित्र खुलता है। गोवर की प्राकृतिक संरचना, उसकी भौगोलिक बनावट, उसके गढ़, महल, बाजार और समाज सिमटे और सहमे हुए से सामने आने लगते हैं जैसा कि नीचे के पद में देखा जा सकता है–

हाट छट हेंटा पेखन होई। देखेंहि निसर मनुस और जोई ।।
पहवा राम रमायन कहहीं। गावँहि कबित्त नाच भल करहीं ।।
बहुरूपिये बहु भेस भरावा। बार बढ़ चलि देखै आवा।।

शुरू में तो यह नगर एक तरह से स्वप्नलोक जैसा प्रतीत होता है। लेकिन जैसे–जैसे कथा आगे चलती है, स्वप्न की यह दुनिया तिरोहित होने लगती है। जीवन के यथार्थ और पारिवारिक समस्या में गृहस्थ जीवन की कठिनाई का एक–एक विवरण अनुभूत सच्चाई की तरह खुलने लगता है। चाँदा का विवाह, ससुराल गमन, पति के विरह में पीड़ित होना, सास–ननद की नोंक–झोंक आदि पारिवारिक जीवन की तस्वीर की तरह प्रस्तुत होता चलता है।

चाँदा के सौंदर्य को देखकर बाजिर बावला हो जाता है वो रूपचंद्र से उसकी चर्चा करता है। सेनाएँ सजती हैं। युद्ध में नगर और गाँव उजड़ते हैं। उसके बाद चाँदा और लोरिक के प्रेम के आगे बढ़ने की घटना है। इसमें मैना की टूटती गृहस्थी का हल्का धूसर रंग भी पीड़ा की अमिट रेखा खींच देता है जैसा कि इस पद में देखा जा सकता है–

मैं सभ दुख तुम्ह आगें रोवा। चाँद नाँह मुरि देहु बिछोवा।।
तँ हर पूनेउँ चाँद सपूनी। खटरितु कीनी सेज मोर सूनी।।
कहु रिसजन अस चाँद न की जई। नाँह मोर मुहि दुख ना दीजई ।।
एक बरिस मुहि गा बिनु नाहाँ। दइ कै डर कीजइ चित माँहाँ।।
तिहूँ आहि तिरिया कै जाती। पिउ बिनु मरसी रैन हिय फाटी।।

अर्थात् यहाँ पिउ के बिना 'तिरिया जाति' का अस्तित्व संकट में पड़ जाता है। समाज में मैना की पहचान लोरिक की पत्नी के रूप में है। पति का पत्नी से विमुख होना पत्नी के लिए जीने और मरने का प्रश्न बन जाता है। यह केवल मैना की ही नहीं बल्कि उस समय और समाज में प्रायः सभी स्त्री की समस्या थी।

यहाँ दाऊद जायसी की तरह दो संस्कृतियों की प्रतिस्पर्द्धा के बीच किसी बड़े विजन की तलाश करने का प्रयास नहीं किया है। दाऊद का उद्देश्य यहाँ अति सामान्य है।

यदि 'चंदायन' का सूफी दार्शनिक और मजाजी की शब्दावली से अलग होकर अध्ययन करें तो इसकी हकीकत कुछ और ही निकलती है। वह स्त्री सौंदर्य से पैदा हुआ क्षुद्र और उच्छृंखल आवेग की अराजकता की कथा है। लोरिक चाँदा को देखकर मूर्च्छित हो जाता है और घर जाकर मैना से भी मीठी बातें करता है। दोनों को एक साथ साधने का प्रयत्न करता है। अंत में घर से निकल पड़ता है। वह घर जिसमें माँ और पत्नी हैं। राव रूपचंद बाजिर से चाँदा के रूप और श्रृंगार का वर्णन सुनकर युद्ध की तैयारी में जुट जाता है क्योंकि उसे अब किसी भी कीमत पर चाँदा को प्राप्त करना ही है जैसा कि निम्न पद में देखा जा सकता है–

सम सिंगार बाजिर जो कहा। राजा नैन बौत सी बहा।।
राइ कहा सुन बाँठा आई। राजकुरै फेरि देहु दुहाई।।
राउत पायक साहन बारी। झेतस करि लै आउ हँकारी।।

इस कथा के अनुसार लोरिक को प्रेम भी चाहिए और परिवार भी। वह घर छोड़कर चाँदा के साथ वन में निकल जाता है। सिरजन से मैना का हाल सुनकर घर लौटने का संकल्प लेता है। प्रेम का आवेग ठंडा पड़ते ही उसे मैना की याद हो आती है। मैना यदि उसे पारिवारिक निष्ठा में नहीं बाँध सकी तो चाँदा उसे सौंदर्य में भी नहीं बाँध सकी। उसका मन सदैव अतृप्त और बेचैन है। इस मन की गति को कैसे संतुलित किया जाए, यही दाऊद ने कथानक के केंद्र में रचा है।

कथानक के दूसरे स्तर पर स्त्री का अपना अहंकार, रूप, सौंदर्य और आकर्षण है। चाँदा और लोरिक के प्रेम प्रसंग में सवाल वैधता और अवैधता का है। चाँदा का पति नपुंसक है। चाँदा के लिए प्रेम को पाना निजी लेकिन वास्तविक परिस्थिति की माँग है। प्रेम पिता के घर में वैध रूप से नहीं मिल सकता। उसे वैधता या तो पति के घर में प्राप्त हो सकती है या प्रेमी के घर में। पिता के घर में जो भी आकर्षण होगा उसे अवैध समझा जाएगा। वह पति से निराश होकर पति की हवेली छोड़ती है, पिता के महल को छोड़कर एक योद्धा के साथ निकल पड़ती है। झोपड़ी में मैना की सौतन बनकर जीना उसे स्वीकार है लेकिन महल में कुंठित, अतृप्त और अवैध रूप से जीना उसे नहीं भाता। चाँदा अपनी सास से केवल इतना कहती है कि–

तुम्हरे घी जो सीरें आहा। पीउ न पूँछत बोलहु काहा।।
अब लहि मैं कुर आपन धरा। काम कुबुधि बिरहैं तन जरा।।
निसि अँधियार नीर बन, बीज लवई मुँह लागि।।
सेज अकेले फाटि मोरि हिरदै, जो जो देखऊँ जागि जागि।।

(1) घटना और प्रसंग—हालाँकि 'चंदायन' में प्रसंग और घटनाओं की कमी नहीं है लेकिन प्रबंध की संरचना में जिस एकसूत्रता का प्रभाव अपेक्षित होता है वैसी बुनावट यहाँ दिखाई नहीं देती। घटना परिवार और व्यक्ति के इर्द–गिर्द घूमती रहती है। वह किसी बड़े जीवन उद्देश्य की ओर निरंतरता में प्रवाहित सी नहीं लगती। कथा में प्रेम, वियोग, युद्ध, पत्नी की ममता और एकनिष्ठता, यात्रा के कष्ट आदि भरे हुए हैं, लेकिन उनका अंत किसी विराट अनुभव की उपलब्धि नहीं कराता। इतना अवश्य है कि दाऊद ने चाँदा के माध्यम से नारी को लेकर अनुभूति की जिस सच्चाई को सामने रखा है वह साहित्य के लिए नया था।

(2) काव्य की संरचना—कुल मिलाकर चंदायन का ढाँचा सूफी काव्यों के समान ही है। उसमें थोड़ी भिन्नता भी दाऊद ने ही दिखाई है। 'चंदायन' की रचना में परिवेश का कोई बड़ा महत्त्व नहीं है। नायक भी राजकुमार नहीं है। नायक रोमांटिक है, जो योद्धा है। उसमें एक राजकुमार में दिखाई देने वाली विलक्षणता नहीं है। 'चंदायन' का नायक एक साधारण गृहस्थ है, जो अपनी गृहस्थी में खुश है। सूफी प्रेमाख्यानों पर एक दृष्टि डालने पर हम पाते हैं कि जायसी के 'पद्मावत' का नायक चित्तौड़ का राजा रतनसेन है, कुतबन कृत 'मृगावती' का नायक चंद्रगिरि के राजा गणपति देव का पुत्र है। इसी प्रकार उसमान की 'चित्रावली' में नेपाल के राजा धरणीधर के पुत्र की कहानी है। अब प्रश्न यह उठता है कि दाऊद की रचना और बाद के सूफी काव्य में नायकत्व को लेकर इतना बड़ा परिवर्तन कैसे हुआ। वास्तव में यह परिवर्तन सामाजिक और ऐतिहासिक प्रक्रिया की अनिवार्य परिणिति है।

भारत में सूफियों का दार्शनिक बौद्धिक संवाद लोकजीवन के साथ हुआ। इसलिए उन्होंने लोकजीवन के ठेठ निचले स्तर की धड़कन को अपने काव्य में स्थान दिया। ज्यों–ज्यों इनकी लोकप्रियता बढ़ती गई, काव्य लोकजीवन से टूटता गया। मुगलों के जमाने तक आते–आते जादू रहस्य से भरी यह काव्यशैली राजमहल की कथाओं का भार ढोने लगी। लेकिन फिर भी कवि का संपर्क लोकजीवन से बना हुआ था, इसलिए उसकी चमक पूर्णतः बुझी नहीं थी। इसलिए भाषा, कलेवर और संवेदना को ये कवि लोकजीवन के अनुभव से सींचते रहे। यही कारण है कि प्रेम करने के तरीके भी दाऊद के यहाँ दूसरे तेवर में हैं।

'चंदायन' में प्रेम अन्य सूफी काव्य के समान गुणश्रवण, स्वप्नदर्शन अथवा चित्रदर्शन के माध्यम से नहीं होता है। चाँदा अपने पति से निराश है। वह मायके में रहने लगी है। वहाँ वह लोरिक की वीरता पर मुग्ध होकर प्रेम में लीन होती है। उसमें किसी प्रकार की आध्यात्मिक अथवा अतिमानवीय संभावना नहीं है। उसे दाऊद के शब्दों में इस स्थिति को इस प्रकार व्यक्त किया है—

चाँदहि लोरक निरख (नि) हारा। देखि विमोही गयी बेकरारा।।
नैन झरहिं मुख गा कुँबलाई। अन न रुच औ पानि न सुहाई।।
सुरूज सनेह चाँद कुँयलानी। जाई विरस्पत घिरका पानी।।
घर आँगन सुख सेज न भावइ। चाँदा माहे सुरूज बुलावइ।।
पूनि उँ चँदर जैसे मुख आहा। गइ सो जोत खीन होइ रहा।।

(3) कथानक रूढ़ियाँ–प्रबंध कथा में गति बनाए रखने के लिए सूफी कवियों ने कथानक रूढ़ियों का उपयोग किया है। उसमें कुछ मानवीय अभिप्राय और कुछ अलौकिक चमत्कार से जुड़े हैं। 'चंदायन' में भी इन रूढ़ियों का प्रयोग मिलता है। जैसे विरह को बताने के लिए कवि ने चाँदा और मैना दोनों के लिए अलग–अलग बारहमासे की योजना की है। चाँदा का विरह माघ से शुरू होता है और मैना का विरह सावन से शुरू होता है।

चाँदा के विरह में काम की व्याकुलता है और मैना के विरह में पति का वियोग तथा उससे अलग होने की पीड़ा है। इसलिए विरह के प्रारंभिक मास का अंतर मिलता है। जाड़े के माघ मास में पति का साथ गर्मी देता है। सावन की फुहार और रिमझिम बारिश पिया के बिना अकेली सजनी को तड़पाते से प्रतीत होते हैं। संदर्भ बदलने से प्रसंग अपने आप बदल जाता है। सहेली और प्रकृति नायिका की चिर सहयोगी हैं। मन के टूटने पर भीतर की व्यथा और आंतरिक मनोभाव के सबल के लिए नायिका को इनका सहयोग मिलता रहा है। चाँदा विरस्पत से अपने प्रेम और वियोग की बात कहती है। मैना सिरजन व्यापारी को अपने घर और मन की परेशानी बताती है।

यह कथानक की रूढ़ि बहुत दिनों से काव्य में चली आ रही है। कोई सहृदय पथिक नायिका के हृदय की बात को सुन लेता है और उसके प्रिय तक संदेश पहुँचा देता है। सिरजन लोरिक से निम्न शब्दों में मैना का वर्णन करता है–

खोलिन आँचर आइ छुड़ावा। कहि संदेश लोर जिहँ लावा।।
मँहि देखत लै पैठि कटारि। अस कहु आज भरउँ कँठसारी।।
खोलिन घर–घर करत अहा। मैना देखु मरन लै चहा।।
बनिज छाड़ि में लादेउँ, मैना केर सँदेस।
बेगु आजु चलु गोवर, लोरक तजु परदेश।।

साधु–संन्यासी और जोगी द्वारा नायिका के सौंदर्य की चर्चा दूर–दूर तक पहुँचाना, यह भी सूफी काव्य में रूढ़ि के रूप में मिलता है। 'पद्मावत' में भी इसी तरह का प्रसंग है। वहाँ राघव चेतन के द्वारा पद्मावती के रूप का चित्रण बादशाह अलाउद्दीन के सामने किया जाता है। 'चंदायन' में बाजिर राव रूपचंद से चाँदा के नखशिख का वर्णन करते हुए रूपचंद कहता है–

चारिउँ भुवन फिरत हौं आवा। गोवर देखउँ नगर सुहावा।
तिहवाँ चाँ तिरी मैं देखी। पाथर कीर जइस चित पैठी।
मनहुत कइसहिं मेटन जाई।
दिन–दिन होई अधिक सवाई।।
सहदेव महर कर घिय चाँदा, चहुँ भुवन उजियार।
मानिक जोत जान बर जरेंहि, नागर चतुर अपार।।

नायक का नायिका को देखते ही बीमार पड़ना, विरह ताप का बढ़ जाना तथा वैद्य ओझा आदि का आकर नाड़ियाँ देखना, उसके उपचार के तरीके समझाना आदि भी सूफी काव्यों में खूब अजमाए गए हैं। उसी तरह यात्रा में संकट आना भी प्रेम को परखने की प्रचलित विधि

रही है। लोरिक जब चाँदा को लेकर निकलता है तो उसे अनेक प्रकार की कठिनाइयों का सामना करना पड़ता है। लोरिक का बावन के साथ युद्ध होता है, विद्यादानी से युद्ध करता है। चाँदा को रास्ते में वृक्ष के नीचे सोता हुआ जान साँप काटता है। गारुड़ी आकर मंत्र से उसे जीवन देता है। ऐसे चमत्कार और रहस्य से भरे कई प्रसंग मिलते हैं। बिखरे–बिखरे प्रसंग को समेटने के अभाव में प्रबंध का ढाँचा कमजोर पड़ता है और इससे प्रबंध की गति की स्वाभाविकता टूटती है।

प्रश्न 11. 'चंदायन' में दृश्यों का वर्णन किस प्रकार हुआ है? स्पष्ट कीजिए।

उत्तर– नाटक में दृश्य की रचना की जाती है और काव्य में दृश्य का वर्णन किया जाता है। दृश्य वर्णन की परिपाटी काव्य में बहुत पुरानी है। उदाहरण के लिए प्राकृतिक दृश्य का वर्णन, हिमालय का वर्णन, मेघ का चित्रण आदि। दृश्य वर्णन से हमें उस समाज की तस्वीर साफ उभरती दिखाई देती है। उस काल के जनजीवन का पता लगता है। समाज के तौर–तरीके, कार्य–व्यापार, मिथक और संस्कृति आदि को पहचाना जा सकता है। 'चंदायन' मध्यकालीन सामाजिक और सांस्कृतिक परिदृश्य को समझने का अवसर देता है, जिसे निम्न प्रकार से समझा जा सकता है–

(1) गोवर का दृश्य–गोवर एक स्थान का नाम है जो शायद एक कस्बा रहा होगा। उसके सही–सही ठिकाने को निश्चित नहीं किया जा सका है। परंतु वर्णन से ऐसा लगता है कि अवध का ही कोई कस्बा रहा होगा।

'चंदायन' में कवि ने सबसे पहले यहाँ की वनस्पतियों का जिक्र किया है। पेड़–पौधों के माध्यम से वहाँ की मिट्टी हरियाली और उसके भीतर के रस का पता चल जाता है। पौधों से स्थान की भौगोलिक विशेषता के साथ–साथ जीवन की पहचान भी हो जाती है। गोवर के वृक्ष इतने घने हैं कि दिन में भी अंधकार दिखाई देता है। वस्तुतः उस समय में कस्बे को सुरक्षित करने के लिए पेड़ पौधे से ढ़ककर रखा जाता था–

बाँस खजूर बार पीपरा, अँबिली भई सेवार।
राय महर कै बारी, देवस होई अंधकार।।

चंदामन में वन–उपवन की चर्चा के बाद नदी, नाले, ताल–तलैये, पोखर, कुंड, सरोवर, मंदिर आदि का बिंब दिया गया है। जल–स्रोत तो जीवन है, जो देखने में ही अच्छे नहीं लगते बल्कि सृष्टि को उत्सव का रूप देते हैं। पक्षियों के शब्द वातावरण की नीरवता में तैरते रहते हैं, सन्नाटे को संगीत से भर देते हैं। प्रकृति की रचना अति सुंदर और विविधता से भरी है।

गोवर के गढ़ को महफूज बनाने के लिए खाई बनाई गई थी। नदी–नाले के सुंदर चित्रण को देखकर उल्लास की प्रतीति होती है। खाई में बह रही हरी धारा को देखकर डर लगता है जिसे निम्न पद में देखा जा सकता है–

नीर डरावन हरियन पानूँ। झांकत हिये कीन्ह डर आनू।।
जो खसि परै सो जम पैंथ जाई। परतहिं माँघ मगर तेहि खाई।।

अपनी कृति में दाऊद ने दुर्ग और उसके भीतर की बनावट का भी वर्णन किया है। दुर्ग में कठोर पत्थर लगे हैं। बज्र जैसे किवाड़ हैं। लोहा और पत्थर से बने गढ़ की सैनिक और कोतवाल निरंतर चौकसी करते रहते हैं। दुर्ग बाहर से अत्यंत विशाल है, लेकिन बंद है। गढ़ के भीतर जीवन की गतिविधि है, राज–काज है, नगर–हाट है, दरबार और रानी का अंतःकक्ष है। पान चबाने वाले विद्वान भी हैं, जो मुँहदेखी बात करते हैं। इनके माध्यम से दरबारी, बुद्धिजीवियों पर जो व्यंग्य किया है वह देखने लायक है–

अति बिधवाँस पंडित ते बड़े। रूप मुरार दयी के गढ़े।।
अधरन लागे पान चबाहीं। मुख मँह दाँत तइसो जिहें माहीं।।
दान झूझ कर बिरूप बुलावहीं। मारहिं कापर घोर दिवावहिं।।

किले के भीतर का जीवन स्वप्नलोक की भाँति है। लोग व्यवसाय से अधिक सांस्कृतिक जीवन में रुचि रखते हैं। वहाँ आपाधापी नहीं है, ठहराव है। समय ठहरा हुआ–सा लगता है। जीवन की गतिविधि किसी पेंटिंग केनवस की तरह मालूम पड़ती है, जहाँ पक्षी रामायण बाँच रहे हैं, बहुरूपिये अनेक भेषों में मनोरंजन कर रहे हैं। बड़े–बूढ़े उसमें दत्तचित्त होकर डूबे हुए हैं।

(2) विवाह का विवरण–प्राचीन काल से विवाह की परंपरा चली आ रही है। समय–समय पर विवाह के स्वरूप में बदलाव आता रहा है। प्राचीन काल में स्वयंवर होते थे। मध्यकाल में ब्राह्मण और नाई की जोड़ी साथ–साथ वर को ढूँढ़ने के लिए एक प्रदेश से दूसरे प्रदेश का भ्रमण करती थीं। वरच्छा के बाद बारात की तैयारी होती थी। बारात में समृद्धि और ऐश्वर्य को दिखाया जाता था। सामंतों के बीच आपसी होड़ में विवाह एक साधन स्वरूप था।

'चंदायन' में चाँदा जन्म के बाद विवाह की योजना की गई है। जन्मकुंडली के आधार पर लग्न निकालकर पंडित वर और कन्या की जन्मपत्री को मिलाते हैं। चाँदा और बावन का विवाह तय होता है। शादी के निमित्त बारात लड़की के घर आती है। तरह–तरह के भोजन बनते हैं। वस्त्र–आभूषण से घर भर जाता है। बारात में घोड़े हाथी का दल, कलावंत का दल, भाट और नाचनेवाली बहुरिया का दल एक साथ चलता है। बारात में ठहरने के लिए बतसार सँवारी जाती है। दिया जलाकर उजाला किया जाता है। भोजन का ज्योनार होता है। मंत्रोच्चारण के बीच परिधान पहनाया जाता है।

चाँदा के विवाह में दहेज में घोड़ा, रुपया, गाय–भैंस, दास–दासी, सेज, बहुमूल्य रत्न आदि दिए गए हैं। बेटी के नैहर से चावल, सोना, घी, नमक, तेल तक लादकर उसके ससुराल (यानी बावन) के घर पहुँचाया जाता है। जैसा कि निम्न पद में देखा जा सकता है–

चोरी चेर साहस एक पावा। गाइ भैंस नहिं गिनत बतावा।।
कापर जात बरन कों काहा। हीरा मोति लागि जिंह आहा।।
सेज सौर कर नाँउ न जानौ। कहाँ सेज अस काह बखानौ।।
चाउर कनक खाँड घिउ लोन तेल बिसवार।।
लाद टाँड मुकरावा बरदै मथे असँभार।।

(3) नख शिख सौंदर्य का चित्रण–स्त्री–सौंदर्य को सूफी कवियों ने अलौकिक माना है। उनके यहाँ खूबसूरती खुदा की खोज बन गया। यदि सूफी काव्य परंपरा की नायिकाओं के नाम का जिक्र करें तो उसमें एक प्रकार की केंद्रीयता दिखाई देगी। नाम ही काव्यात्मक है। उदाहरण के लिए कुछ नाम देख सकते हैं चाँदा, पद्‌मावती, मृगावती, चित्रावली आदि।

इस काल की नायिकाओं को यदि चित्रों में देखें तो हुस्न और इश्क से भरी तस्वीर पाते हैं। ज्यादातर चित्रों में प्रेमिका बाग में प्रेमियों का इंतजार करती हुई, आइने में खुद को निहारती हुई, शराब का प्याला हाथ में लिए हुए, पक्षियों के पिंजड़े को देखती हुई, कविता की किताब पढ़ती हुई आदि भंगिमाओं में दिखाई देती है। 'चंदायन' में चाँदा का रूप ऐसा अपूर्व गढ़ा गया है कि जो देखता है, वही बेहोश हो जाता है। बाजिर, रूपचंद, लोरिक, विद्याधर, टूटा सभी उसकी सलोनी मूरत पर घायल हैं। बाजिर साधु है लेकिन चाँदा की छवि के सामने उसका चित्त भी बावला हो उठता है।

दाऊद जिस समय में रचना कर रहे थे, उस समय बादशाह, राजा, सामंत, सेनानायक और सन्यासी–फकीर सभी मोहिनी मूरत को देखते ही बेसुध हो जाते थे। हृदय में नेह और स्नेह हो या नहीं, स्थूल सौंदर्य के प्रति ऐसा पार्थिव आकर्षण जिद की हद तक मनुष्य को पहुँचा देता था, यह मध्यकाल की विशेष प्रवृत्ति है। बाजिर रूपचंद से चाँदा के शिख से लेकर नख तक अंगों, रेखाओं और आकृतियों को उत्तेजक रूप में प्रस्तुत करता है।

चाँदा के रूप–वर्णन में कवि अत्युक्ति का सहारा लेता है। चाँदा की माँग में सूरज के प्रथम किरण की लाली है। ललाट उसके चाँद के समान है। उसके रंग में कंचन की चमक है। वह सामान्य स्त्री नहीं स्वर्ग की अप्सरा हैं भौंह धनुष के समान हैं। आँख का रंग श्वेत और काला है। क्षण–क्षण में उसके डोरे लाल होते हैं। उसमें मधु भरा हुआ है। वे चंचल हैं। तथा उसमें समुद्र की गहराई है। जैसा कि निम्न पद में देखा जा सकता है–

नैन सरूप सेत भहें कारे। खिन खिन बरन होहिं रतनारे।।
अम्ब फार जनु मोतहिं भरे। ते लई भौंह कै तर धरै।।
सहजहिं डोलहि जानु मधु पिया। कै निसि पवन झकोरै दिया।
अलत समुँद मानिक भर रहे। राई चाक कर गाँठ न गहे।।
नैन समुँद अति अवगाहा। बूड़हिं राइ नपावहिं थाहा।।

यहाँ कवि ने नायिका के नेत्र–सौंदर्य का विशद और गहराई से वर्णन किया है।

(4) युद्ध यात्रा और आक्रमण के दृश्य–सामंती जीवन के लिए युद्ध बहुत आम बात थी। छोटी बात पर तलवार खिंच जाना नई घटना नहीं थी। भूमि और औरत के लिए युद्ध की अनेक कहानियाँ इतिहास के पन्नों में दर्ज है। सेना अपने बलिदान को तत्पर रहती थी। सेना के लिए प्रयाण संगीत होता था। सेना की प्रमुख टुकड़ी में हाथी, घोड़ा धनुर्धर और पैदल सैनिकों की पूरी पंक्ति होती थी। उसका पड़ाव एक निश्चित दूरी पर तय होता था। 'चंदायन' में इसका बारीक वर्णन निम्न पद में देखा जा सकता है–

ठोके तबल मेघ जनु गाजे। घर–घर सबही, राउत साजे।।
अगिनत बीर बहल धनुकारा। सात सहस चले कटँवारा।।

चढ़े आयें लाख असवारा। लाख गवानें औ परवारा।।
एक सहस फटकार चलावां तूराँ सींगा अंत न पावा।।

मध्यकाल में युद्ध की यात्रा में शकुन और अपशकुन का भी बड़ा महत्त्व था। यह धर्म से परे लोकजीवन में फैला हुआ था। बाबर के संदर्भ में एक घटना मिलती है। 1526 में अंतिम निर्णायक आक्रमण के पहले उसने शर्त रखी कि यदि उसे प्रतीकात्मक रूप से कोई भारतीय उत्पाद यथा आम या सुपारी मिला तो वह पानीपत में लड़ाई के लिए कूच कर जाएगा। जब भारतीय शासक इब्राहीम लोदी के जाने माने अमीर दौलत खान ने उसे शहद में संरक्षित अधपका आम लाकर दिया तो उसने आक्रमण का पूरा मन बना लिया।

इस घटना को उद्धृत करने का अर्थ यह है कि अपशकुन का प्रभाव उस युग के लोकमत में था। यह बोध मान्यता और तर्क से परे है। लेकिन जनमानस उसका अनुसरण करता है। 'चंदायन' में भी युद्ध की यात्रा के समय अपशकुन घटित होता है। इनका विवरण कृति में दिखाई देता है–जैसे सुगा रुखा बोले, काग का टिटयाना, जोगी से मुलाकात, सूर्य उदय के समय सियार का बोलना आदि। ये सारे लक्षण अपशकुन के हैं। ये परिणाम की भविष्यवाणी पहले ही कर देते थे। लेकिन चाँदा के रस में बिंधे राजा को इसकी परवाह कहाँ थी जैसा कि निम्न पद में देखा जा सकता है–

सूके रूँख काग टिटियाये। जोगी आवा भसम चढ़ाये।।
दाहिने दिसिहुत भर्रा आवा। डँवरू बायें हाथ बजावा।।
उवत सूर दिसि पुकरि सियारी। अस मुहँ टकत दीख रतनारी।।
कसुगुन भरे न बाहिरै राऊ। न बाहिरै न देखेउँ काऊ।।
गहते जाइ राउ समझाया। कुसगुन गयउऊ कित आगे आवा।।
चाँदा सनेह काम रस बोधा। राजा गा बउराइ।।
एको सगुन न मानी राजा, गोवर छेकसि आइ।।

युद्ध उस युग में राजाओं और सामंतों के लिए शौर्य का कार्य हो सकता था परंतु साधारण जन जीवन उससे अस्त–व्यस्त हो जाता था। युद्ध के समय वृक्षों के घेरे से गोवर गाँव को रक्षित किया जाता है। नगर के प्रवेश द्वार पर तहलका मचा है। बाप बेटे को सँभाल नहीं पा रहा है। गाय और भैंस बँधे रँभा रहे हैं। पका हुआ भात चूल्हे पर रखा रह जाता है।

उसे कोई खाने वाला नहीं। गाँव को उजाड़ा जा रहा है। विशेष दूत को घोड़े देकर भेजा जा रहा है। चंदामन में जंग के वातावरण में गाँव में मची अफरा–तफरी का जो सजीव चित्र कवि ने खींचा है वह देखने लायक है–

बाँधे पबँर भई तहतारा। बापहि पूत न कोउ सँभारा।
महर लोग सब झार हँकारे। माझे चेत नै बिसारे।।
गाय भँइस बाधे टिटियाई। राँधा भात न कोऊ खाई।।
रोवहिं हौं, करब (अबै) काहा। कबहुँ काँप सरापत आहा।।
छेंक गाउँ अँबराँउँ कस वहिं। पठिये बासीठ अतर कस पावहिं।।

(5) भोजन और रहन–सहन का चित्रांकन–आचार्य शुक्ल ने भोजन के विभिन्न व्यंजनों के वर्णन को भद्दी परंपरा कहा है। लेकिन खान–पान के व्यवहार से उस समय की परंपरा को समझा जा सकता है। शाकाहारी और मांसाहारी दोनों का प्रचलन था। खाना परोसने और बनाने की विधि अलग–अलग थी। सामंतों के यहाँ के आयोजन का भार अंततः जनता पर ही पड़ता था। चावल, माँस, घी आदि पदार्थों को जुटाने का दायित्व जनता का होता था। भोज का न्योता नाई के द्वारा दिया जाता था।

खान–पान में अरब और फारस का प्रभाव चूल्हे चौके में भी मिलता था। मांसाहार में पशु और पक्षी दोनों के माँस खाए जाते थे। पशुओं में भेड़, बकरा, चीतल, हिरण, बनैया, सुअर, बारहसिंघा, साँभर और खरगोश मुख्य थे। पक्षियों में तीतर, बटेर, कबूतर, वनमुर्गी, क्रौच, महोख, टिटहरी आदि को खाद्य के रूप में प्रयोग में लाया जाता था जैसा कि निम्न पद में देखा जा सकता है–

तीन चार सै बैठ सुवारा। बीजर आन रसोई परजारा।
मस मसोरा कटवाँ कीन्हों। लै धँगार पतियों कर दीन्हों।।
बेगर बेगर पेखि पकाई। घिरत बघार मिरच भराई।।

चंदायन में शाकाहारी खाने की तरह–तरह की तरकारियों का वर्णन है। माँस और सब्जी के प्रकार से समृद्धि को सूचित किया जाता था। पकवान में मृंगौरा, मिथैरी, गंजिया, खिरसा आदि का वर्णन आया है। चावल के अनेक प्रकारों को गिनाया गया है। जिसमें गीरसार, रितुसार, बिकौनी, कर्रा, धनिया, मधुकर, तूनी, एगुनों, घाली, चौधरा, कंकर, खंडर, काँडर, अगरसार, तनों, सोनदाही, रूपसिया आदि प्रमुख हैं। हंसा, गोहँधारा, जाउर (खीर) का वर्णन है। कुँवर और प्रजा की पाँति अलग है। भोजन में चारों वर्ण के लोग बैठे हैं बिना किसी भेदभाव के बैठते थे।

(6) बारहमासे में नायिका की दशा–दृश्य को किसी नाटक में जिस तरह सजाया जाता है, काव्य में भी उसी तरह प्रकृति का दृश्य भी सजाया जाता है। कहीं वह बारहमासा के रूप में आता है, कहीं षड्ऋतु वर्णन के रूप में, कहीं स्वाभाविक रूप से वर्णित खेत–खलिहान पठार, पहाड़, नदी, झरना का दृश्य लेकर।

बारहमासे की परिपाटी वियोग के चित्रण के लिए प्राचीन काल से ही प्रचलित है। चंदायन में दाऊद ने चाँदा और मैना दोनों के लिए इसकी योजना की है। लेकिन दोनों की मानसिक स्थिति भिनन होने के कारण दोनों में अंतर दिखाई देता है। मनुष्य अंततः अपने सुख और दुख को लेकर ही प्रकृति के पास जाता है। चाँदा के विरह में काम की पीड़ा है और यौवन के बीतने की व्यथा है। दांपत्य जीवन का सूनापन है, इसे चाँदा के शब्दों से ही समझा जा सकता है जैसा कि निम्न पद में व्यक्त किया गया है–

रैन डरावन बारबार कारी। घटैं न आवइ बजर के मारी।।
जागत लोचन आधी राती। पहरेदार पिउ धर तरसहिं राती।।

नायिका का मन प्रकृति के दृश्य बदलने के साथ बदलता है, मन की तरंग और उल्लास बदलता है। इसके साथ ही सावन की झड़ी, भादों की भयावहता, आश्विन की उदासीनता,

कार्तिक की निर्मलता, अगहन की शीत, पूस की बेचैनी, माघ की जकड़न और फागुन का उल्लास साकार होता है। मैना की मानसिकता में पति के वियोग का सूनापन है। पति के बिना जैसे जीवन ठहर गया है। उसकी हँसी, खुशी, हर्ष और विषाद भी उसी के साथ विदा हो गए हें। समय के बदलने का कोई प्रभाव नहीं पड़ता है, जैसा कि निम्न पद में देखा जा सकता है—

संग न साथी न सखी सहेली। देखि फाटि हिय मंदिर अकेली।।
तिहि दुख नैन फूटि निसि बाहै। धरती पूरि सागर भर रहे।।
निकर चलउऊ पौं चली न जाई। मुई बूड़ि रहा जल छाई।।

इस प्रकार चंदायन में विभिन्न प्रकार के दृश्यों का विवरण बहुतायत से देखा जा सकता है।

प्रश्न 12. 'चंदायन' में पात्रों के स्वभाव का चित्रण किस प्रकार किया गया है? समझाइए।

अथवा

चंदायन के प्रमुख नारी पात्रों की विशेषताएँ बताइए।

उत्तर— विचित्रता का आभास सूफी काव्य में पात्रों के स्वभाव में कम ही मिलता है। उनकी परिस्थिति लगभग एक जैसी होती है और उसमें उनका व्यवहार भी लगभग मिलता–जुलता होता है। 'चंदायन' में भी पात्रों का गठन प्रेम को केंद्र में रखकर हुआ है। पात्रों के बहुमुखी व्यक्तित्व और चरित्र के दूसरे आयाम प्रेम के नीचे दब से जाते हैं। प्रेम का आरंभ होते ही उसमें आत्म–विस्मृति सी आ जाती है। इनका प्रेम वासना से ऊपर उठा होता है। प्रेम के लिए वे कड़ी परीक्षा देते हैं। नायक–नायिका के संबंध में प्रगाढ़ता होती है। प्रसंग के साथ पात्रों की निजता भी सामने आती है। चाँदा, लोरिक और मैना के त्रिकोण में विभिन्न पात्रों का स्वभाव चित्रण इस प्रकार है—

(1) चाँदा— 'चंदायन' में चाँदा के व्यक्तित्व के कई रूप मिलते हैं— एक तो स्वप्न परी के रूप में धरती पर आने वाली चाँदा है, दूसरी अपने पारिवारिक जीवन में स्त्रीत्व के अतृप्त प्यास की कचोट को सहती नारी है। उसका पति उसके रूप के विपरीत मिला है जैसा कि निमन पद में देखा जा सकता है—

बरख दुआदस भयउ बियाहू। चाँदा तरै सोक जस नाहू।।
उनत जोबन भई चाँदा रानी। नाँह छोट और आँखियौ कानी।।

इस रूप में अपनी इच्छाओं को मारती और कुल के लिए मरती और मिटती चाँदा है। उसके अंतर्मन की वेदना सहेलियों के सामने खुलती है। उनके अलावा उसकी व्यथा को सुनने वाला भी कोई नहीं है। वह अपनी ससुराल में बिताए गए समय का बखान अपनी सखियों से करती है। सास और ननद उसकी आकुलता को नहीं समझतीं। उसे ही दोषी करार देती हैं। बिल्कुल ग्रामीण बाला की अबोध शब्दावली में वह अपना सत्य बताती है। एक तरफ तो चाँदा के स्वयं को लेकर वक्तव्य हैं। साथ ही दूसरों के द्वारा उस पर की गई टिप्पणी भी है।

बाजिर की नजरों में चाँदा का उन्मत्त रूप और मदहोश यौवन का चित्र है। जिसे देखकर हर किसी को मूर्च्छा आ जाती है। जिसमें जयोति और प्रकाश भरा है जिसकी झलक निम्न पद में अत्यंत सुंदर बन पड़ी है–

तिह खन बाजिर मूँड उचावा। देखसि चाँद झरोखें आवा।
देखतहिं जनु नौहारहिं लीन्हां बिदका चाँद झरोखा दीन्हा।।
धरहुत जीउ न जानैं कितगा, काया भई बिनु साँस।।
नैन रीन देह मुँ थिरकँहि, आये लोग जिहिं पास।।

चाँदा का एक रूप वह है जहाँ वह महल के सूनेपन से उठकर लोरिक को झरोखे से निहारती है। अपने पुराने जीवन को भूलकर नया जीवन प्रारंभ करने वाली चाँदा है जो रस में सराबोर हो जाती है। वह अपने लिए जीवन जीने की खोज में किसी हद को पार करने का जोखिम उठाने के साहस से भरपूर हैं यह धरातल का प्रेम है, जिसको पाने में तमाम दिक्कतें आती हैं। यह भोली नायिका दार्शनिक और गूढ़ प्रेम लोरिक से करती है। यह निपट दर्शन की शब्दावली नहीं होकर जीवन के अनुभव से निकली हुई भावना लगती है।

चंदायन में मुल्ला दाऊद ने चाँदा के चरित्र में अभिजात का समावेश किया है। वह लोरिक से नोंक–झोंक करती है। उसे चरवाहा और ग्वाला होने का उलाहना देती है। इस रचना में चाँदा के चरित्र के दो रूपों से हमारा परिचय होता है। चाँदा महल में अत्यंत संयत दिखाई देती है, परंतु लोकजीवन में आते ही उसकी गरिमा का ठेठ ग्रामीण रूप में रूपांतरण हो जाता है। वह मैना के साथ व्यंग्य करती है। उसके साथ अपशब्दों और हाथापाई की नौबत आ जाती है। चाँदा के इस रूप से पता ही नहीं चलता कि यह वही चाँदा है जिसकी चर्चा बाजिर, ज्योति से भरी चाँदा के रूप में कर रहा था।

कहने का अर्थ यह है कि उसमें साधारण जीवन का रस है। चाँदा मैना से उसकी उदासी का कारण पूछती है। उसकी बुद्धि पर तरस खाती है। बात बढ़ने पर वह मैना से जो कहती है वह इस पद में दृष्टव्य है–

जस आपन तस औरहिं जानै। जस छिनार तस मो क बखानै।।
पुरुख छिनार गर को लेयी। बात कहत अस उत्तर देयी।।
तें का देख हौं पियावारी। चित संखाय माँहि दीन्हें गारी।।

लेकिन मैना के साथ उसका झगड़ा इतना बढ़ जाता है कि कपड़े फट जाते हैं। एक स्वप्नपरी का इस वास्तविकता में प्रस्तुत होना और इस तरह का कार्य करना विश्वास से परे लगता है।

सोत से ईर्ष्या और डाह काफी प्रसिद्ध रहा है। मैना के साथ उसका द्वंद्व और प्रतिस्पर्द्धा किस तरह का है इसे भी भलीभाँति देखा जा सकता है। लोरिक सिरजन से मैना का संवाद पाकर गाँव जाने को तत्पर होता है, उस समय चाँदा के मुँह पर अमावस्या छा जाती है। जो प्रेम के रंग में इतने गहरे रँगी थीं उसे अब अपने प्रेमी से ही शिकायत होने लगती है और वह कह उठती है कि–

मैना बात जो सिरजन कही। सुनत चाँद राहु जनु गही।
पूनेउँ जइस मुख दीपत अहा। गयी सो जोति खीन होइ रहा।
अब सूरुज अपनैं घर जाइह। सिंह रासि कह गगन चढ़ाइह।।

(2) लोरिक–'चंदायन' का नायक लोरिक है। वह योद्धा है हालाँकि उसकी अस्मिता और पहचान कुलीन नहीं है। अपनी वीरता के कारण वह समाज में अपना स्थान बनाता है। उसकी वेशभूषा सैनिकों के समान है। हाथ में कटार धारण करना उसकी शक्ति है। उसका सेना में होने मात्र से जोश आ जाता है। उसकी तलवार युद्ध में संगीत की तरह बजती है। एक हारती सेना उसके कारण युद्ध जीतती है। अपने गाँव–शहर की लाज बचाने के लिए वह युद्ध में भाग लेता है। गोवर के राजा महर की बेटी चाँदा को रूपचंद अपनी शक्ति से प्राप्त करना चाहता है। वह किसी नायक की तरह हस्तक्षेप करके परिस्थिति को बदल देता है। अपनी निजी जिंदगी की परवाह किए बगैर जंग का बीड़ा उठाता है। युद्ध जीत कर वह गोवर में नायक की तरह हाथी पर चढ़कर प्रवेश करता है जैसा कि निम्न पद में देखा जा सकता है–

चँवर घर दोह चँवर डुलावहिं। ओ राउत आगैं के आवहिं।।
ऊपर रात पिघैटे तानी। चाढ़ि धौरा हर देखै रानी।।
चल गोबर सब देखै आवा। रन लोरिक खाँडै जस पावा।।

बाहरी रूप से यह वीर योद्धा अंतर्मन से इतना कमजोर है कि चाँदा को देखते ही उसे मूर्च्छा आ जाती है। भोजन करके उसके लिए माहुर हो जाता है। प्रेम में घायल हो जाता है। औषधि से उसे स्वास्थ्य लाभ नहीं होता। बीमारी बढ़ती ही जाती है। खाना–पीना त्याग देता है। उसके हृदय को चाँदा हर कर ले गई है। यह तो उसकी आंतरिक वेदना है।

अब नायिका को पाने के लिए जोगी बनता है। रुद्राक्ष–स्फटिक और भभूत धारण करता है। उसके चित्त में संताप है। संभाले, नहीं सँभल रहा है। वह एक वीर योद्धा से जोगी बन जाता है। सौंदर्य के पूरे करिश्में को चंदायन में बड़े मनोयोग से रचा गया है। यहाँ लोरिक एक वीर साधक की भाषा बोलते हुए देखा जा सकता है–

माता पिता बंधु न भाई। संग न साथी मीत न धाई।।
इहें बनखंड कोई पास ना आवई। कोर मरत मुख नीच चुआवइ।।
दई विपत जीउभर संचारा। बाँधसि सीसा झारि गहिबारा।।

लोरिक में साधक निर्मल चित्त नहीं है। उसकी दुनिया अंतरंग और बहिरंग में विभाजित है। अंतरंग में चाँदा है और बाहर मैना है। एक साथ दो मनःस्थिति में जीना उसके व्यक्तित्व को संकटग्रस्त कर देता है। एक ओर वह मैना को लगातार विश्वास दिलाने की कोशिश करता है वह उसके अतिरिक्त किसी को नहीं चाहता है। दूसरी ओर चाँदा के साथ गोवर को छोड़ने की तैयारी में जुटा है। वह चाँदा और मैना के बीच संतुलन बनाने का प्रयास करता है।

ऐसा नहीं है कि लोरिक में व्यवहार कुशलता नहीं है। उसे लोक व्यवहार की गहरी समझ है। अपनी कार्यसिद्धि के लिए वह ब्राह्मण से यात्रा का मुहूर्त निकलवाता है। भविष्यवाणी के बारे में जानना चाहता है।

एक सामान्य मनुष्य के जो भी गुण और अवगुण हो सकते हैं वे सब उसमें भी हैं। एक संवेदनशील इंसान के रूप में उसका चरित्र हृदयस्पर्शी है। चाँदा के साँप काटने पर उसका विलाप 'मानस' के राम के विलाप का स्मरण कराता है। अकेलेपन व अभाव में प्राणी प्रकृति के सामने रुदन करता है। वही उसके वियोग के एकमात्र साक्षी हैं। इसी तरह जब सिरजन से मैना का हाल सुनता है तो पसीज उठता है। उसे अपनी पत्नी के पास जाने की उत्कंठा होती है जिसे निम्न शब्दों में देखा जा सकता है—

सुनि संतान मैया का सेवा। लोरिक हिये कै कसयर धोवा।।
अब मैना बिनु रही न जाई। देई पँख बिध जाँउँ उड़ाई।।
जो न जाइ मैना मुख देखइँ। तो यह जीउँ मरन लै लेखउँ।।

(3) मैना—मैना 'चंदायन' में लोरिक की पत्नी है। वह घरेलू औरत है। पति ही उसके जीवन में सर्वस्व है। वह पति को युद्ध में जाने से रोकती है। कारण यह है कि पति पर आश्रित होने के कारण उसके बिना वह अनाथ हो जाएगी। लेकिन युद्ध में जाने के लिए तैयार लोरिक का टीका करती है। उसके मंगल की कामना करती है। वह जानती है कि पति का मन चाँदा में लगा है फिर भी उसकी सेवा में लगी रहती है। वह उसके बदलते चित्त को पहचानती है। कहीं समर्पण से उसे बाँधने की कोशिश करती है तो कहीं उससे क्रोधित होकर व्यवहार करती है। सबसे बड़ी बात वह उसके शरीर की भाषा को पहचानती है। वह ग्रामीण है, लेकिन पुरुष के एक-एक व्यवहार से परिचित है। उसके पास कोई प्रमाण नहीं है लेकिन अपने अनुभव से वह लोरिक के मन को पढ़ लेती है कि उसमें क्या चल रहा है—

मैना पूछहि कहाँ निसि कीन्ह। कौन नारि मोर कैं दीन्ह।।
रकत न देह हरद जनु लाई। औ मसि मुख पै दीन्ह चढ़ाई।।
पियर पात जस लोरक डोलसि। मुर मुर हँस निरंग मा बोलसि।।
हों मनुसहिं औहर पहचानौं। बात कहीं नैन देख जानौं।।

हालाँकि मैना पति के लिए समर्पित है और शांत दिखने वाली नारी है पर उसमें क्रोध भी फूटता है। वह कुमार्ग पर चल रहे पति को चेतावनी देती है। औरत जाति होने के कारण अपनी विवशता प्रकट करती है। चाँदा से सामने होने पर उसे तीखे तेवर में उत्तर देती है। अपनी सुहाग और सेज के सूने होने के लिए चाँदा को जिम्मेदार ठहराती है। चाँदा जब उसके पति को ग्वाला और चरवाहा कहकर लज्जित करना चाहती है, तो उसे दो टूक शब्दों में उसकी प्रशंसा निम्नानुसार करती है—

मोर पुरुख खाँड जानै। गन गन्धरप सब रूप बखानै।।
पंडित पढ़ा खरा सहदेऊ। चार बेद जित जाय न कोऊ।।

अपने पति को चाँदा से दूर हटाने के लिए वह मालिन के द्वारा महर के घर चाँदा की शिकायत भेजती है। विशेष रूप से देखने वाली बात यह है कि यहाँ पुरुष का हस्तक्षेप कहीं नहीं है। नारियों का अपने ढंग का तंत्र उस समय था। जिससे सूचना का आदान-प्रदान होता था। सिरजन से मैना का दुख सुनकर जब लोरिक वापस आता है तो वह मैना से एकाएक नहीं

मिलता बल्कि माली दोनों के बीच संदेश का आदान–प्रदान करता है। दुख में टूटी मैना खिल उठती है। उसके मन का हुलास उसकी चंचलता में दिखाई पड़ने लगता है। मैना और लोरिक के बीच लुका–छिपी का खेल चलता है। अंत में लोरिक के मनाने पर वह मानती है। वह सोलह श्रृंगार करके पिय के पास पहुँचती है जैसे घना बादल उसके जीवन से छँट गया हो। चंदायन में इसका अतिसुंदर वर्णन निम्नानुसार देखा जा सकता है–

राज जाइ कै नारि मनाई। चाँदा चाह अधिक तै पाई।
बाहुल दुख जो नारि बखानाँ। राखसि मान लौट जस जानाँ।।

इस प्रकार मैना के स्वभाव के विभिन्न पक्षों को चंदायन में पर्याप्त स्थान मिला है।

प्रश्न 13. 'चंदायन' की भाषा शैली पर प्रकाश डालिए।

अथवा

'चंदायन' के भाषागत सौंदर्य का सोदाहरण विश्लेषण कीजिए।

उत्तर– सूफी काव्य में प्रेमाख्यानों की रचना के लिए अवधी भाषा का प्रयोग किया गया है। इसके कारण भी ऐतिहासिक हैं। दिल्ली और अवध के संपर्क के कारण ऐसा संभव हुआ। इस्लाम के कई शिक्षा संस्थान अवध के क्षेत्र में सक्रिय थे। दूसरे सूफी खानकाह के बीच भी संपर्क बना हुआ था। मसनवी के अनुकूल आख्यान का रूपांतरण करने के लिए अवधी के दोहा, चौपाई, छंद ज्यादा उपयुक्त थे।

मुल्ला दाऊद ने 'चंदायन' में अवधी के जिस रूप को अपनाया है वह वाचिक भाषा के निकट है। वाचिक भाषा में लोकजीवन के शब्द, जीवन और संस्कृति छनकर काव्य में बारीकी से प्रवेश कर जाती है। चूँकि उसे सुनाना पड़ता था, इसके लिए यह जरूरी था कि कठिन शब्दों का प्रयोग न हो। लोक जीवन के शब्द और अनुभव हों। 'चंदायन' की किसी भी पंक्ति में यह विशेषता देखी जा सकती है।

दाऊद के सामने चुनौती आख्यान में केवल कथा कहने की नहीं है बल्कि कथा के साथ काव्य को लयात्मकता के साँचे में ढालने की भी है। इसलिए कथा की घटना को जीवन की लय में बाँधने की समस्या से उन्हें जूझना पड़ा। कवि ने इसे बहुत ही सहज ढंग से अभिव्यक्त किया है।

'चंदायन' में गावर पर आक्रमण के समय लोरिक को भाट के माध्यम से संदेश दिया जाता है। भाट घटना का भी जिक्र कर रहा है और उसे उकसा भी रहा है। उसे ऐसे सुनाया जा रहा है जैसे राम में ढला संगीत जिसकी एक बानगी देखने लायक है–

भाट गुँसाई तुम्ह गढ़ धावसि। आगैं दइ लोरक लै आवसि।।
चढ़त तुरंग भाट दौरावा। लोरक जाइ जो आमर पावा।।
कहवाँ भाट छोड़ दौरायहु। काकर पठये कसा तुम्ह आयहु।।
लोग महर तुम्ह बेग हँकारी। कँवरु धँवरु बाँठें मारी।।
जारब गोबर लाग गोहारी। लई अब चाँद होइ अँधियारी।।

यदि 'चंदायन' की शब्दावली की दृष्टि से समीक्षा की जाए तो एक कस्बे की समूची जिंदगी को प्रस्तुत करता है। 'चंदायन' में शब्द जिंदगी के विभिन्न स्रोतों से लिए गए हैं। इसीलिए उनमें जीवन के कार्य–व्यापार मूर्त हो उठे हैं। इस काव्य के भाषा की खास विशेषता यह है कि वह स्टैटिक न होकर डायनमिक है। चाँदा के जन्म के उत्सव का कर्मकांड हो, राजसी ठाठ का बिंब हो, युद्ध की वीभत्सता का जिक्र हो, शृंगारिक मानसिकता का पारिवारिक दृश्य हो, ग्रामीण महिला के व्यवहार की बात हो, हाट–बाजार की बात हो, बारहमासा का वर्णन हो अथवा दार्शनिक अनुभव हो सब स्थानों पर भाषा जीवन के रस से रची गई मालूम पड़ती है। शब्द के साथ केवल अर्थ ही नहीं उसकी मुद्राएँ और भंगिमाएँ भी जुड़ी हुई हैं। जैसे कि चाँदा और लोरिक के बीच प्रणय में केवल भाव की बात नहीं है, अपितु वह शारीरिक भंगिमाओं के माध्यम से भी प्रकट होते दर्शाया गया है।

दोहा–चौपाई छंद को सूफी कवियों ने एक निश्चित आकार दिया। इसे अपनाने के कारण इसमें गेयता और कथात्मकता दोनों का समावेश दिखाई देता है। चूँकि दाऊद प्रथम सूफी रचनाकार हैं इसलिए उनके यहाँ उतनी सुघड़ता नहीं मिलती, जितनी जायसी के काव्य में है। कवि ने पाँच अर्द्धालियों के बाद एक दोहे का क्रम रखा है। इन्होंने कड़वक का रूप अपनाया है। इसमें प्रमुख रूप से 12, 11 और 16, 11 मात्रा वाले धत्ता का प्रयोग हुआ है।

प्रतीक विधान—प्रतीकों को लेकर सूफी काव्य में काफी वाद–विवाद हुआ है। सूफी शैली को अपनाने के कारण कुछ आध्यात्मिक प्रतीक नैसर्गिक रूप में आ गए हैं। दाऊद का 'चंदायन' पूरे तौर पर एक लौकिक काव्य है, हालाँकि कुछ शब्दावली और प्रतीक सूफियों के मिलते हैं। चूँकि सूफियों से केवल काव्य के लिए ढाँचा लिया गया है अतः लोकजीवन के दबाव में वह गहन आध्यात्मिक नहीं बन पाया है। लोक की गति में रहस्य पीछे छूट गया है। यहाँ नायक और नायिका का परस्पर स्नेह, आत्मा और परमात्मा का प्रेम नहीं है, दो संसारी मनुष्य का प्रेम है।

अन्य सूफी काव्यों में नायिकाएँ कुमारी हैं। लोरिक 'चंदायन' में एक अधीर मन का विवाहित व्यक्ति है। गुदड़ी और कंथा पहनना, यात्रा करना और जोगी बनना आदि जीवन के विविध नाटकीय अंदाज हैं। जीवन को व्यापक परिप्रेक्ष्य में देखने की दृष्टि है, यह कोई वैचारिक आग्रह या सांप्रदायिक विवशता नहीं है। बुनियादी बात प्रेम के समुद्र में डूबना है। यही दाऊद का मर्म भी है और रहस्य भी। इस प्रकार चंदामन का प्रतीक विधान भी अप्रतिम बन पड़ा है।

Gullybaba Kids.com

Corona से बचाव के कारण घर मे बैठे शरारत करते, मोबाइल और TV देखते बच्चों को वयस्त करने के लिए अत्यंत उपयोगी **Playing Cards**.

Gullybabakids.com से ऑर्डर करे अपने और अपनो के लिए और बच्चो की **Creativity, Focus** और **Concentration** बढ़ाऐ
"ऑखे और दिमाग बचाऐ"

अध्याय
3

रविदास

भूमिका

मध्यकालीन भक्ति आंदोलन संपूर्ण भारत के इतिहास में सर्वाधिक महत्त्वपूर्ण घटना के रूप में जाना जाता है। इसने साहित्यिक क्षेत्र में हलचल मचाकर उस मिथक को तोड़ा जिसमें प्रचलित था कि केवल अभिजात्य भाषा 'संस्कृत' में लिखा साहित्य ही उत्कृष्ट है। इस आंदोलन ने सिद्ध कर दिया कि जनभाषा में लिखा गया काव्य–किसी भी दृष्टि से अभिजात्य साहित्य से कमतर नहीं है। हिंदी साहित्य में भक्ति काव्य के अंतर्गत इसके दोनों रूपों–निर्गुण काव्य परंपरा और सगुण काव्य परंपरा पर चर्चा की गई है।

जिस प्रकार संत कबीर में जीवन और जगत की वास्तविकता को पहचान कर पाखंडों का विरोध करते हुए भक्ति का सच्चा मार्ग प्रशस्त कर निर्गुण ब्रह्म की उपासना को लोकप्रिय बनाया उसी तरह संत रविदास ने भी अपनी प्रेमाभक्ति से प्रभु को नाना भाँति रिझाया। रविदास को भी निर्गुण संत काव्यधारा में कबीर जैसे आदरणीय स्थान प्राप्त है। रविदास की भक्ति की एक बड़ी विशेषता है कि वह सहज और सरल है, उसमें तनिक भी बाँकपन नहीं है। रविदास ने बाह्याडंबरों और कृत्रिमता का विरोध करते हुए कबीर द्वारा प्रस्थापित सामाजिक चेतना को आगे बढ़ाया तथा जाति–पाँति एवं छूआछूत का पुरजोर विरोध करते हुए मानव धर्म स्थापित करने का सद्प्रयत्न किया।

उनका वैचारिक पक्ष जितना मजबूत है उतनी ही उत्कृष्ट कोटि का उनका सृजनात्मक सामर्थ्य भी है। रविदास की काव्य–भाषा को लेकर विद्वानों के बीच गहरा मतभेद है। रविदास की काव्य भाषा का आधार साहित्य–शास्त्रीय न होकर साधारण व्यक्ति की बोलचाल की भाषा है। उस भाषा को साधकर उन्होंने किस आधार पर काव्य रचना की यह प्रश्न विचारणीय है।

प्रश्न 1. निर्गुण भक्ति पर प्रकाश डालते हुए 'निर्गुण ब्रह्म' की अवधारणा को स्पष्ट कीजिए।

अथवा

निर्गुण काव्य की अवधारणा को स्पष्ट कीजिए।

उत्तर– निर्गुण उपासना पद्धति में ईश्वर के निर्गुण रूप की उपासना की जाती है। हिंदू ग्रंथ में ईश्वर के निर्गुण और सगुण दोनों रूप और उनके उपासकों के बारे में बताया गया है। निर्गुण ब्रह्म ये मानता है कि ईश्वर अनादि, अनन्त है, वह न जन्म लेता है न मरता है, इस विचारधारा को मान्यता दी गई है। 'निर्गुण' शब्द का व्याकरण की दृष्टि से व्युत्पन्नार्थ है निर्गुतोगुणोभ्यः अर्थात् गुणों से विहीन या शून्य कोश के अनुसार, 'निर्गुण' शब्द का अर्थ गुणों से रहित है। साहित्य में निर्गुण शब्द का प्रयोग प्रभाव, शील, धर्म, प्रत्यंचा, सगुण, सद्‌गुण आदि के अर्थ में मिलता है। दार्शनिक अर्थ में गुण का अर्थ प्रकृति के तीन गुणों सत्, रज, व तम से माना जाता है।

इस प्रकार 'निर्गुण' का सामान्य अर्थ हुआ जो प्रकृति के सत्, रज एवं 'तम' तीनों गुणों से परे हो। वेदों से लेकर अन्य भारतीय आस्तिक दर्शनों में तीनों गुणों से इतर ब्रह्म को ही माना गया है जिसे 'निर्गुण ब्रह्म' कहा गया है। 'निर्गुण ब्रह्म' के संबंध में 'श्वेताश्वतरोपनिषद्' में कहा गया है–

एको देवा सर्व भूतेषु गूढ़ः
सर्वव्यापी सर्व भूतान्तरात्मा।
कर्माध्यक्षः सर्व भूतादिवासः
साक्षी चेता केवलो निर्गुणश्च।

इसका अर्थ है कि समस्त प्राणियों में एक ही देव, शक्ति या ब्रह्म की स्थिति है वह बह्म सर्व व्यापक, समस्त भूतों का अंतरात्मा, कर्मों का अधिष्ठाता, समस्त प्राणियों में बसा हुआ, सबका साक्षी, सबको चेतना का वरदान देने वाला शुद्ध एवं निर्गुण है। वह परमपुरुष मूर्त, व्यक्त, साकार, रूप से परे व इंद्रिय ग्राह्य नहीं है। वस्तुतः निर्गुण भारतीय दर्शन का पारिभाषिक शब्द है। तत्वचिंतकों ने ब्रह्म–निरूपण के प्रसंग में निर्गुण को सूक्ष्मता से परिभाषित करते हुए कहा है कि निर्गुण वह है जिसका किसी प्रकार के विशेषण या लक्षण द्वारा इदमित्थं निरूपण नहीं किया जा सकता।

निर्गुण भक्ति के संबंध में आचार्य हजारी प्रसाद द्विवेदी ने लिखा है "निर्गुण भक्ति मार्ग की आरंभिक अवस्था ज्ञान की कथनी वाले मार्गों की परंपरा का ही अंतिम रूप रही होगी। वस्तुतः इनकी साखियाँ आठ योगांगों के विभिन्न पहलुओं को स्पष्ट करने के उद्देश्य से ही लिखी गई हैं। इन उपदेशों में ज्ञान–प्रवण नैतिक स्वर ही प्रधान है, योग संबंधी स्वर गौण। इसी ज्ञान–प्रवण नैतिकता प्रधान योग–मार्ग के खेत में भक्ति का बीज पड़ने से जो मनोहर लता उत्पन्न हुई, उसी का नाम 'निर्गुण' भक्ति–मार्ग है।"

स्थान–स्थान पर कबीर आदि निर्गुण संतों ने अपने पदों में "त्रिगुणातीत, द्वैताद्वैत विलक्षण, भावाभावविनिर्मुक्त, अलख, अगोचर, अगम्य, प्रेमपारावर भगवान को निर्गुण राम

कहकर संबोधन किया है। वह समस्त ज्ञान तत्त्वों से भिन्न है फिर भी सर्वमय है।" उस सर्वव्यापक, अनुभवजन्य, अगम, अगोचर परमात्मा को कबीर ने गूँगे का गुड़ बताकर जिस तरह से अभिव्यक्त किया है वह निम्न पद में देखा जा सकता है—

बाबा अगम अगोचर कैसा, ताते कहि सुझावौ ऐसा।
जो दीसै सो तो नाहीं, है सो कहा न जाई।।
सैना–बैना कहि समुझाओं, गूँगे का गुड़ भई।
दृष्टि न दीसै मुष्टि न आवै, विनसै नाहि नियारा।।

वस्तुतः निर्गुण ब्रह्म को निर्गुण संतों ने तार्कित बहस से परे व विभिन्न दार्शनिक वाद–विवादों से ऊपर माना है जो तर्क से अगम्य है, अनुभूति का विषय है और सहज भाव व प्रेम से प्राप्त किया जा सकता है। आचार्य रामचंद्र शुक्ल ने निर्गुण संतों के संबंध में लिखा है कि "ईश्वर पूजा की उन भिन्न–भिन्न बाह्य विधियों पर से ध्यान हटाकर जिनके कारण धर्म में भेदभाव फैल हुआ था, ये शुद्ध ईश्वर प्रेम और सात्विक जीवन का प्रचार करना चाहते थे।"

भारतीय शास्त्रों में जिस दुर्लभ निर्गुण ब्रह्म का वर्णन मिलता है, निर्गुण संतों ने उसे ज्यों का त्यों नहीं स्वीकार किया है। अद्वैत वेदांत का वह ब्रह्म निर्गुण होने के कारण निर्मम और निष्ठुर है। संतों का निर्गुण ब्रह्म उनसे परे चींटी और कुंजर की खबर रखता है। वह प्रेम की पीड़ा देता है और उसे हरता भी है। वह कण–कण में व्याप्त है। इसलिए सबका दुलारा है। निर्गुण संतों ने उसे परम पुरुष, अलख, अनामी, राम, गोविंद, बिठ्ठला, अल्लाह, करीम, केशव, खुदा, रहीम आदि नाम दिया है, जिसकी प्राप्ति केवल प्रेम द्वारा ही संभव है।

प्रश्न 2. निर्गुण काव्य परंपरा पर प्रकाश डालते हुए उसके प्रमुख कवियों का परिचय दीजिए।

अथवा

निर्गुण काव्य परंपरा में कबीर का स्थान निर्धारित कीजिए।

अथवा

प्रमुख निर्गुण कवियों की विचारधारा को स्पष्ट कीजिए।

उत्तर— निर्गुण काव्य की परंपरा का आरंभ ईसा की बारहवीं शताब्दी में जयदेव से होता है। इनके कुछ पद 'आदिग्रंथ' में संग्रहीत है। ये पद निर्गुण भाव के हैं। इस परंपरा में तेरहवीं शताब्दी में मराठी और हिंदी दोनों में भजन लिखने वाले नामदेव हुए। 'गुरुग्रंथसाहब' में इनके साथ से भी अधिक पद संग्रहित हैं। नामदेव उच्च कोटि के संत और कवि थे। कबीर के गुरु रामानंद इस परंपरा की तीसरी कड़ी हैं, किंतु हिंदी में संतकाव्य की दृढ़ नींव रखने वाले, उसे सामान्य बनाने वाले और सबसे अधिक प्रतिभाशाली कवि कबीरदास हुए हैं। कबीर जिन रामानंद के शिष्य थे, उनके अनेक शिष्य निर्गुण संत परंपरा के महत्त्वपूर्ण संत कवि सिद्ध हुए। इनमें से पीपा, सेना, धना, रैदास, सुरसरी आदि विशेष रूप से उल्लेखनीय हैं। कबीर आदि इन संतों के शिष्यों–प्रशिष्यों की लंबी परंपरा हिंदी में चली है और आज भी चल रही है।

इन्होंने अनेक पंथों और गद्‌दियों की स्थापना की। ऊपर उल्लिखित संतों के अतिरिक्त इस परंपरा से सधना, बाबरी साहिबा, कमाल, दादूदयाल, सुंदरदास, गरीबदास, जगजीवन साहब, जंभदास, सिंगाजी, हरिदास निरंजनी, धर्मदास, मलूकदास, अक्षर अनन्य, गुरु नानक, चरणदास, गुलाब साहब आदि सैकड़ों संत हुए हैं। इन सबने जो काव्य रचना की है वह निर्गुण संत काव्य परंपरा का ही भाग है।

उल्लेखनीय है कि अधिकतर निर्गुण संत कवि उत्पीड़ित और दलित तबके से आए थे जिनमें से कोई जुलाहा था तो कोई चमार, खत्री, धुनिया, जाट, कसाई, रंगसाज आदि थे। इन्होंने न केवल वेद विरोधी स्तर उठाए अपितु शुद्ध एकेश्वरवाद की स्थापना की, सामाजिक–धार्मिक जीवन की टकराहटों एवं असंगतियों का पुरजोर विरोध किया और तत्कालीन समाज में प्रचलित पाखंड व अंधविश्वासों का विखंडन भी किया। जाति प्रथा का भी इन संतों के द्वारा पुरजोर विरोध किया गया। साधना व सामाजिक क्षेत्र में इन्होंने जो बिगुल बजाया उसकी पृष्ठभूमि हिंदी के आदि काल में सिद्धों एवं नाथों से प्रारंभ हो गई थी।

निर्गुण काव्य को प्रायः संत काव्य भी कहा जाता है। संत शब्द का शाब्दिक अर्थ 'सज्जन' साधु, भक्त तथा सत्पुरुष के अर्थ में प्रयुक्त होता है। परशुराम चतुर्वेदी मानते हैं कि "संत शब्द सत् शब्द का ही एक रूप है जिसका अर्थ अस्तिव का बोधक है और यह एक प्रकार से सत्य का भी पर्यायवाची है। ऐसी अवस्था में सत्य पर पूरी आस्था रखने वाले को ही संत कहा जाएगा।" हिंदी में संत शब्द का प्रयोग निर्गुण ब्रह्म के उपासक कवियों के लिए हुआ है। इसके विपरीत डॉ. विनय मोहन शर्मा का मत है कि "भक्त शब्द का प्रयोग सगुण ब्रह्मोपासकों के लिए होता है।"

इस परंपरा के प्रमुख कवियों का संक्षिप्त परिचय नीचे प्रस्तुत है–

(1) कबीर–संत कबीरदास के जन्म संबंध में अनेक प्रवाद हैं। अंतरसाक्ष्य और कबीर चरित बोध के आधार पर इनका जन्म का सन् 1398 ई. माना गया है। लहर तालाब के ताल के पास मिले बालक को नीरू नाम के जुलाहे ने अपने घर ले जाकर उसका पालन–पोषण किया। नीरू की पत्नी नीमा ने उसको माता का स्नेह दिया। परिणामस्वरूप कबीरदास की जाति जुलाहा थी। कबीर ने अपने जीवन में दो विवाह किए थे। उनकी पत्नी का नाम 'लोई' था, जिससे उन्हें कमाल और कमाली नाम संतानें प्राप्त हुई थीं। इनका देहावसान काल सन् 1518 ई. माना गया है।

कबीरदास जी के गुरु के संबंध में अनेक विद्वानों ने 'रामानंद' को स्वीकार है। तत्कालीन हिंदी भक्ति साहित्य आंदोलन में रामानंद जी का बहुत बड़ा योगदान है। रामानंद जी ने दशदाभक्ति के साथ ही ज्ञान मार्ग का उपदेश देकर सामाजिक हीनता की भावना को समूल नष्ट करने का प्रयास किया और साधना एवं भक्ति को सभी वर्गों तक तथा सभी वर्णों के लिए खुला कर दिया। यही गुरु मंत्र लेकर कबीर ने तत्कालीन सामाजिक रुढ़ि, परंपरा कुरीतियाँ, धार्मिक–सामाजिक विसंगतियों पर करारा आघात किया है। "मसिकागद धुओं नहीं, कलाम गहयों नहीं हाथ।" इस बात को स्वीकारने वाले कबीर ने अपनी वाणी के माध्यम से समाज

जन जागरण करने का प्रयास किया। उन्होंने अपनी रचनाओं को लिपिबद्ध नहीं किया। उनके परवर्ती शिष्यों ने जन मानस में प्रचलित रचनाओं को लिपिबद्ध किया। कबीर की रचनाओं में 'बीजक' को प्रामाणिक माना गया है। इसमें कबीर के उपदेशों को शिष्यों ने संकलित किया है। साखी, सबद, रमैनी बी यह बीजक के तीन भाग हैं। कबीर के ग्रंथों की संख्या लगभग साठ मानी जाती है।

कबीर के काव्य की विरहानुभूति उच्च कोटि की थी। वह अपने राम के अनन्य विरही थे। उन्हें विरह की विभिन्न दशाओं की वेदना सहनी पड़ी थी। विरहानुभूति के बिना साधक में प्रिय मिलन की उत्कंठा जागृत ही नहीं हो सकती। कबीर कहते हैं—

'विरहा कहै कबीर सूँ, तू जिन छाँडे मोहि।
पाप ब्रह्म के तेज में तहाँ लै राखो तोहि।।'

कबीर काव्य में नारदी भक्ति को माना हैं। कबीर का मानना है कि निर्मल मन से भक्ति पर ही 'राम' मिल सकते हैं—

कर्म करत बद्धे अहमेव। पाथर को करहिं सेव।।
कहु कबीर भगति कर पाया। भोले भाय मिले रघुराया।।

कबीर साहित्य के अध्ययन के बाद यह पता चलता है कि उन्होंने विभिन्न धर्म और सामाजिक विसंगति, अंधविश्वास पर करारा आघात किया है। उन्होंने किसी भी धर्म को बक्शा नहीं है। उन्होंने हिंदुओं की मूर्ति पूजा, तीर्थ यात्रा, व्रत वैफल्य, अवतारवाद, पोथी पुरान, पठन आदि पर आघात किया है और मुस्लिम धर्म में व्याप्त पाखंडों रोजा, नमाज, हजयात्रा आदि पर प्रहार किया है। डॉ. हजारी प्रसाद द्विवेदी के शब्दों में, "कबीर ऐसे ही मिलन बिंदु पर खड़े थे, जहाँ से एक ओर हिंदुत्व निकल जाता है और दूसरी ओर मुसलमानत्व, जहाँ से एक ओर ज्ञान निकल जाता है और दूसरी ओर अशिक्षा, जहाँ एक ओर भक्ति मार्ग निकल जाता है और दूसरी ओर योग मार्ग, जहाँ से एक ओर निर्गुण भावना निकल जाती है और दूसरी ओर सगुण साधना, प्रशस्त चौराहे पर वे खड़े दोनों ओर देख सकते थे और परस्पर विरुद्ध दिशा में गए हुए मार्गों के दोष, गुण उन्हें स्पष्ट दिखाई दे रहे थे। कबीर का यह सौभाग्य था। उन्होंने इसका खूब उपयोग भी किया।'

संत कबीर की भाषा में पंजाबी, भोजपुरी, बंगला, मैथिली, राजस्थानी, लहंदा, खड़ी बोली आदि का प्रयोग मिलता है।

(2) रैदास (रविदास)—रैदास रामानंद की शिष्य परंपरा और कबीर के समकालीन कवि थे। रैदास का जन्म सन् 1299 ई. में काशी में हुआ। रैदास विवाहित थे, उनकी पत्नी का नाम लोना था। इन्होंने स्वयं अपनी जाति का उल्लेख किया है—"कह रैदास खलास चमारा"। संत रैदास पढ़े–लिखे नहीं थे। इन्होंने प्रयाग, मथुरा, वृंदावन, भरतपुर, चित्तौड़ आदि स्थानों का भ्रमण कर निर्गुण ब्रह्म का जनसाधारण की भाषा में प्रचार–प्रसार किया। चित्तौड़ की रानी और मीराबाई इनकी शिष्या थीं।

रैदास में संतों की सहजता, निस्पृहता, उदारता, विश्वप्रेम, दृढ़ विश्वास और सात्विक जीवन के भाव इनकी रचनाओं में मिलते हैं। इनकी रचनाएँ संतमन की, विभिन्न संग्रहों में

संकलित मिलती हैं। इनके फुटकर पद 'बानी' के नाम से 'संतबानी सीरीज' में संग्रहित मिलते हैं। इनके "आदि गुरु ग्रंथ साहिब" में लगभग चालीस पद मिलते हैं। इन्होंने संत कबीर के समान मूर्ति पूजा, तीर्थ यात्रा आदि बाह्य आडम्बरों का विरोध किया है। कुछ पद नीचे उद्धृत हैं–

"तीरथ बरत न करौ अंदेशा। तुम्हारे चरण कमल भरोसा।।
जहँ तहँ जाओ तुम्हरी पूजा। तुमसा देव और नहीं दूजा।।"

संत रैदास ने जाति–प्रथा पर भी प्रहार किया है अपने अपमान और ओछेपन को लेकर उन्होंने लिखा है–

"जाती ओछा पाती ओछा, ओछा जनमु हमारा।
राम राज की सेवा कीन्हीं, कहि रविदास चमारा।।

(3) नानक पंथः नानक देव (1469–1538)–नानक पंथ के प्रवर्तक तथा सिक्ख मत के प्रवर्तक गुरु नानक देव आद्य गुरु माने जाते हैं। गुरु नानक का जन्म संवत् 1526 में तलवंडी नामक गाँव में हुआ। इनके माता–पिता का नाम तृप्ता व कालूराम था। इनका विवाह गुरुदासपुर के मूलचंद्रखत्री की बेटी सुलक्षणी से सत्रह वर्ष की आयु में हुआ था। इनके दो पुत्र थे–श्रीचंद और लक्ष्मीचंद। बाल्यावस्था में ही उन्हें संस्कृत, पंजाबी, फारसी एवं हिंदी की शिक्षा प्राप्त हुई थी। वे आरंभ से ही संत सेवा, ईश्वर भक्ति, आत्मचिंतन की ओर उन्मुख रहे। उन्हें रूढ़ि, परंपरागत जाति बंधन, अनाचार के प्रति विरोध था। उनका व्यक्तित्व असाधारण था। उनमें गृहस्थ, त्यागी, धर्म सुधारक, समाज सुधारक, देशभक्त आदि गुण थे।

गुरु नानक देव ने बहुत से पद, साखियाँ तथा भजन लिखे हैं। उनका संकलन सिक्खों के छटे गुरु अर्जुन देव ने सन् 1604 ई. में 'गुरु ग्रंथ साहिब' में संकलित किया है।

नानक देव की काव्य भाषा हिंदी, फारसी और पंजाबी है। उनकी भाषा में सहजता है। आचार्य हजारी प्रसाद द्विवेदी लिखते हैं–"जिन वाणियों से मनुष्य के अंदर इतना बड़ा अपराजेय आत्मबल और कभी समाप्त न होने वाला साहस प्राप्त हो सकता है, उनकी महिमा निःसंदेह अतुलनीय है। सत्वे हृदय से निकले हुए भक्त के अत्यंत सीधे उद्गार और सत्य के प्रति दृढ़ रहने के उपदेश कितने शक्तिशाली हो सकते हैं, यह नानक की वाणियों ने स्पष्ट कर दिया है।"

(4) नामदेव–संत नामदेव सतारा जिले में कन्हाड़ के पास नरसीबमनी गाँव में 1270 ई. में उत्पन्न हुए। इनके पिता का नाम दामाशेट और माता का नाम जोना बाई था। ये जाति के छीपी थे और संत ज्ञानेश्वर के समकालीन थे। नामदेव अपने समय में महाराष्ट्र तथा उत्तरी भारत में इतने प्रतिष्ठित हो चुके थे कि कबीर, रैदास, कमाल और मीरा आदि ने उनका स्मरण बड़े आदर से किया है।

इनके पिता और पूर्वज भगवान् के भक्त थे। भक्ति की प्रेरणा इन्हें उनसे मिली और अंत में ये विरक्त हो गए। किवदंती है कि पहले डाकू हो गए थे किंतु एक दिन किसी स्त्री से उसके पति के डाकुओं से मारे जाने और फलस्वरूप हुई दुर्दशा का वर्णन सुनकर ये सब कुछ छोड़कर पंढरपुर में जाकर बिठोवा के भक्त हो गए। इस प्रकार ये विट्ठल संप्रदाय में दीक्षित

हुए। नामदेव पहले सगुणोपासना और कीर्तन किया करते थे। एक तो ये अलाउद्दीन द्वारा मूर्तियों को भग्न होते हुए देख चुके थे, दूसरे ज्ञानदेव अनेक युक्तियों से उन्हें नाथ पंथ में ले आए। नामदेव ने विसोवा खेचर नाम के नाथ पंथी संत को अपना गुरु बनाया। इस प्रकार सगुणोपासना से हटकर नामदेव नाथपंथी निरंजन की साधना में प्रवृत्त हुए। ज्ञानदेव के निधन पर नामदेव महाराष्ट्र छोड़कर हरिद्वार होते हुए गुरदासपुर जिले (पंजाब) के घूमन या घोमन गाँव में जा बसे। वहाँ रचे गए पदों का संकलन आदि ग्रंथ में है। वहाँ इनके हिंदू और सिख दोनों अनुयायी थी। वे आज भी नामदेव पंथी या नामदेव वंशी कहलाते हैं।

संत नामदेव मराठी साहित्य के प्रमुख भक्त कवि थे। इनके बहुत से पद हिंदी में भी है, जिनका संकलन आदि ग्रंथ में है। नामदेव प्रथम सगुणोपासक थे, इसका एक उदाहरण द्रष्टव्य है–

धनि धनि मेवा रोमावली धनि धनि कृष्ण ओढे काँवली
धनि धनि तूं माता देवकी, जिह घर रमैया कंवला पति।

नाथपंथी वारकरी संप्रदाय में दीक्षित होने के उपरांत वे हिंदू–मुसलमानों की मिथ्या रूढ़ियों का विरोध करने लगे जैसे–

"हिंदू अंधा तुरकौ काना, दुवौ ते ज्ञानी सयाना।"
हिंदू पूजै देहरा, मुसलमान मसीत।।
नामा वहीं सेविये जहाँ देहरा न मसीत।

इस प्रकार इनके साहित्य में संप्रदाय वाली सामग्री मिल जाती है। भाषा विज्ञान की दृष्टि से इनका साहित्य अत्यंत महत्त्वपूर्ण है। हमारे विचारानुसार, हिंदी साहित्य में संत मत के प्रवर्तन का श्रेय संत नामदेव को देना ही समीचीन है।

(5) दादू दयाल–इनका जन्म 1601 विक्रमी में गुजराज प्रदेश के अहमदाबाद नगर में हुआ। इनके जन्म के संबंध में अनेक किंवदंतियाँ प्रचलित हैं। कहा जाता है कि दादू एक छोटे से बालक के रूप में साबरमती नदी में बहते हुए किसी ब्राह्मण को मिले थे। कुछ इन्हें लोदी रामानागर का पुत्र मानते हैं। इनके शिष्य रज्जब ने भी इन्हें धुनिया कहा है। बंगाल के बाउल संप्रदाय में इनका नाम बड़े आदर से लिया जाता है। इससे भी इनके मुसलमान धुनिया होने का अनुमान लगाया जा सकता है। संभवतः ये निरक्षर थे। इन्हें कबीर पंथी बुड्ढ़न बाबा (वृद्धानंद अथवा ब्रह्मानंद) से दीक्षा मिली थी। ये गृहस्थी थे। इनके पुत्र–पुत्रियों का नाम भी लिया जाता है। ये काफी भ्रमणशील थे। सन् 1556 ई. में अकबर के निमंत्रण पर वे फतहपुर सीकरी गए और वहाँ अकबर के साथ काफी दिनों तक आध्यात्मिक चर्चा करते रहे। सम्राट अकबर इनके उपदेश से अत्यंत प्रभावित हुआ था। इनका देहांत 1603 ई. को नरैना जयपुर में हुआ।

दादू का स्वभाव अत्यंत सरल था। वे त्यागी और क्षमाशील थे। प्रायः संत मत की समस्त मान्यताएँ इनके काव्य में देखने को मिलती है। ये स्वभाव से बड़े दयालु थे, कदाचित् इसी कारण ये दादूदयाल कहलाए। इन्होंने ब्रह्मा या परब्रह्म नाम का एक संप्रदाय चलाया किंतु यह

आज दादू संप्रदाय के नाम से अधिक प्रसिद्ध है। इस संप्रदाय के लोग कोई सांप्रदायिक चिह्न धारण नहीं करते, जप करने की केवल सुमिरनी लिए रहते हैं। सूफियों की भाँति इन्होंने भी प्रेम को भगवान् की जाति और रूप कहा है।

दादू दयाल के शिष्यों ने उनकी वाणी के संग्रह "हरडे वाणी" तथा "अंग वधू" नाम से किए थे। वर्तमान युग में अजमेर, काशी, जयपुर और प्रयाग से उनके संकलन प्रकाशित हुए हैं और प्रसिद्ध विद्वान क्षितिमोहन सेन ने बंगला में दादू नाम का जो अध्ययन ग्रंथ प्रस्तुत किया है, उसमें भी उनका समावेश है। दादू दयाल की रचनाओं की संख्या बीस हजार कही जाती है किंतु हमारा विचार है कि यह उनके पदों की संख्या होगी और यह संख्या भी असंदिग्ध नहीं कहीं जा सकती। इनकी भाषा राजस्थानी मिश्रित पश्चिमी हिंदी है। अरबी और फारसी के शब्दों का भी उनमें बहुत प्रयोग है। उनकी वाणी में कबीर जैसा वाग्वैदग्ध्य नहीं है, पर सरसता और गंभीरता पर्याप्त है। उसमें आध्यात्मिक वातावरण की सुंदर सृष्टि हुई है। दादू में खंडनात्मकता का स्वर इतना तीव्र नहीं जितना कि कबीर में। आचार्य द्विवेदी दादू और कबीर का तुलनात्मक अध्ययन करते हुए लिखते हैं–'कबीर के समान मस्तमौला न होने के कारण वे प्रेम के वियोग और संयोग के रूपकों में वैसी मस्ती नहीं ला सके, पर स्वभावतः सरल और निरीह होने के कारण ज्यादा सहज और पुर असर बना सके हैं। ....दादू को मैदान बहुत कुछ साफ मिला था और उसमें उनके मीठे स्वभाव ने आश्चर्यजनक असर पैदा किया। यही कारण है कि दादू को कबीर की अपेक्षा अधिक शिष्य और सम्मानदाता मिले।"

दादू की कविता का एक नमूना नीचे प्रस्तुत है जिसमें उनके मत का सार समाहित है–

आपा मेटै हरि भजै, तन मन तजै विकार।
निबैरी सब जीव सों, दादू यहै मत सार।

(6) सुंदरदास–सुदंरदास दाहू के शिष्यों में सर्वाधिक शास्त्रीय ज्ञान–सम्पन्न महात्मा थे। वे वसुर गीत के खंडेलवाल वैश्य थे। इनका जन्म सं. 1653 में जयपुर राज्य की पुरानी राजधानी द्यौसा में हुआ। इन्होंने छोटी ही अवस्था में दादू दयाल का शिष्यत्व ग्रहण कर लिया था। गयारह वर्ष की आयु में इन्होंने काशी जाकर दर्शन, साहित्य व्याकरण, वेदांत और पुराणों का गंभीर अध्ययन निरंतर अठारह वर्ष लगाकर किया। फारसी से भी इनका परिचय अच्छा था। भ्रमण की ओर इनकी विशेष रुचि थी। इनका देहांत रां. 1746 को हुआ।

सुंदरदास ने कुल मिलाकर छोटे–बड़े 42 ग्रंथों की रचना की है। ये सभी रचनाएँ सुंदर ग्रंथावली के नाम से संकलित है। इनके ग्रंथों में "सुंदर विलास अथवा सवैया" बहुत प्रसिद्ध हैं। इन ग्रंथों में गृहीत विषयों के संबंध में आचार्य द्विवेदी लिखते हैं–"विषय अधिकांश में संस्कृत ग्रंथों से संग्रहीत तत्ववाद है जो हिंदी कविता में नई चीज होने पर भी शास्त्रीय ज्ञान रखने वाले सहृदयों के लिए विशेष आकर्षक नहीं है। छत्र बंध आदि प्रहेलिकाओं से भी उन्होंने अपने काव्य को सजाने का प्रयास किया है। असल में सुंदरदास संतों में अपने बाह्य उपकरणों के कारण विशेष स्थान के अधिकारी हो सके हैं। फिर भी इस विषय में तो कोई संदेह नहीं कि शास्त्रीय ढंग के वे एकमात्र निर्गुणिया कवि हैं।" संत कवियों में इन्हें एकमात्र काव्य–कौशल–निष्णात कहा जा सकता है। इनकी कविता संबंधी मान्यता है–

बोलिये तो तब जब बोलिबे की बुद्धि होय,
ना तौ मुख मौन गहि चुप होय रहिये।
जोरिये तौ तब जब जोरिबे की रीति जानै,
तुक छंद अरथ अनूप जामें लहिये।।

ये श्रृंगार रस के प्रबल विरोधी थे। संत होते हुए भी इन्हे हास्य रस से विशेष अनुराग था। इनकी बहुत–सी उक्तियों में हास्य, व्यंग्य एवं विनोद की सुंदर सृष्टि हुई है। इन्होंने नारी की निंदा भी भरपूर की है। काव्य–शास्त्र का सम्यक् ज्ञान होने के कारण इनकी कविता में रस–निरूपण तथा अलंकारों की सृष्टि विधिवत् हुई है। कई आलोचकों ने इन्हें कवि के नाते संत संप्रदाय के कवियों में शीर्ष स्थान प्रदान किया है। किंतु यह स्मरण रखना कि भावना का सहज एवं अकृत्रिम विकास जो अन्य निरक्षर संतों में हुआ है वह सुदंरदास में नहीं। इस संबंध में आचार्य द्विवेदी के विचार द्रष्टव्य हैं–"इसका परिणाम यह हुआ कि इनकी कविता के बाह्य उपकरण तो शास्त्रीय दृष्टि से कदाचित् निर्दोष हो सके थे, पर वक्तव्य विषय का स्वाभाविक वेग जो इस जाति के संतों की सबसे बड़ी विशेषता है, कम हो गया।"

(7) मलूकदास–संत मलूकदास का जन्म इलाहाबाद जिले के कड़ा गाँव में सं. 1361 में हुआ। इनके पिता का नाम सुंदरलाल खत्री था जिनकी कक्कड़ की उपाधि थी। मुरार स्वामी नाम के महात्मा से इन्हें दीक्षा मिली थी। ये आजीवन गृहस्थी रहे और सं. 1739 में इन्होंने कड़ा गाँव में प्राण छोड़े।

निम्नलिखित रचनाएँ इनसे संबद्ध बताई जाती हैं–(1) ज्ञान बोध, (2) रतन खान, (3) भक्त बच्छावली, (4) भक्त विरुदावली, (5) पुरुष विलास, (6) दस रत्न ग्रंथ, (7) गुरु प्रताप, (8) अलख बानी (9) रामावतार लीला। पर इनमें कितनी प्रामाणिक रूप से मलूक द्वारा लिखित है, निश्चित रूप से कुछ नहीं कहा जा सकता है। इनके चुने हुए ग्रंथों और साखियों का एक संग्रह मूलकदास जी के नाम से प्रकाशित हो चुका है।

इन्होंने मलूक पंत के नाम से एक पंथ चलाया। इनके विश्वास अनुसार आत्म–ज्ञान ही मुक्ति है। आत्म–समर्पण इनकी भक्ति का सार कहा जा सकता है। निम्नांकित दोहा जो आलसियों का एकमात्र मूलमंत्र है, मलूकदास से संबद्ध बताया जाता है–

अजगर करे न चाकरी, पंछी करै न काम।
दास मलूका कह गये, सबके दाता राम।।

पर हमारे विचारनुसार यह दोहा मलूक पंथ प्रवर्तक से संबद्ध न होकर किसी और मलूक नाम के व्यक्ति से संबंध रखता है।

इनकी भाषा में अरबी, फारसी के शब्दों का प्राचुर्य है परंतु फिर भी यह काफी सरल और सुव्यवस्थित है। इनके कई–कई पद तो अच्छे कवियों के पदों से टक्कर ले सकने वाले हैं। इनकी कविता का एक और नमूना द्रष्टव्य है–

माला जपौं न कर जपौं, जिभ्या कहीं न राम।
सुमिरन मेरा हरि करै, मैं पाया विसराम।।

(8) मराठी संत कवि—मराठी संतों में इनके अतिरिक्त संत एकनाथ, तुकाराम, समर्थ गुरु रामदास आदि आते हैं। जिस तरह संत एकनाथ ने अस्पृश्यता–निवारण पर बल देते हुए ईश्वर की प्रेम भक्ति की बात की उसी तरह संत तुकाराम ने दलित परिवार में जन्म लेकर अपने जीवन अनुभवों से भक्ति में शुद्धाचरण पर जोर दिया। उन्होंने मराठी के अतिरिक्त हिंदी में रचना की। उनके अभंग अतिप्रसिद्ध हैं। भक्ति का समाज दर्शन पुस्तक में प्रेमशंकर अपना मत व्यक्त करते हैं कि "भावावेग के भीतर से तुकाराम जीवनानुभव को व्यक्त करते चलते हैं और उनका आग्रह चित्त की निर्मलता पर है। वे भक्ति के मार्ग में सब वर्णों को स्वीकारते हुए कहते हैं कि शूद्र चांडाल, वेश्या को भी इसका अधिकार है।" इसी तरह समर्थ गुरु रामदास जो छत्रपति शिवाजी के गुरु थे ने भी "हिंदू मुसलमान मजहब चले, येक सरजिनहारा। साहब आलम कुचे सो आलम ही न्यारा।।" कहकर सामाजिक समन्वयक ईश्वर की एकता की बात की। स्पष्ट है कि मराठी संतों ने सिद्ध–नाथों की परंपरा को मराठी जैसी जनभाषा में आगे बढ़ाने का काम किया।

(9) अन्य निर्गुण संत—संत सदना, संत बेनी, संत पीपा, संत सेन, संत धन्ना, संत पलटू आदि का नाम निर्गुण पंथी कवियों में प्रमुखता से लिया जाता है जिनकी वाणी आदि ग्रंथ में संकलित है। इन्होंने अपने पदों द्वारा निर्गुण साधना पर बल दिया तथा मिथ्याचारों, बाह्याचारों एवं जातिवाद की निंदा की। शेख फरीद, संत दरियादास (बिहार वाले), संत दरियादास (मारवाड़ वाले), संत चरणदास, बावरी साहब, धरणीदास, तुलसीसाहब, दुलनदास, परमार साहब आदि ने भी निर्गुण काव्य को बहुत समृद्ध किया। इसी तरह गुरु नानक के बाद के अन्य सिख गुरुओं गुरु अंगद, गुरु अमरदास, गुरु रामदास, गुरु अर्जुनदेव, गुरु तेगबहादुर और गुरु गोविंद सिंह ने निर्गुण धारा की काव्य रचना की जो आज तक निर्बाध गति से प्रवाहित हो रही है। इसका नवीनतम रूप 'राधास्वामी सत्संग' में देखा जा सकता है।

निष्कर्षतः कहा जा सकता है कि सिद्धों–नाथों ने जो वेद–विरोधी प्रवृत्ति अपने काव्य द्वारा प्रारंभ की थी, निर्गुण संतों ने खंडन मंडन के साथ उस परंपरा को आगे बढ़ाया तथा वेद–शास्त्र व मिथ्याचारों को सिरे से खारिज कर मंदिर–मस्जिदों के प्रपंच से दूर रहकर जो साधना की वह ने केवल मुनष्य को सही रास्ता बताती है अपितु उनको सभी तरह के पाखंडों से मुक्ति का मार्ग भी प्रशस्त करती है। यह एक तरह से क्रांतिधर्मा साहित्य था। इसके संबंध में डॉ. रामविलास शर्मा लिखते हैं–"संत लोकधर्म के संस्थापक हैं। हिंदू धर्म, इस्लाम, इनके कर्मकांड, धर्मशास्त्र, कट्टर आचार–विचार, पुजारियों और मौलवियों की रीति–नीति के विरुद्ध ये संत मूलतः प्रेम के आधार पर मुक्ति, ईश्वर–प्राप्ति आदि के पक्ष में थे।" एक बात और कही जा सकती है कि निर्णुण संतों में अधिकतर ब्राह्मणेतर जातियों से विशेषतः शूद्र वर्ग से आए थे। अतः उन्होंने पुरातनपंथी प्रतिगामी शक्तियों को खारिज कर दूसरी परंपरा की शुरुआत की तथा अपनी रचनात्मक ऊर्जा द्वारा जन भाषा में जन–साहित्य को समृद्ध किया, जिसका परिणाम यह है कि कबीर आदि संतों की वाणी आज भी लोक जुबान पर है। अंत में प्रख्यात विद्वान के दामोदरन के शब्दों में कहा जा सकता है "भक्ति आंदोलन के रचनाकारों ने

सांस्कृतिक क्षेत्र में राष्ट्रीय नवजागरण का रूप धारणा किया, सामाजिक विषय–वस्तु में वे जाति प्रथा के आधिपत्य और अन्यायों के विरुद्ध अत्यंत महत्त्वपूर्ण विद्रोह के द्योतक थे।" इस आंदोलन ने भारत में विभिन्न राष्ट्रीय इकाइयों के उदय को नया बल प्रदान किया, साथ ही राष्ट्रीय भाषाओं और उनके साहित्य की अभिवृद्धि का मार्ग भी प्रशस्त किया। व्यापारी और दस्तकार, सामंती उत्पीड़न का मुकाबला करने के लिए इस आंदोलन से प्रेरणा प्राप्त करते थे। यह सिद्धांत कि ईश्वर के सामने सभी मनुष्य फिर वे ऊँची जाति के हों अथवा नीची जाति के, समान हैं। इस आंदोलन को ऐसा केंद्र बिंदु बन गया जिसने पुरोहित वर्ग और जाति प्रथा के आतंक के विरुद्ध संघर्ष करने वाली आम जनता के व्यापक हिस्सों को अपने चारों ओर एकजुट किया।

प्रश्न 3. संत रविदास जी के जीवनवृत्त पर प्रकाश डालिए।

उत्तर– सभी मध्यकालीन भक्तों और संतों की तरह रविदास या रविदास के जीवन के बारे में प्रामाणिक जानकारी का अभाव है। अभी तक हम निश्चित रूप से नहीं कह सकते कि रविदास का जन्म और मृत्यु की तिथि और वर्ष कौन–सा है। इनका मुख्य स्थान कहाँ है? इनके माता–पिता कौन थे? इन सब बातों के लिए परस्पर विरोधी मत मिलते हैं। उनके बारे में अनेक किंवदंतियाँ और जनश्रुतियाँ प्रचलित हैं। उनके विश्लेषण के द्वारा हम कुछ अनुमानित निष्कर्ष निकाल सकते हैं।

इनमें से सबसे महत्त्वपूर्ण बात यह है कि सभी विद्वान मानते हैं कि रविदास नामक कवि ने भक्ति की रचनाएँ की थीं। साथ ही रविदास के बारे में अन्य भक्त कवियों ने टिप्पणियाँ की हैं। इन जनश्रुतियों में भी कवियों के आपसी संबंधों का पता चलता है। इस बात में सभी विद्वान एकमत हैं कि रविदास की जाति चमार थी। ऐसा स्वयं रविदास ने अपनी अनेक साखियों में लिखा है। 'ऐसा मेरी जाति विख्यात चमारा' लिखकर उन्होंने स्वयं अपनी जाति की घोषणा की है।

रविदास के जन्म स्थान के बारे में दो–तीन मत प्रचलित हैं। कुछ विद्वानों का मत है कि उनका जन्म राजस्थान में या गुजरात में हुआ। कुछ विद्वान इन्हें 'मांडवगढ़' या 'मंडावर' का निवासी मानते हैं। यहाँ उनकी एक कुटी भी है तथा इनकी जाति के बहुत से लोग यहाँ निवास करते हैं। अधिकतर विद्वानों का मत है कि इनका जन्म काशी में हुआ था।

स्वयं रविदास ने 'रैदास रामायणी' में लिखा है–

काशी डिग मांडूर सथाना, शुद्ध वरण करता गुजराना।
मांडूर नगर लीन औतारा, रविदास, सुभनाम हमारा।

कुछ लोग इनका जन्मस्थान काशी के सीर गोवर्धनपुर को मानते हैं। उनके जन्म स्थान को लेकर भले ही विवाद हो लेकिन अधिकतर विद्वान इनका मृत्यु स्थान चितौड़ को मानते हैं। चितौड़ की रानी झाली इनकी शिष्या मानी जाती है। उनके ही नियंत्रण में ये चितौड़ गए। यहीं इनकी मृत्यु हो गई।

विद्वानों का मत है कि इन्हें लम्बी उम्र मिली। अधिकतर विद्वानों के अनुसार उन्होंने 130 वर्ष का जीवन जीया। धन्ना भगत, मीरा और कबीर के जीवनकाल में वे उपस्थित थे। रविदास के शिष्य परंपरा में यह मान्यता प्रचलित है कि उनका जन्म माघ–पूर्णिमा के दिन रविवार को हुआ था।

चौदह से तैंतीस की माघ सुदी पंदरास।
दुखियों के कल्याण हित प्रगटे श्री रविदास।।

इस दोहे के आधार पर तथा 'अन्य किसी प्रबल प्रमाण के अभाव में' प्रो. धर्मपाल मैनी संवत् 1433 का माघ पूर्णिमा को उनकी जन्म तिथि मानते हैं और इनकी मृत्यु संवत् 1584 को मानते हैं। इस दृष्टि से उनकी उम्र 150 वर्ष के आसपास ठहरती है, जो उचित जान नहीं पड़ती। कुछ विद्वान अन्य स्रोतों के माध्यम से इनका जन्म 1398 और मृत्यु 1518 मानते हैं। इस तरह उनकी आयु 120 वर्ष ठहरती है।

रविदास के बारे में यह मत भी प्रचलित है कि वे रामानंद के शिष्य थे तथा कबीर, मीरा और धन्ना भगत के समकालीन थे। इस आधार पर कुछ विद्वान उनका जन्म संवत् 1500 अर्थात् सन् 1443 के आसपास मानते हैं। रविदास के संप्रदाय और शिष्य परंपरा में उनकी मृत्यु की तिथि बदी चतुर्दशी मानी जाती है। इसलिए इनकी मृत्यु का अनुमान संवत् 1596 मानी जाती है। कुछ लोग कबीर से रविदास को वरिष्ठ सिद्ध करना चाहते हैं। अतः उनकी उम्र को 150 वर्ष या 130 वर्ष तक खींच ले जाते हैं। यदि उनका जन्म 1443 में और मृत्यु 1539 ई. में मानी जाए तो यह स्वाभाविक जान पड़ता है। हालाँकि यह भी प्रवाद प्रचलित है कि उनकी मृत्यु को किसी ने देखा नहीं। अतः शिष्यों ने उन्हें संदेह लुप्त होने को प्रचारित कर दिया।

माता–पिता और परिवार—इनके माता–पिता के नाम के बारे में विद्वान एकमत नहीं है। कुछ लोग इनके पिता का नाम मानदास बताते हैं। रविदास रामायण में इनके पिता का नाम 'राहू' आया है, जो रग्घू का परिवर्तित रूप है तथा इनकी माता का नाम धुर बनिया सिद्ध किया है। रविदास विवाहित थे। उनकी पत्नी का नाम 'लोना' या लोणा था। इनके संतानों के बारे में भी कोई प्रामाणिक जानकारी नहीं है। फिर भी विद्वानों की खोज और अनुमान के अनुसार इनके पुत्र का नाम विजय दास था।

जनश्रुति और दंतकथाएँ—रविदास के जीवन के बारे में अनेक अलौकिक कथाएँ प्रचलित हैं। इन कथाओं को दो भागों में बाँटा जा सकता है। कुछ कथाएँ उनके पूर्व जन्म के बारे में प्रचलित हैं। इन कथाओं में उनके पूर्व जन्म में ब्राह्मण होने की धारणा को व्यक्त किया गया है। इसके मूल में दो बातें मान्य हैं। एक तो रविदास बहुत प्रतिभाशाली और प्रभावशाली व्यक्ति थे। इसकी स्वीकृति मिलती है। इसके साथ ही दूसरी मान्यता यह है कि रविदास 'नीची समझी जाने वाली' जाति के व्यक्ति थे। और माना जाता था कि ऐसी जाति का व्यक्ति इतना प्रतिभाशाली और प्रभावशाली नहीं हो सकता। अतः हो न हो, ये पूर्व जन्म में ब्राह्मण थे। ऐसी धार्मिक प्रतिभा तो सिर्फ ब्राह्मणों में ही हो सकती है। 'भक्तमाल' की कथा के अनुसार रविदास रामानंद के शिष्य थे। इस कथा के अनुसार रामानंद का एक शिष्य हमेशा भिक्षा लेकर आता

था तथा उसी का भोजन रामानंद करते थे। उनकी इस कुटिया के पास एक बनिया रहता था। वह हमेशा आग्रह रहता था कि स्वामी जी उनके घर पर भिक्षा लेने के लिए अपने शिष्य को भेजें। स्वामी रामानंद उस बनिये की भिक्षा स्वीकार नहीं करते थे। एक दिन तेज वर्षा होने लगी, जिसके कारण वह शिष्य बाहर कहीं जा न पाया।

रामानंद को भोजन करवाना तो जरूरी है, यह सोचकर वह उस बनिये के घर से भिक्षा ले आया। स्वामी जी खाना खाने लगे तो उन्हें पता चल गया कि आज उस बनिये के घर से खाना आया है। यह जानकर स्वामी रामानंद ने उस शिष्य को यह श्राप दिया कि जा तू किसी चमार के घर जन्म ले। और जनश्रुति के अनुसार रामानंद का यही शिष्य रविदास या रविदास के रूप में पैदा हुआ। पूर्व जन्म के इन्हीं संस्कारों के कारण रविदास इतने प्रतिभाशाली और प्रभावशाली हैं। अनन्तदास का भी विचार है कि रविदास पूर्व जन्म के ब्राह्मण थे। ब्राह्मण होते हुए भी उन्होंने माँस खा लिया। इस अपराध के कारण उन्हें चमार के घर जन्म लेना पड़ा। इसी तरह चितौड़ की झाली रानी ने संत रविदास के सम्मान में भोज दिया। ब्राह्मणों से विवाद हुआ, तब रविदास ने अपनी त्वचा को चीरकर बताया कि इस त्वचा के नीचे सोने की जनेऊ है। अतः सिद्ध होता है कि रविदास भी पूर्वजन्म के ब्राह्मण है। इस तरह की कई कथाएँ रविदास के संदर्भ में प्रचलित हैं। जब रविदास का महत्त्व स्वीकृत हुआ, तब उनका ब्राह्मण वर्ग से संघर्ष हुआ। इन संघर्षों में रविदास की विजय का वर्णन किया गया है। एक जनश्रुति के अनुसार काशी के पंडित राज दरबार में पहुँचे और उन्होंने काशी नरेश से शिकायत की कि एक तथाकथित निम्न जाति का व्यक्ति जनता में धर्म का उपदेश दे रहा है, जो अनुचित है। धर्म का उपदेश सिर्फ ब्राह्मण दे सकता है। राज दरबार में रविदास को बुलाया गया और उन्हें अपने समर्थन में अपना पक्ष रखने की अनुमति दी गई। रविदास ने जाति और संप्रदाय की धारणा का खंडन किया। काशी नरेश ने दोनों पक्षों को शास्त्रार्थ के लिए आमंत्रित किया। जब तर्क–वितर्क से कुछ भी सिद्ध नहीं हुआ, तब वहाँ उपस्थित जनसमुदाय की इच्छा के अनुसार भगवान का सिंहासन मँगवाया गया और दोनों पक्षों को उस सिंहासन पर विराजमान भगवान की मूर्ति का आह्वान करने के लिए कहा गया।

प्रारंभ में पंडितों ने मूर्ति का आह्वान किया, परंतु मूर्ति अपने स्थान से नहीं हटी। जब रविदास ने आह्वान किया तो भगवान की मूर्ति रविदास की गोद में आकर बैठ गई। अब शर्त के अनुरूप पराजित पक्ष द्वारा रविदास को अपने कंधों पर सिंहासन पर बिठाकर नगर भ्रमण करवाना था, जो पराजित पक्ष के पंडितों ने किया।

इसी तरह के एक विवाद की जनश्रुति प्रयाग के कुंभ मेले से जुड़ी है। विवाद का निर्णय इस बिंदु पर होना था कि जिसकी शालिग्राम की मूर्ति पानी पर तैरने लगे वह सच्चा भक्त है। इस विवाद में भी पत्थर की बनी हुई रविदास की 'सालिग राम' की मूर्ति पानी पर तैरनी लगी, जबकि पंडितों को लकड़ी की मूर्ति हल्की होने बावजूद भी डूब गई।

इसी तरह की एक कथा चितौड़ की भी है। झाली रानी ने रविदास के सम्मान में भोज दिया। वहाँ के ब्राह्मणों ने रविदास के साथ बैठकर भोजन करने से इंकार कर दिया। फिर तय

हुआ कि ब्राह्मणों के लिए अलग से भोजन की व्यवस्था की जाए। यहाँ एक चमत्कार घटित हुआ। ब्राह्मण जब भोजन करने लगे तब उन्होंने देखा कि प्रत्येक ब्राह्मण के पास रविदास बैठे हुए हैं। इस चमत्कार को देखकर ब्राह्मणों ने रविदास से क्षमा माँगी।

जीवन–कर्म–रविदास की जाति चमार थी। चमार चमड़े का काम करते थे। मरे हुए जानवरों की खाल से जूते बनाने का काम करते थे। रविदास ने गर्व से अपनी जाति का और अपने कर्म का उल्लेख किया है। वे अपनी जाति को लेकर शर्मिंदा नहीं थे। सवर्ण लोग चाहे जो समझें, रविदास आत्मविश्वास से अपना परिचय देते थे। वे अपनी जाति को तो मानते थे, परंतु वे अपने आपको 'हीन' नहीं मानते थे। जो लोग उन्हें हीन मानते थे, रविदास उनसे सहमत नहीं थे। उन्हें अपने आपसे किसी प्रकार का असंतोष नहीं था। जो कुछ जीवन में मिला है, उससे वे संतुष्ट थे। अधिक प्राप्त करने की आकांक्षा उनमें नहीं थी। हालाँकि वे जूते का व्यवसाय करते थे, परंतु अपने सांसारिक व्यवसाय में उनका मन नहीं लगता था। उनका मन ईश्वर भक्ति में और साधु–संगति में लगता था। इसलिए व्यवसाय की दृष्टि से वे सफल नहीं थे। परंतु उनको लोभ–लालच नहीं था। उसी गरीबी में ही वे संतुष्ट थे।

एक जनश्रुति के अनुसार एक बार स्वयं भगवान, रविदास के पास आए। उनकी गरीबी को देखा और उनकी आर्थिक दशा सुधारने का प्रयास किया। कहते हैं कि वे पारस पत्थर लेकर आए थे। माना जाता है कि पारस का स्पर्श लोहे से करने पर लोहा सोना बन जाता है। रविदास ने कहा कि मुझे इसकी आवश्यकता नहीं है। मेरे जीवन–निर्वाह के लिए सब पर्याप्त है। बहुत आग्रह करने पर रविदास ने कहा कि इसे छप्पर में रख दो। वह पारस पत्थर देकर भगवान चले गए। साल भर बाद जब भगवान वापिस आए तो रविदास के घर में वैसी ही गरीबी दिखी। उन्होंने रविदास से उस पारस के बारे में पूछा तो रविदास ने बताया कि जहाँ आपने उसे रखा है, वह वहीं पड़ा है। ऐसा लोभ रहित जीवन रविदास की अपनी विशेषता है।

अपना अधिकांश समय साधु संगति में बिताने पर उनके परिवार के लोग नाराज होने लगे। पिता ने उनका विवाह कर दिया। पत्नी ने पति के कामों में सहयोग किया। यह देखकर पिता ने उन्हें अपने घर से अलग कर दिया और पिछवाड़े में एक झोंपड़ा दे दिया। रविदास उसी झोंपड़े में सुख–पूर्वक रहने लगे। अनंतदास ने इस स्थिति का वर्णन करते हुए लिखा–

बड़ौ भयौ तब न्यारौ कीनौ, बाँरे ओवे सो बाँरि न।
राख्या बावरी के पिछवारे, कछु न कहयौ दीनौ रविदास बिचारे।।
सीधो चाम मोल लै आवै, ताकी पनही अधिक बनावै।
टूटे फाटे जरवा जोरे, मसकत करि काहु न निहारै।
इसी तरह से उनका पारिवारिक जीवन चलता रहा।

शिष्य–रविदास के शिष्यों में मीराबाई का नाम लिया जाता है। डॉ. धर्मपाल मैनी लिखते हैं कि "धारणा यह भी प्रचलित है कि रैदास मीरा के गुरु थे।" दूसरी ओर डॉ. हजारी प्रसाद द्विवेदी ने भी लिखा है कि "रैदास का संबंध मीराबाई से भी बताया जाता है। मीराबाई ने बड़ी भक्ति के साथ अपने भजनों में इनका नाम लिखा है।" मीरा के इन पदों को देखने से भी यह

बात पुष्ट होती है– "रैदास संबत मिले मोहि सतगुरु, दीन्ही सुरत सहदानी' इसी तरह 'मीरा ने गोविंद मिल्या जी, गुरु मिलिया रैदास"। प्रियादास कृत 'भक्ति रसबोधिनी' में चित्तौड़ की झाली रानी को भी रविदास की शिष्या बताया गया है–

**बसत चित्तौर मांझ रानी एक झाली नाम।
नाम बिन काम खाली आनि शिष्य भई है।**

इन दृष्टांतों से स्पष्ट है कि कथित नीच कही जाने वाली जाति में जन्म लेने के बावजूद रविदास ने इतनी आध्यात्मिक उन्नति कर ली थी कि बड़े घराने के लोग उनके शिष्य बनते थे। क्षत्रिय राजा पीपा भी उनके शिष्य थे यह बात भी संत साहित्य में प्रचलित है।

इसके अलावा रविदास ने पर्याप्त देशाटन किया। देशाटन से हुए अनुभवों के कारण ही उनकी रचनाओं में देश की विभिन्न बोली-भाषाओं के शब्द मिलते हैं। देश-विदेश के अनेक संतों-विचारकों से उन्होंने ज्ञान चर्चा की। अनेक लोग उनके शिष्य बने। कई स्थानों पर उनके स्मारक बनाए गए। कुंभ के अवसर पर उन्होंने प्रयाग की यात्रा की। मथुरा-वृंदावन की भी उन्होंने यात्राएँ कीं। कुछ विद्वानों का विचार है कि वे सुदूर दक्षिण में तिरुपति तक गए। इस अर्थ में वे कबीर के समानधर्मी थे। अन्य संतों और भक्तों की तरह वे भ्रमणशील व्यक्ति थे। इसी तरह अनेक साधु-संत उनसे मिलने आते थे और रविदास उनका सत्कार करते थे। जिनके जूते फटे हुए होते थे, रविदास उन्हें जूते बनाकर भेंट कर देते थे। इस अर्थ में वे व्यापारिक मनोवृत्ति के नहीं थे। वे इस पर विश्वास करते थे कि सत्संग और चर्चा से ज्ञान का विकास होता है। इसलिए वे संवाद में विश्वास रखते थे। उनके जीवन काल में ही उनकी ख्याति बढ़ गई थी जो आज तक विद्यमान है।

वे वर्णाश्रम व्यवस्था के समर्थक नहीं थे, वरन् जाति-पाँति के भेद को निरर्थक मानते थे। तब भी वे कबीर के समान विरोधी मत वालों के प्रति आक्रामक नहीं थे। इसलिए उनकी स्वीकृति राजा, रंक, ब्राह्मण और दलित वर्ग सभी में समान रूप से थी। उनकी कविता में सामाजिक समरसता को हम उनके जीवन में देख सकते हैं।

निर्गुण भक्ति काव्यधारा के अधिकांश कवि वर्णाश्रम का खंडन करते हैं। वे इसके समर्थक नहीं है। इसके साथ ही 'वेद प्रमाण है' इस धारणा का भी जोरदार खंडन करते हैं। इसी का एक निहितार्थ यह भी है कि वे जन्म से किसी ब्राह्मण को श्रेष्ठ नहीं मानते।

प्रश्न 4. निर्गुण काव्य परंपरा में संत रविदास के योगदान पर प्रकाश डालिए।

अथवा

निर्गुण काव्य परंपरा में रविदास का स्थान निर्धारित कीजिए।

उत्तर– रविदास ज्ञानमार्गी शाखा के निर्गुण कवि हैं। ये कबीर के समकालीन थे। निर्गुण शाखा के होते हुए भी रविदास ने अपने वचनों में सगुण भक्ति के पौराणिक प्रसंगों को अपनी रचनाओं में स्थान दिया है–विशेष रूप से भगवान के कल्याणकारी कार्यों का उल्लेख किया है। 'प्रह्लाद चरित' पर तो उन्होंने स्वयं कविता भी लिखी है। इसी तरह ईश्वर से प्रार्थना करते

हुए वे ईश्वर के उन कार्यों का स्मरण करते हैं, जो ईश्वर के सगुण रूप को स्थापित करते हैं। उस सगुण ब्रह्म को उन्होंने इंद्रियातीत, सृष्टि का नियंता एवं स्वामी माना है उस प्रियतम के दर्शन घट के भीतर ही किए जा सकते हैं–

बाहर खोजत का फिरह, घट भीतर ही खोज।
'रविदास' उनमनि साधिकर, देखहु पिया कूं ओज।।

रविदास ने स्पष्ट कहा कि ईश्वर हमारे अंदर है। उसे तीर्थ, मंदिर–मस्जिद, काबा, कैलाश में ढूँढने की आवश्यकता नहीं। उस परम प्यारे को आंतरिक अभ्यास और सुमिरन द्वारा ही प्राप्त किया जा सकता है। रविदास की दृष्टि में सारी बहिर्मुखी साधनाएँ, कर्मकांड, धार्मिक वेश–भूषा सब छलावा और निरर्थक है। उन्होंने कबीर की तरह पंडितों को फटकार लगाते हुए कहा–

पांडे हरि विचि अंतर डाढ़ा।
मुंड मुड़ावै सेवा पूजा, भ्रम का बंधण गाढ़ा।
माला तिलक मनोहर बामो, लगो जम की पासी।
जे हरि सेती जोड़्या चाहो, तो जग सौ रहो उदासी।।

उन्होंने स्पष्ट कहा कि माया–मोह प्राणी को बाँधता है। अतः यदि परमात्मा से सच्चा हित जोड़ना है तो सांसारिक विषय वासनाओं से ध्यान हटाकर रूहानी मंडलों में ध्यान को लगाना होगा। उन्होंने साधक के आंतरिक केंद्रों को क्रमशः पार करने की विधि बताते हुए परमात्मा से साक्षात्कार कर भवसागर से पार होने की बात कही है–

ऐसा ध्यान धरौ बनवारी मन पवन दृढ़ सुषमन नारी।
से जप जपूँ जो बहुरि न जपना। सो तप तपूँ जो बहुरि न तपना।
सुन्न में बास, ताते मैं रहूँ।
कह रैदास निरंजन ध्याऊँ, जिस पर जाय बहुरि नहिं आऊँ।।

रविदास ने जीव का स्वतंत्र अस्तित्व नहीं माना। उन्होंने उसे माटी का पुतला माना है। इस जीव की सार्थकता इसी में है कि वह राम–नाम की शरण में जाकर उसका आश्रय ले। उन्होंने संसार के शाश्वत सत्य को बहुत सरलता एवं सहजता से स्पष्ट किया है–

ऊँचे मंदिर थाल रसोई, एक धरी पुनि रहति न होई।
यह तन ऐसा जैसे घास की टाटी, जल गई घास, रलि गई माटी।

जगत की इस अवस्था को देखकर रविदास ने स्पष्ट शब्दों में कहा कि भाई–बंधु, पति–पत्नी जीते जी जो इस शरीर से प्यार करते हैं वो ही सबसे पहले उसे घर से निकालने को उग्र होते हैं। अतः इस संसार सागर से केवल राम नाम ही छुटकारा दिला सकता है और कोई नहीं। उन्होंने अपनी साधना में सिद्धों–नाथों तथा कबीर आदि निर्गुण संतों द्वारा अपनाई गई पारिभाषित शब्दावली का उपयोग अपने काव्य में किया है। उनके यहाँ सुरति–निरति, सहज, सुन्न, गगन मंडल, गंगा–जमुना, सुषमना, सुरसरि धार, जोति उल्टा कुआँ, अनाहत नाद आदि निर्गुणवादी शब्द बार–बार आए हैं, जो उनकी साधना पद्धति के विशेष अंग रहे हैं।

उन्होंने इन शब्दों का प्रयोग कर आंतरिक अनुभवों से उन्हें नया अर्थ भी दिया है। उन्होंने अपनी वाणियों में बार–बार मन को स्थिर करते हुए उसे माया से दूर रहने की सलाह दी है।

रविदास ने सदैव ईश्वर की कृतज्ञता को अनुभव किया। भगवत कृपा से ही वे हीनता की ग्रंथि से उबर सके हैं। उन्होंने अपने को निम्न बताते हुए प्रभु के उपकार का बहुत ही विनयपूर्ण एवं प्रेमभाव से वर्णन किया है–

तुम चंदन हम इरंड बापुरे संगी तुमारे बासा।
नीच रूख ते ऊँच भए है गंध सुगंध निवासा।।
माधव सतसंगति सरनि तुम्हारी। हम अनुगन तुम्ह उपकारी।

इस तरह उन्होंने अपने आपको भगवान के सामने पूरी तरह समर्पित कर दिया तथा कथित नीची जाति में जन्म लेकर भी अपने उच्चतम संस्कारों के कारण अपने युग के महामानव बन गए।

रविदास कबीर की भाँति उग्र रूप में सगुण का खंडन नहीं करते। वे अपने मत को प्रतिष्ठित करते हैं लेकिन मूर्त्ति पूजा अवतारवाद और अन्य पौराणिक गतिविधियों की कठोर निंदा करते हैं। निर्गुण भक्ति धारा के कवि सगुण मत की इन मान्यताओं का विरोध करते हैं। सगुण भक्त मानते हैं कि वेद प्रमाण है और ब्राह्मण श्रेष्ठ हैं। ब्राह्मण श्रेष्ठ हैं अर्थात् समाज में सभी मनुष्य समान नहीं है। इस तरह वर्णाश्रम श्रेष्ठ है। रविदास ने भी इन मान्यताओं का खंडन किया। वे कहते हैं कि वेद प्रमाण नहीं है, वरन् अनुभव प्रमाण है, जिसे कबीर ने 'आँखिन देखी' कहा है। इसी तरह वे मानते हैं कि कोई मनुष्य श्रेष्ठ या अधम नहीं है। वे मानते हैं कि ऊँच–नीच की भावना का समाज में कोई स्थान नहीं होना चाहिए, सभी मनुष्य ईश्वर की संतान है, इसलिए सभी मनुष्य समान हैं। अर्थात् वर्णाश्रम कर्म सही नहीं है। इसके स्थान पर रविदास 'बेगमपुरा' की धारणा सामने रखते हैं, जहाँ मनुष्य को दैहिक, भौतिक और दैविक किसी प्रकार का ताप सहन करना नहीं पड़ता।

डॉ. धर्मपाल मैनी लिखते हैं कि "रैदास ने बारंबार अपनी जाति की घोषणा करके अपने युग के धर्म के ठेकेदारों को यह समझा दिया था कि मात्र जन्म से कोई भी व्यक्ति उच्च या नीच नहीं हो सकता। उनका यह स्वर सत्य की अनुभूति पर आधारित होने के कारण ब्राह्मणों के अंतर्मन में घर कर गया था। इसलिए उन्हें रैदास की वाणी को विवश होकर सुनना पड़ा।"

जन्म जात मत पूछिए, का जात अरु पात।
रविदास पूत सभ प्रभ के, कोई नहीं जात कुजात।।
जात–पात के फेर मंहि, उरझि रहइ सभ लो।
मानुषता कूं खात हइ 'रविदास' जात कर रोग।।

इस तथ्य को रविदास ने कहा है कि सब लोग उसी एक ही परमात्मा की ज्योति से उपजे हैं, चाहे वह ब्राह्मण हो या शूद्र, मुल्ला हो या शेख। मनुष्य को उनका कार्य ही ऊँचा या नीचा बनाता है जन्म नहीं।

निर्गुण कालीन समय में हिंदू मुस्लिम का झगड़ा भी जोरों पर था उस झगड़े को खत्म करते हुए उन्होंने स्पष्ट कहा–

मंदिर मस्जिद दोउ एक है, इन मँह अंतर नांहि।
रैदास राम रहमान का, झगड़उ कोई नांहि।।

इसलिए उस राम–रहमान को रविदास दिल की अनंत गहराइयों में खोजने का उपदेश देते हुए कहते हैं–

तुरुक मसीति अल्लाह ढूँढइ, देहरे हिंदू राम गुसांई।
रविदास ढूँढ़िया राम–रहीम कूं, जंह मसीत देहरा नांही।।

कबीर की तरह रविदास को समाज में जहाँ कहीं भी आडंबर व पाखंड दिखे उन्होंने जमकर प्रहार किया तथा तीर्थाटन, मूर्तिपूजा, व्रत–उपवास, वेश धारणा करना आदि सबकी निंदा की। लेकिन उनका स्वर अत्यधिक आक्रामक न होकर प्रबोधात्मक होता था। बाह्याडंबरों और मानवीय दुर्गुणों को वे विनय और सहज भाव से प्रकट करते थे। रविदास ने बाह्चायार के साथ सामाजिक बुराइयों माँस–मंदिरा के सेवन को भी बुरा बताया तथा आचरण की पवित्रता पर बल दिया एवं प्रेम महारस पीने की सलाह दी और शूरवीर, छत्रपति, राजा से भी बड़ा भगवान के भगत को बताया–

पंडित सूर छत्रपति राजा, भगत बराबरि अउरू न कोई।
जैसे पुरैन पात रहै जल समीप भनि रविदास जन में जगि ओई।।

प्रश्न 5. रविदास की भक्ति के विविध आयामों पर प्रकाश डालिए।

उत्तर– अनेक भक्ति मार्ग और साधना पद्धतियाँ मध्ययुग में प्रचलित थीं। सगुण और निर्गुण के रूप में भक्ति के दो सशक्त मार्ग थे। कठिन योग साधना, विभिन्न क्रिया योग की विधियाँ, कुंडलिनी जागरण, हठयोग की क्रियाएँ, प्राणायाम, पूजा–पाठ, व्रत–तीर्थ आदि के साथ दर्शन के रूप में एकेश्वरवाद, ब्रह्मवाद, अद्वैतवाद, द्वैताद्वैतवाद, विशिष्टाद्वैतवाद, जैन दर्शन, बौद्ध दर्शन, चार्वाक मार्ग आदि प्रचलित थे। जोगियों, संतों, फकीरों, साधुओं, भक्तों, ज्ञानियों, सूफियों, चिंतकों आदि के साथ ही कथित भक्तों की एक फौज थी जो ईश्वर, आत्मा, जीव, जगत् के बारे में तार्किक बहसों द्वारा वाद–विवाद खड़ा करते थे।

कबीर, रविदास आदि निर्गुण संतों ने इन सबकी निरर्थकता सिद्ध करते हुए निर्गुण–निराकार की भक्ति का सरल और सहज मार्ग प्रशस्त किया, जिसमें न हठयोग साधना थी, न ही धार्मिक क्रियाकर्म, पूजा–पाठ या व्रत–उपवास का विधान। वस्तुतः निर्गुण पंथियों का यह मार्ग शुद्ध भक्ति का मार्ग था, जो नामभक्ति के रूप में प्रसिद्ध हुआ। संत रविदास की भक्ति इसी रूप में हैं, जिसमें सहज–सरल रूप से परमात्मा का स्मरण किया जाता है और पूर्ण समर्पण के साथ उनकी आराधना की जाती है। उनकी भक्ति को निम्नलिखित आयामों के रूप में समझा जा सकता है–

(1) गुरु की महिमा–रविदासजी की वाणी में गुरु की महिमा का बड़ा ही गुणगान किया गया है तथा गुरु को परमात्मा का साकार रूप माना गया है। रविदासजी के अनुसार गुरु की सहायता द्वारा ही मनुष्य भवसागर को पार कर सकता है और परमात्मा से उसका मिलाप हो

सकता है। गुरु एक ऐसी पारसमणि है जिसके छूने भर से शिष्य रूपी लोहा सोना बन जाता है। गुरु की कृपा से शिष्य का महत्त्व इस संसार में बढ़ जाता है। उसका मन बाहर से हटकर अंतर्मुखी हो जाता है और हृदय मंदिर के बाद कपाट खुल जाते हैं तथा अंदर प्रभु की ज्योति प्रकाशित होती है। रविदास जी कहते है कि—

उनमन मन मन ही मिले, छुटकत बजर कपाट।।

रविदासजी कहते है कि गुरु की कृपा से राम के रंग में रंग जाने के कारण नरक में मुक्ति हो जाती है—

जन रविदास राम रंग राता।
गुरु परसादि नरक नहीं जाता।।

गुरु शिष्य के हाथ में ज्ञान रूपी दीपक देकर स्वयं उसकी लौ जगाता है। गुरु द्वारा बताए गए मार्ग पर चलने से ही जीव जनम-मरण के बंधनों से छुटकारा पाता है।

गुरु ग्यान दीपक दीया, बाती दई जलाय।
रविदास हरि भक्ति कारनै, जनम मरन बिलमाय।।

इस प्रकार स्वतः स्पष्ट है कि रविदासजी ने गुरु को हरि के ही समान मानने की बात कही है। गुरु पथ-प्रदर्शक के समान शिष्य को बुराइयों से बचाता है।

(2) नामस्मरण—भक्तिकाल की यह मूल प्रवृत्ति है। सभी सगुण एवं निर्गुण उपासकों ने नामस्मरण पर बल दिया है। संत रविदासजी ने तत्कालीन युग की परिस्थितियों को सामने रखते हुए (कदाचित तत्कालीन परिस्थितियों को ही कलियुग कहकर) नाम को एकमात्र आधार माना है। उसी तारतम्य में वे कहते हैं कि संसार के अन्य सभी साधन, वेद-पुराण तथा स्मृतियाँ अपूर्ण साधन हैं। आजकल केवल राम नाम ही एक मात्र साधन है। वे राम-नाम की महत्ता का उल्लेख करते हुए कहते है कि यह स्वयं में सभी सिद्धियों का दाता, एक कामधेनु, एक चिंतामणि अथवा कल्पवृक्ष है, यह संपूर्ण ज्ञान वेद-पुराण आदि के ज्ञान से श्रेष्ठ है।

संत रविदासजी के विचारानुसार साधक को संपूर्ण बाह्य आकर्षक तथा धार्मिक विभेद छोड़कर दिन-रात भगवान के नाम का स्मरण करना चाहिए। पंक्ति प्रस्तुत है—

रैदास राति न सोइये, दिवस न करियै स्वाद।
अह निस हरीजी सुमिरिये, छांड़ि सकल प्रतिवाद।।

इस प्रकार निरंतर भगवान के नाम का स्मरण करने वाला भक्त तुरंत ही भगवान को प्राप्त करता है, उसकी अंतरात्मा प्रभु से मिल जाती है, जैसे पारस के स्पर्श करते ही लोहा कंचन का स्वरूप हो जाता है। जैसे कि पंक्ति प्रस्तुत है—

ररंकार रहत सब हिन ते, अन्तर मेल मिलावेगा।
लोहा सम कर कंचन समकरि, न भेद अभेद समावेगा।।

इस प्रकार संत रविदासजी की वाणी में तत्कालीन युग की सर्वाधिक सरल साधना भक्ति के भी सरलतम रूप नाम-स्मरण को सर्वश्रेष्ठ महत्ता दी गई है और यह कहने की आवश्यकता नहीं है कि उस नाम के लिए रविदास भगवद्विषयक प्रचलित सभी अभिधानों को समान स्थान

देते हुए भी विभिन्न स्थलों पर लगभग सभी प्रचलित नामों से अपने इष्ट को संबोधन करते हुए भी भक्तिकाल में सर्वाधिक स्वीकृत 'राम' नाम को ही अधिक प्रश्रय देते है।

कबीर नाम महिमा का प्रतिपादन करते हुए कहते हैं कि–

निरगुन राम, निरगुन राम जपहु रे भाई
अविगत की गति लखि न जाई।

नाम स्मरण पर बल देते हुए संत रविदासजी लिखते हैं कि सतयुग में सत्य, त्रेता युग में पूजा आदि ही भक्ति का आधार थी परंतु कलियुग में तो केवल नाम स्मरण ही भक्ति का आधार है–

सतियुग सतु त्रेता जागी दुआपरि पूजाचार।
तीनों युग तीनों दृढै कलि केवल नाम आधार।।

गुरु रविदासजी के अनुसार नाम–स्मरण करने वाला प्राणी इस जन्ममरण के बंधन से मुक्त हो जाता है।

कही रविदास जौ जपै नामु।
तिसु जाति न जनमु न जोनि कामु।।

गुरु रविदासजी केवल नाम के जाप की ही शिक्षा नहीं देते अपितु उसके नाम के श्रवण पर भी जोर देते हैं जहाँ वे हरि 'हरि–हरि ना जपहि रसना' कहकर जिह्वा द्वारा प्रभु के कीर्तन पर बल देते है। वहाँ दूसरी ओर वे 'संत की संगति' तथा 'संत कथा रसु' में भी उतनी ही दृढ़ता से विश्वास जमाए हुए हैं। प्रभु के कीर्तन से ही वे 'यम की फाँसी' का कटना संभव मानते हैं। तथा चाहते है कि मनुष्य 'अवसर' सब छाड़ि बचना रसना अर्थात् और सब कुछ छोड़कर जिह्वा द्वारा राम के नाम का कीर्तन करता रहे।

जिस प्रकार लोहा पारस को छूने से सोना बन जाता है उसी प्रकार नाम स्मरण की निरंतरता से भक्त ईश्वर में एकाकार हो जाते है–

अहंकार रहत सबहिन तैं, अंतर मेंल मिलावेगा।
लोहा समकर कंचन समकर भेद अभेद समावेगा।।

नाम ज्ञान का मूल आधार है। नाम द्वारा मनुष्य को मुक्ति प्राप्त होती है जो सच्चे मन से नाम–स्मरण करता है, उसे इस संसार से कोई काम नहीं रह जाता।

नाम मूल है ग्यान को, नाम मुक्ति कौ दवार।
जा हिरदै हरि बसै, परहिं न जग बौपार।।

हरि का निरंतर स्मरण करने वाला इस भवसागर से पार उतर जाता है कबीर और नामदेव आदि संत नाम–स्मरण के कारण ही इस जन्म–मरण के संकट से बच सके।

हरि हरि हरि हरि हरि हरे।
हरि सिमरन जन गए निसतरि तरे।
हरि के नाम कबीर उजागर
जनम जनम के काटे कागर

निमत नामदेउ दूधु पिआइआ
तऊ जग जनम संकट नहीं आइआ।।

इस प्रकार रविदास जी ने स्मरण की निरंतरता पर बल दिया है। उन्होंने नाम स्मरण का महत्त्व बताते हुए निष्काम भाव से 'राम' का नाम जपने पर जोर दिया है और नाम जपते–जपते नाम से एकाकार हो जाने का आग्रह किया है। इन्होंने राम–रहिम और कृष्ण करीम में कोई अंतर नहीं रहने दिया। गुरु रविदासजी को राम, कृष्ण, करीम, रहीम सभी अपने हृदय में दिखाई देते हैं–

राधे किशन करीम हरि राम खुदाई।
रविदास मेरे मन बसहिं कहु खोजहुँ नहीं जाई।।
कृष्ण करीम राम हरि राघव, जब लग एक न पेखा।
वेद कतेब कुरान पुरानन सहज एक कर भेखा।।

ईश्वर सब जग व्याप्त है। वह घट–घट वासी है। जिस प्रकार लहर और जल का संबंध होता है। लहर जल में ही उठती है। इसी प्रकार ईश्वर भी कण–कण में विद्यमान है। वह सबका पालनहार है–

घट–घट तिह देषियत अइसे जल महिं लहिर, लहिर जल जइसे।
कहि रविदास हरि सरब बिआपक, सरब च्यंतामणि सरब प्रतिपालक।

एक ही ईश्वर हिन्दू मुस्लिम आदि सभी मनुष्यों का रक्षक है।

(3) सत्संग का महत्त्व–प्रकृति का यह एक व्यापक नियम है कि जैसा जिसके साथ होता है वैसा ही उसका स्वरूप बन जाता है, अच्छी या बुरी संगति के अनुसार अच्छे या बुरे गुणों की उत्पत्ति होती है। सभी वस्तुओं और जीवों पर यह नियम लागू होता है, पर मनुष्यों पर यह विशेष रूप से घटित होता है, क्योंकि मनुष्य अन्य वस्तुओं या जीवों की अपेक्षा अधिक संवेदनशील और गुणग्राही होता है। इसीलिए मनुष्य पर संगति का प्रभाव सबसे अधिक पड़ता है। संतों की संगति या सत्संग में आकर वह धीरे–धीरे आध्यात्मिक गुणों को ग्रहण करता है तथा परमात्मा की प्राप्ति के प्रयत्न में लग जाता हैं, परंतु बुरे मनुष्यों की संगति में पड़कर वह बुरे व्यसनों का शिकार हो जाता है तथा अपना सर्वनाश कर डालता है।

सत्संग के बिना आध्यात्मिक भाव की उत्पत्ति नहीं होती और आध्यात्मिक भाव के बिना परमात्मा के प्रति भक्ति नहीं उमड़ती। इसलिए रविदास जी दृष्टों की संगति को त्यागकर और संतों की संगति के सेवन पर विशेष जोर देते हैं। चूँकि संत परमात्मा के व्यक्त या साकार रूप होते हैं, अतः परमात्मा की प्राप्ति संतों की कृपा द्वारा ही संभव होती है और सत्संग ईश्वर–साक्षात्कार का एक अनिवार्य साधन माना जाता है। मन के विकारों को दूर करने और परमात्मा के प्रति भक्ति और प्रेम बढ़ाने के लिए सत्संग से बढ़कर कोई अन्य साधन नहीं है। जो लोग दुष्ट और बुरे मार्ग पर चलने वाले हैं, उनके पास बैठना भी नहीं चाहिए। पर जो सन्मार्ग पर चलने वाले संतजन हैं, उनके चरणों की सेवा में लगे रहना चाहिए, यह रविदास जी का संदेश है।

अच्छे जीवन की परिकल्पना के लिए अच्छे लोगों की संगति परमावश्यक है। संत रविदास जी सफल जीवन के लिए श्रद्धा के बिना प्रभु भक्ति असंभव है और साधु संगति के बिना प्रभु

का भक्ति भाव जागृत नहीं हो सकता। इसलिए संत रविदास ने सत्संग को साधना के क्षेत्र में अत्यंत लाभप्रद बताया है। वे सत्संग से होने वाले लाभ को विभिन्न सुंदर उपमाएँ देकर स्पष्ट करते हैं। उनका कथन है कि जिस प्रकार विभिन्न स्थानों का गंदा पानी गंगा में मिलकर गंगाजल का ही रूप धारण करके गंगाजल ही हो जाता है, या स्वाति की एक ही बूँद जल विभिन्न संपर्कों में, सर्प के मस्तक पर मणि तथा सीपी में मोती बन जाता है, परंतु जब वही बूँद जहरीले साँप के मुख में जाती है तो वह भी जहर ही बन जाती है। इसी प्रकार जब साधारण मनुष्य अच्छे पवित्र लोगों के संग चलता है तो स्वयं भी पवित्र हो जाता है और जब वह कुमार्गियों की शरण में जाता है तो स्वयं भी उनके अनुकूल बन जाता है। 'सत्संग के लाभ के उदाहरण में स्वाति–बूँद के मोती बन जाने की उक्ति संस्कृत साहित्य में भी मिलती है, जैसे कि–"स्वांत्या सागर शुक्तिसम्पुट गतं गज्जायते मौक्तिकं। प्रायेणाधममध्यमोत्तमगुण संसर्गतो जायते।।" रविदासजी ने अपने उच्च रूप में सम्मानित होने, इतना अधिक प्रतिष्ठित होने का बहुत कुछ दायित्व सत्संग पर ही रखा है। संत रविदासजी कहते हैं, हे सतगुरू! तुम चंदन के (सुगंधित) वृक्ष हो और हम बेचारे एरंड के (गंधहीन) पेड़ हैं। पर तुम्हारे निकट हमारा निवास है, अर्थात् हम तुम्हारी शरण में है। तुम्हारी सुगंधि से सुवासित होकर हम गंधहीन नीच वृक्ष से सुगंधित उच्च वृक्ष बन गए हैं।'

(4) निष्काम–कर्म–हम जैसा करते हैं, वैसा ही फल पाते हैं। यह कर्म का अटल नियम है जब तक हम इस संसार में हैं, हमें कुछ न कुछ कर्म करने ही होते हैं। मनुष्य का स्वभाव ही कुछ ऐसा है कि वह कर्म किए बिना रह ही नहीं सकता और संसार का यह साधारण नियम है, कि कर्म करने से हम बंधन में पड़ते हैं पर संतों के कर्म करने का ढंग कुछ ऐसा होता है कि वे निरंतर कर्म करते हुए भी कर्म–बंधन से मुक्त रहते है। संतों द्वारा किए गए इस प्रकार के कर्म को निष्कर्ष–कर्म कहते हैं।

साधारणतया हम कोई भी कर्म अपनी किसी कामना या इच्छा की पूर्ति के लिए करते हैं पर संत सब तरह से परिपूर्ण होते हैं। उन्हें किसी वस्तु का अभाव नहीं होता और न ही उनके मन में किसी के प्रति राग–द्वेष ही होता है। वे सुख–दु:ख, लाभ–हानि, जीत–हार आदि स्वार्थ–मूलक भावनाओं से सर्वथा ऊपर होते हैं। अत: वे किसी फल की इच्छा या कामना न कर, परमार्थ या परोपकार को अपना धर्म समझकर केवल सेवा–भाव से काम करते हैं। ऐसे कामना रहित या निष्काम कर्म द्वारा वे सब कुछ करते हुए भी सबसे निलिप्त या अछूते रहते हैं।

संत ही सच्चे परमार्थी या परोपकारी होते हैं। वे परोपकार के लिए ही इस संसार में आते हैं। अत: वे अपने आपको परमात्मा का केवल एक साधन या निमित्त मात्र मानकर सदा संतोष धारण किए वे दायाभाव से सबका कल्याण और सबकी सेवा करने में लगे रहते हैं। वे संतोष और सेवा की साकार मूर्ति होते है और उनका जीवन सबके लिए आदर्श और अनुकरणीय होता है।

संत रविदासजी का कहना है कि मनुष्य अपने संसारी कर्म बंधन में ही फँसा हुआ है। मनुष्य को अपने जीवन में फल की आशा न करते हुए, निष्काम भाव से सतकर्म करते रहना

चाहिए, सत्कर्म करने से जीवन में सांसारिक कर्म बंधन से मुक्ति मिल सकती है, सत कर्म करना ही मनुष्य का धर्म है। कर्म के फल की प्राप्ति तो ईश्वर के हाथ में है। वे आगे कहते है कि मानव जो भी कर्म करे वह धर्म के निमित्त ही करे क्योंकि ज्यों भी मनुष्य केवल धर्म समझकर निष्काम भाव से कर्म करता है उसे इच्छित फल प्राप्त हो ही जाता है। तब उनकी दृष्टि लोक परक हो जाती है। इसका कारण है संत रविदास का संसार में रहते हुए मुक्ति मार्ग खोजना। संत रविदास के अनुसार मनुष्य अपने स्वभावानुसार जो भी काम करता है, वह सब उससे स्वयं प्रकृति कराती है। अतः कर्म का अभिमान क्यों? कर्म करने में मनुष्य तो निर्मित्त मात्र ही है।

निष्काम भाव से किया हुआ कर्म भी, भगवान महावीर का कर्म बंधन मुक्ति है। कर्म रूपी शत्रु को नष्ट करने पर जिस प्रकार जिनवर पद प्राप्त होता है इसी प्रकार निष्काम कर्म से ईश्वर की प्राप्ति हो सकती है।

संत रविदास पलायनवादी नहीं थे। उन्होंने कभी भी भिक्षा माँगकर और जगह-जगह घूमकर निर्वाह नहीं किया कि और न ही गृहस्थ धर्म का त्याग किया। उन्होंने विवाह किया और गृहस्थी होते हुए भी रामनाम तथा ओंकार का स्मरण करते हुए भक्ति साधना में रम कर, जूते बनाकर जीवन का निर्वाह किया तथा जो कुछ बचा उससे साधु-संतों की, दीन-दुखियों की सेवा की। उनके विचार में कोई भी कार्य तुच्छ नहीं था। व्यक्ति कार्य से छोटा-बड़ा नहीं बनता बल्कि अपने आचार-विचार से बड़ा बनता है। कार्य को केवल आजीविका का साधन मात्र माना। उनका विचार था कि भक्ति भावना से कार्य करने से ही मुक्ति मिल सकती है और इस भवसागर से छुटकारा पाया जा सकता है। रविदास जी कहते है कि राग और द्वेष से रहित होकर निष्काम कर्म करने से सुख-दुख अनुकूल प्रतिकूल अवस्थाओं में मन स्थिर रहता है।

संत रविदासजी ने धर्म का वास्तविक स्वरूप लोगों के सामने रखा। मध्यकालीन संतों में उनका अनुपम स्थान है। उनके उपदेश विरोधी प्रतीत होते थे लेकिन उनमें प्राकृतिक सत्यता थी। उनकी विनम्रता एवं सत्यता के सामने बड़े-बड़े पंडितों के घुटने टेक दिए। चित्तौड़ की महारानी झाली तथा मीरा जैसी तपस्विनी जिन्हें कोई प्रभावित नहीं कर पाया था, उनकी शिष्या बनी। उनके द्वारा चित्तौड़ में निर्मित रविदास मंदिर आज भी एक अनूठा स्मारक है जिसे देखकर एक ऐतिहासिक तथा हृदय को द्रवित कर देना वाला दृश्य आँखों के सामने उपस्थित हो जाता है। ऐसी निर्मलात्मा कभी-कभी ही इस धरा पर अवतरित होती है, जो मानव-जाति को ज्ञान का उजाला देकर सदा के लिए एक अमिट छाप छोड़ जाती है। पवित्रता की पिटारी, सदाचार और सादगी की साक्षात मूर्ति, भक्ति और त्याग का वास्तविक स्वरूप, निस्पृह कर्मयोगी, मानवता के पुजारी, ज्ञान-राशि के पूंज, समानता और स्वराज्य के उद्घोषक, महान क्रांतिकारी एवं समाज सुधारक महाराज संत रविदास ने जीवन पर्यंत सरल, सरस और रहस्यमयी साखियों द्वारा जीवन से भटके हुए लोगों को प्रेरणा दी और जीवन का वास्तविक स्वरूप जनमानस के सामने लोगों की भाषा में रखा। उनके उपदेश आज भी शोभनीय एवं अनुसरणीय हैं। संत रविदास किसी काल व देश से संबंध नहीं रखते। समस्त मानव समाज जब तक सूर्य और तारे रहेंगे उनका ऋणी रहेगा।

(5) मन की स्थिति–रविदास के अनुसार मनुष्य का मन इतना उच्छृंखल होता है कि वह एक क्षण भी एक स्थान पर नहीं टिकता तथा विषय–वासनाओं में निरंतर छलाँगे लगाता रहता है। यह अपनी हरकतों से कभी बाज नहीं आता। मन के शांत और एकाग्र हुए बिना परमात्मा की भक्ति नहीं की जा सकती क्योंकि मन की चंचलता भक्ति में स्थिरता नहीं आने देती। रविदास ने अपनी वाणी में मन की चंचलता का जिक्र करते हुए कहा है कि वह मन और माया के हाथ बिका हुआ है, इसलिए उनका मन सांसारिक बंधनों और विषय वासनाओं में फँसा हुआ है। मन की स्थिति को रविदास जी निम्न शब्दों के माध्यम में व्यक्त करते हैं–

मैं का जानौं देव मैं का जानौं, मन माया के हाथ बिकानौं।
चंचल मनवां चहुं दिस धावै, पाँचों इंद्री थिर न रहावै।
इन मिल मेरौ मन जु बिगारियौ, दिन–दिन हरिजी सू अंतर पारियौ।

अर्थात् मन इतना चंचल है कि इसने मनुष्य की पाँचों इंद्रियों के साथ मिलकर आत्मा और परमात्मा के बीच दुराव पैदा कर दिया है। रविदास कहते हैं कि बड़े–बड़े ज्ञानी, महामुनि, शुकदेव, नारद, व्यास, उमापति शिव, वेद–पुराणों ने मन की चंचलता को प्रकट करते हुए कहा है कि यह इंसान को इधर–उधर भटकाकर नश्वर संसार के प्रपंचों में उलझाता है ताकि जीव ईश्वर की भक्ति से विमुख हो जाए। अतः ईश्वर की भक्ति करने के लिए मन की चंचलता पर अंकुश लगाना आवश्यक है। वे कहते हैं कि जब ईश्वर की भक्ति और नाम का रंग चढ़ जाता है तब मन की उच्छृंखलता शांत हो जाती है। रविदास इस पद में मन की चंचलता का उपाय निम्न पद में व्यक्त करते हैं–

गुरु कौ ग्यांन प्रेम की सांटी, कुबुध कुकरम छुड़ाई।
कहि रविदास मन थिरू हैवसी, चलि सब छाँड़ी गुर सरणाई।।

अर्थात् गुरु से प्राप्त ज्ञान और उनके प्रेम की छड़ी से यह मन अपने कुकर्म और बुराइयाँ त्यागकर शांत हो जाता है। रविदास प्रेमपंथ मन को रूहानी यात्रा की ओर लगाने वाले उस पंथ को धन्य कहते हैं।

(6) प्रेमाभक्ति–सभी तरह के सांसारिक बंधनों से मुक्त होकर जब कोई भक्त बाह्य–पूजा–पाठ और कर्मकांड़ों को छोड़कर अनन्य रूप से परमात्मा के प्रेम में लीन हो जाता है तो ऐसी भक्ति प्रेमाभक्ति कहलाती है। ईश्वर से प्रेम होने के पश्चात् भक्त का आपा मिट जाता है तथा उसे सच्चे प्रेम की अनुभूति होती है जिसके सामने सांसारिक प्रेम फीका लगता है। ऐसा भक्त ईश्वर प्रेम के रंग में रंगकर उनका ही स्वरूप हो जाता है।

रविदास कहते हैं कि भले ही ईश्वर के अनेक भक्त हो किंतु उनके लिए तो परमात्मा ही अकेले प्रीतम है। अपने प्रीतम के दर्शन के लिए रविदास की आँखे उसी तरह तरसती हैं जिस तरह कोयल आम की मंजरी के लिए तथा पपीहा स्वाति नक्षत्र की बूँद के लिए तरसता है। परमात्मा के साथ अपने अनन्य प्रेम को रविदास इस दृष्टांत के माध्यम से समझाते हैं–

ससि चेकार, सूरज कंवल, चात्रिग धन की रीति।
रविदास इवि मुहि राखिओ, हित चित पूण परीति।।

उनका कहना है कि कामिनी को देखकर कामी के ह्रदय में प्रेम की जो पीड़ा उमड़ती है, वह अनेकानेक वैद्योपचार से भी ठीक नहीं हो सकती। उसी तरह ईश्वर प्रेम की पीड़ा भगवद् दर्शन से ही दूर हो सकती है।

रविदास ने कहीं पर अपना व ईश्वर का संबंध जल व मीन के सदृश बताया है तो कहीं पर पपीहे और स्वाति नक्षत्र को बूँद के प्रेम सदृश। उन्होंने स्पष्ट कहा है कि हे प्रभु यदि तुम मुझसे प्रेम संबंध तोड़ भी दोगे तो भी मैं आपसे प्रेम संबंध नहीं तोड़ सकता क्योंकि तुमसे तोड़कर में फिर किससे प्रेम जोड़ूँ। मुझे तो केवल तुम्हारे ही चरणों का भरोसा है।

परमात्मा के नाम से प्रेम के अतिरिक्त और कोई भक्ति रविदास के अनुसार हो ही नहीं सकती। अन्य सब मार्ग भ्रम मात्र हैं। स्वादिष्ट भोजन का दान करने, कथा–वार्ता सुनाने, वन या गुफा में रहने से या लोक मर्यादा छोड़ने, हठपूर्वक योग करने, सिर मुंडाने, माला पहनने से भक्ति नहीं हो सकती। सच्ची भक्ति तो तब ही हो सकती है जब अहम् या अहंकार त्याग कर ईश्वर से प्रेम किया जाए। अपने इन्हीं भावों को रविदास ने इस पद में स्पष्ट किया है–

भगति न निंद्रा साधैं, भगति न वैराग बांधै।
भगति न ऐ सब वेद बड़ाई।
भगति न मूंड मुंडाए, भगति न माला दिखाई।
भगति न चरण धोवाएं, ऐ सब मुनि जन गाई।
भगति न तौ लौं जानी, जौलों आप कूं आप बखानी।
जोई जोई करै, सोई सोई कर बड़ाई।
आपौ गयौ तब भगति पाई, ऐसी भगति है भाई।
राम मिल्यौ अपनौ गुन खायौ, रिद्धि सिद्धि सबै जु गंवाई।
कहै 'रविदास' छुटी सब आस, तब हरि ताही के पास।

भगवद्–प्रेम बंधन को रविदास ने सर्वाधिक आनंद देने वाला बताया है, जिसके लिए विरह–व्यथा और तड़प झेलनी पड़ती है। रविदास का रोम–रोम परमात्मा के प्रेम रोग से ग्रसित हो गया है, जिसका उपचार भी नहीं हो सकता। कबीर की तरह रविदास में भी परमात्मा के विरह के प्रति तड़प है। इस विरहाग्नि को रविदास ने इस प्रकार व्यक्त किया है–

ज्यूं सुधि आबत पीव की, विरह उठत तन आगि।
ज्यूं चूने की कांकरी, ज्यौं छिरके त्यों आगि।।

उनके अनुसार भगवद् प्रेमामृत की बूँद भी भक्त को मिल जाती है तो उसके जन्म–जन्मांतर की प्यास बुझ जाती है तथा वह संसार सागर से पार उतर जाता है। जैसा कि निम्न पद में दर्शाया गया है–

इक बूंद सौं बुझि गई, जनम जनम की प्यास।
जनम मरन बंधन टूटई, भये रविदास खलास।।

रविदास के अनुसार, जब परमात्मा से मिलन की घड़ी आती है तो उनकी आत्मा भी सखियों के साथ उसी प्रकार मिलकर मंगलाचार गाती है जिस तरह से परमात्मा से भेंट होने पर कबीर गाते हैं–

दुलहनीं गावहुँ मंगालचार।
हम घरि आये हो राजाराम भरतार।।

रविदास भी उसी तरह प्रफुल्लित होकर गाते हैं–

हम घर आयहु राम भरतार, गावहु सखि मिल मंगलाचार।
तन मन रत करहिं आपुनो, तो कहूं पाहहिं पिव पिआर।।

रविदास का परमात्मा के मिलने पर उनकी कृतज्ञता में गाया गया यह मंगलाचरण उसके जन्म–जन्म की प्यास का शमन कर देता है। शमन हो भी क्यों नहीं क्योंकि आत्मा ने अपने प्रियतम परमात्मा के साथ विवाह जो रचा लिया है।

रविदास के पदों में इस प्रकार स्थान–स्थान पर प्रेमाभक्ति का जो स्वरूप मिलता है उससे स्पष्ट होता है कि उन्होंने सर्व समर्पण भाव से अपने आपको परमात्मा में लीन कर उनके चरण–कमलों में न्योछावार कर दिया था। उनके अनुसार भगवद्प्राप्ति का एक मात्र रास्ता प्रेमाभाक्ति ही है जो मनुष्य को विविध तापों और समस्त संतापों में मुक्ति दिलाती है।

(7) भक्ति के बाह्यडंबरों की निरर्थकता—संत रविदासजी ने जाति–पाति का विरोध ही नहीं किया अपितु निम्न जाति का होते हुए श्रेष्ठ जाति के मिथ्याडम्बरवादियों से अधिक सम्मान पाकर यह सिद्ध कर दिया कि सदाचार, ईमानदारी, श्रम के द्वारा कोई भी व्यक्ति महान बन सकता है। 'चमार' होने का कोई दुख नहीं है। उनकी वाणियों से स्पष्ट है कि उन्होंने स्वयं को बेधड़क 'चमार' कहा है–

नागर जनां मेरी जाति विखयात चमार।
मेरी जाति कुटबांढला ढोर ढोवता नितहि बनारसि आसपासा।
अब विप्र परधान तिहि करहिं डंडउति, तेरे नाम सरपाई रविदासा दासा।।

गुरु रविदासजी ने ब्राह्मण और चंडाल को जन्मतः समान बताते हुए यह कहा है कि दोनों के अंदर ईश्वर रूपी ज्योति एक समान ही है–

ब्राह्मण अरू चण्डाल महिं रविदास नहं अंतर जान।
सभ महिं एक ही जोति है, सभ घट एक भगवान।।

सभी प्राणी ईश्वर के पुत्र है। उनके यहाँ जाति–पाति नहीं है। जाति पांति तो मानव समाज की ही देन है। इसलिए जो मनुष्य प्रभु शरण में जाने की इच्छा रखता है उसे जाति–पाति को त्यागना पड़ेगा।

जन्म जात मत पूछिये का जात अरू पात
रविदास पूत सभ प्रभु के कोउ नहीं जात कुजात।।

केवल जन्म से ही कोई ऊँच–नीच नहीं होता। जैसा कर्म करता है, उसे उसी के समान आदर–अनादर मिलता है। नीच तो नीच कर्म करने से होता है, नीच जाति में जन्म लेने से नहीं होता संत रविदासजी कहते हैं कि–

रविदास जनम के कारणे, होत न को नीच।
नर को नीच करि डारि है, ओछे करम की कीच।।

हमें उच्च जाति की नहीं अपितु उच्च गुणों का आदर करना चाहिए।

रविदास ब्राह्मण मति पूछिए जउ होवै गुणहीन।
पूजहिं चरण चण्डाल के जऊ होवै गुण परवीन।।

'भक्ति' माला धारण करने, केश कटवाने अथवा तीर्थों की यात्रा करने से नहीं होती, न ही प्रभु कि मूर्ति के चरण धोने के पाखंड द्वारा संभव है। भक्ति तो ईश्वर के साथ भावनात्मक लगाव से संभव है। बाकी सभी बाह्याडम्बर मिथ्या हैं—

कहा भयौ जे मूंड मुंडायौ बहुत तीरथ ब्रत कीन्हें
स्वामीदास भगत अरू सेवग जौ परम तत नहीं चीन्हें।।
भगति न मुंड मुंडाये, भगति न माला दिखाई।
भगति न चरण धोवाये, ऐ सब गुनी जन गाई।

संत रविदासजी प्रभु से अगले जन्म में भी उन्हें चमार जाति में ही पैदा करने का आग्रह करते है। उनका विश्वास है कि जब चमार जैसी तुच्छ जाति में जन्म लेकर भी व्यक्ति की चरमावस्था तक पहुँचा जा सकता है तो उच्च जाति में जन्म लेने की क्यों सोचे।

कहै रविदास सुनि केसवे, अंतह करन विचार।
तुम्हारी भगति के कारने, फिरि ह्वै हौ चमार।।

अंततः कहा जा सकता है कि उन्होंने मनुष्य की महानता उसके जन्म से नहीं, अपितु कर्म से मानी है। गुणी चाण्डाल को गुणहीन ब्राह्मण से श्रेष्ठ कहना तत्कालीन समाज में दबंग और निर्भीक एवं सत्यवादी व्यक्ति का ही कार्य हो सकता है। जिसने स्वयं को भगवान के अर्पित कर दिया हो उसे झूठे आडम्बरों से डरने की कोई आवश्यकता नहीं होती।

प्रश्न 6. रविदास के भक्ति दर्शन पर अपने विचार प्रस्तुत कीजिए।

अथवा

रविदास ने भक्ति को जो स्वरूप प्रस्तुत किया उसे उदाहरण सहित स्पष्ट कीजिए।

उत्तर— रविदास के काव्य पर विचार करने के पश्चात् कहा जा सकता है कि रविदास मूलतः संत थे, दार्शनिक नहीं। प्रसंगानुकूल उन्होंने ब्रह्म, जीव, जगत के बारे में भी अपनी धारणा को स्पष्ट किया। मूलतः उनका प्रयोजन ईश्वर की सच्ची भक्ति करना था। दर्शन के दुरूह जाल में उलझना नहीं। उनके भक्ति दर्शन को इस प्रकार समझा जा सकता है—

(1) ब्रह्म की अनुभूति एवं स्वरूप—बीज का पृथ्वी में सड़ जाना, अंकुर का निकलना, उसमें पत्तियों, डालियों, फूलों एवं फूलों का प्रादुर्भाव इस बात का प्रमाण हैं कि विश्व के मूल में कोई अज्ञात सत्ता है जो इन कार्यों का संचालन उसी अज्ञात सत्ता के द्वारा किया जाता है। उस सत्ता को दार्शनिकों ने नाम देने की चेष्टा की है। अध्यात्मवादी उसे 'ब्रह्म' पारब्रह्म' आदि नामों से पुकारते हैं। ब्रह्म विषयक जिज्ञासा सदा अपने स्थान पर अक्षण्य रही है तथा उसके विषय में अभी तक साधक पूर्ण ज्ञान प्राप्त नहीं कर सके, वे उसे अधिक से अधिक अनुभूति मात्र का विषय कहते है। ब्रह्म का स्वरूप के रूप में प्राचीनकाल में वैदिक साधनों ने उपासना

हेतु बहुदेववाद प्राश्रय लिया, प्राकृतिक उपादानों का देवोमय भाव भी अग्नि, वायु एवं सूर्य आदि का भाव भी ईश्वरोपम भाव में परिणत हो गया।

वैदिक ऋषि एक ही परमेश्वर के निवासी थे। ऐसे एक को ही अग्नि, वायु, आदित्य, चंद्रमा, प्रजापति आदि विभिन्न नामों से पुकारा गया। ऋग्वेद में स्पष्ट उल्लेख है कि उसी एक की नाना रूपों विविध शक्तियों के अधिष्ठात रूप में स्तुति की गई है।

संत रविदासजी के संपूर्ण चिंतन में यही एक विकल अनुभूति सर्वस्थल पूर्णरूपेण व्याप्त हैं अतः उनकी 'वाणी' में भी हमको एक विकलता के साथ लगभग यह सभी अनुभूतियाँ दृष्टिगोचर होती है। उन्होंने उस परम सत्ता को पहचानने, उससे सान्निध्य प्राप्त करने, उसको प्राप्त करने के प्रति एक विकलता अनुभव की थी जो एकांगी होकर अधूरी और अपूर्णता अनुभव करती हुई बहुधा प्रवाहमान हुई है। इस विविधता में अंतविरोध न होकर एक तारतम्य है।

संत रविदास जिन क्षणों में विधेयात्मक विधि से सोचते हैं उस समय वे उस परम सत्ता को विराट रूप मानते हैं। वे तद्विषयक विराटता की अनुभूति को उसमें संपूर्ण ब्रह्मांड के समाहित होने से प्रकट करते हैं। रविदास जी का कथन है कि उस ब्रह्म के चरण पाताल में तथा उसका शीश आकार है, वह पूर्णरूप है और वह प्रत्येक पर प्राप्य है, वह अत्यंत सूक्ष्म है किंतु उससे ही इस संपूर्ण दृष्टि की अकथनीय प्रक्रिया का विस्तार होता है।

ब्रह्म की इस पूर्णता तथा सर्वव्यापकता को संत रविदास जी ने पर्याप्त अनुभव किया था और उसे जीवमात्र तथा सर्वकाल में व्याप्त मानकर विभिन्न बिम्बों के माध्यम से इस अनुभूति को अभिव्यक्ति देने की चेष्टा की है। साथ ही उसको अनेक गुणों से पूर्ण, कर्ता–हर्ता आदि मानकर संपूर्ण व्यापार पर उसी का नियंत्रण माना है, किंतु रविदास की ब्रह्म विषयक अनुभूति की अधिक सघनता अपनी चरमता पर यह अनुभव कर उठी है कि यह संपूर्ण विधेयात्मक वर्णन, उस गुणों का आरोप पूरे प्रकार से उनके अनुभूत सत्य की व्याख्या नहीं कर सका, अभिव्यक्ति अनुभूति की उच्चता पर पहुँचकर उसका साथ जोड़ जाती है और तभी वे औपनिषदिक भाषा में कह उठते हैं–

जानत जानत रह्यो सब परम कहा निज जैसा।
कहत आन अनुभवत आन रस मिले न बेगर होई।।
तथा
जस हरि कहिये तस हरि नाहीं, है हरि बस कछु ऐसा।

पूर्ववर्ती संत कबीर ने भी 'जैसा है तैसा रहे, कहें कबीर विचार' में अपनी वाणी की असमर्थता घोषित की थी। परवर्ती संत चरणदास भी ब्रह्मविषयक अनुभूति करते समय इसी प्रकार विधेयात्मक एवं निषेधात्मक परिभाषा के बीच असमर्थ–अभिव्यक्ति मूक आकर खड़े हो गए थे।

जैसो मैं आगे कहि आयो, फिर समझो वैसो नहिं पायो।
जो कछु कहिया नाहीं नाहीं, सो सब देखा वांके माहीं।
अकथ कथा कछु कही न जाइ, जो भाखों सो ही मुरखाई।।

संत रविदास ने अनेक स्थलों पर ब्रह्मविषयक अनुभूति की अभिव्यक्ति की असमर्थता को स्वीकार किया है वे कहते हैं कि—

बोलत बोलत बड़े व्याधी बोल अबौले जाई

उन्होंने उस परम सत्ता या ब्रह्म को अतर्क्य ज्ञान—विवर्जित, निर्विकार, निश्चल, निराकार, अगम, अगोचर, अक्षर, निर्गुण, अतीत, अनिवाशी आदि सब एक साथ ही कह डाला है।

उपनिषदों में आकर ब्रह्म की पूर्ण प्रतिष्ठा हुई है। तैतिरीयोपनिषद में—इस संपूर्ण विश्व की उत्पत्ति, गति, पालन एवं स्थिति तथा इस संपूर्ण जगत के लय के कारण को ब्रह्म कहा गया है, उपनिषदों में ब्रह्म के मूर्त और अमूर्त, निर्गुण और सगुण सोपाधि—निरूपाधि आदि रूपों का वर्णन मिलता है। श्रीमद्भागवत गीता में 'ब्रह्म' के व्यक्त अव्यक्त तथा व्यक्ता—व्यक्त आदि स्वरूपों का उल्लेख मिलता है।

योगदर्शन के अनुसार ईश्वर परम पुरूष है जो सभी दोषों से रहित है। वह नित्य, सर्वव्यापी, सर्वशाक्तिमान, परमात्मा है।

तत्र निरतिशतं निरतिशतं सवर्ज्ञ बिजम्।

उसका स्वरूप सच्चिदानंद ब्रह्म, आनंद ब्राह्मणों विद्यात् बताया गया है, वह अनंत, निर्गुण, निरपेक्ष, निर्विशेष एवं शाश्वत है।

संत गुरु रविदास जी मध्ययुग के एक महान विचारक और संत कवि थे। उन्होंने ब्रह्म या परम तत्व को अव्यक्त कहा है। यथा—जब हरि कहिये तस हरि नाहिं है हरि बस कुछ ऐसा। रविदासजी ने अव्यक्त निर्गुण ब्रह्म को अनिर्वचनीय कहा है। उनके अनुसार ब्रह्म अगम, अगोचर, अज्ञेय और निर्विकार है, रविदासजी कहते हैं—

अगम अगोचर अक्षर अतरथ, निर्गुण अति आनन्दा।
सदा अतीत ज्ञान विवजित, निर्विकार अविनाशी।।

रविदासजी ने ब्रह्म को ओंकार स्वरूप माना है। यथा—बटक बीज जैसा औंकार। पसरयो तीन लोक विस्तार कहा है। कहीं—कहीं उन्होंने ब्रह्म को शून्य रूप भी माना है—जहाँ का उपजा तहाँ समाय, सहज शुन्य में रह्यो लुकाय। भी कहा है।

वे ब्रह्म को निरंजन रूप भी मानते हैं। निरंजन का अर्थ है दु:ख रहित। उनका कथन है—कहे रविदास निरंजन ध्याऊँ जिस पर जाय बहुरि नाहिं आऊँ। संत रविदास ने ब्रह्म के अद्वैत रूप को स्वीकार करते हुए कहा हैं—एक ही एक अनेक होई विस्मरिया। आन रे आन भरपूरि सोई। उन्होंने आगे निर्गुण अव्यक्त स्वरूप ब्रह्म को ज्योतिस्वरूप भी माना है—'ज्योति—ज्योति सम ज्योति, ज्योति में हिल मिल ह्यौ रहो रे।

समस्त संसार में केवल एक ही ब्रह्म समाया हुआ हैं, जो कुछ भी इस संसार में हैं वह उस ब्रह्म का ही रूप है। एक ब्रह्म के अतिरिक्त यहाँ कुछ भी नहीं है। रविदास जी कहते हैं कि—

एकैं ब्रह्म हइ सकल मांहि, अरू सकल ब्रह्मह मांहि।
रविदास ब्रह्म सब भेष महि, ब्रह्म बिना कुछ नाहिं।।

वह ब्रह्म सभी में है तथा ब्रह्म में सभी व्याप्त है रविदास जी कहते हैं—सबमें हरि है, हरि में सब है, हरि अपनो जनिजाना। (बेनीप्रसाद शर्मा: संत गुरु रविदास, वाणी)। संत रविदासजी

ने आत्मा को ब्रह्म और राम नाम दिया है। किंतु उनके राम दशरथ पुत्र राम नहीं थे। राम तो वह है जो हम सबमे रम रहा है तथा समस्त विश्व में, जो परिवार जैसा है, समान रूप में व्याप्त है। रविदासजी कहते है कि

रविदास हमारो राम जी, दसरथ करि सुत नाहिं।
राम हमउ मंहिरमि रहयो बिसव कुटंबह मांहि।

रविदासजी कहते है ब्रह्म अनिवर्चनीय है, वह सदा एक रस है। वह निर्गुण, उदय अस्त से रहित, सर्वव्यापक, निश्चल, अजन्मा, अनुपम, निर्भय, अगोचर, अजर, अतर्क्य, अनादि, अनन्द अविनाशी है। वह ब्रह्म न रूप रहित है, न रूप वाला है। वह चंद्रमा, सूर्य, रात–दिन, पृथ्वी, आकाश आदि कुछ भी नहीं है। उसमें न कर्म है, न अकर्म, न शुभ न अशुभ है, न शीत है न उष्ठा। और न योग और न भोग। वह निरंजन, निरंकार, निरलोप, निर्विकार तथा निष्काम है। संत रविदासजी कहते हैं कि–

अबरन बरन रूप नहिं जाकैं, सु कहां लौ जाई समाई।
चंद सुर नहिं राति दिवस नहिं, धरनि अकास न भाई।।
करम अकरम नहिं सुभ असुभ नहीं, का कहि देहुं बडाई।
सीत न उस्न बाउ नहीं सरवत काम कुटिल नहिं होई।।
जोग न भोग रोग नहिं जाकै, कहौ नांव सत सोई।
निरंजन निरन्कार निरलोपी, निरवीकार निरासी।।

संत रविदास जी को ब्रह्म के लिए राम, कृष्ण, माधव निरंजन, मुरारी, केशव, हरि, रघुनाथ, अल्लाह, खुदां आदि नामों से पुकारा है। इस प्रकार हम कह सकते हैं कि रविदासजी के ब्रह्म निर्गुण, निराकार सर्वव्यापी हैं, उनके ब्रह्म चरण पाताल में और शीश आकाश में है। अतः अत्यंत सूक्ष्म है तथा संसार की सभी क्रियाओं का संचालक है। उन्होंने अपने ब्रह्म को 'राम' कहा है, लेकिन स्पष्ट भी कर दिया है कि दशरथि राम नहीं है। उनके राम तो गुणातीत रूपातीत है।

(2) आत्मा तथा जीव–भारतीय चिंतन में जीवात्मा को जानने और समझने का प्रयास बहुत प्राचीन काल से होता आ रहा है। जीवात्मा को परमात्मा का ही अंश माना जाता है। जगतगुरु शंकराचार्य ने भी जीवों ब्रह्मैव नापरः कहकर जीवात्मा और परमात्मा को अद्वैत सिद्ध किया है। 'श्रीमदभगवद्गीता' में कहा गया है–हे अर्जुन! यह जीवात्मा मेरा ही अंश है और यह सनातन हैं–ममैवांशो जीवलोके जीवभूतः सनातनः। इसी संदर्भ में तुलसीदास ने लिखा है–ईश्वर अंस जीव अबिनासी। चेतन अमर सहज सुखरासी।। इसी तरह संत गुरु रविदासजी ने भी आत्मा का वर्णन अद्वैत वेदांत के अनुसार किया है इन्होंने कहा है कि ब्रह्म और जीवात्मा एक ही है। जैसे सोना और सोने के बने गहनों तथा जल और उनकी लहरों में कोई अंतर नहीं होता वैसे ही जीव और परम तत्त्व में मूलतः अंतर नहीं है।

संत रविदासजी कहते हैं कि–

तौही मोही मोही तोही अंतर कैसा।
कनक कटिक जल तरंग जैसा।

गुरु रविदासजी ने आत्मा को परम तत्त्व का अंग माना है। सभी जाति के जीवों में एक ही ब्रह्म विद्यमान है। सभी में उसका नूर है। वह सभी के हृदय में वास करता है। सभी जीवों के अंदर उस एक ईश्वर का वास है। सभी में एक ही ज्योति प्रकट है—रविदास एकै ब्रह्म का, होई रह्यो सगल प्रसार। एक माटी के सब घट स्रजै, एकै सबकू सरजन हार।। रविदासजी जीव को ब्रह्म या आत्मरूप भी मान लेते हैं और दूसरी ओर उसको पाप–पुण्य का भोग करने वाला भी मानते है। इस विरोधाभास जैसी दिखने वाली बात कहते समय निश्चित ही रविदास के मस्तिष्क में यह लिप्त–अलिप्त जीव–आत्मा रूप की बात स्पष्ट रही है और उनके मतानुसार यह पृथकता भी मैं–तू (या माया–अविद्या) जनित है जिसके तिरोहित होते ही जीव, आत्म–ब्रह्म रूप है—

मैं तै ममिता देख सकल जग, मैं से मूल गँवाई।
जब मन ममता एक–एक मन, तबहिं एक है भाई।।

(3) जगत—गुरु रविदासजी ने जगत का निरूपण दो रूपों में किया है। पहले सैद्धांतिक रूप में जगत को निषेधात्मक दृष्टि से देखा है। सैद्धांतिक रूप से यह जगत मिथ्या है नश्वर है। परमात्मा इसका रचियता है जो कि अनश्वर है। व्यवहारिक रूप से यही संसार विधेयात्मक तथा कर्मक्षेत्र के रूप में माना गया है।

यह संसार अनित्य और भ्रममय है। रविदासजी कहते हैं कि जैसे कुसुमा का रंग क्षणिक होता है वैसे ही संसार भी क्षणक है—

जैसा रंग कुसुम का तैसा हदु संसारू।

रविदासजी के मतानुसार यह संसार स्वप्न के समान है। उनका मानना है कि वह हरि रूपी बाजीगर सत्य है परंतु उसकी सृष्टि रूपी बाजी असत्य है—बाजी झूठ सांचि बाजीगार जाना मन पतियाना।

(4) माया विरोधी विचार—भक्ति के मार्ग में सबसे बड़ा विरोध माया उत्पन्न करती है। जो प्राणी एक बार इसके चक्कर में आ गया, वह दिन–दिन इसमें उलझता ही जाता है। जिस प्रकार स्वान की पूँछ कभी सीधी नहीं हो सकती। उस प्रकार माया से ग्रसित मनुष्य को प्रभु प्राप्ति नहीं हो सकती। रविदास जी कहते है—

माया महि हिल मिलि रहियौ, फोकट सारे जनम गवावो।
कहि रविदास कछु चेत बावरे, रामनाम बिन नहिं उबिराने।।

इस प्रकार साधक को माया के मोहपाश को पहचान कर उनसे बचकर प्रभु भक्ति में लीन रहना चाहिए।

प्रश्न 7. रविदास की सामाजिक चेतना के विभिन्न पक्षों पर प्रकाश डालिए।

अथवा

रविदास को भक्त कहेंगे या समाज सुधारक? अपने मत के समर्थन में तर्क दीजिए।

उत्तर— भक्ति युगीन समाज अनेक जातियों, धर्मों, आडंबरों, द्वंद्वों एवं अंतर्विरोधों में उलझा हुआ था। जाति–पाँति और धर्म की दीवार इतनी सुदृढ़ थी कि कोई व्यक्ति इन्हें मिटाने

का साहस नहीं कर सकता था। लेकिन कबीर, रविदास आदि निर्गुण सतों ने इस अव्यवस्था एवं जातीय भेद पर आधारित समाज को ललकारने का साहसपूर्ण कार्य किया। उन्होंने ब्राह्मणवादी समाज व्यवस्था की चूलें हिलाते हुए वेदविरोधी स्वर को तरहीज दी। उस युग में जाति एवं वर्ण व्यवस्था के विरुद्ध बोलने का मतलब होता था समाज में बहिष्कार, लेकिन कबीर व रविदास ने किसी की परवाह नहीं की तथा समाज में जहाँ कहीं भी कदाचार व अन्याय नजर आया उसका सशक्त विरोध किया।

हालाँकि रविदास का मूल उद्देश्य तो भक्ति करना था तदापि वे समाज से निरपेक्ष होकर नहीं रहे। सामाजिक व्यवस्था में उन्हें जहाँ कहीं भी विश्रृंखलता दृष्टिगत हुई वे बोले बिना नहीं रहे। उन्होंने कथित नीच जाति की हीनता ग्रंथि को तोड़ने के लिए जीवनभर संघर्ष कर अपूर्व साहस का परिचय दिया। वस्तुतः यह रविदास की सामाजिक चेतना का ही परिणाम था कि उन्होंने भक्ति के साथ–साथ समाज को जागृत करने का भी कार्य किया। रविदास ने सामाजिक चेतना से संबंधित विभिन्न पक्षों पर अपने विचार निम्न प्रकार प्रस्तुत किए हैं–

(1) जाति–पाँति व वर्ण व्यवस्था का विरोध–संत रविदास अतिशय मानवतावादी थे। वे मानव को मानव के नाते महत्त्व देते थे, धन, मान, मर्यादा, जाति कुल आदि के कारण नहीं। जातिवाद के वे घोर विरोधी थे। वे संत कवि ही नहीं बल्कि समाज सुधारक थे। उन्होंने जाति–पाँति की व्यवस्था के खिलाफ लड़ाई लड़ी। सर्वाधिक प्रशंसनीय यह बात रही कि इस लड़ाई का मुख्य मुद्दा समता, स्वतंत्रता व भाईचारा की स्थापना था। वे किसी भी वर्ग विशेष के विरुद्ध नहीं थे। वे किसी भी जाति का नुकसान कर किसी दूसरी जाति को लाभ पहुँचाना नहीं चाहते थे। उनका आंदोलन किसी समाज की खिलाफत करना नहीं था। जिनका शोषण हो रहा था वे उनको बचाना चाह रहे थे। जाति–पाँति की व्यवस्था से दलित समाज को बचाना चाहते थे। वे केवल उस व्यवस्था का विरोध कर रहे थे जो जाति–पाँति के नाम से जानी जाती थी। कमजोर समाज के लिए मानवीय अधिकारों की स्थापना का प्रयास कर रहे थे, वे जाति–पाँति के कारण उत्पन्न ऊँच–नीच व गैर बराबरी के सलूक को समूल नष्ट करना चाहते थे।

उन्होंने जात–पात, भेदभाव, ऊँच–नीच, निरर्थक समझा। उनकी दृष्टि में वर्ग, वर्ण, कृत्रिम है, काल्पनिक है जो कर्मकांडियों ने अपने निजी स्वार्थ के लिए बनाए है। जब तक इनसे छुटकारा नहीं मिलता, व्यक्ति उन्नति नहीं कर सकता। इसलिए जाति–पाँति विषयी संत रविदास की विचारधारा एकदम स्पष्ट है, उन्होंने समाज को आगार करते हुए अपनी वाणी में कहा है कि–

जात–पात में जात है, ज्यो कलन में पात।
रविदास ना मानुष जुड़ सके, जौ लौ जात न पात।

भारतीय समाज में जाति–पाँति की जड़ बड़ी गहरी है। जातीय व्यवस्था वाली समाज में कई जातियाँ है। इन जातियों में भी कई उपजातियाँ है। इनमें ऊँच–नीच का भेदभाव भी है, जिस वजह से सभी जाति के लोग आपस में जुड़ नहीं पाते है। जाति–पाँति वाली इस समाज व्यवस्था की तुलना संत रविदास केले के पत्ते से करते है। जिस प्रकार केले के एक पत्ते के

बाद दूसरा पत्ता, दूसरे पत्ते के बाद तीसरा पत्ता और इसी तरह पत्ते के बाद पत्ते का अंतहीन सिलसिला चलता रहता है ठीक उसी प्रकार हमारे समाज में जातियों और उपजातियों का एक के बाद एक का क्रम बना रहता है। इससे मनुष्यता का ह्रास होता है। वर्गीकृत जाति व्यवस्था के कारण एक जाति के लोग दूसरी जाति से नहीं जुड़ पाते, जो देश और समाज दोनों को प्रभावित करता है, इसलिए संत रविदासजी ने कहा है कि जब तक जाति-पाँति का भेद दूर नहीं होगा तब तक मानव-मानव कभी आपस में नहीं जुड़ सकेगा और मानव समाज में प्रेम और बंधुत्व की भावना निर्माण नहीं होगी इसलिए संत रविदास जी ने जाति-पाँति के भेद को निरर्थक कहा है, जाति-पाँति के भेदभाव को महारोग कहकर लोगों को समझाते है कि यह रोग मानवता का विनाश करता है और मनुष्य को मनुष्य नहीं समझने देता इसलिए उन्होंने अपने वाणी में कहा है–

जात–पात के फेर महि, डरिझ रहइ सभ लोग।
मानुषता कूं खात हइ, रविदास जात को रोग।।

संत रविदास लोगों को समाज व्यवस्था का ब्यौरा दे रहे थे कि किस प्रकार जाति वाली व्यवस्था के कारण सब लोक दुखी है। मानवता पीड़ित है। इन बातों पर वे साहसपूर्ण ढंग से करारी चोट करते है। वे कहते है कि सभी लोग जाति-पाँति के चक्कर में उलझे हुए है। जाति के इस रोग ने मानवता को खा डाला है। वे आगे कहते हैं कि–

रविदास जन्म के कारनै, होत न कोउ नीच।
न कूं नीच करि डारि है, ओछे करम कौ कीच।।

संत रविदास दलित समाज को समझाते है कि जन्म के कारण कोई व्यक्ति नीच नहीं होता है केवल ओछे कार्य ही मनुष्य का स्तर नीचे गिराते हैं अर्थात् नीच बनाते हैं। इस पद ने जाति के गरूर को कहीं का नहीं छोड़ा। जाति का घमंड करने वालों को यह उपदेश अपना आचरण सुधारने की सलाह प्रदान करता है। साथ ही साथ जाति-पाँति के द्वारा सताए गए लोगों का साहस बढ़ाता है। उन्हें एक नई प्रेरणा प्रदान करता है। उन्होंने आगे कहा है–

'रविदास' जाति मत पूछइ, का जात का पात।
ब्राह्मण खत्री बैस सूद, सभन की इक जात।।

रविदास कहते है कि, किसी की जाति मत पूछिए। जाति-पाँति में क्या रखा है? ब्राह्मण, क्षत्रिय, वैश्य और शुद्र सबकी एक ही मानव जाति है। संत रविदास जी कहते है कि सबका सृजन करने वाला परमात्मा एक ही है और उसने समस्त मानव-जाति को एक ही समान बनाया है तथा वह सबमें एक ही समान निवास करता है। अतः हमें सभी मनुष्यों को एक ही समान समझना चाहिए। जाति, धर्म या संप्रदाय में जन्म होने के कारण कोई ऊँचा या नीचा नहीं होता। अपने अच्छे या बुरे कर्मों के कारण ही मनुष्य ऊँचा या नीचा होता है। अतः यदि ब्राह्मण जाति में जन्म लेने वाला कुमार्गी या दुराचारी हो, तो उसके आगे हमें शीश नहीं झुकाना चाहिए पर यदि चाण्डाल जाति में भी जन्म लेने वाला महात्मा या सदाचारी हो, तो हमें सहर्ष उसके चरणों में शीश झुकाना चाहिए। वास्तव में ऊँचा और कुलीन व्यक्ति वही है जो काम,

क्रोध, लोभ, मोह और अहंकार के पाँच दोषों को त्यागकर किसी पहुँचे हुए संत या महात्मा के चरणों की सेवा में लगा हुआ हो। इसलिए संत रविदास जी अपनी वाणी कहते हैं कि–

जन्म जात मत पूछिए, का जात अरू पात।
रविदास पूत सभ प्रभु के, कोउ नहिं जात कुजात।

संत रविदासजी कहते है कि किसी की जन्म और जाति न पूछिए। जाति–पाँति का भला क्या महत्त्व वह तो मानव निर्मित है। निरर्थक है इसलिए रविदासजी कहते हैं कि सभी मानव परमात्मा की संतान है, इनमें जाति–कुजाति का कोई भेद नहीं। वे आगे कहते हैं कि–

एकै माटी के सभ भांडे सभ का एकौ सिरजन हारा।
'रविदास' ब्यापै एकौ घट भीतर, सभकौ एकै घड़ै कुम्हारा।।

सभी मानव जाति एक ही मिट्टी (एक ही प्रकार के तत्त्वों) के बने बर्तन है और सबका बनाने वाला भी एक ही है। रविदासजी कहते है कि एक ही परमात्मा सबके अंदर व्याप्त रहा है और एक ही परमात्मा रूपी कुम्हार ने सभी मनुष्य रूपी बर्तनों को गढ़ा है। तो आपस में ऊँच–नीच का भेद नहीं होना चाहिए।

उन्होंने आगे कहा है कि–

'रविदास' इकही बूँद सौं, सभ ही भयो वित्थार।
मूरिख है जो करते है, बरन अबरन बिचार।।

रविदासजी कहते है कि परमात्मा की एक ही बूँद से समस्त ब्राह्माण्ड का विस्तार हुआ है। वे लोग मूर्ख है जो ऊँची–नीची जाति का विचार करते हैं।

इक जोति ते जउ सभी उपजै, तउ ऊँच नीच कस मान।
रविदास नाम कत धरैं कहुं को नाद बिंद है समान।।

जब एक ही ज्योति से सबकी उत्पत्ति हुई है, तब इसमें ऊँच–नीच का भेद कैसे माना जा सकता है? रविदास जी कहते है कि जब एक ही शब्द धुन या अनहद नाद की कला या अंश समान रूप से सबकी उत्पत्ति का कारण है तो फिर कोई किसी के लिए ऊँची–नीची जाति का नाम कैसे रख सकता है। रविदास आगे कहते है–

रविदास एकै ब्रह्म का, होइ रह्यो सगल पसार।
एकै माटी सब घट स्त्रजै, एकै सभ कूं सरजनहार।।

रविदास कहते है कि समस्त विश्व में एक ही ब्रह्म का विस्तार हैं एक ही मिट्टी से सभी घट रूपी शरीर बने है और सबको बनाने वाला भी एक ही है।

'रविदास' इक ही नूर ते जिनि उपज्यो संसार।
ऊँच नीच किह बिध भये, ब्राह्मण अरू चमार।।

रविदासजी कहते है कि यदि एक ही ईश्वरीय ज्योति या तेज से सारा संसार उत्पन्न हुआ है तो इसमें ब्राह्मण और चमार जैसी ऊँची–नीची जाति का भेद भला कैसे हो सकता है। इसलिए संत रविदासजी ने ब्राह्मण विषयक विचार व्यक्त किए हैं।

रविदास जी कहते हैं कि–

'रविदास' ब्राह्मण जाति पूजिए, जउ हौवे गुनहीन।
पूजिहिं चरन चंडाल के, जउ होवै गुन परवीन।

रविदासजी कहते है कि उस ब्राह्मण का आदर कभी नहीं करना चाहिए जो गुण और ज्ञान से हीन हो। परंतु यदि चाण्डाल (नीची जाति का व्यक्ति) भी सद्‌गुणों से भरपूर हो, सर्वगुण संपन्न हो और आचरणवान हो तो उसके चरणों की पूजी करनी चाहिए।

ब्राह्मन अरू चंडाल मंहि, 'रविदास' नंह अंतर जान।
सभ मंहि एक ही जोति है, सभ घट एक भगवान।।

रविदासजी कहते हैं कि ब्राह्मण और चाण्डाल के बीच कोई अंतर नहीं समझना चाहिए। सबमें एक ही ज्योति का वास है और सबके अंदर एक ही परमात्मा निवास करता है तो जाति भेद नहीं होना चाहिए। संत रविदासजी ने जाति–पाँति का विरोध ही नहीं किया अपितु निम्न जाति का होते हुए श्रेष्ठ जाति के मिथ्याडम्बरवादियों से अधिक सम्मान पाकर यह सिद्ध कर दिया कि सदाचार, ईमानदारी, श्रम के द्वारा कोई भी व्यक्ति महान बन सकता है। संत रविदास ने हिंदू और मुसलमान दोनों जातियों में भी एकता स्थापित करने का सफल प्रयास किया।

(2) धर्म एवं सांप्रदायिक विकृतियों को चुनौती–संत रविदास सर्वधर्म समभाव के समर्थक थे। उन्होंने सांप्रदायिकता की प्रवृत्ति का विरोध करते हुए हिंदू–मुस्लिम एकता पर बल दिया है। उन्होंने सभी धर्मों को समान समझा तथा एकता का उपदेश देकर देश में शांति रखने तथा पारस्परिक द्वेष मिटाने में काफी योगदान दिया। उनका उपदेश था कि भगवान एक है। भिन्न–भिन्न धर्म उसकी भिन्न–भिन्न संज्ञा देते है। रविदासजी ने कहा कि मंदिर मस्जिद सभी एक है, राम–रहीम भी एक है, काबा–काशी एक है और इनके नाम पर परस्पर लड़ना गलत है–इसलिए उन्होंने अपनी वाणी में कहा है कि–

मंदिर मस्जिद एक है, इन मंह अंतर नाहि।
रविदास राम रहमान का, झगड़ऊ कोऊ नाहि।

उन्होंने उपदेश दिया कि जिस प्रकार सोना और सोने से बने कंगनों में भेद नहीं है उसी प्रकार हिंदू तथा मुसलमानों में कोई भेद नहीं है क्योंकि वे सब समान है और एक ही उनका सृजनहारा है। उन्होंने अपनी वाणी में कहा है–

रविदास कंगन अरू कनक महि, जिमि अंतर कुछ नाहि।
तैसउ ही अंतर नहीं, हिन्दुअन तुरकन मांहि।

वे आगे कहते हैं कि–

हिंदू तुरक मंह नहिं कुछ भेदा, दुइ आयहु इक द्वार।
प्राण पिंड लोहु मांस एकइ, कहि रविदास विचार।।

रविदास कहते हैं कि हिंदू और मुसलमान में कोई अंतर नहीं है। दोनों इस संसार में एक ही तरह से आए है तथा दोनों का शरीर, रक्त और माँस एक समान है।

रविदास अपनी वाणी में कहते हैं कि–

'रविदास' उपजइ सभ इक नूर तें, ब्राह्मन मुल्ला सेख।
सभ को करता एक है, सभ कूं एक ही पेख।

रविदासजी कहते हैं कि ब्राह्मण, मुल्ला या शेख सभी परमात्मा के एक ही तेज से उत्पन्न हुए है। सबका सृजनकर्त्ता एक है। अतः सबको एक ही समान देखना चाहिए। इसके आगे वह हिंदू और मुसलमानों को मित्र की भाँति रहने का संदेश देते हुए लिखते हैं–

मुसलमान सो दोस्ती, हिंदुअन सौ कर प्रीत।
रविदास जोति सभ राम की, सभ है अपने मीत।।

इस प्रकार संत रविदास ने तत्कालीन परिस्थितियों में समाज को उचित दिशा देने के लिए धार्मिक अंधविश्वासों का भंडाभोड़ करके समस्त मनुष्यों को भेदभाव भूलकर आपस में मिल जुलकर इस देश की उन्नति के लिए कार्य करने का उपदेश दिया। उनका यह उपदेश तत्कालीन परिस्थितियों में जितना आवश्यक था, सामयिक संदर्भों में भी उतना ही प्रासंगिक है क्योंकि भौतिक दृष्टि से इतनी वैज्ञानिक उन्नति कर लेने के बावजूद भी धार्मिक अंधविश्वास पूर्णतः नष्ट नहीं हो पाए है। आज भी मंदिर और मस्जिद को लेकर राम और खुदा के नाम पर सांप्रदायिक दंगे निरंतर हो रहे है। ऐसी स्थिति में संत रविदास के काव्य से सबक लेना आवश्यक है।

इस प्रकार संत रविदास जी ने सभी धर्म को समान समझते हुए हिंदू–मुस्लिम के बढ़ते हुए भेदभाव को कम करने का प्रयास किया। अंत में संत रविदासजी जाति, धर्म के लोगों को यह संदेश देते है कि–हिंदू हो या मुसलमान, सिख हो या ईसाई या क्रिश्चिन, सबका सृजन करने वाला परमात्मा एक ही है और उसने समस्त मानव जाति को एक ही समान बनाया है तथा वह सबमें एक ही समान निवास करता है। अतः हमें सभी मनुष्यों को एक ही समान समझना चाहिए।

(3) बाह्य पूजा–पाठ एवं तीर्थाटन की व्यर्थता–रविदास ने हिंदू–मुसलमानों की पूजा पद्धतियों पर भी आक्षेप लगाया है। प्रायः मुसलमान पश्चिम की ओर मुँह करके नमाज पढ़ते हैं तथा हिंदू पूर्व की ओर मुँह करके पूजा करते हैं किंतु यह सब व्यर्थ का दिखावटीपन है। वस्तुस्थिति तो यह है कि ईश्वर घट–घट वासी है जैसा कि निम्नपद से स्पष्ट है–

जो खुदा पश्चिम बसै, तौ पूरब बसत है राम।
'रविदास' सेवौ जिह ठाकुर कूं, तिह का ठांव न नाम।।

धर्म के ठेकेदारों ने मध्यकालीन धर्म साधना में हिंदू–मुसलमानों के ईश्वर को मंदिर–मस्जिद और मूर्तियों तक सीमित कर दिया था। उन्होंने साधन को ही साध्य बना डाला था तथा जप–माला–छापा–तिलक को ब्रह्म–पूजा का रूप दे दिया था। रविदास ने इन्हें सरासर ठगी बताते हुए ऐसे कर्मकांडों का विरोध निम्न पद में स्पष्ट रूप से देखा जा सकता है–

माथे तिलक हाथ जप माला, जग ठगने कूं स्वांग बनाया।
मारग छांडि कुमारग डहके, साँची प्रीत बिनू राम न पाया।

रविदास ने अन्य संत कवियों की तरह ब्राह्याचारों पर जो आघात किए हैं वे तर्क एवं युक्ति संगत हैं। इनका खंडन बुद्धि की ठोस आधार–भूमि पर टिका है जो सबको निरुत्तर करते हैं।

तत्कालीन मध्ययुगीन समाज में व्याप्त बाह्याचारों में हिंदू अड़सठ तीर्थों की यात्रा तथा मुसलमान हज–यात्रा पर जोर देते थे। लोगों का विश्वास था कि वे दुष्कर्म करके भी तीर्थ–यात्रा करने से मोक्ष को प्राप्त कर लेंगे। रविदास ने अपने काव्य में इन सबकी घोर निंदा निम्न पद में इस प्रकार की है–

जे ओहु अठि सठि तीरथ नहावै। जे ओहु दुआदस सिला पुजावै।
जे ओहु कुप तटा दवावै। करै निंद सभ बिरथा जावै।

अर्थात् यदि अंतःकरण शुद्ध नहीं है तो अड़सठ तीर्थ नहाना, द्वादश शिला पूजना सब ढोंग और छलावा है। इसलिए रविदास इन सबको छोड़कर भगवान के चरण–कमलों का भरोसा करते हैं–

तीरथ बरत न करो अंदेसा। तुम्हरे चरन–कमल का भरोसा।

रविदास की दृष्टि में कथित पूजा के नाम पर भगवान के सामने नाचना–गाना, मूर्ति के चरण धोकर पीना, मूंड–मुंडाना, तपस्या करना ये सब निरर्थक है। इन बाह्याचारों से परम तत्त्व की पहचान नहीं हो सकती। जैसा कि रविदास के निम्न पद में देखा जा सकता है–

कहा भयो नाचे अरु गाये, कहा भयो तप कीन्हें।
कहा भयो जे चरन पखारे, जौ लों तत्त्व न चीन्हें।
कहा भयौ जे मूण्ड मुण्डाए, कहा तीरथ–ब्रत कीन्हें।।

(4) जीव–हत्या तथा मद्यपान का विरोध–सामाजिक चेतना को तरजीह देते हुए रविदास ने बाह्याचारों को ध्वस्त करने का उपदेश दिया तथा समाज में प्रचलित दोषों को परिमार्जित करने की आवश्यकता पर बल दिया। उस समय देवता की पूजा या खुदा को प्रसन्न करने के नाम पर जीव हत्या प्रचुर मात्रा में की जा रही थी। रविदास ने कहा कि जीव हत्या करके परमात्मा को पाने के तरीके पर प्रश्न किया–

रविदास जीव कूं मारिकर, कैसे मिलाहै खुदाय।
पीर, पैगंबर, औलिया, कोउ न कहइ समुझाय।।

जीव हत्या से खुदा प्रसन्न होने की बात किसी भी पीर, पैगंबर या ओलिया–फकीर ने नहीं कहीं। रविदास ने मुसलमानों द्वारा कहे जा रहे हलाल को आड़े हाथ लेते हुए कहा है–

'रविदास' मूंडह काटि करि, मूरख कहत हलाल।
गला कटावहु आपना, तउ का होइहि हाल।।

निरीह पशुओं की गर्दन हलाल के नाम पर उड़ाने वालों को फटकराते हुए रविदास ने स्वयं का गला काटने की बात कही है और स्पष्ट घोषणा की है कि–

रविदास जीव मत मारहिं, इक साहिब सभ मांहि।
सभ मांहि एकउ आतमा, दूसरह कोउ नांहि।।

रविदास के अनुसार जो व्यक्ति अपने पोषण के लिए गाय, बकरी या अन्य जीवों को मारकर खाता है वह चाहे कितनी ही पूजा करे या नमाज पढ़े स्वर्ग का अधिकारी नहीं हो सकता। जिस व्यक्ति के हृदय में दया–भाव नहीं वह व्यक्ति महापापी और नीच है, ऐसे प्राणी

निश्चित रूप से नरक में जाएँगे। आज के समाज में जहाँ चारों ओर मार–काट मची हुई है, ऐसे में रविदास की दया भाव की नसीहत बड़ी प्रासंगिक है–

दया धर्म जिन्ह में नहिं, हिरदै पाप को कीच।
'रविदास' तिन्हहिं जानि हो, महा पातकी नीच।।

मदिरा का भी माँस के साथ चोली–दामन का साथ है। माँसाहार की तरह रविदास ने मदिरापान का भी पुरजोर विरोध किया है। माँस–मदिरा तामसिक आहार है जो व्यक्ति के चित्त को दूषित कर उसमें अहंकार को जन्म देती है। इसलिए यदि मदिरा गंगा–जल से भी बनाई जाए तो भी रविदास उसे न पीने की शिक्षा देते हैं–

सुरसरी सलल कृत्त बारूनी रे संत जन करत नहीं पान।

रविदास ने शराब के स्थान पर नाम के उस महारस के पान की सीख दी है जो एक बार चढ़ने के पश्चात् फिर कभी नहीं उतरता और उस महारस को पीने वाले व्यक्ति की आवागमन से मुक्ति हो जाती है जैसा कि निम्न पद में देखा जा सकता है–

'रविदास' मदिरा का पीजिये, जो चढ़ै चढ़ै उतराय।
नाव महारस पीजियै, जौ चढ़ै नांहि उतराय।

(5) सामाजिक समरसता व अन्य आयाम–भले ही सामाजिक चेतना फैलाना संतों का अभीष्ट न हो, लेकिन वे समाज को साथ लेकर चलते थे, इसलिए समाज के प्रति उनकी सकारात्मक दृष्टि है। रविदास आदि संतों की मान्यता है कि यदि यह जन्म ठीक ढंग से संयमपूर्वक गुजारोगे तो ही अगला जन्म सुधरेगा।

जिस तरह से तुलसीदास ने 'पराधीन सपनेहु सुख नाहीं' कहकर पराधीनता को सबसे बड़ा कलंक बताया है उसी तरह रविदास ने भी पराधीनता को सबसे बड़ी दीनता और कलंक बताया है। उन्होंने कहा है कि पराधीन व्यक्ति से बढ़कर दुनिया में कोई दीन–हीन नहीं होता–

पराधीन को दीन क्या, पराधीन बेदीन।
रैदास दास पराधीन कौ, सबहिं समझे हीन।।

जहाँ आज वैश्वीकरण के इस युग में आपाधापी हावी है, व्यक्ति अनाप–शनाप संग्रह करने के बावजूद दुःखी हो रहा है। क्योंकि उसके भीतर संतोष करने की प्रवृत्ति और सेवा भाव समाप्त हो गया है। रविदास की दीन–दुखियों की सेवा और संतोष धारण करने की बात ऐसे ही व्यक्तियों के लिए है जैसाकि निम्न पद में देखा जा सकता है–

मन मांहि सब्र संतोष रखहु, सभ करि सेवा लाग।
सेवा सब कछु देत है, रविदास सेंवहि मति त्याग।।

भक्तिकाल के सभी निर्गुणवादी संत कवि सामाजिक समरसता और साम्य–भावना के कायल रहे हैं। तत्कालीन अव्यवस्थित और विश्रृंखल समाज को वर्ण जाति एवं वर्ग भेद से ऊपर उठाने के लिए संतों ने जिस साम्यवाद की प्रतिष्ठा की वह आधुनिक साम्यवाद से भी बढ़कर है क्योंकि संतों का साम्यवाद विश्वास और प्रेम पर आधारित था, जबकि आज के कथित साम्यवाद में प्रेम का अभाव है।

रविदास के पूर्वोक्त पदों के विश्लेषण के पश्चात् कहा जा सकता है कि उन्होंने ईश्वर की छत्रछाया में एक ऐसे समाज की परिकल्पना की थी। जहाँ ऊँच–नीच का भेदभाव खत्म हो, सभी को अन्न मिले व सभी प्रसन्न हों। रविदास ने भी भारतीय संस्कृति के 'सर्वेभवंतु सुखिनः सर्वे संतु निरामया' और महात्मा बुद्ध के 'भवतु सब्बु मंगलं' की तर्ज पर यही कामना इस प्रकार की–

ऐसा चाहौं राज मैं, जहाँ मिले सबन को अन्न।
छोट बड़ों सभ सम बसैं, रैदास रहे प्रसन्न।

इससे बढ़कर और क्या उदाहरण रविदास के समाज दर्शन और मानवता प्रेम का हो सकता है जो जीवन की समरसता को गहराई से प्रकट करता है।

निष्कर्षतः कहा जा सकता है कि रविदास ने जिस सामाजिक चेतना का बीड़ा उठाया था, उसे उन्होंने संघर्ष करते हुए भी आगे बढ़ाया। सामाजिक चेतना के लिए उनका वर्ण एवं जाति व्यवस्था पर प्रहार, सांप्रदायिकता पर चोट करना, हिंदू–मुस्लिम एकता पर बल देना, मंदिर–मस्जिद, मूर्तिपूजा, जप–तप, तीर्थाटन आदि का विरोध करना ये बातें सिद्ध करती हैं कि वे समाज के प्रति संवेदनशील थे तथा उनका सरोकार मनुष्य को विषमता की बेड़ियों से मुक्त कर समाज में समरसता का वातावरण निर्धारित करना था। उन्होंने सत्य, दया, संतोष व आचरण की पवित्रता पर जोर दिया तथा सिद्ध किया कि व्यक्ति भले ही कथित नीच कुल में उत्पन्न हुआ हो किंतु सदाचरण अपनाकर वह ब्राह्मण से भी श्रेष्ठ बन सकता है। सामाजिक उत्थान के लिए उन द्वारा प्रबोधित वाणी भले ही कबीर की तरह प्रखर और कर्कश न हो किंतु विनम्र भाव से उन्होंने जो कुछ प्रकट किया उसका प्रभाव कबीर से कतई कम नहीं हैं।

प्रश्न 8. रविदास के काव्य के विविध पाठ व उनकी काव्य भाषा के विभिन्न रूपों पर प्रकाश डालिए।

अथवा

रविदास के काव्य के विभिन्न पाठों पर विचार करते हुए उनकी काव्य–भाषा के शब्द भंडार पर एक लेख लिखिए।

अथवा

'रविदास की भाषा टकसाली है।' इस कथन को उदाहरण सहित समझाइए।

उत्तर– मानव चेतना की जो सहज अभिव्यक्ति रविदास के काव्य में मिलती है, वह उनके चिंतन से अधिक हृदय की रागात्मकता से निःसृत है। अन्य निर्गुण संतों की तरह रविदास भी प्रायः आत्मप्रदर्शन तथा विधिवत् औपचारिक पठन–पाठन एवं लेखन से दूर रहे। अतः उनके द्वारा लिखित साहित्य हमें आज तक उपलब्ध नहीं हुआ है। उनके पद मौखिक रूप से गाए–गुनगुनाए जाते थे, जिनको सम–सामयिक शिष्यों एवं अन्य परवर्ती शिष्यों ने संग्रहित कर लिपिबद्ध करने का प्रयास किया, लेकिन उनका प्रामाणिक हस्तलेख भी चंद मात्रा में ही उपलब्ध हो पाया है। ऐसी विकट स्थिति में उनकी काव्य–भाषा पर प्रकाश डालना

बहुत ही गंभीर कार्य है, लेकिन जिन विद्वानों ने उनकी वाणी को प्रकाश में लाने का सद्कार्य किया है, उसी को आधार मानकर हमें उनके काव्य की भाषा के विभिन्न पक्षों पर विचार करने के अतिरिक्त कोई दूसरा विकल्प हमारे पास नहीं है।

सिखों के पाँचवें गुरु अर्जुनदेव जी द्वारा संपादित 'गुरु ग्रंथ साहिब' में रविदास की वाणियों का प्रथम संग्रह मिलता है, जिसमें रविदासजी के विभिन्न रागों के 40 पद एवं 16 दोहे संग्रहित हैं। अधिकतर विद्वान इसे ही रविदास जी का सबसे प्राचीन प्रामाणिक सग्रह मानते हैं।

इसके पश्चात् 'रैदासजी की वाणी' नाम से बैलवेडियर प्रेस, इलाहाबाद द्वारा रविदास के 84 पदों एवं 6 साखियों का संग्रह मिलता है। इस संग्रह के संबंध में डॉ. धर्मपाल मैनी का मानना है कि "इन पदों की भाषा 'आदि–ग्रंथ' में उपलब्ध वाणी की अपेक्षा परवर्ती है तथा कुछ पदों में फारसी की पर्याप्त शब्दावली के दर्शन होते हैं। किसी विशेष प्रामाणिक प्राचीन हस्तलिखित प्रति का आधार प्रस्तुत करने के अभाव में इसको उतना प्रामाणिक नहीं माना जा सकता।

इसी तरह रामानंद शास्त्री द्वारा संपादित 'संत रैदास और काव्य' में भी रविदास की वाणियों के संग्रह का सद्प्रयास किया गया है। वियोगी हरि ने 'संत सुधार' नामक कृति में रविदास के 20 पदों एवं 5 साखियों को स्थान दिया है। उन्होंने इनकी प्रामाणिकता के बारे में कुछ नहीं कहा है।

आचार्य परशुराम चतुर्वेदी ने 'संत–काव्य' नामक कृति में कई संतों की वाणियों को प्रकाशित किया है। इसमें रविदास की वाणी भी उपलब्ध है। इन्होंने बहुत श्रम करके इस संग्रह को प्रामाणिक बनाने का प्रयत्न किया है ताकि पाठकों के सामने पाठ भेद की समस्या न रहे। 'संत रैदास : व्यक्तित्व एवं कृतित्व' नामक कृति में संगमलाल पाण्डेय ने रविदास के 107 पदों तथा 7 साखियों का पाद टिप्पणियों सहित संकलन किया है जिसकी साहित्य जगत में काफी चर्चा है।

इसी क्रम में डॉ. जोगिंदर सिंह द्वारा संपादित 'संत रैदास' के अंतर्गत रविदास के 112 पद एवं 8 साखियाँ तथा 'प्रहलाद–चरित्र' नामक रचना संग्रहित हैं। डॉ. सिंह ने इस कृति में पाद–टिप्पणियाँ व पाठ भेद देकर अधिक प्रामाणिक बनाने का प्रयत्न किया है। इसी प्रकार आचार्य पृथ्वीसिंह आजाद ने अनेकानेक हस्तलिखित कृतियों का आश्रय लेकर 'रविदास दर्शन' का संपादन किया है जिसमें 37 उप–शीर्षकों के अंतर्गत 198 साखियाँ संग्रहीत हैं।

इन्होंने इस संप्रदाय में उपलब्ध मौखिक परंपरा की वाणियों को भी सम्मिलित किया है। रत्नचंद ने 'संत रविदास' नामक कृति में 52 पद व 3 साखियों को स्थान दिया है। डॉ. पदम गुरुचरण सिंह ने 'संत रविदासः विचारक और कवि' नामक कृति का संपादन किया है, जिसमें उन्होंने 'गुरु ग्रंथ साहिब' में संकलित वाणियों को पूर्णतया प्रामाणिक माना है।

इसी क्रम में उपर्युक्त कृतियों के अतिरिक्त डॉ. बेणी प्रसाद शर्मा द्वारा संपादित 'संत गुरु रविदास वाणी' को विद्वानों ने सर्वाधिक प्रामाणिक माना है। इसमें रविदास के 177 पद तथा

49 साखियाँ सम्मिलित की गई हैं। साथ में 39 पदों में 'रविदास–कबीर गोष्ठी' तथा 18 पदों में 'प्रहलाद चरित्र' को भी संपादित किया गया है। इन्होंने 'काशी नागरी प्रचारिणी सभा' में उपलब्ध रविदास संबंधी हस्तलिपियों व राजस्थान प्राच्य विद्या प्रतिष्ठान, जोधपुर, बीकानेर की शाखाओं तथा अन्य शोध संस्थानों में उपलब्ध हस्तलिखित प्रतियों के आधार पर इस ग्रंथ का संपादन किया है। डॉ. बेणी प्रसाद ने रविदास संबंधी उपलब्ध पदों का अधिकतम शुद्ध पाठ प्रस्तुत करने का प्रयास किया है। इन सभी कृतियों में पाठ की एकरूपता का प्रायः अभाव है, जिसके कारण कहीं उच्चारण भेद मिलता है तो कहीं पर वाक्य संरचना, सर्वनाम एवं क्रियापदों का भी अंतर मिलता है।

रविदास मूलतः संत थे, अतः कबीर की तरह उनका बल कलापक्ष की अपेक्षा चिंतन की ओर अधिक रहा। फिर भी 'अपने भावों और विचारों' की अभिव्यक्ति के लिए उन्होंने सरल व्यावहारिक ब्रजभाषा को अपनाया है, जिसमें अवधी, राजस्थानी, खड़ी बोली और उर्दू–फारसी के शब्दों का भी मिश्रण देखा जा सकता है।

वस्तुतः मध्ययुगीन संतकाव्य की रचना मुख्यतः अशिक्षित, उपेक्षित एवं दलित वर्ग के लिए हुई थी अतः संतों की काव्य भाषा भी उन्हीं के अनुकूल जनसामान्य की बोलचाल की भाषा थी। अतः उसमें सहजता, सरलता परिलक्षित होती है। रविदास की काव्य भाषा में ये विशेषताएँ प्रमुखतः देखने को मिलती हैं। दूसरी बात यह है कि अन्य संतों की तरह रविदास भी भ्रमणशील रहे। उन्होंने उत्तरप्रदेश के अतिरिक्त पंजाब, राजस्थान, गुजरात तक भ्रमण किया, अतः स्वाभाविक है कि उनकी काव्य भाषा में अवधी, भोजपुरी, ब्रज भाषा, राजस्थानी, पंजाबी आदि भाषाओं के शब्द अनायास ही परिलक्षित होते हैं। जिन्हें निम्नानुसार देखा जा सकता है–

(1) **ब्रज भाषा के शब्द**–रविदास के काव्य में माधुर्य भाव प्रचुरता से मिलता है और इसका कारण ब्रज भाषा का प्रभाव रहा है। ब्रज के शब्द उनके काव्य में बहुतायत से मिलते हैं। जैसे–मौ, सौं, कोऊ, काहै, पायबो, हिरदै, निरूपीऐ, दीसे, सभ, किमी, पखारीऐ, ब्योहार, टरे, भेटिए, जित, अंबरावै, तुझी, इक, दरसै, परसे, अठसठे, कछू, नाहिं, जाहिं, कवै, काओं, जाके, माहिं, अंभुला, मानुखा, दुलभ, बिलाय आदि।

(2) **पंजाबी के शब्द**–दिड़े, सभ, बीचारीऐ, हौमें, तुझीं, ओल्हम, सिमरण, जीअ, सटै, पेज, जीउ, दीभा, बंदगी, अखी, दुलीआं, निदान, सुनणा, ठाओ, तुझह, पुकारेंह, तिस, लेंह, बीचार्यो, लिव, रिदै, कीआ, तुझह् आदि।

(3) **अवधी**–थकित भयौ, अरू, पखारूँ, तायै, तिति, बिन, सगल, पसारे, तुहारे, जाके नाहीं, मरहीं, कोट, जतन, कोऊ, मथै, दुबिधा, बरन, समझस आदि।

(4) **भोजपुरी**–आवहिं, रहनु, जाहियो, लोगनि, मिटियौ, बिलमु, कवन, ढुवंता, करहिं, डंडौति, महं, विसथरियो, उखारहु, रहनु, रलि गइयो, तोरहि, जोरहि, बिगारियो, विटारिओ, चरावउ, जाहिंगे, अवरि आदि।

(5) **राजस्थानी के शब्द**–पाँति, हार्यौ, फिरतो, काईं, ओलख, अनसरो, कागद, थंभा, टेढ़ो, ढीलो, अनभै, अच्छर, अखत, अंजान, काच्छे, किमि औसरि आदि।

(6) फारसी के शब्द—मध्यकाल में हिंदू–मुस्लिम लोग परस्पर साथ रहने लगे थे अतः दोनों संस्कृतियों में एक दूसरे की बोली भाषा के शब्द अनायास ही घुल–मिल गए थे। रविदास के काव्य में भी उस समय बोलचाल की फारसी के शब्द मिलते हैं। जैसे—पुल सरात, कतेब, तोशा, दोजख, नाली दोज, दरि मोदा, नापैद, आदम, आबा–दानु, कमदिलाँ दिल तार, फुरमान, बदजवां, बदन जरि, बीराँ, मरहम, मिहिर–तोशा, माबूद, सिकस्ता, हक–हलाल, हनोज, हाजरो, फना आदि।

उत्तर भारत में प्रचलित अनेकानेक बोली–भाषाओं के शब्द रविदास के काव्य में अनायास ही आकर इस तरह से मिल गए हैं कि उनको हिंदी से अलग करके नहीं देखा जा सकता। कबीर व अन्य निर्गुण संतों की काव्य–भाषा के समान रविदास की भाषा का निर्णय करना अत्यंत टेढ़ा काम है।

कबीर के समान ही रविदास का अधिकांश समय बनारस व उसके आसपास व्यतीत हुआ। यह भी है कि उन्होंने किसी गुरुकुल में विधिवत शिक्षा नहीं ली, ऐसे में उनकी काव्य की जो भाषा बनती है उसमें उस समय की बोलचाल की बनारस के आस पास की भाषा के शब्दों की भरमार है। उन्होंने देश–प्रेम में पर्यटन कर अनेक लोगों व साधु–संतों से संपर्क भी किया। अतः अवधी के साथ–साथ खड़ी बोली, ब्रज, राजस्थानी, पंजाबी व फारसी के शब्द व अन्य लोक प्रचलित शब्द उनके काव्य में अनायास, ही आ गए।

भाषा की विभिन्नता के बावजूद रविदास की भाषा में अनगढ़ता या गँवारूपन कतई दृष्टिगत नहीं होता, भले ही उसमें सूर या तुलसी की सी साहित्यिकता प्रकट न हो, किंतु भावप्रवणता और लालित्य कतई कम नहीं है। कबीर की भाँति उनकी भाषा टकसाली है, जिसमें सहज प्रवाह है, जिसके कारण भावारोध नहीं होता।

संत होते हुए भी रविदास अपनी आजीविका चर्म कर्म से कमाते थे। अतः स्वाभाविक है कि उनके पदों में उनके व्यवसाय से जुड़ी शब्दावली भी यथाप्रसंग आई है जैसे—कुटबाँढला (चमड़ा कूटने वाली दलितों की एक उपजाति), आर (चमड़े में छेद करने वाला औजार), रांपी (चमड़े को छीलने व काटने वाला औजार), कुदाली (मिट्टी खोदने का औजार), कूण्डी (जूते बनाते समय पानी भरने का पात्र), चाम (चमड़ा), पनहीं (जूती), चमरठा (दलितों की एक उपजाति विशेष के लिए प्रयुक्त शब्द), गाँठना (जूती बनाना)। इसके कारण उनके काव्य में जिंदादिली का अनुभव होता है।

प्रश्न 9. रविदास के काव्य में प्रयुक्त प्रमुख शब्दावलियों एवं पारिभाषिक शब्दों की व्याख्या कीजिए।

उत्तर— अनेक धर्म साधनाएँ मध्यकाल में प्रचलित थीं तथा कोई भी संत इनसे अछूता नहीं रहा। उस समय बौद्ध, जैन, सिद्ध, नाथ, शैव, शाक्त, तंत्र, वेदांत व सूफी मत बड़े व्यापक रूप से अपने–अपने क्षेत्रों में जड़ें जमाए हुए थे। उस समय के इन मतमतांतरों से निर्गुण संतों का टकराव अवश्य हुआ। रविदास भी समय–समय पर इन धर्म साधनाओं के

संपर्क में आए। इसलिए हम देखते हैं कि कबीर की भाँति प्रमुख रूप से सिद्ध, नाथों व सूफियों की शब्दावली रविदास के पदों में भी प्रसंगानुरूप आई है।

(1) सिद्ध एवं नाथपंथी शब्दावली—स्थान-स्थान पर सिद्धों व नाथों की धर्म साधना में प्रयुक्त पारिभाषिक शब्दावली रविदास के काव्य में प्रयुक्त हुई है। जैसे—शून्य, सहज, नाथ, निरंजन, समाधि, पिंड, अण्ड, ब्रह्मांड, घट, अच्छर, अनहदनाद, सुरति-निरति, उनमनी, कुंडलिनी, इड़ा-पिंगला, गगनघटा, गगन गुफा, दसमद्वार, उल्टा पवन, हंसा, पंखी, शब्द, षट्कर्म, वेख, चंद्र, सूर्य, त्रिकूटी आदि। इनके साथ हठयोग की शब्दावली भी प्रयुक्त हुई है।

(2) सूफी शब्दावली—इसी तरह रविदास के काव्य में सूफी साधकों की शब्दावली भी अनायास ही देखने को मिलती है— कतेब, कुरआन, दीदार, रब, मुरीद, मुर्शिद, नबी, रोजा, नमाज, पीर, दोजख, भिस्त, कलमा, मस्ताना, अजान, खुदा, अल्लाह, नूर, मुल्ला, शेख, रहीम, करीम, काबा आदि।

इन पारिभाषिक शब्दों का सिद्धों नाथों और सूफियों में सामान्य अर्थ न होकर साधनात्मक अर्थ है, जिनका लक्षणात्मक या व्यंजनात्मक रूप में ही समझा जा सकता है। इन पारिभाषिक शब्दों को रविदास ने प्रेम और भक्ति का संदर्भ देकर नए भाव-बोध में ग्रहण किया है ताकि ये गूढ़, गंभीर, रहस्यात्मक से प्रतीत होते शब्द सरल रूप में समझ में आएँ। कबीर की "मसि कागद छुवों नहीं। कलम गहों नहिं हाथ।" जैसी उक्ति के समान ही रविदास ने अपने पदों में भाषा के जिस संस्कार को स्थापित किया वह उनके व्यापक अनुभव और परस्पर अत्यधिक संपर्क का ही प्रभाव था, जिस कारण उनकी भाषा की शक्ति कबीर के समान अत्यंत प्रभावशाली बन पड़ी। उन्होंने अपने समय में प्रचलित वैष्णव शब्दावली का भी भरपूर उपयोग किया—राम, बनवारी, बिठुला जैसे शब्द वैष्णव परंपरा के ही हैं। भाषा का उनका यह अद्भुत सामर्थ्य उनके पदों को आज तक उसी रूप में जिंदा रखे हुए है।

प्रश्न 10. रविदास के काव्य की भाषा-शैली की शक्ति पर एक लेख लिखिए।

उत्तर— रविदास के काव्य पर दृष्टि डालने पर हम उसे निश्छल सहज अनुभूति का काव्य पाते हैं। उन्होंने अपने अंतर्मन की छटपटाहट, पीड़ा और ईश्वर के प्रति अपने समर्पण को भावातुर होकर जिस रूप में प्रकट किया वह कविता बन गई। उनके पास व्यापक अनुभूति की एक ऐसी भाषा-शैली थी जिसके कारण वे भक्त हृदय पर अमिट छाप छोड़ने में समर्थ हो सके।

अत्यंत शांत, करुण और निरीह भक्त-हृदय की भाषा का परिचय रविदास की वाणी में हमें मिलता है। उनके पदों में एक ओर आत्म निवेदन है तो दूसरी ओर सर्व समर्पणता। उनकी प्रीति ईश्वर से इतनी अधिक प्रगाढ़ है कि उन्हें कोई ईश्वर से विलग नहीं कर सकता। निम्न पद में भक्त के करुण हृदय से निःसृत प्रवाहमयी भाषा का परिचय देखने योग्य है—

**साची प्रीति हम तुम सिउ जोरी।
तुमसो जोरी अवरि संग तोरी।।**

जहं जहं जाउ तहाँ तेरी सेवा।
तुम सों ठाकुर अउर न देवा।।
तुम रे भजन कटहि जम फाँसा।
भगति होति गावै रविदासा।।

भाव–विह्वल होकर रविदास ऐसी भाषा–शैली का प्रयोग करते हैं कि वह भाषा कलकल करते निर्झर की तरह भक्त के सब संतापों को अपने प्रवाह में बहा ले जाती है। रविदास के काव्य की भाषा का यह अद्‌भुत चमत्कार ही है कि जिनके कारण भावों का ऐसा उदात्तीकरण संभव हो पाया है।

रविदास अपनी स्थिति कभी एरंड के समान तुच्छ मानते हैं तो कभी चातक या पपीहा की तरह राम–नाम रटकर भक्ति करते हैं। भक्ति संबंधी उनके जितने भी पद मिलते हैं उनमें अनायास ही अंतर्मन को छू लेने वाली स्वाभाविक भाषा–शैली का प्रयोग हुआ है जिनको सुनकर, पढ़कर अभिभूत हुए बिना नहीं रहा जा सकता है। ऐसी सरल, सपाट और प्रवाहमयी भाषा–शैली की सहज अभिव्यक्ति बहुत कम कवियों में दिखाई पड़ती है।

कल्पना शक्ति के आधार पर साहित्य सौष्ठव, प्रभावोत्पादक बनता है। कॉलरिज ने कल्पना को साहित्य का प्रमुख तत्त्व माना है। रविदास का काव्य कल्पना के रंग में अद्‌भुत रूप से रंगा है। जिसकी एक झलक निम्न पद में देखी जा सकती है–

घट–घट तिह पेखियत अइसे, जल मंहि लहिर, लहिर जल जइसे।
कहि रविदास हरि सरब बिआपक, सरब च्यंतामणि सरब प्रतिपालक।।

इस पद में उन्होंने अदृश्य परमात्मा को घट–घट वासी बताया है तथा कहा है कि परमात्मा प्रत्येक घट में उसी प्रकार सर्वव्यापी है जिस तरह जल में लहर और लहर में जल दिखाई देता है। उनकी कल्पनाशक्ति में शब्द चित्र सा प्रतीत होता है। इसे भाषा की बेजोड़ शक्ति ही समझा जाएगा कि उन्होंने निराकार ब्रह्म की कल्पना जल और तरंग के सादृश्य से की है। रविदास ने लौकिक क्षेत्र के प्रतिमान लेकर जो अलौकिक कल्पना की है वह देखते ही बनती है। प्रभु के साथ प्रेम की ज्योति जिस तरह से प्रज्वलित होती है उसको रविदास के इन शब्दों में देखा जा सकता है–

चहुँ दिसि दियना बारि जगमग हो रहिये।
जोति जोति सम जोती हिलमिल हो रहिये।।

रविदास के काव्य में कहीं–कहीं पर कल्पनाशक्ति की प्रभावोत्पादकता इतनी गहरी है कि उनके साहित्य पर उत्कृष्ट कलावाद के दर्शन होते हैं। उन्होंने कल्पना के सहयोग से जिन बिंबों का सृजन किया है उनसे न केवल उनके काव्य के भाव सौंदर्य में अभिवृद्धि हुई है अपितु भाषा का अद्‌भुत चमत्कार भी दृष्टिगत हुआ है। सांसारिक माया मोह में पड़े जीव की दशा को प्रकट करने के लिए रविदास ने कुएँ में पड़े मेंढ़क का बिंब प्रस्तुत करते हुए जो चमत्कार पैदा किया है वह देखने योग्य है–

कूप पर्‌यो जस दादुरा, कछु देश विदेश न बूझ।

अपने वाक्य में स्थान–स्थान पर रविदास ने ऐसे बिंबों की सर्जना कर मनुष्य को न केवल सावधान किया है अपितु भाषा की शक्ति में भी अभिवृद्धि की है।

अपने विचारों को जन–जन तक पहुँचाने के लिए मध्ययुगीन संतों ने पुनरुक्तिपूर्ण भाषा–शैली का उपयोग किया है। चाहे कबीर हों या दादू या रविदास सभी संतों की शैली एक ही सी प्रतीत होती है। उन्होंने एक ही बात को कई तरह से समझाने का सद्प्रयत्न किया है। रविदास के अनेक पदों में भी यह क्षमता मिलती है यथा–

नाम तेरा अंभुला नाम तेरो चंदन,
घस जपे नाम ले तुझहि कउ चारे।।
नाम तेरा दीवा नाम तेरो बाती,
नाम तेरो तेल ले माहि पसारे।।

रविदास भी अन्य संतों की तरह विषय–मोह में पड़े जीव को चेताते हुए कहते हैं–

रे मन! चेत मीचु दिन आया, तौ जग जाल न भया पराया।
कानि सुनै न नजरि दीसे, जीहा थिरू न रहाई।
मुण्ड रू तन थर–थर कम्पई, अंतहु बिरियां पहुंतौ आई।।

सांसारिक जीव को संतों ने सरल शब्दों में अंधकार से मुक्ति दिलाने का जो प्रयास किया है उसके लिए इसी तरह की भाषा शैली का प्रयोग उपयुक्त जान पड़ता है। रविदास इसमें पूर्ण सफल हुए हैं।

भाषा–शैली की सहजता, खरेपन और सपाट बयानी पर रविदास के काव्य की सफलता आधारित है। उनकी काव्य–भाषा की संप्रेषणीयता विनम्रता में घुलकर और भी स्निग्ध हो जाती है, जिसमें किसी तरह का दुराव नहीं। उनके काव्य सौंदर्य के इन्हीं गुणों को प्रकट करते हुए आचार्य हजारी प्रसाद द्विवेदी ने कहा है कि "अनाडंबर, सहज शैली और निरीह आत्म–समर्पण के क्षेत्र में रैदास के साथ कम संतों की तुलना की जा सकती है। यदि हार्दिक भावों की प्रेषणीयता काव्य का उत्तम गुण हो तो निस्संदेह रैदास के भजन इस गुण से समृद्ध हैं। सीधे–सादे पदों में संत कवि के हृदभाव बड़ी सफाई से प्रकट हुए हैं। इसी को काव्य में प्रेषणीयता का गुण कहते हैं।"

कबीर की भाँति रविदास को समाज में जहाँ कहीं भी विडंबना या धर्मांधता दिखाई देती है, वहाँ वे अभिधात्मक रूप में अपनी बात को प्रकट न करके व्यंजन वक्रता द्वारा प्रकट करते हैं। ऐसे पदों में तर्कपूर्ण भाषा का प्रयोग बड़ा ही सटीक प्रतीत होता है। रविदास ने एक जगह पर ईश्वर की बाह्य विधि–विधानों से पूजा–पाठ को तर्कपूर्ण ढंग से नकारते हुए व्यंजन वक्रतापूर्ण भाषा में अपनी बात इस प्रकार कही है–

राम मैं पूजा कहा चढ़ाऊँ।
फल अरू फूल अनूप न पाऊँ।।
थनहर दूध जो बछरू जुठारी।
पुहुप भँवर जल मीन बिगारी।।

मलयागिर बेधियो भुअंगा।
विष अमृत दोउ एकै संगा।।

रविदास ने व्यंजनापूर्ण शब्दावली में स्पष्ट रूप से कह दिया है कि ईश्वर की पूजा के लिए जो फल–फूल आदि चढ़ाते हैं वे अपवित्र हैं क्योंकि फूलों को भँवरों ने, दूध को बछड़े ने तथा पानी को मछली ने गंदा कर दिया है, फिर ये पूजा–पाठ के बाह्य उपादान कहाँ पवित्र रहे। इस तरह के पदों में जहाँ एक ओर वाणी का खरापना है तो दूसरी ओर व्यंजनवक्रता के माध्यम से बाह्य–पूजा पाठ के विरुद्ध गहरा व्यंग्य भी है। रविदास के पदों में इस तरह की व्यंजन–वक्रता गहरे रूप में मिलती है। भले ही उनकी भाषा में कबीर जैसी फटकार न हो, लेकिन शब्दों की मारक क्षमता उनसे कतई कम नहीं। सामाजिक रूढ़ियों, जातिवाद, सांप्रदायिकता, पुरोहितवाद, बाह्यडंबर आदि पर चोट करने के लिए रविदास ने ऐसी ही तर्कपूर्ण व्यंग्यात्मक भाषा का प्रयोग किया है–

माथे तिलक हाथ जप माला, जग ठगने कूं स्वाग बनाया।
मारग छांडि कुमारग दहकै, सांची प्रीत बिनु राम न पाया।।

इस तरह के पदों में व्यंजन वक्रता के साथ मुहावरों का भी सटीक प्रयोग हुआ है।

निर्गुण संतों ने आत्मा–परमात्मा के अनन्य संबंध को प्रकट करने के लिए प्रतीकात्मक भाषा का प्रयोग किया है। रविदास के काव्य में इस दृष्टि से प्रतीकों की भरमार है। इस संबंध में उनका यह महत्त्वपूर्ण पद उद्धृत किया जा सकता है–

अब कैसे छूटे नाम रट लागी।
प्रभुजी तुम चंदन हम पानी। जाकी अंग अंग बास समानी।।
प्रभुजी तुम घन बन हम मोरा। जैसे चितवत चंद चकोरा।
प्रभुजी तुम दीपक हम बाती। जा की जाति बरै दिनराती।।
प्रभुजी तुम मोती हम धागा। जैसे सोनहिं मिलत सुहागा।।
प्रभुजी तुम स्वामी हम दासा। ऐसे भक्ति करै रैदासा।।

स्पष्ट है कि यहाँ पर रविदास ने जीवात्मा के लिए पानी, मयूर, चकोर, बाती, धागा आदि प्रतीकों को प्रयुक्त किया है तो परमात्मा के लिए चंदन, बादल, दीपक, मोती, स्वामी आदि प्रतीकों का स्थान–स्थान पर प्रयोग किया है। इससे हमें यह पता चलता है कि सहृदय कवि सरल से सरल प्रतीकों द्वारा आत्मा और परमात्मा के अनन्य संबंध को प्रकट करने में इसी तरह सफल होते हैं।

आत्मा–परमात्मा के परस्पर संबंध की तरह रविदास ने संसार की क्षणभंगुरता को अभिव्यक्ति देने के लिए बड़े ही सुंदर लाक्षणिक अप्रस्तुतों का भी प्रयोग किया है, जिससे उनके काव्य की शोभा द्विगुणित हो गई है–

जल की भीति पवन का थंभा रकत बूँद का गारा।
हाड मास नाड़ी को पिंजरू पंखी बसै बिचारा।।
इसी तरह से एक दूसरा पद और देखिए–
इहु तनु ऐसा जैसे घास की टाटी।
जलि गयो घासु रलि गहयो माटी।।

उपर्युक्त दोनों ही पदों में रविदास ने सुंदर लाक्षणिक प्रयोग कर काव्य सौंदर्य में अभिवृद्धि की है जिसमें एक ओर उच्चकोटि की साहित्यिकता है तो दूसरी ओर दार्शनिक रहस्यात्मकता भी। संतों ने अपने पदों में संसार की जटिलताओं को समझने के लिए इसी तरह की शब्दावली का प्रयोग कर उसकी वास्तविकता को प्रकट किया है। कबीर व अन्य निर्गुण संतों की भाँति रविदास के काव्य में रहस्यात्मक शब्दावली विद्यमान है जिसके द्वारा माधुर्य भाव का उदय हुआ है। जिस तरह से कबीर ने 'दुलहिनी गावहुँ मंगलाचार, हम घरि आये हो राजा राम भरतार' पद में परम पुरुष और जीवात्मा के आध्यात्मिक मिलन का वर्णन रहस्यवादी शब्दावली में किया है, उसी तरह रविदास के इस पद में भी वैसी ही गहरी रहस्यात्मक शब्दावली प्रयुक्त हुई है–

हम घर आयहु राम भतार, गावहु सिख मिल मंगलाचार।
तन मन रत करहिं आपुनो, तौ कहूँ पाइहिं पिव पिआर।।
पीतम कूं जौ दरसन पाए, मन मंदर मँह भयो उजियार।
हौं मड़इ तैं नौ निधि पाई। क्रिया कीन्ही राम करतार।।

रविदास के काव्य की रहस्यवादी शब्दावली दुरूहता नहीं प्रकट करती अपितु काव्य में माधुर्यभाव का संचार करती है, जो अंतर्मन को भिगोती है। इस संबंध में यह पद दृष्टव्य है–

पिआ राम रसु पीआ रे।
भरि भरि देवै सुरति कलाली, दरिया दरिया पीना रे।
पीवतु पीवतु आपा जग भूला, हरि रस मँहि बौराना रे।।
पर घरि विसरि गयौ रविदासा, उनमनि सद मतवारी रे।
पलु पलु प्रेम पियाला चालै, छूटे नाँहि खुमारी रे।।

इस पद में रहस्यवादी ढंग से प्रेमरस की मादकता का वर्णन किया गया है। इससे काव्य की शोभा में चार चाँद लग गए हैं।

भावों को सहज संप्रेषणीय बनाने में अलंकारों की भूमिका काव्य में अतिरिक्त सौंदर्य की सृष्टि करती है बशर्ते उन अलंकारों का प्रयोग प्रयत्नपूर्वक न किया जाए। रविदास के काव्य में स्वाभाविक रूप से ऐसे अलंकारों का चित्रण मिलता है जो उन्हें उच्चकोटि का कवि सिद्ध करने के लिए पर्याप्त है। उनके काव्य में उपमा, रूपक, अन्योक्ति, उदाहरण, दृष्टांत आदि अलंकारों की छटा देखते ही बनती है। इस संबंध में उपमा अलंकार के उदाहरण दृष्टव्य हैं–

माइआ दीपकु पेखि करि, नर पतंग अंधिमाय।
रविदास गुरु रा ग्यांन बिनु, बिरला कौ बचिजाय।।
दिल दरिवाव हीरा लाल है, गुरमुख समझ परै।
मरजी वाकी सैन विचारै, तउ हीरा हाथ परै।।

रविदास ने अपने भावों की अभिव्यक्ति के लिए सादृश्यधर्मी रूपकों विशेष रूप से सांग रूपकों का अत्यधिक प्रयोग किया है। संसाररूपी सागर में अपनी दु:खद स्थिति को व्यक्त करने के लिए रविदास की ये पंक्तियाँ अवलोकनीय हैं–

लोह की नाव पशानन बोझी, सुकीरत भाव विहीना।
लोभ तरंग मोह भयो काला, मीन भयो मन लीना।

इसी तरह–

रे मन मांछला संसार समुंदे, तूं चित्र बिचित्र बिचारि रे।

रविदास अपने विचारों को प्रकट करने के लिए कई उदाहरण प्रस्तुत करते हैं। उदाहरण अलंकार के ये उदाहरण देखिए–

ज्यूं सुधि आबत पीव की, विरह उठत तन आगि।
ज्यू चूने की कांकरी, ज्यौं छिके त्यौं आगि।।
पुहुप मधे ज्यूं वास बसत है, त्यूं सब घट रमहि रघुराई।
मुकुट मांह परछांइ ज्यों, पुहुप मधे ज्यों बास।

रविदास के काव्य में अनायास आयी आलंकारिक शब्दावली के कारण आध्यात्मिक आनंद की अनुभूति होती है। अलंकारों की यह स्वाभाविक अभिव्यक्ति उनके काव्य की शोभा बढ़ाने में सहायक सिद्ध हुई है। स्पष्ट है कि काव्य में अलंकारों का प्रयोग करना उनका अभीष्ट नहीं था। उन्होंने अपनी वाणी को काव्यांगों के प्रति सचेत होकर व्यक्त नहीं किया, अपितु अपनी आध्यात्मिक अनुभूतियों को विभिन्न रूपकों और प्रतीकों के माध्यम से अभिव्यक्त किया है। ऐसे में यदि अनायास अलंकार आ गए हैं तो उनकी बला से। उन्होंने आलंकारिक चमत्कार प्रदान करने वाली वाणी का प्रयोग करने की बजाय भाषा की सरलता, प्रवाहमयता व स्पष्टता से युक्त अपनी विशिष्ट शैली में साहित्य रचे।

प्रश्न 11. रविदास के काव्य–रूप, छंद विधान और राग पर प्रकाश डालिए।

अथवा

अलंकार और छंद विधान की दृष्टि से रविदास के काव्य पर संक्षिप्त टिप्पणी लिखिए।

उत्तर– रविदास का काव्य हमें 'सबद' (वाणी), साखी एवं चरित काव्य के रूप में मिलता है। रविदास के काव्य की हमें कई हस्तलिखित प्रतियाँ मिली हैं, जिनके आधार पर सुधी विद्वानों ने उनके संकलन तैयार किए हैं। उनमें रविदास का काव्य उपर्युक्त तीन रूपों में ही मिलता है।

उनके सभी पद मुक्तकों के रूप में हैं। प्रायः सभी संतों ने ऐसे गेय मुक्तकों की रचना की है, जिन्हें संत काव्य में 'वाणी' या 'सबद' कहा जाता है। दोहा छंद में लिखे पदों को 'साखी' नाम दिया गया है। रविदास के काव्य में साखियाँ उसी अर्थ में प्रयुक्त हुई हैं जिन अर्थ में सिद्धों–नाथों या कबीर के काव्य में प्रयुक्त की गई हैं। 'चरित काव्य' के रूप में उनका 'प्रह्लाद चरित' है जो अपना महत्त्व रखता है। रविदास के पदों में आए काव्य रूप लोक गीतों की वाचिक परंपरा के रूप में भी उपलब्ध हैं। अन्य निर्गुण संतों की तरह छंद के स्वरूप और महत्त्व से भी सर्वथा अपरिचित थे। इनमें प्रकृति प्रदत्त जन्मजात काव्य प्रतिभा थी, जिसको

अपनी अनुभूति तथा परंपराओं से प्राप्त ज्ञान के आधार पर छंदबद्ध किया इसलिए रविदास के यहाँ दोहा, चौपई, चौपाई, उल्लाला, कवित्त, हंसपद आदि छंद अनायास ही आए हैं और उनमें भी लक्षणगत शुद्धता की कोई गारंटी नहीं है। बस इतना समझना चाहिए कि रविदास के ये पद लयपूर्ण हैं। इसलिए रविदास के लिए छंद साधन हैं साध्य नहीं।

रविदास एक सहृदय भावुक संत कवि थे। उनके काव्य की गेयता इस बात को प्रकट करती है। इस बात को 'गुरुग्रंथ–साहिब' में संकलित पद अच्छी तरह से सिद्ध करते हैं कि उनको संगीत के विभिन्न रागों का पूर्ण ज्ञान था। उदाहरण के लिए राग भैरव, राग रामकली, राग गौडी, राग धनाश्री, राग गूजरी, राग आसा, राग मल्हार, राग सोरठ, राग केदारा, राग सूही, राग विलावल, राग सारंग, राग जैतसरी, राग तिपदा, राग कल्याण आदि विभिन्न राग–रागनियों के रूप में रविदास की वाणी उपलब्ध है जिनमें गेयता है तथा संगीत के आरोह–अवरोह का पूर्ण ध्यान रखा गया है। वस्तुतः उनकी ये रागें सांसारिकता के राग–द्वेष में फँसे लोगों को विचलित करने और हृदय को निर्मल करने के लिए पर्याप्त हैं। संगीत की यह धुन प्राणी को नाद ब्रह्म से जोड़ती है। वास्तव में उनकी वाणी का यही गौरव है कि कबीर की तरह उनके पद आज भी भारत के विभिन्न प्रांतों में बड़ी श्रद्धा–भक्ति के साथ गाए जाते हैं।

प्रश्न 12. रविदास के काव्य के निम्नलिखित पदों की सप्रसंग व्याख्या कीजिए–

(i) काहे मन मारन बन जाई, मन की मार कवन सिधि पाई।
बन जाकरि इहि मनवा न मरहीं, मन को मारि कहहु कस तरहीं।
मन मारन का गुन मन काहीं, मनु मूरख तिस जानत नाहीं।
पंच विकार जौ इहि मन त्यागौं, तौं मन राम चरन महिं लागौ।
रिदै राम सुध करम कमावऊ, तौ 'रविदास' मधु सूदन पावऊ।

उत्तर– प्रसंग–प्रस्तुत पद में रविदास अपने से भिन्न मत वाले साधुओं को संबोधित करते हैं। वे संतों, भक्तों, विचारकों के मत की असंगति को उजागर कर रहे हैं, वे मानते हैं कि मनुष्य का मन सभी समस्याओं की जड़ है। इसलिए यदि मन को मार दिया जाए तो सिद्धि प्राप्त हो सकती हैं।

व्याख्या–वे उन साधुओं को आगाह करते हैं, पूछते हैं, जो इस मन को मारने के लिए वन में, जंगल में चले जाते हैं। उनसे वे प्रश्न करते हैं, अच्छा बताओ कि मान लिया कि आप वन में चले गए, वहाँ जाकर आपने मन को मार दिया, लेकिन मन को मार कर आप कौन सी सिद्धि प्राप्त कर लेंगे। फिर रविदास अपनी स्थापना करते हैं कि वहाँ जाकर भी आपका मन मरता नहीं है। यदि आपने अपने मन को मार ही दिया, तब भी आप मुक्त कैसे होंगे? फिर रविदास कहते हैं कि मन को मारने का यह गुण या विचार भी मन से ही आया हैं इसलिए ऐसे मूर्ख को मन की कोई समझ ही नहीं है।

अब अपना उपदेश देते हुए रविदास कहते हैं कि मन के पाँचों विकारों को यदि मन से त्याग दें, तभी मन राम के चरणों में लगेगा। अंत में उनका मानना है कि यदि हृदय में राम का वास है और मनुष्य सात्विक कर्म करता है, तभी ईश्वर की प्राप्ति हो सकती है।

इस पद में रविदास सहज रूप से अपने मत को व्यक्त करते हैं और विरोधी विचारों का खंडन करते हैं।

विशेष—इस पद में रविदास ने भक्ति का मार्ग स्पष्ट किया है तथा भटकाने वाले मार्ग की असंगति को उजागर किया है।

(ii) ऐसो कछु अनुभौ कहत न आवै, साहब मिलै तौको बिलगावै।
सब में हरि है हरि में सब है, हरि अपनो जिन जाना।
सखी नहीं अउर कोई दूसर, जाननहार सयाना।
बाजीगर संग में राचि रहा, बाजी का मरम न जाना।
बाजी झूठ सांच बाजीगर, जाना मन पतियाना।
मन थिर होइ तो कोइ न सूझै, जानै जाननहारा।
कह रविदास विमल विवेक सुख, सहज सरूप सभारा।

उत्तर– प्रसंग—प्रस्तुत पद में रविदास ने ईश्वर के स्वरूप का वर्णन किया है। इस ईश्वर के साथ जीव अपना सहज संबंध कैसे बना सकता है, इसे समझाया है। इसमें किसी का खंडन नहीं है। वे अपने मत तो अपने समर्थकों को बताते हैं।

व्याख्या—परमात्मा से मिलन के इस रहस्यमय अनुभव को मैं कैसे बताऊँ? मुझे तो कहना भी नहीं आता। यह कोई सामान्य अनुभव तो है नहीं। साहब अर्थात् ईश्वर मिल भी जाए तो उससे कौन अलग होना चाहेगा?

आगे रविदास अपनी मूल मान्यता को अभिव्यक्त करते है। यह मान्यता उनकी सभी वाणियों में बार–बार मिलती है कि भगवान सभी में निवास करते हैं और सभी लोग भगवान में होते हैं। इसमें जीव–जंतु, जड़–चेतन सब शामिल हैं। उस भगवान के अलावा दूसरा कोई सखा या मित्र नहीं है। यह बात सभी समझदार लोग जानते हैं। इसे कहने की जरूरत नहीं है। यह परमात्मा तो बाजीगर है। हम उसके साथ रहते हैं, फिर भी उसकी बाजी के अर्थात इस दुनिया के मर्म को नहीं समझ पाते। इसका सबसे बड़ा रहस्य तो यह है कि यह बाजी अर्थात् यह दुनिया झूठ है। सत्य नहीं है। भले ही इसकी रचना स्वयं परमात्मा ने की है। परमात्मा सत्य है, यह जानने और विश्वास करने की जरूरत है। फिर यदि आपका मन परमात्मा में स्थिर हो गया, तो कोई और बात मन में आएगी ही नहीं। इस बात को बस जानने वाला ही जान पाता है। इसलिए रविदास कहते हैं कि ज्ञान के साथ मल रहित सहज रूप में जीवन जीने से सारे सुख प्राप्त हो सकते हैं।

विशेष—यह रविदास का दार्शनिक पद है। इसमें उन्होंने परमात्मा के स्वरूप को समझाया है, आत्मा से रिश्ता स्पष्ट किया है तथा परमात्मा से मिलने का सहज रास्ता भी बताया है।

(iii) हरि या हीरा छांडि कै करै आन की आस।
ते नर जमपुर जाहिंगे, सत भाषै रविदास।।

उत्तर— प्रसंग—इस साखी में रविदास ने नादान—नासमझ लोगों पर टिप्पणी की है। इस टिप्पणी में ऐसे लोगों के जीवन पर रविदास की पीड़ा व्यक्त हुई है। हालाँकि ये लोग रविदास के आसपास नहीं है। अन्य कोई भी उनको समझ देने वाला नहीं है।

व्याख्या—परमात्मा हीरा के समान बहुमूल्य है। उसकी आराधना करनी चाहिए। उसकी भक्ति करनी चाहिए, लेकिन अज्ञानी लोग उस बहुमूल्य रत्न को छोड़कर दूसरी चीजों के लिए भटकते हैं। दुनिया की निरर्थक संपत्ति के पीछे भागते रहते हैं। ऐसे व्यक्ति, जिन्हें 'हरि' जैसे 'हीरे' की पहचान नहीं है और उसे छोड़ दे रहे हैं वे अंततः यमपुर ही जाएँगे। उन्हें मुक्ति नहीं मिल सकती। रविदास अपनी बात पर जोर देते हुए कहते हैं वे अपने अनुभव के आधार पर सही कह रहे हैं।

विशेष—यहाँ रविदास शांत भाव से अपना मत व्यक्त करते हैं। कोई अतिरिक्त आग्रह उनमें नहीं है। हालाँकि वे अपने विचारों पर दृढ़ हैं।

(iv) रैणि गँवाइ सोइ करि गंवायो षाइ।
हीरा यहु तंन पाइ करि कोडी बदले जाइ।।

उत्तर— प्रसंग—इस साखी में रविदास ज्ञान विहीन सामान्य लोगों के जीवन पर टिप्पणी कर रहे हैं। ऐसे लोग सामान्य पशु सादृश जीवन जी रहे हैं। उनके जीवन का प्रमुख कर्म खाना और सोना है। जीवन का कोई उद्देश्य नहीं है।

व्याख्या—इस साखी में रविदास टिप्पणी करते हैं कि नादान व्यक्ति रात तो नींद में व्यतीत कर देता है। कोई सार्थक काम नहीं करता। यह कार्य तो पशु भी करता है और दिन खाना खाने में गुजार देता है। असली समय तो यही है। फिर भक्ति कब करेगा। निष्कर्ष निकालते हुए रविदास कहते हैं कि मनुष्य को हीरे जैसा अमूल्य शरीर मिला है। इसी मानव तन से ही भक्ति हो सकती है, जो यह मनुष्य नादान करता नहीं और यह शरीर तुच्छ कोड़ी के बदले जा रहा है। शरीर तो नष्ट होगा ही चाहे इसे भक्ति में लगा दो, चाहे खाने—सोने में लगा दो।

विशेष—रविदास इस साखी में निरर्थक जीवन की झांकी प्रस्तुत करके सार्थक जीवन जीने की प्रेरणा दे रहे हैं। जी.पी.एच. की पुस्तकों का मुख्य उद्देश्य ज्ञान के साथ—साथ अच्छे नम्बर दिलाना है।

 # WE'D LOVE IT IF YOU'D LIKE US!
/gphbooks

We're now on Facebook!
Like our page to stay on top of the useful, greatest headlines & exciting rewards.

Our other awesome Social Handles:

gphbooks
For awesome & informative videos for IGNOU students

9350849407
Order now through WhatsApp

gphbooks
We are in pictures

gphbook
Words you get empowered by

अध्याय 4

सूरदास

भूमिका

कृष्णकाव्य की परंपरा काफी प्राचीन है। इस परंपरा का विकास संस्कृत, प्राकृत, अपभ्रंश आदि के काव्यों से होता हुआ हिंदी में आया है। कृष्ण काव्य परंपरा में सूरदास का विशिष्ट स्थान है। इन्हें कृष्णभक्ति काव्य परंपरा का सर्वश्रेष्ठ भक्त कवि स्वीकार किया जाता है। सूर पुष्टिमार्गी थे। इनकी भक्ति प्रेमाभक्ति थी। प्रेमाभक्ति में समर्पण को ही सब कुछ माना गया है। उन्होंने हिंदी साहित्य की दशा और दिशा को बदलने में युगांतकारी भूमिका निभाई। सूरदास के काव्यलोक ने अनेक ऐसी अनुभूतियों का पुनर्सृजन किया जिनके बल पर उन्हें हिंदी साहित्याकाश का सूर्य घोषित किया गया। वे दो क्षेत्र जिनमें उनकी मिसाल हिंदी ही नहीं विश्व साहित्य में दुर्लभ हैं, वे हैं—वात्सल्य और श्रृंगार। सूरदास की उपस्थिति का आकलन विभिन्न विद्वानों ने अपने तरीके से किया है।

अष्टछाप के कवियों में इनका स्थान प्रमुख है। सूरदास ब्रजभाषा में कविता रचने वाले पहले प्रमुख कवि हैं। सूर की चित्रण–शैली में ब्रज की लोकसंस्कृति लिपटी हुई चली आती है तथा सूर के स्वर–संगीत में जनभाषा के रूप में ब्रजभाषा की मृदुता और मधुरता की कलकल ध्वनि सुनाई पड़ती रहती है। कहा जा सकता है कि उनकी काव्य भाषा और शिल्प बृजभाषा से ओत–प्रोत होते हुए भी अनूठा था।

प्रश्न 1. कृष्ण काव्य की परंपरा पर प्रकाश डालिए।

उत्तर— भक्ति आंदोलन के दौर में कृष्णभक्ति काव्य का विकास अचानक ही नहीं हो गया। हिंदी के भक्ति आंदोलन के पूर्व कृष्णभक्ति विकास और चिंतन परंपरा के अनेक मोड़ से गुजरा है। प्रमुख बात यह है कि भारतीय संस्कृति और साहित्य में कृष्ण का व्यक्तित्व अत्यंत विलक्षण है। कृष्ण आंगिरस का प्राचीनतम उल्लेख 'ऋग्वेद' में पाया जाता है। किंतु कृष्ण यहाँ एक ऋषि के रूप में हैं। 'ऋग्वेद' में कृष्णासुर का उल्लेख है जिसे इंद्र ने पराजित किया था। आश्चर्य की बात यह है कि 'महाभारत' के वीर राजनीतिज्ञ कृष्ण और 'श्रीमद्भागवत' के प्रेममय कृष्ण के व्यक्तित्वों की प्राचीन संदर्भों में कोई समानता नहीं मिलती है।

'छांदोग्य' उपनिषद के आंगिरस के शिष्य कृष्ण देवकी के पुत्र अवश्य कहे गए हैं फिर भी विद्वानों ने यह तर्क उपस्थित किया है कि वैदिक कृष्ण और महाभारतकालीन कृष्ण दो अलग-अलग व्यक्ति हैं। कई विद्वानों का यह मत है कि वैदिक ऋषि कृष्ण का 'महाभारत' के राजनीतिक कृष्ण से कोई संबंध नहीं है। किंतु विद्वानों का एक ऐसा वर्ग भी है जो कहता है कि कृष्ण का व्यक्तित्व वेदों के बाद निरंतर बदलता रहा और अनेक उपासनाओं में उनके व्यक्तित्व को विविध रूपों में स्वीकृति मिलती रही। 'महाभारत' के आरंभ में वासुदेव कृष्ण की उपासना के व्यापक संदर्भ मिलते हैं किंतु इन संदर्भों को उपनिषद काल के कृष्ण के साथ भी आसानी से जोड़ा जा सकता है। जातकों में 'महा उमगा' जातक में कृष्ण वासुदेव की एक संक्षिप्त कथा भी मिलती है। पर सच्चाई यह है कि 'हरिवंश', 'विष्णु', 'भागवत' आदि पुराणों में ही कृष्ण की कथा को विशेष महत्त्व मिला है। यह कहना अधिक सार्थक होगा कि 'भागवत' की कृष्णकथा ही सबसे अधिक विस्तृत और व्यवस्थित कथा है और इसी कथा ने कृष्णभक्ति काव्य को सर्वाधिक प्रेरित किया है। यह मानने में भी आपत्ति नहीं हो सकती है कि कृष्ण कथा मौखिक रूप में भी प्रचलित रही और जब पुराणों का धार्मिक रूप में उपयोग होने लगा तो इस कथा का नए ढंग से विस्तार हुआ होगा। कृष्ण कथा के कई रूप और पक्ष हैं जिनकी संक्षिप्त चर्चा यहाँ की जा रही है। कृष्ण कथाओं के भीतर से कृष्ण के तीन रूप उभरते हैं—

(1) योगी धर्मात्मा का रूप—यह रूप 'गीता' के कृष्ण में चरम परिणति पाता है।

(2) ललित मधुर गोपाल का रूप—संस्कृत साहित्य में इसी रूप का उत्कर्ष है। यह मुख्य रूप से 'ब्रह्मवैवर्त पुराण' और 'श्रीमद्भागवत' में मिलता है।

(3) वीर राजनयिक रूप—यह 'महाभारत' और पुराणों के अनेक प्रसंगों में दृष्टिगत होता है।

कृष्ण के इन रूपों को देखने पर ज्ञात होता है कि वे वासुदेव कृष्ण के रूप में लोकप्रिय हुए और धीरे-धीरे उनके साथ ललित मधुर गोपाल कृष्ण की कथाएँ जुड़ती गईं। कालांतर में उन्होंने भारतीय धर्म, संस्कृति और कलाओं पर व्यापक छाप छोड़ी। कृष्ण काव्य से जुड़े विभिन्न साहित्य निम्नलिखित हैं—

(1) संस्कृत साहित्य—'भागवत' में गोपाल कृष्ण की चर्चा तो है पर राधा का नामोल्लेख तक नहीं है। दूसरी ओर 'ब्रह्मवैवर्त पुराण' में राधा और कृष्ण के प्रेम का विस्तार से वर्णन है। यह इस बात का संकेत है कि लोक साहित्य (मौखिक और लिखित) तथा गीतिकाव्य परंपरा में

कृष्ण की कथाएँ प्रचलित रही होंगी। इन कथाओं की पहली साहित्यिक अभिव्यक्ति बारहवीं शताब्दी के संस्कृत कवि जयदेव के 'गीत गोविंद' में होती है। मूलतः 'गीत गोविंद' लौकिक शृंगार की कृति है लेकिन वर्णन की तन्मयता उसे भक्ति की ओर ले जाती है। जयदेव को भी लोकगीतों की परंपरा मिली होगी, किंतु लोकगीतों की परंपरा की देशभाषा में पहली अभिव्यक्ति विद्यापति (1 4वीं–1 5वीं शताब्दी) के पदों में हुई है।

जयदेव की इस रचना को कृष्ण काव्य का नया प्रस्थान कहा गया है। दरअसल कृष्णकाव्य परंपरा में महत्त्वपूर्ण स्थान रखने वाले भागवत में राधा का उल्लेख नहीं है, साथ ही साथ पूरी रचना में भागवतकार की आध्यात्मिक दृष्टि सक्रिय है। यहाँ उन्हें बार–बार भगवान कहा गया है और उनकी अलौकिक लीलाओं का वर्णन किया गया है। जयदेव का गीत गोविंद भक्ति और शृंगार से समन्वित रचना है। इनके कृष्ण–राधा तथा गोपियों से स्नेहभाव रखते हुए भी परमदेव के मूर्तिमान स्वरूप हैं।

गीत गोविंद छोटे–छोटे बारह सर्गों में विभाजित रचना है और इसमें तीन मुख्य पात्र हैं– कृष्ण, राधा और उनकी सखी। ग्रंथ के प्रारंभ में मंगलाचरण और दशावतारों का वर्णन है, इसके बाद राधा और कृष्ण के मिलन चित्र अंकित किए गए हैं। जयदेव के रास वर्णन में शृंगार का उन्मुक्त वर्णन है। 'गीत गोविंद' की विशेषता है कि इसमें राधा और कृष्ण धीरे–धीरे सहज मानवीय भावभूमि पर लाए गए हैं। यहाँ राधा–कृष्ण का चरित्र गीतिकाव्य के माध्यम से कोमलकांत पदावली में व्यक्त हुआ है। यह एक ऐसी रचना है जो आगे आने वाली पदावली का मुख्य स्रोत है। राधा–कृष्ण के चरित को मानवीय स्वरूप प्रदान कर जयदेव ने कृष्णकाव्य को जो नया उन्मेष दिया है, असंदिग्ध रूप से विशेष महत्त्वपूर्ण है।

(2) जातक कथाएँ–पालि में रचित जातक कथाओं में भी कहीं–कहीं कृष्ण का उल्लेख मिल जाता है। इन कथाओं में कहीं–कहीं तो कृष्ण का उल्लेख विष्णु के अनेक रूपों के वर्णन के समय हुआ है तो कहीं–कहीं स्वतंत्र रूप से भी। कन्हदीपायन (कृष्ण द्वैपायन) जातक, सोननंद जातक, तेसकुण जातक और घट जातक में कृष्ण की अनेक लीलाओं का वर्णन है। प्राकृत साहित्य की गाथा सतसई (गाथा सप्तशती) और हरिवंश चरित में कृष्ण कथा का समुचित विवेचन है, भोजराय के सरस्वती कंठाभरण में संदर छंदों के माध्यम से राधा–कृष्ण, यशोदा, रुक्मिणी से संबंधित कथाओं को लौकिकता के आधार पर निरूपित किया गया है। हरि भद्रसूरि के 'नेमिणाह चरिउ' में श्रीकृष्ण के देवत्व रूप का वर्णन हुआ है। प्राकृत पैंगलम् में भी श्रीकृष्ण का उल्लेख मिलता है।

(3) अपभ्रंश साहित्य–अपभ्रंश साहित्य में श्रीकृष्ण का विस्तृत वर्णन हुआ है। स्वयंभू की प्रसिद्ध रचना का नाम 'आरिष्टनेमिचरित' है। इस रचना में श्रीकृष्ण का विस्तृत वर्णन हुआ है। आचार्य गुणभद्र लिखित 'उत्तर पुराण' श्रीकृष्ण के जीवन से संबंधित प्रसिद्ध ग्रंथ है। भागवत और हरिवंश पुराण के आधार पर श्रीकृष्ण की लीलाओं का विस्तृत वर्णन करने वाला यह अपभ्रंश का विशेष प्रसिद्ध ग्रंथ है। कृष्ण की नटखट वृत्तियों, माता यशोदा का वात्सल्य और शृंगार के अनेक चित्रों से यह ग्रंथ भरा हुआ है। पूतना–वध, उलूख बंधन, गोवर्धन धारण,

कालिया– दमन, कृष्ण गोपी विहार, रास क्रीड़ा आदि के वर्णन के साथ–साथ अपनी सजीवता और श्रृंगार वर्णन की प्रचुरता के कारण इस ग्रंथ की विशेष चर्चा हुई है। गुण भद्र ने कृष्ण के ईश्वर रूप के स्थान पर मानव रूप को स्वीकार किया है। यही कारण है कि उनका श्रृंगार वर्णन कहीं–कहीं अश्लील हो उठा है।

12वीं शताब्दी में हेमचंद द्वारा संकलित अपभ्रंश के छंदों में कृष्ण चरित्र का उल्लेख मिलता है। हेमचंद के कुछ छंद स्तुतिपरक हैं और कुछ श्रृंगारपरक। श्रृंगार वर्णन में कृष्ण को कवि ने विशुद्ध लौकिक रूप में प्रस्तुत किया है। अपभ्रंश की अनेक रचनाओं में श्रीकृष्ण का वर्णन हुआ है। इनके अवलोकन और विवेचन से यह साफ जाहिर होता है कि इन कवियों ने कृष्ण के लौकिक और श्रृंगारी रूप को ही अपनी रचनाओं के लिए अधिक उपयुक्त समझा। यह इस बात का सूचक भी है कि अब तक श्रीकृष्ण का मानव चरित्र लोक जीवन में पूर्ण प्रतिष्ठित हो चुका था। हिंदी में कृष्ण–काव्य की परंपरा आदि काल से ही मिलने लगती है। आदिकाल के प्रसिद्ध कवि चंदबरदाई ने पृथ्वीराजरासो की रचना की है। यह एक विकसनशील महाकाव्य है। इसकी प्रामाणिकता अप्रमाणिकता को लेकर खूब विवाद हुआ है। बाहरवीं शताब्दी की इस रचना में राजपूत सम्राट पृथ्वीराज चौहान का यशोगान किया गया है। कहा जाता है कि इस ग्रंथ का रचयिता चंदबरदाई सम्राट पृथ्वीराज का बालसखा था। पृथ्वीराज रासों हिंदी का पहला महाकाव्य है। यद्यपि यह महाकाव्य पृथ्वीराज की प्रशंसा में लिखा गया है। पर इसमें विष्णु के दशावतारों का भी वर्णन है। विष्णु के अन्य अवतारों का वर्णन संक्षिप्त रूप में किया गया है। पर कवि ने कृष्णावतार का व्यापक वर्णन किया है। पृथ्वीराज रासो के दूसरे समय में कृष्णावतार और उनकी मुख्यलीलाओं का वर्णन 262 छंदों में हुआ है। कुछ छंदों में कवि ने राधा और कृष्ण का श्रृंगारिक वर्णन मनमोहक ढंग से प्रस्तुत किया है। चंदबरदाई ने भगवान कृष्ण की मुरली को सारे कष्टों का नाश करने वाली बताया है।

श्रीकृष्ण की रासलीला के वर्णन में चंदबरदाई का मन खूब रमा है। इस रासलीला में दो–दो गोपियों के बीच एक–एक कृष्ण विद्यमान हैं। श्रीकृष्ण एकाएक ब्रज छोड़कर मथुरा चले गए। कृष्ण के अभाव में गोपियों की दशा दयनीय हो उठती है। वे कृष्ण को पाने का हर प्रयास करती है पर उन्हें निराशा ही हाथ लगती है। इसके बाद शुरू होता है– उलाहना और रोष भरा संदेश। कृष्ण को न आना था, न आए। गोपियों की विरह–व्यथा को वर्णन चंदबरदाई ने मार्मिक ढंग प्रस्तुत किया है। गोपियों की विरह व्यथा के वर्णन में कवि ने प्रकृति का आश्रय लिया है–

भये सुउडुगन गात वर, पूरन ससिय आकास।
सुवर बाल बद्योति दुष, सिंधु उलट्यों भास।

कृष्ण कथा के अन्य प्रसंगों, यथा– कुक्लयापीड हाथी का मद–मर्दन, चाणूर और मुष्टिक के साथ मल्ल युद्ध, कंस का संहार, उग्रसेन का राजतिलक, वसुदेव और देवकी को कारामुक्त करना आदि का मनोहर वर्णन किया गया है। चंदबरदाई ने श्रीकृष्ण को राधापति और राधावल्लभ रूप में प्रस्तुत किया है।

(4) हिंदी साहित्य—हिंदी साहित्य के इतिहास में आदिकाल तथा मध्यकाल के संधि स्थल पर उपस्थित मैथिल कोकिल विद्यापति अपनी रचनाओं के कारण विशेष स्थान के अधिकारी हैं। वे अपभ्रंश काव्य परंपरा के अंतिम और लोकभाषाओं के पहले महत्त्वपूर्ण कवि हैं। विद्यापति पहले कवि हैं जिन्होंने लोकभाषा में कृष्ण काव्य लिखा। विद्यापति की रचनाएँ 'कीर्तिलता' और 'कीर्तिपताका' उन्हें अपभ्रंश के महत्त्वपूर्ण कवि के रूप में प्रतिष्ठित करती हैं तो मैथिली में लिखी पदावली उन्हें जनकवि का दर्जा प्रदान करती है। विद्यापति कई भाषाओं के ज्ञाता थे पर राधाकृष्ण की संयोग लीला का वर्णन करने के लिए उन्होंने लोक भाषा मैथिली का चयन किया। विद्यापति (1350–1460 ई.) की कविता में माधुर्य भाव वाला शृंगार है। वास्तविकता यह है कि कवि ने अपने आश्रयदाता की प्रसन्नता के लिए राधा–कृष्ण के प्रेम प्रसंगों को काव्य का विषय बनाया है। विद्यापति शृंगार के कवि हैं; इन्हें सीधे–सीधे कृष्ण भक्तों की परंपरा में न समझना चाहिए। हालाँकि यह ठीक है कि चैतन्य महाप्रभु (1486–1533 ई.) जैसे भक्तों को विद्यापति के गीतों में भक्ति की चरम तन्मयता मिली और ऐसा ही वातावरण भक्तिकाल की भावावेशपूर्ण स्थिति ने पैदा किया। यह पूरा का पूरा परिवेश भक्ति रस में निमग्न है। इसी परिवेश की चमक भक्तिकाल के अधिकांश कृष्णभक्ति काव्य में है।

विद्यापति के अनेक पद ऐसे हैं जिनमें श्रीकृष्ण और राधा–नायक–नायिका रूप में प्रस्तुत किए गए हैं। विद्यापति के राधा और कृष्ण मानवीय भूमि पर दो प्रेमियों की तरह दिखाई देते हैं। पदावली के प्रारंभिक पदों में मंगलाचरण के रूप में राधा और कृष्ण की वंदना है—

नंदक नंदन कदंबक तरु तर, धिरे–धिरे मुरलि बजाव
समय संकेत निकेतन बंइसल, बेरि बेरि बोलि पढाव
सामरि तीरा लागि, अनुखन विकल मुरारि
जमुनाक तिर उपवन, उदबेगल फिर फिर ततहि नीहारि
गौरस बेचए अवदूत जाइत जनि–जनि पुछ बनमारि।।

ऐसा ही एक और पद है– 'देख देख राधा–रूप अपार।' कवि कहता है कि ईश्वर ने राधा के रूप में ऐसे सौंदर्य की रचना की है, जिसे देखकर कामदेवी अस्थिर और कृष्ण भू लुंठित हो जाते हैं। विद्यापति की पदावली में नख–शिख वर्णन, दूती संवाद, वियोग स्थिति, मान–मनुहार, मिलन के प्रसंग, अभिसार के दृश्य आदि इस तरह संयोजित हुए हैं जो सहज ही साबित करते हैं कि कवि का मन मानवीय दृष्टि से राधा–कृष्ण के प्रस्तुतीकरण में खूब रमा है। विद्यापति केवल शारीरिक सौंदर्य का वर्णन कर तृप्त हो जाने वाले कवि न थे, मानसिक सौंदर्य के चित्रण में भी उनका मन खूब रमा है। उनके पदों को पढ़कर ऐसा लगता है। कि प्रेमी–प्रेमिकाओं की आंतरिकता का बोध कराना ही उनका प्रधान लक्ष्य है। शायद यही कारण है कि विद्यापत्ति के लिए सौंदर्य अपरुब अथवा अपूर्व है। विधापति की सौंदर्य दृष्टि नायिका भेद के रीतिकालीन कवियों की तरह शारीरिक वर्णन में उलझकर नहीं रह जाती। वे मानसिक सौंदर्य का चित्रण करने में अधिक रुचि लेते हैं। विद्यापति जिस सौंदर्य की बात करते हैं। वह शरीर तक ही सीमित नहीं हैं, अपूर्व है–

ए सखि देखल एक अपरुप
देख–देख राधा रूप अपार
माधव पेखल अपरुब वाला

विद्यापति की राधा तो माधव–माधव की सुमिरन करते हुए खुद मधाई (माधव) हो जाती है। माधव और राधा अलग नहीं रह जाते। राधा और कृष्ण को प्रेम जन्म–जन्मांतर का प्रेम है, क्षण–क्षण नवीन होने वाला–

सखि कि, पूछसि अनुभव मोय
से हो पिरित अनुराग बखानिये तिल तिल नूतन होय
जनम अवधि हम रूप निहारल नयन न तिरपित भेल।।

विद्यापति राधाकृष्ण को न केवल नायिका और नायक के रूप में उपस्थित करते हैं बल्कि उनके सौंदर्य को मांसल वर्णन भी करते हैं। विद्यापति ने जिस उत्कृष्टता के साथ राधा और कृष्ण के संयोग का वर्णन किया है, उसी उत्कृष्टता के साथ वियोग का भी। बल्कि यों कहें कि वियोग वर्णन में कवि संयोग वर्णन की अपेक्षा अधिक सतर्क है। वियोग की सभी दशाओं को विद्यापति ने अपने पदों में रेखांकित करना चाहा है। वे राधा–कृष्ण के प्रेम को एक नई ऊँचाई प्रदान करना चाहते हैं और वियोग वर्णन के माध्यम से उनकी गहराई इंगित करना चाहते हैं। राधा और कृष्ण के प्रेम को विद्यापति ने जो ऊँचाई प्रदान की वह आगे के कवियों के लिए प्रेरणास्रोत बना।

बल्लभ संप्रदाय–विद्यापति के बाद भक्ति काल के बल्लभ संप्रदाय के साहित्य में कृष्ण काव्य को विशेष महत्त्व प्राप्त हुआ। बल्लभ संप्रदाय के प्रवर्तक स्वामी बल्लभाचार्य थे। उन्होंने शंकर के मायावाद का खंडन करके ब्रह्म के अवतारों के प्रति लोगों के हृदय में श्रद्धा और विश्वास उत्पन्न करने का कार्य किया। ब्रज क्षेत्र में कृष्णभक्ति का व्यापक प्रचार करने वाले वे ही हैं।

बल्लभाचार्य द्वारा प्रवर्तित भक्ति का सिद्धांत पक्ष शुद्धाद्वैतवाद कहलाता है और इसका साधना पक्ष पुष्टिमार्ग है। श्रीमद्‌भागवत में एक स्थान पर कहा गया है– 'पोषण तदनुग्रहण' अर्थात् भगवान के अनुग्रह से ही जीवों की पुष्टि होती है। श्रीमद्‌भागवत के इसी कथन के आधार पर बल्लभाचार्य ने अपनी भक्ति पद्धति को पुष्टिमार्ग का नाम दिया। जीव का उद्धार भक्ति द्वारा ही हो सकता है, किंतु इस भक्ति की ओर जीव उसी समय प्रवृत्त होगा, जब उसे भगवान का अनुग्रह मिल जाए। इस मार्ग में सामान्यतया जीव को तीन श्रेणियों में विभक्त किया गया है–

(1) प्रवाह जीव–ये संसार के प्रवाह में पड़े हुए सांसारिक भागों में लीन रहते हैं।

(2) मर्यादा जीव–ये वेद की विधियों अनुसार कर्म करते हुए ज्ञान प्राप्ति का प्रयत्न करते हैं और स्वर्गलोक प्राप्त करते हैं।

(3) पुष्टि जीव–ये भगवान से अनन्य प्रेम करते हैं और उनके अनुग्रह पर अपने को अर्पित कर देते हैं।

बल्लभाचार्य के अनुसार भगवान सच्चिदानंद स्वरूप हैं। जब उन्हें लीला विलास की इच्छा होती है, तब अक्षर ब्रह्म से स्फुल्लिंगवत असंख्य जीवन प्रकट होते हैं। इस तरह से जीव ब्रह्म का अंश है पर ब्रह्म का अंश होते हुए भी वह आनंद अंश से रहित होता है। भगवान के पोषण या अनुग्रह से ही वह आनंद अंश की प्राप्ति कर सकता है। इसीलिए जीव को भगवान (ब्रह्म) की पुष्टि की आवश्यकता पड़ती है। पुष्टिमार्ग की मान्यता है कि जीव भगवान का अंश है। इसीलिए उसे भगवान के साथ संबंध स्थापित करना पड़ता है। वह अपना सर्वस्व भगवान की सेवा दो प्रकार की होती है–

(1) नाम सेवा और

(2) स्वरूप सेवा।

स्वरूप सेवा के तीन भेद किए गए हैं। (1) तनुजा (2) मानसी (3) वित्तजा।

शारीरिक सेवा को तनुजा कहते हैं। धन से की हुई सेवा 'वित्तजा' कहलाती हैं मन से की गई सेवा को 'मानसी' कहते हैं। पुनः मानसी सेवा के दो भेद किए गए हैं– (1) मर्यादा मार्गीय (2) पुष्टि मार्गीय। मर्यादा मार्गी मानसी सेवा के लिए गंभीर ज्ञान की आवश्यकता पड़ती है। नाना दु:खों को झेलते हुए साधक सर्वप्रथम आत्मज्ञान प्राप्त करता है, फिर भगवान श्रीकृष्ण की सेवा और आराधना करता हुआ अपने अहंकार और ममत्व का नाश करता है। इसके बाद उसे इच्छित फल की प्राप्ति होती है। इतना होते हुए भी उसे भगवान के अनुग्रह की आवश्यकता नहीं रहती है। पुष्टिमार्गीय भक्त प्रारंभ से ही भगवान के अनुग्रह की कामना करता है। वह सहज ही भगवान का अनुग्रह प्राप्त कर अभीष्ट फल की प्राप्ति कर लेता है। इस तरह मर्यादा मार्ग की अपेक्षा पुष्टिमार्ग सुगम है। पुष्टि मार्गी भक्त अपना तन, मन, धन, सर्वस्व श्रीकृष्ण के चरणों में अर्पित कर देता है।

साधारणतया भक्ति के पाँच भाव हैं–(1) शांत भाव की भक्ति (2) वात्सल्य भाव की भक्ति (3) दांपत्य या माधुर्यभाव की भक्ति (4) दास्य भाव की भक्ति और (5) सख्य भाव की भक्ति। पुष्टि मार्ग में वात्सल्य, सख्य और माधुर्यभाव की भक्ति को स्वीकृति प्राप्त है। सूरदास ने बल्लभाचार्य द्वारा प्रवर्तित पुष्टिमार्ग की भक्ति को चरम उत्कर्ष पर पहुँचाया। पुष्टिमार्गी भक्ति भावना का सुंदर चित्रण अष्टछाप के सभी कवियों ने किया है पर इसका जितना सुंदर रूप सूरसागर में मिलता है, अन्यत्र नहीं।

कृष्णकाव्य को भक्ति आंदोलन ने एक व्यापक पृष्ठभूमि प्रदान करते हुए नवीन भावभूमि प्रदान की। कालांतर में कृष्णकाव्य में मधुरोपासना या प्रेमाभक्ति के कई रूपों का विकास हुआ। बालकृष्ण की उपासना कृष्ण के अवतारी रूपों से जुड़ती गई। कृष्ण प्रमुख भारतीय देवता हैं और शूरसेन प्रदेश की पशुपालक जातियों से उनका प्राचीन संबंध है। यह अवश्य मानना पड़ता है कि गोपाल कृष्ण तथा ब्रजनंदन की लीलाओं का प्रारंभ पुराणों से हुआ और इन पुराणों पर भक्ति आंदोलनों की गहरी छाप है। पुराणों में एक ओर तो कृष्ण–सौंदर्य वाला रूप है। इन रूपों को लेकर कहा गया कि समस्त वेद कृष्ण की अराधना करते हैं। पुराणों में कृष्ण को योगेश्वर, सच्चिदानंद, अविनाशी, जातीय–विजातीय भेदशून्य कहा गया है। भक्तों

के आराध्य होने के साथ वे भक्त वत्सल हैं और उनमें लोक रंजक और लोक रंजन का रूप भी पर्याप्त आकर्षक है।

प्रश्न 2. भक्तिकालीन प्रमुख कृष्णभक्त कवियों का परिचय दीजिए।

अथवा

'भक्त कवि के रूप में सूरदास का मूल्यांकन करते हुए सूर के विरह वर्णन की विशेषताएँ बताइए।

अथवा

कृष्ण–काव्य परंपरा में मीरा का महत्त्व रेखांकित कीजिए।

उत्तर– हिंदी में कृष्ण–काव्य का बहुत कुछ श्रेय श्री वल्लभाचार्य को है क्योंकि इन्हीं के चलाए हुए पुष्टिमार्ग में दीक्षित होकर सूरदास आदि अष्टछाप के कवियों ने अत्यंत मूल्यवान कृष्ण–साहित्य की रचना की। वल्लभ–संप्रदाय के अंतर्गत अष्टछाप के सूरदास आदि आठ कवियों की मंडली अष्टसखा के नाम से भी अभिहित की जाती है। संप्रदाय की दृष्टि से ये आठों कवि भगवान् कृष्ण के सखा हैं। गुसाई विट्ठलनाथ ने सं. 1602 के लगभग अपने पिता वल्लभ के 84 शिष्यों में से चार तथा अपने 252 शिष्यों में चार को लेकर संप्रदाय के इन आठ प्रसिद्ध भक्त कवि तथा संगीतज्ञों की मंडली की स्थापना की। अष्टछाप में महाप्रभु वल्लभ के चार प्रसिद्ध शिष्य थे—कुम्भनदास, परमानन्ददास, सूरदास तथा कृष्णदास अधिकारी और गुसाई विट्ठलनाथ के प्रसिद्ध शिष्य थे—गोविंद स्वामी, छीत स्वामी, चतुर्भुजदास तथा नन्ददास। इन अष्टछाप के कवियों में सबसे ज्येष्ठ कुम्भनदास थे तथा सबसे कनिष्ठ नन्ददास थे। काव्य–सौष्ठव की दृष्टि से इनमें सर्वप्रथम स्थान सूरदास का है तथा द्वितीय स्थान नन्ददास का। पद–रचना की दृष्टि से परमानन्द–दास का है। गोविंद स्वामी प्रसिद्ध संगीत–मर्मज्ञ है। कृष्णदास अधिकारी का साहित्यिक दृष्टि से तो कोई महत्त्व नहीं है पर ऐतिहासिक महत्त्व अवश्य है। कृष्ण–भक्तों में सांप्रदायिकता, लीलाओं में आध्यात्मिकता के स्थान पर ऐहलौकिकता, श्रीनाथ के मंदिर में विलास–प्रधान ऐश्वर्य, कृष्ण–भक्ति साहित्य में नख–शिख तथा नायिका–भेद के वर्णन का बहुत कुछ दायित्व इन्हीं पर है। इस बात के सम्यक् ज्ञान के लिए दौ–सौ बावन वैष्णवन की वार्ता का अध्ययन उपयोगी रहेगा। अष्टछाप के शेष कवियों की प्रतिभा साधारण कोटि की है।

अष्टछाप के ये आठों भक्त समकालीन थे। ये पुष्टि संप्रदाय के श्रेष्ठ कलाकार, संगीतज्ञ और कीर्तनकार थे। ये सभी भक्त अपनी–अपनी पारी पर श्रीनाथ के मंदिर में कीर्तन, सेवा तथा प्रभुलीला संबंधी पद रचना करते थे। गुसाई विट्ठलनाथ ने इन अष्ट सखाओं पर अपने आर्शीवाद की छाप लगाई अतः इनका नाम अष्टछाप पड़ा। अष्टछाप के इन कवियों में सूरदास, परमानंददास तथा नंददास का नाम सबसे प्रमुख है। इन कवियों के अतिरिक्त भक्तिकाल में और भी महत्त्वपूर्ण कृष्ण भक्त कवियों ने कृष्ण के विविध रूपों को लेकर काव्य रचना की। इन विशिष्ट कवियों का संक्षिप्त परिचय नीचे प्रस्तुत है—

(1) सूरदास—'सूरदास' कृष्ण भक्ति शाखा के प्रमुख कवि हैं। सूरदास जी के जीवन वृत्त को लेकर विद्वानों में काफी मतभेद हैं। सूरदास का जन्म 1478 ई. माना जाता है। सूरदास बड़े गायक थे। वे गऊघाट पर निवास करते थे और विनयपद गाते थे। महाप्रभु वल्लभाचार्य ने उन्हें पुष्टिमार्ग में दीक्षित किया और कृष्ण लीला गाने की प्रेरणा दी। उन्होंने कृष्ण लीला के 'सहस्त्रावधि' पद लिखे, जिनकी प्रसिद्धि सुनकर देशाधिपति (अकबर) उनसे मिले। सूरदास अंधे थे। वे ईश्वर और गुरु में कोई अंतर नहीं मानते थे। उन्होंने परासोली में प्राण–त्याग दिए। सूर के मृत्यु काल के संदर्भ में भी विद्वानों में मतभेद हैं। लेकिन अधिकांश सूर विद्वान सूर का मृत्यु सन् 1583 स्वीकार करते हैं। उनके देहावसान समय पर विट्ठलनाथ ने शोकार्त होकर कहा था—

"पुष्टिमारग को जहाज जात है सो जाको कछु लेना होय सो लेउ।"

सूरदास की शिक्षा के संबंध में कोई उल्लेख नहीं मिलता; वे गाँव से चार कोस दूर रहकर पद रचना में लीन रहते थे और गान–विद्या में प्रवीण थे। सूरदास वल्लभाचार्य के संपर्क में आने पर सख्य, वात्सल्य और माधुर्य भाव की पद–रचना करने लगे। सूरदास ने श्रीमद्भागवत के आधार पर कृष्ण संबंधी रचित पदों की संख्या सवा लाख बताई है।

'डॉ. दीनदयालु गुप्त' ने उनके द्वारा रचित पच्चीस पुस्तकों की सूचना दी है, जिनमें सूरसागर, सूरसारावली, साहित्य लहरी, सूरपचीसी, सूररामायण, सूरसाठी और राधारसकेलि प्रकाशित हो चुकी है। 'सूरसागर' और 'साहित्य लहरी' उनकी प्रमुख कृतियाँ हैं। 'सूरसागर' का आधार श्रीमद्भागवत है। भागवत के समान इनमें भी बारह स्कंद हैं।

सूर की भक्ति पद्धति पुष्टिमार्गीय भक्ति है और इस भक्ति को अपनाने के बाद प्रभु स्वयं अपने भक्त का ध्यान रखते हैं। भगवान का अनुग्रह ही भक्त का कल्याण करके उसे इस लोक से मुक्त करने में सफल होता है—

जा पर दीनानाथ ढ़रै।
सोई कुलीन बडौ सुंदर सोइ जा पर कृपा करै।
सूर पतित तरि जाय तनक में जो प्रभु नेक ढ़रै।।

सूर की रचनाओं का तत्कालीन समाज जीवन से कतई संबंध नहीं था। वे पहले भक्त और बाद में कवि थे। तुलसी के समान सूर में लोक संग्रह की भावना नहीं मिलती है। वे वस्तुतः कृष्ण में ही लीन हो चुके थे। 'सूरदास ने प्रेम और विरह के द्वारा सगुण मार्ग से कृष्ण को साध्य माना है। उनके कृष्ण सखा रूप में भी सर्वशक्तिमान परमेश्वर हैं। विष्णु, हरि, राम आदि सब कृष्ण के ही नाम हैं। निर्गुण ब्रह्म के ये सगुण नाम हैं।' वात्सल्य वर्णन के प्रथम कवि सूरदास हैं। सूरदास ने वात्सल्य का कोना–कोना झाँका है।

सूरदास ने अपनी रचनाओं में कृष्ण–जन्म, उनकी बाल क्रीड़ाओं, गोचारण, राधा और गोपियों के साथ प्रेम–क्रीड़ा, अनेक असुरों को वध, गोवर्धन धारण, मथुरा–गमन, कंस वध, द्वारिका गमन और कुरुक्षेत्र में राधा और गोप–गोपियों से पुनर्मिलन का प्रभावी चित्रण किया है। सूरदास के कृष्ण पूर्णब्रह्म हैं। उनकी भक्ति सख्य भाव की है। उनके साहित्य में विनय और

दास्य भाव के पद कम हैं, किंतु कृष्ण काव्य में इन पदों का विशेष महत्त्व है। उनके भगवान भक्तों की पुकार पर दौड़ पड़ते हैं। सूरदास के कृष्ण की घोषणा है—

हम भक्तन के भक्त हमारे।
भक्तै काज लाज हिय धरिकै पांय पयोद धाऊँ।
जहँ–जहँ पीर पड़ै भक्तन पै तहँ–तहँ जाय छुड़ाऊँ।

सूरदास का प्रमुख ग्रंथ 'सूरसागर' है। इस ग्रंथ में वात्सल्य, शृंगार और भक्ति की त्रिवेणी प्रवाहित हुई है।

सूर ने श्रीकृष्ण को परब्रह्म माना है। उनके अनुसार संपूर्ण ब्रह्मांड में श्रीकृष्ण ही व्याप्त हैं, कोई दूसरा नहीं, ब्रह्म के इसी रूप का चित्रण करते हुए सूरदास ने लिखा है।

सकल तत्त्व ब्रह्मांड देव पूनि, माया सब विधि काल।
प्रकृति पुरुष श्रीपति नारायन, सब है अंश गुपाल।।

यही ब्रह्म भक्तों को आनंद प्रदान करने के लिए अवतार लेते हैं। भगवान श्रीकृष्ण ने भक्तों को आनंद प्रदान करने के उद्देश्य से ही अपनी समस्त शक्तियों सहित वृंदावन में अवतार लिया है। सूरदास ने श्रीकृष्ण की लीला तथा विस्तार के संबंध में लिखा है—

खेलत–खेलत चित्त में आई सृष्टि करन विस्तार।
अपने आप हरि प्रगट कियो हैं हरि पुरुष अवतार।।

सूरदास पूर्णतया पुष्टिमार्ग के अनुयायी थे। ब्रह्म की कृपा प्राप्ति के पश्चात् ही जीव सर्व समर्थ होता है। वह कुछ भी कर सकने में सक्षम हो जाता है। सूरदास कहते हैं—

चरन कमल वंदौ हरिराई।
जाकीं कृपा पंगु गिरि लंघैं, अंधे को सब कुछ दरसाई।
बहिरौ सुनै, गूँग पुनि बोलै, रंक चलै सिर छत्र धराई।
सूरदास स्वामी करुणामय, बार–बार बंदौ तिहि पाँई।

भक्ति नौ प्रकार की मानी जाती है—श्रवण, कीर्तन, स्मरण, पाद सेवन, अर्चन, वंदन, दास्य, सख्य और आत्म–निवेदन। इसे 'नवधा भक्ति' कहते हैं। बल्लभाचार्य ने नवधाभक्ति में प्रेम लक्षणा भक्ति जोड़कर 'दक्षधा भक्ति' का विधान बनाया। सूरदास 'दशधा भक्ति' का पूर्णतया पालन करते हैं—

श्रवण कीर्तन स्मरण–पाद रत अरचन वंदन दास।
सख्य और आत्मनिवेदन प्रेमलक्षणा जास।।

सूरदास के साहित्य में भक्ति के सभी भावों का वर्णन मिल जाता है पर सख्य, वात्सल्य और माधुर्य भाव की भक्ति पर उन्होंने विशेष जोर दिया है। वे श्रीकृष्ण को सखा मानते हैं। उनके बालरूप को सर्वाधिक महत्त्व प्रदान करते हैं और गोपियों के माध्यम से माधुर्यभाव की भक्ति प्रवाहित करते हैं। सूर के काव्य में राधा स्वकीया हैं और गोपियाँ परकीया। गोपियों का प्रेम अत्यधिक तीव्र और मर्यादाओं का उल्लंघन करने वाला है।

(2) नंददास—अष्टछाप कवियों में सूर के बाद का स्थान नंददास का था। वे बहुमुखी प्रतिभा संपन्न कवि थे। 'नंददास' का जन्म 1533 ई. में हुआ था। इनके द्वारा रचित ग्रंथों

की संख्या पंद्रह बताई जाती है। इन ग्रंथों के नाम इस प्रकार हैं—अनेकार्थ मंजरी, मानमंजरी, रसमंजरी, रूपमंजरी, विरहमंजरी, प्रेम बारहखड़ी, श्याम सगाई, सुदामा चरित्र, रुक्मिणी मंगल, भंवरगीत, रास पंचाध्यायी, सिद्धांत पंचाध्यायी, दशमस्कंदभाषा, गोवर्धनदासलीला, नंददास—पदावली आदि।

यद्यपि नंददास की रचनाओं में कुछ अन्य वर्णन भी मिल जाते हैं पर उनकी अधिकांश रचनाओं के आधार कृष्ण हैं। कवि की इन रचनाओं में पदावली और भंवरगीत को सर्वोपरि स्थान प्राप्त है। 'पदावली' में मुख्यतया कृष्ण की बाल और किशोर लीला वर्णित है। काव्य के माध्यम से बल्लभमत को प्रस्तुत करने में सूरदास और नंददास का योगदान सर्वाधिक है। नंददास की पदावली के मंगलाचरण में राम और कृष्ण की स्तुति एक साथ की गई है। इसके पश्चात् गुरु विट्ठलनाथ का स्तवन किया गया है फिर यमुना, ब्रज, श्रीकृष्ण जन्म, बाल क्रीड़ा, राधा जन्म, पूर्वानुराग, विवाह, प्रेमलीला, ब्रज बाला, अभिसार, दधि लीला, रास आदि से संबद्ध पद हैं। नंददास श्रीकृष्ण को रस सागर मानते हैं।

नंददास की रचनाओं में 'भंवरगीत' का विशिष्ट स्थान है। सूरदास के भ्रमर गीत के पश्चात् उसे ही महत्त्व दिया जाता है। नंददास को 'भंवरगीत' संक्षिप्त है। इसका प्रारंभ उद्धव की ब्रज यात्रा से होता है। वे ब्रज पहुँचकर गोपियों से श्रीकृष्ण का संदेश कहते हैं और अपना उपदेश प्रारंभ करते हैं—

उधौ को उपदेश सुनौ ब्रज नागरी।

उधौ से कृष्ण का नाम सुनकर गोपियाँ भाव–विह्वल हो उठती हैं। उनकी स्थिति दृष्टव्य है—

सुनत स्याम को नाम वाम गृह की सुधि भूली।
भरि आनंद रस हृदय प्रेम बेली द्रुम फूली।।

इसके पश्चात् गोपियों और उद्धव का लंबा संवाद चलता है। नंददास ने कथोपकथन के माध्यम से सारे संवाद और वातावरण की सृष्टि की है। गोपियाँ उद्धव को 'कृष्ण के सखा' संबोधन से संबोधित करते हुए अपनी बात आगे बढ़ाती हैं—

सखा सुनु स्याम के

नंददास ने उद्धव और गोपियों के वार्तालाप में संवाद शैली और नाटकीयता का सहारा लिया है। उनकी गोपियाँ सूर की गोपियों की तरह भावाकुल नहीं हैं। वे अपने तर्कों द्वारा उद्धव के निर्गुण ब्रह्म का खंडन करती हैं। वे ज्ञानमार्गी उद्धव से पूछती हैं कि कौन ब्रह्म और कैसा ज्ञानमार्ग—

हमरे सुंदर स्याम प्रेम को मारग सूधौ।

गोपियाँ नहीं समझ पातीं कि यदि कृष्ण निराकार हैं तो माखन खाने वाला और गोचारण करने वाला कौन है? नंददास के 'भंवरगीत' में भी उद्धव और गोपियों के वार्तालाप के बीच एक भ्रमर उपस्थित होता है और उसी को संबोधित कर गोपियाँ अनेक उपालंभ देती हैं। उपालंभ देते–देते वे आँसुओं में डूब जाती हैं—

भीजत अंबुज नीर कंचकी भूषन हारन।

'भवरगीत' में गोपियों की पीड़ा उपालंभ और व्यंग्य के बीच प्रकट हुई है। गोपियों के दु:ख को देखकर उद्धव भी ज्ञानमार्ग भूल जाते हैं और सोचते हैं–

हौं तो कृत कृत ह्वै गयौ इनके दरसन मात्र।

उद्धव गोपियों के प्रेम की सराहना करते हैं। भंवरगीत में नंददास तार्किकता से अपनी यात्रा का प्रारंभ करते हुए क्रमश: गोपियों की भावभूमि को ऊँचाई प्रदान करते हैं। गोपियों की दशा देखकर मथुरा लौटने पर उद्धव का हृदय पूर्णतया परिवर्तित हो चुका था–

गोपी गुन गावन लाग्यो, मोहन गुन गयो भूलि

उद्धव कृष्ण को उनकी निर्ममता के लिए धिक्कारते हैं और उन्हें मथुरा छोड़कर वृंदावन में ही रहने के लिए सलाह देते हैं–

हे स्याम जाय वृंदावन रहिये

उद्धव के मुख से गोपियों की स्थिति सुनकर कृष्ण भी प्रेम की पीड़ा में डूबने–उतारने लगते हैं–

सुनत सखा के बैन नैन आए भरि दोऊ।
बिवस प्रेम आवेस रही नाहिंन सुधि कोऊ।

नंददास का 'भंवरगीत' संक्षिप्त किंतु महत्त्वपूर्ण है। तुलसीदास ने भी 'कृष्णगीतावली' में 'भ्रमरगीत' प्रसंग से जुड़े हुए कुछ पदों की रचना की है। इन पदो में गोपियों की विरह दशा का वर्णन हुआ है। यह अवश्य है कि तुलसी ने गोपियों की विरह वेदना के वर्णन में सूर की अपेक्षा काफी संयम रखा। ऐसा लगता है कि तुलसी की मर्यादावादी दृष्टि यहाँ भी सक्रिय है।

(3) परमानंद दास (1493–1553 ई.)–परमानंद दास का जन्म कन्नौज के निर्धन ब्राह्मण परिवार में हुआ था। वल्लभाचार्य से दीक्षा लेकर ये बाल लीला के पदों की रचना करते रहे। इनकी रचनाएँ 'परमानंद सागर' के नाम से प्रकाशित हैं। बाल लीला के सुंदर पद इन्होंने लिखे हैं किंतु उनमें सूरदास जैसी मार्मिकता नहीं है। ये अष्टछाप के प्रमुख कवि थे।

परमानंद दास की मुख्य रचना 'परमानंदसागर' है। 'दानलीला', 'उद्धवलीला', 'ध्रुवचरित्र', 'दधिलीला' आदि उनके अन्य ग्रंथों का भी उल्लेख मिलता है पर 'परमानंदसागर' ही उनकी मुख्य कृति है इस कृति में 930 पद संकलित हैं। मंगलाचरण, श्री जन्माष्टमी, नंद महोत्सव, माखनचोरी, गोचारण, राधा, मुरली, रास, अभिसार, मथुरा प्रसंग आदि इस ग्रंथ के मुख्य विष हैं। परमानंद दास की रचनाओं के कथ्य के संदर्भ में डॉ. हरवंशलाल शर्मा ने लिखा है– "कृष्ण की संपूर्ण लीलाओं की कथा कहना परमानंद दास का उद्देश्य नहीं प्रतीत होता, यद्यपि उनके जीवन के महत्त्वपूर्ण प्रसंगों का संकेत यहाँ प्राप्त हो जाता है। परमानंदसागर से ज्ञात होता है कि बालक कृष्ण के जन्म से लेकर माखनलीला आदि तक डेढ़ सौ पद रचे गए हैं। मुरली तथा राधा की चर्चा भी किंचित विस्तार से है और कृष्ण के रसिकेश्वर रूप को प्रमुखता मिली है, जिसमें राधा की आसक्ति, मानापनोदन, अभिसार का विस्तृत वर्णन है। भ्रमर गीत परंपरा

कृष्णकाव्य का मुख्य कथावस्तु है और परमानंदसागर में भी इससे संबद्ध पद मिलते हैं। परिशिष्ट के रूप में नित्य सेवा, कीर्तन तथा शरणागति आदि की भावनाएँ व्यंजित हैं।"

रूप सूरसागर और परमानंददास के कुछ पदों में अद्‌भुत समानता मिलती है। बालकृष्ण के चित्रण में दोनों कवियों को विशेष स्थान दिया जाता है। सूरदास को एक पद है—

कहन लगे मोहन मैया—मैया।

इस पद से मिलता—जुलता परमानंददास का पद पढ़िए—

कहन लगे मोहन मैया—मैया।

बाबा—बाबा नंदराय सों और हल धर सों भैया भैया।

छगन—मगन मधुसूदन माधौ सब ब्रज लेत बलैया।

इन दोनों पदों में पहली पंक्ति समान है। अन्य पंक्तियों में भाव—साम्य है। परमानंददास के यहाँ ऐसे अनेक पद मिलते हैं। सूरदास के यहाँ कृष्ण और राधा का प्रथम साक्षात्कार ब्रज की गलियों में खेलने के क्रम में होता है। परमानंददास के यहाँ राधा और कृष्ण के मिलन का आरंभ इस तरह से हुआ है—

गोरस राधिका लै निकरी

नंद को लाल अमोलो गाहक ब्रज से निकसल पकरी।

'परमानंद सागर' में राधा और कृष्ण के मिलन—चित्रों की भरमार है। कभी वे ब्रज की गलियों में मिलते हैं तो कभी कुंज—कछारन में। दोनों एक—दूसरे के बिना नहीं रह सकते—

राधा माधौ बिनु क्यों न रहै

एक स्यामसुंदर के कारन और सबनि की निंदन सहै।

गोपियों की प्रेमानुभूति, रासलीला, अभिसार आदि का वर्णन भी कवि ने पूरी तन्मयता से किया है। परमानंद सागर में भ्रमरगीत प्रसंग संक्षिप्त है। इनकी गोपियाँ सूर की गोपियों की तरह साकार और निराकर के द्वंद्व में नहीं उलझी हैं। वे अपनी वियोग दशा में ही डूबती उतराती हैं। अन्य चीजों की उन्हें सुध ही नहीं है। उद्धव से अपनी व्यथा—कथा कहने में भी वे असमर्थ हैं—

ऊधौ नाहिन परत कही

जब ते हरि मधुपुरी सिधारे बौहोतहि बिधा सही।

वे कृष्ण की पाती भी नहीं बाँच पातीं—

पतियाँ बाँचेहू न आवैं

देखत अंक नैन जल पूरे पूरे गदगद प्रेम जनावै।

कृष्ण के वियोग में ब्रज की जिस करुणदशा का चित्रण सूरदास ने किया है उसे परमानंद दास के यहाँ भी देखा जा सकता है—

ब्रज के विरही लोग विचारे

बिन गोपाल ठगे से ठाढ़े अति दुर्बल तन हारे

मात जसोदा पंथ निहारत निरखत सांझ सकारे

जो कोउ कान्ह कान्ह कहि बोलत अंखियन बहत पनारे
यह मथुरा काजर की रेखा जो निकसे सो कारे।।

(4) कुंभनदास (1468–1583 ई.)—ब्रज में गोवर्धन पर्वत से दूर एक गाँव में रहने वाले कुंभनदास गृहस्थ होते हुए भी ये अनासक्त भाव से कृष्णभक्ति में लीन रहते थे। ये कीर्तन गायन में बड़े प्रसिद्ध थे और व्यक्तित्ववान भी थे। किंवदंती है कि कुंभनदास एक बार अकबर के निमंत्रण पर फतेहपुर सीकरी गए थे। वहाँ बादशाह के आग्रह पर उन्होंने पद सुनाया था—

भक्तन को कहा सीकरी सों काम
आवत जात पन्हैया टूटी बिसरि गयो हरिनाम।
जाको देखे दु:ख लागै ताकौ करन परी परनाम।
कुंभनदास लाल गिरिधर बिन यह सब झूठो धाम।।

इनके पदों में साहित्यिकता से ज्यादा संगीत और लय का सौंदर्य है। इनकी स्वतंत्र रचनाओं का उल्लेख नहीं मिला, किंतु उनके कुछ पद 'राग कल्पद्रुम', 'राग रत्नाकर', 'वसंत धमार कीर्तन' आदि में संकलित है।

(5) कृष्णदास (1495–1575 ई.)—ये दलित समुदाय से थे और गुजरात के राजनगर राज्य में जन्मे थे। प्रबंध पटुता के कारण ये ब्रज में आकर श्रीनाथ जी के मंदिर का प्रबंध देखने लगे। संगीत के मर्मज्ञ और गायक थे। बाल लीला और राधा–कृष्ण प्रेम प्रसंग में इनका मन रसता था। इनकी मातृभाषा गुजराती थी लेकिन ब्रजभाषा पर इनका इच्छा अधिकार था। ये कृष्णदास अधिकारी के नाम से प्रसिद्ध हुए।

(6) गोविंदस्वामी (1505–1585 ई.)—भरतपुर राज्य के एक गाँव में गोविंदस्वामी का जन्म हुआ। ये गृहस्थ थे। वैराग्य होने पर ब्रज मंडल में आ गए। संगीत शास्त्र का इन्हें अच्छा ज्ञान था और ये भक्तों को पद गायन सिखाते थे। 1535 ई. में गोस्वामी विट्ठलनाथ से पुष्टि मार्ग की दीक्षा लेकर अष्टछाप में सम्मिलित हो गए। प्रसिद्ध है कि अकबर के दरबार के गायक तानसेन इनके पास आकर पद गायन की शिक्षा लेते थे। इनके पद 'गोविंदस्वामी के पद' नाम से संकलित हैं। ब्रजभाषा का लालित्य इनमें देखते ही बनता है।

(7) छीतस्वामी (1500–1585 ई.)—ये बीरबल के पुरोहित थे और मथुरा के चुतर्वेदी ब्राह्मण थे। पुष्टिमार्ग में दीक्षित होकर अष्टछाप में सम्मिलित हो इन्होंने संगीत में अपने आपको समर्पित कर दिया। कीर्तन के लिए 200 पदों की रचना की। इनकी भक्ति की तन्मयता की बहुत किंवदंतियाँ आज भी उस क्षेत्र में सुनी जा सकती हैं।

(8) चतुर्भुजदास (1540–1585 ई.)—ये कुंभनदास के सबसे छोटे पुत्र थे। ये खेती–बाड़ी करते और भजन–कीर्तन में समय बिताते थे। पिता ने इन्हें गायन विद्या और पुष्टिमार्ग की दीक्षा दिलाई थी। इनके पदों का संग्रह 'चतुर्भुज कीर्तन संग्रह' के नाम से प्रकाशित है। कृष्ण जन्म से लेकर गोपी विरह तक की लीलाओं का गायन इनकी रचनाओं में देखने को मिलता है।

अष्टछापक कवियों के अतिरिक्त मीरा बाई तथा रसखान आदि ने भी कृष्ण भक्ति साहित्य को समृद्ध करने में विशेष भूमिका निभाई।

(9) मीराबाई—मीराबाई के जीवनवृत्त तथा गुरु के संबंध में विद्वानों में मतभेद हैं। अनुसंधान के आधार पर यह निश्चित है कि उनका जन्म 1504 ई. में और मेडता के समीपवर्ती गाँव 'कुड़की' में हुआ। राठौर वंश की मेडतिया शाखा के प्रवर्तक राव दूदा थे। उन्हीं के चतुर्थ पुत्र रत्न सिंह की पुत्री थी। राव दूदा भी कृष्ण भक्त थे, मीरा को भी भक्ति के संस्कार उन्हीं से प्राप्त हुए थे।

मीराबाई, कृष्ण काव्यधारा की महत्त्वपूर्ण कवयित्री हैं। कृष्ण उनके आराध्य है। 'पारिवारिक वातावरण, समाज में प्रचलित लोकगीत एवं यदा–कदा राजमहलों में आने वाले सिद्ध संन्यासियों या रमते जोगियों के भक्तिमय उपदेश ही मीरा की पाठशाला बने। लोक गीतों की मधुरता एवं राजसी कलाप्रियता ने उन्हें अनायास संगीत–प्रेमिका बना दिया, तो साधु संगति के प्रभाव वश उनका हृदय भक्ति एवं वैराग्य की ओर आकृष्ट हुआ, जिसकी अनुगूँज उनकी रचनाओं में सर्वत्र विद्यमान है।' मीरा का विवाह चित्तौड़ के राणासांगा के ज्येष्ठ पुत्र भोजराज से हुआ। मीरा के विवाह के सात वर्ष पश्चात् पति भोजराज का स्वर्गवास हो गया। विधवा हो जाने पर वह अपने आराध्य कृष्ण की भक्ति में लीन हो गईं। कुल की मर्यादा को लांघकर सत्संग में जाना देवर विक्रमसिंह को मीरा का यह बर्ताव पसंद नहीं था। मीरा को कष्ट दिया जाने लगा। कहा जाता है कि कृष्ण को आराध्य और सर्वस्व बनाने के कारण उन्हें विषपान भी करना पड़ा था। वे कृष्ण को ही अपना सब कुछ मानती हैं—

मेरो तो गिरिधर गोपाल दूसरो न कोई।
जाके सिर मोर मुकुट मेरो पति सोई।

मीरा ने ससुराल को त्याग दिया और तीर्थस्थानों की यात्रा करते हुए वह वृंदावन पहुँचीं। कुछ दिन ठहरकर द्वारका चली जाती हैं, वहाँ कीर्तन करते हुए मीरा ने शेष जीवन व्यतीत किया।

मीरा की पूर्ण–अपूर्ण ग्रंथ संख्या बारह है। वह इस प्रकार है—गीतगोविंद, नरसी जी का मायरा, राग सोरठ का पद, राग गोविंद, सत्यभामाणु रुसणं, मीरा की गरीबी, रुक्मिणी मंगल, नरसी मेहता की हुंडी, चरित, स्फूटपद आदि।

कृष्णभक्त साहित्य की मीरा के साहित्य में अनुभूति की तीव्रता अधिक दिखाई देती है। कृष्ण भक्तों ने राधा–गोपियों के माध्यम से अपने भक्तिभाव को अभिव्यक्त किया है। किंतु मीरा कृष्ण को संबोधित करती है, वह उन्हें पति के रूप में देखती है।

कृष्ण काव्यधारा में मीराबाई ऐसी कवयित्री हैं जो ब्रजभूमि के बाहर रहकर कृष्ण की भक्ति में डूबीं। वे खुद को गिरिधर के हाथ बिकी हुई कहती हैं—

मीरा गिरिधर हाथ बिकाणी, लोग कह्याँ बिगड़ी।

कृष्ण के प्रति पूर्णतया समर्पित होने के कारण मीरा को अनेक कष्ट सहने पड़े थे। उन्हें कृष्णभक्ति से विमुख करने की भी कोशिश की गई थी पर उन्होंने अपने आराध्य को न छोड़ा

और पूरी रागात्मकता के साथ पद रचना करती रहीं। प्रेमशंकर ने बिल्कुल ठीक लिखा है– 'मीरा ने वियोग को आध्यात्मिक स्तर तक पहुँचा दिया है।" मीरा के काव्य में भावावेगों की प्रधानता है। वे अपनी अनुभूतियों को जिस तीक्ष्णता के साथ पदों में व्यक्त करती हैं, वैसा कृष्ण काव्यधारा का कोई दूसरा कवि नहीं करता।

मीरा के पदों में बालकृष्ण, चीर–हरण, मुरली, पनघट, रासलीला आदि के प्रसंग मिलते हैं। उनके गीत वैयक्तिक भावों से ओत–प्रोत हैं। उन्होंने अपने संपूर्ण जीवन कृष्णार्पित कर दिया था और अद्‌भुत साहस दिखाते हुए उसे सार्वजनिक कर दिया था। उन्होंने जो कुछ भी कहा है, सीधे कृष्ण से, बिना किसी लाग लपेट के। इसीलिए भावों की तीक्ष्णता उनके गीतों में सुरक्षित है। मीरा ने खुद को गोपी या राधा की स्थिति में रखकर प्रणय निवेदन किया है। वे कृष्ण की प्रिया हैं। कृष्ण का दर्शन ही उनका मुख्य लक्ष्य है।

(10) रसखान–कृष्ण काव्यधारा के एक अन्य उल्लेखनीय कवि रसखान हैं। रसखान के जन्म के संबंध में विद्वानों में मतभेद हैं किंतु विद्वानों के अन्वेषण के आधार पर उनका जन्म 1533 ई. माना जाता है। रसखान ने गोस्वामी विट्ठलनाथ से दीक्षा ली थी। उनका सन् 1614 ई. में लिखा गया काव्य 'प्रेमवाटिका' यह अंतिम कृति है। इसकी रचना के कुछ ही वर्ष बाद 1618 ई. के आस–पास उनका देहावसान हो गया।

रसखान की प्रमुख चार रचनाएँ प्रामाणिक मानी जाती हैं–सुजान रसखान, प्रेमवाटिका, दानलीला, अष्टयाम आदि। उनका 'सुजान रसखान' में 272 कवित सवैया दोहे हैं जिसमें भक्ति, प्रेम, राधा–कृष्ण की रूप माधुरी, वंशी–मोहिनी एवं कृष्ण–लीला संबंधी अन्य सरस प्रसंग हैं। 'प्रेमवाटिका' के 53 दोहों में उन्होंने राधा–कृष्ण को प्रेमोद्यान के मालिन–माली मानकर प्रेम के गूढ़ तत्त्व का सूक्ष्म निरूपण किया है। 'दानलीला' में गोपी–कृष्ण संवाद है। 'अष्टयाम' के 26 दोहों में श्रीकृष्ण के प्रातः जागरण में रात्रि–शयन पर्यंत उनकी दिनचर्या एवं विभिन्न क्रीड़ाओं का वर्णन है। रसखान की गणना भक्त कवियों में की जाती है।

रसखान की रचनाओं में कृष्णकथा क्रमबद्ध रूप से नियोजित नहीं है कृष्ण कथा कहना उनका प्रयोजन भी न था। कृष्ण की लीलाओं के वर्णन में उनकी सहज आसक्ति थी। वे पूरी तरह कृष्णार्पित थे, कुछ के लिए सब कुछ छोड़ने को तैयार–

वा लकुटी अरु पर राज तिहुँ पुर को तजि डारौं।
आठहुँ सिद्धि नवो निधि कै सुख नंद की गाइ चराइ बिसारौं।
ए रसखानि जबै इन नैनति ते ब्रज के बन बाग निहारौं।
कोटिक ये कल धौत के धाम करील के कुंजन ऊपर वारौं।।

रसखान की रचनाओं से वियोग का भी एक चित्र द्रष्टव्य है–

नवरंग अमंग भरी छवि सों वह मूरति आँखि गड़ी ही रहै।
बतियाँ मन की मन ही में रहै छतियाँ उरबीच अड़ी ही रहै।
तबहूँ रसखान सुजान अली नलिनीदल बूँद पड़ी ही रहै।
जिय की नहिं जानत हौं सजनी रजनी अँसुवान लड़ी ही रहै।

प्रश्न 3. आधुनिक काल में कृष्ण काव्य की स्थिति का उल्लेख कीजिए।

अथवा

कृष्ण काव्य परंपरा में आधुनिक काल के कवियों का स्थान निर्धारित कीजिए।

उत्तर– कृष्ण काव्यधारा हिंदी साहित्य के आधुनिक काल में भी अक्षुण्ण गति से प्रवाहित होती रही है। आधुनिक काल का समय भारतेंदु हरिश्चंद्र के प्रादुर्भाव से माना जाता है। भारतेंदु हरिश्चंद्र देश की दशा से चिंतित थे। एक तरफ तो उन्होंने अपनी रचनाओं के माध्यम से देश की अधोगति और उसे दूर करने की चिंता प्रकट की है, वहीं दूसरी तरफ वे प्राचीन परिपाटी के मोह से भी मुक्त नहीं है। उनकी रचनाओं में कृष्ण का विस्तृत उल्लेख है।

भारतेंदु हरिश्चंद्र के कृष्ण प्राचीन और नवीन दृष्टियों के समन्वयकर्त्ता हैं। भारतेंदु के कृष्ण लीला पुरुषोत्तम है। लीला करने के लिए ही वे अवतार धारण करते हैं। भारतेंदु ने कृष्ण की बाललीला, यौवन–लीला और उनके प्रेमी रूप का सफल चित्र प्रस्तुत किया है।

भारतेंदु युग के ही एक महत्त्वपूर्ण रचनाकार उपाध्याय बदरीनारायण चौधरी 'प्रेमधन' ने भी 'भ्रमरगीत' की रचना की है। कृष्ण के दैन्य और श्रृंगार भाव का हृदयस्पर्शी चित्रण इनके भ्रमरगीत में देखने को मिलता है।

आधुनिक काल के प्रसिद्ध कवि अयोध्या सिंह उपाध्याय 'हरिऔध' ने भी कृष्ण–चरित्र से संबंधित अनेक रचनाओं का प्रणयन किया है। 'प्रिय प्रवास', 'कृष्ण शतक', प्रेमांबु प्रवाह', प्रद्युम्न विजय' और 'रुक्मिणी परिणय' उनकी ऐसी रचनाओं में उल्लेखनीय है। हरिऔध ने अपनी रचनाओं में कृष्ण की महत्ता और गोपियों की विरह वेदना के चित्रण पर विशेष ध्यान दिया है। 'प्रिय प्रवास' खड़ी बोली हिंदी का पहला महाकाव्य है। इसमें कृष्ण को नवीन परिवेश में प्रस्तुत किया गया है। हरिऔध के कृष्ण न तो भक्तिकाल के ब्रह्म हैं और न लौकिक रसिक नायक। कहा जा सकता है कि उनके कृष्ण युगानुरूप सच्चे मानव का प्रतिनिधित्व करते हैं और वे मानवता के आदर्श हैं।

आधुनिक काल के एक अन्य कवि जगन्नाथ दास 'रत्नाकर' का 'उद्धव शतक' भ्रमरगीत काव्य परंपरा का सुंदर दूत काव्य है। इस काव्य में गोपियों की उत्सुकता, अनन्यता और आतुरता को विशेष रूप से स्वर दिया गया है। दरअसल, जगन्नाथ दास 'रत्नाकर के उद्धवशतक' से भ्रमरगीत की एक नवीन परंपरा का प्रस्फुटन हुआ है। इस ग्रंथ में भ्रमरगीत परंपरा का निर्वाह बड़ी ही सफलता के साथ हुआ है।

सत्यनारायण 'कविरत्न' ने भी इस क्षेत्र में नवीनता और मौलिकता का परिचय दिया है। इनकी रचना 'भ्रमर दूत काव्य' पौराणिक कथावस्तु पर आधारित और नवीन परिवेश को प्रस्तुत करने वाली रचना है। इस रचना में यशोदा के उदात्त व्यक्तित्व को लेकर समस्त भारतवासियों के लिए मातृप्रेम करने वाली रचना है। इस रचना में यशोदा के उदात्त व्यक्तित्व को लेकर समस्त भारतवासियों के लिए मातृप्रेम का आदर्श प्रस्तुत किया गया है। यशोदा और कृष्ण के चरित्र के माध्यम से कवि ने तत्कालीन भारत की विपन्नावस्था का यथार्थ चित्र खींचा है। 'सत्यनारायण' 'कविरत्न' के भ्रमरदूत में न तो उद्धव हैं और न ही गोपियाँ। इस काव्य में

माता यशोदा ही श्री कृष्ण के नाम संदेश भेजती हैं। इस ग्रंथ में स्वदेश प्रेम, राष्ट्रीय भावना, निरक्षरता, देश की दशा आदि का वर्णन करते हुए कवि ने मौलिक उद्भावनाएँ व्यक्त की हैं। इसी भ्रमरगीत की परंपरा का स्वस्थ निरूपण डॉ. रमाशंकर शुक्ल 'रसाल' के 'उद्धव-शतक' में भी हुआ है।

इसी क्रम में पं. द्वारका प्रसाद मिश्र का 'कृष्णायन' प्रबंध काव्य भी अवलोकनीय है। यह प्रबंध काव्य 'रामचरित मानस' के अनुरूप सात कांडों में विभक्त है। प्रबंधकार ने अपनी इस रचना के कथानक का आधार 'महाभारत और श्रीमद्भागवत' से ग्रहण किया है। इसमें समाज सुधारक, लोकनाथ आदर्श, मानव और लोक व्यवस्थापक के रूप में श्रीकृष्ण को प्रस्तुत किया गया है।

आधुनिक काल के ही आरसी प्रसाद सिंह स्वच्छंद विचारधारा के कवि हैं। उनकी रचना का नाम 'श्रीकृष्ण चेला' है। इस ग्रंथ में कृष्ण के जीवन की अनेक झाँकियाँ प्रस्तुत की गई हैं। भारतीय वांग्मय में कृष्ण काव्य की परंपरा काफी प्राचीन है।

वैसे तो कृष्ण का उल्लेख वैदिक साहित्य में भी मिलता है पर कृष्ण काव्य की व्यवस्थित परंपरा महाभारत से प्रारंभ होती है। हिंदी से पूर्व संस्कृत, पालि, प्राकृत और अपभ्रंश साहित्य में कृष्ण के जीवन चरित्र पर पर्याप्त लिखा गया है। हिंदी में भी विपुल मात्रा में कृष्ण काव्य लिखे गए हैं। इसमें कोई दो राय नहीं कि हिंदी में उपलब्ध कृष्ण काव्य परंपरा में सूर के पद सर्वोत्कृष्ट हैं।

हिंदी साहित्य के हर काल में अनेक कवियों ने कृष्ण-कथा को आधार बनाकर काव्य-रचना की है पर सूरदास जैसी विलक्षण काव्य दृष्टि का उनमें अभाव है। एक बात और इस परंपरा में अनेक भक्त कवियों की कृष्ण कथा में देवत्व का पुट अधिक गहरा है। अर्थात उनके कृष्ण देवता हैं, विलक्षण हैं और इस लोक से न्यारे हैं। सूरदास के कृष्ण काव्य में देवत्व का पुट गहरा नहीं है। उनके कृष्ण देवता हैं, विलक्षण हैं और इस लोक से न्यारे हैं। सूरदास के कृष्ण काव्य में देवत्व का पुट गहरा नहीं है। उनके कृष्ण देवता से अधिक मानव हैं। सूरदास ने कुछ स्थानों पर उनके देवत्व का केवल संकेत भर किया है। सूरदास के कृष्ण नर लीला तो करते ही हैं, दिव्य लीला भी करते हैं।

प्रश्न 4. सूरदास के जीवन और साहित्य पर प्रकाश डालिए।

उत्तर– जीवन परिचय–कृष्ण भक्ति शाखा के अमर गायक, पुष्टिमार्ग के जहाज, वात्सल्य और शृंगार के कुशल चित्रकार महाकवि सूर का जीवन वृत भी अंधकार की क्रोड (गोद) में छिपा हुआ है। अन्य भक्त कवियों के समान 'स्वान्तः सुखाय' रचना करने वाले सूर ने अपने काव्य में स्वयं का परिचय देना उचित नहीं समझा। यही कारण है कि सूर के जीवन के विभिन्न पक्षों, समय, स्थान, वंश, अंधत्व आदि के विषय में विद्वानों में पर्याप्त मतभेद है। फिर भी उनके जीवन मृत का निर्धारण करने के लिए हमें जो सामग्री उपलब्ध होती है, वह दो प्रकार की है–

(1) अंतःसाक्ष्य और

(2) बहिर्साक्ष्य

अंतसाक्ष्य सामग्री के अंतर्गत सूर के वे आत्मविषयक कथन आते हैं जो उनके पदों में यंत्र–तंत्र उपलब्ध होते हैं। यद्यपि सूर ने स्पष्ट रूप से कहीं भी अपने बारे में कुछ नहीं कहा है, किंतु उनके वर्णनों में कहीं–कहीं ऐसे उल्लेख प्राप्त हो जाते हैं, जिनमें उनके जीवन एवं व्यक्तित्व की अस्पष्ट झलक दिखाई दे जाती। बाह्य साक्ष्य में वे सभी रचनाएँ सम्मिलित की जा सकती हैं जो उनके समकालीन एवं परवर्ती कवियों द्वारा सृजित हैं। इनमें चौरासी वैष्णवों की वार्त्ता, हरिराय कृत 'भाव प्रकाश टीका', नाभादास कृत 'भक्तमाल', 'अष्टसखामृत', भक्त विनोद, राम रसिकावली आइने अकबरी, मूल गुंसाई चरित आदि प्रमुख हैं।

नामकरण—सूर के पदों में सूर, सूरजदास, सूरज, सूरदास और सूरश्याम ये पाँच नाम आते हैं। आचार्य मुंशीराम शर्मा सभी नामों को सूरदास के मानते हैं। सूर निर्णय के लेखकों ने 'अष्ट–सखामृत' के आधार पर उनका नाम सूरजदास माना है। 'साहित्य–लहरी' के पदों में सूरज चंद लिखा है। किंतु सूरदास जी का वास्तविक नाम सूरदास ही था क्योंकि 'वार्त्ता–साहित्य' में इन्हें सूर या सूरजदास ही कहा गया है।

जन्म तिथि—सूर की जन्म–तिथि के संबंध में विद्वानों में पर्याप्त मतभेद रहा है, किंतु आधुनिक खोजों से यह विवाद प्रायः समाप्त हो गया है और लगभग सभी ने सूर की जन्म तिथि बैसाख शुक्ल पंचमी संवत् 1535 वि. को स्वीकार कर लिया है, इसकी पुष्टि के लिए निम्नलिखित प्रमाण प्रस्तुत किए जा सकते हैं—

(1) सूर निर्णय के लेखकों ने अंतःसाक्ष्य के आधार पर सूर का जन्म–संवत् 1535 विक्रम की निश्चित किया है।

(2) वल्लभ–संप्रदाय की मान्यता के अनुसार सूरदास महाप्रभु बल्लभाचार्य से आयु में 10 दिन छोटे थे। महाप्रभु का जन्म संवत् व 535 वि. बैसाख कृष्ण दशमी रविवार निश्चित है। अतः सूर की जन्मतिथि बैसाख शुक्ल पंचमी, मंगलवार संवत 1535 वि. सिद्ध होती है।

(3) सूर के दीक्षा गुरु बल्लभाचार्य जी के वंशज भट्टजी ने स्पष्ट शब्दों में लिखा है—

"प्रकटै भक्त शिरोमणी राय

माधव शुक्ला पंचमी, ऊपर छट्ट अधिक सुखदाय।"

(4) नाथद्वारा के मंदिर में सूर का जन्म दिन बैसाख शुक्ल पंचमी को मनाए जाने की परंपरा बहुत प्राचीन है।

जन्म–स्थान—सूर की जन्म–भूमि के संबंध में निम्नलिखित चार स्थानों की प्रसिद्धि है—

(1) गोपाचल—डॉ. पीताम्बरदत्त बड़थ्वाल ने ग्वालियर का नाम 'गोपाचल' सिद्ध किया है और इसे ही सूर की जन्म भूमि माना है।

(2) मथुरा में कोई ग्राम—कवि मियाँसिंह ने 'भक्त विनोद' में सूर का जन्म स्थान मथुरा के पास कोई ग्राम माना है।

'मथुरा प्रांत विप्र कर गेहा भी उत्पन्न भक्त हरि नेहा।

(3) रुनकता—आचार्य रामचंद्र शुक्ल ने अपने हिंदी साहित्य के इतिहास में सूर का जन्म स्थान रूनकता लिखा है। डॉ. श्याम–सुंदर दास ने भी सूर की जन्मभूमि 'रुनकता ही मानी है' इसका कारण कदाचित सूरदास का गऊघाट पर रहना है, जो रुनकता से कुछ दूरी पर है।

(4) सीही—'वार्त्ता–साहित्य' में सूरदास की जन्मभूमि सीही नामक स्थान को माना गया है। 'चौरासी वैष्णवों' की वार्त्ता के भावप्रकाश में श्री हरिराय जी ने सबसे पहले सूरदास जी का जन्म स्थान दिल्ली से चार कोस की दूरी पर सीही ग्राम बतलाया था। 'अष्टसखामृत' में भी सूर का जन्म सीही ही माना गया है–

"श्री बल्लभ प्रभू लाडिले, सीही सर जलपात।
सारसुतौ दुज तरु सुफल, सूर भगत विख्यात।।"

आज अधिकांश विद्वान सीही को ही सूर की जन्मस्थली मानते हैं।

जाति तथा वंश—सूरदास की जाति एवं वंश के विषय में भी पर्याप्त मतभेद है। कुछ विद्वान इन्हें भाट तो कुछ भट्ट ब्राह्मण मानते है, तो कुछ ढाढी या जगा जाति का मानते हैं। पुष्ट प्रमाणों के आधार पर सूरदास जी सारस्वत ब्राह्मण थे। वार्त्ता–साहित्य में भी इन्हें सारस्वत ब्राह्मण बताया गया है। इसकी पुष्टि इस बात से भी होती है कि दिल्ली के आसपास सारस्वत ब्राह्मण ही रहते हैं। अतः सूरदास सारस्वत ब्राह्मण ही थे।

अंधत्व—सूरदास के अंधत्व के संबंध में लगभग सभी एकमत हैं, किंतु सूर जन्मांध थे या बाद में अंधे हुए इस विषय में विद्वानों में पर्याप्त मतभेद है। वार्त्ता–साहित्य–मैं भी उन्हें जन्मांध माना गया है। सूरसागर के अनेक पद सूर के अंधत्व के प्रमाण में दिए जा सकते हैं–

"सूरदास सों बहुत निठुरता नैननि हू कि हानि।"

एवं

"नाथ मोहि अब की बेर उबारो।
करमहीन जनम को आँधो, मोते कौन न कारी।"

किंतु कुछ आलोचकों का मानना है कि एक जन्मांध कवि न तो नख–शिख वर्णन की सूक्ष्मता तक पहुँच सकता है, और न वाग्विदग्धता के चित्र प्रस्तुत कर सकता है। किंतु यह सत्य है कि जन्म से अंधा ही 'सूरदास' कहलाता है और प्रभु के सच्चे भक्त के लिए विश्व के निगूढ़ रहस्य भी खुल जाते हैं। अतः सूर को जन्मांध ही माना जाना चाहिए।

वैराग्य तथा संप्रदाय प्रवेश—स्वामी हरिराय जी के भाव–प्रकाश के अनुसार केवल छः वर्ष की अवस्था में ही सूरदास विरक्त होकर अपने गाँव से चार कोस की दूरी पर तालाब के किनारे, पीपल के वृक्ष के नीचे रहने लगे थे। वहीं वे 18 वर्ष की उम्र तक रहे। इसके पश्चात् मथुरा–आगरा के बीच गौघाट पर रहने लगे। यही पर 1580 में – उन्होंने – महाप्रभु वल्लभाचार्य से दीक्षा प्राप्त की। बल्लभाचार्य ने उन्हें पुष्टिमार्ग में दीक्षित किया। 'वार्ता' में बल्लभाचार्य और सूरदास की पहली भेंट का जो रोचक वर्णन दिया गया है, उससे पता चलता है कि सूरदास उस समय तक कृष्ण की आनंदमय ब्रजलीला से परिचित नहीं थे और वे वैराग्य

भावना से प्रेरित होकर पतितपावन हरि की दैन्यपूर्ण दास्यभाव की भक्ति में अनुरक्त थे और इसी भाव के विनयपूर्ण पद रच कर गाते थे। बल्लभाचार्य का जब सूरदास से सामना हुआ, उस वक्त भी वे प्रभु से अपने पतित और कृष्ण के करुणानिधान होने का भजन दैन्यपूर्ण स्वरों में गा रहे थे इस पर बल्लभाचार्य ने कहा – ऐसे घिघिआओ मत कुछ लीला के पद गाओ। कहते हैं उनकी दृष्टि में बदलाव हुआ और फिर वे वात्सल्य और शृंगार के शिखर तक पहुँचे।

अकबर से भेंट–'चौरासी वैष्णवों की वार्त्ता' के अनुसार दिल्ली से आगरा जाते समय अकबर सूरदास जी से मिले थे। किंवदन्ती है कि अपनी सभा के प्रसिद्ध गायक तानसेन द्वारा सूर का कोई पद सुनकर अकबर सूर से मिलने के लिए लालायित हो उठा। डॉ. हरवंशलाल शर्मा का मत है कि अकबर सन् 1579 की अजमेर यात्रा में फतेहपुर सीकरी से लौटता हुआ, रास्ते में मथुरा में उनसे मिला हो।

काव्य रचना–कहा जाता है कि सूर ने सवा लाख पदों की रचना की थी किंतु सूर से संबंद्ध दस हजार पद भी नहीं मिलते। इनमें भी काफी पदों की प्रामाणिकता संदिग्ध है।

गोलोकवास–जन्म तिथि की ही भाँति सूर की मृत्यु–तिथि के संबंध में पर्याप्त मतभेद है। विभिन्न विद्वानों ने उनकी मृत्यु तिथि संवत् 1620 से 1642 के बीच मानी है। मिश्र–बंधुओं ने सूर का निधन संवत् 1620 माना है। किंतु अंतःसाक्ष्य एवं बहिर्साक्ष्य के आधार पर संवत् 1640 तक सूर की उपस्थिति सिद्ध होती है। ऐतिहासिक साक्ष्यों के अनुसार सूर और अकबर की भेंट संवत् 1630 से पहले संभव नहीं। अतः सूर का गोलोकवास संवत् 1631 के बाद ही मानना चाहिए। सूरदास का देहावसान पारसौली में हुआ। यही वह स्थान है, जिसके बारे में मशहूर है कि कृष्ण ने वहाँ रासलीला की थी। जनश्रुति है कि सूरदास को आचार्य बल्लभ, श्रीनाथ जी और गोसाई विट्ठलनाथ ने श्रीनाथ जी की आरती करते समय उपस्थित नहीं देखा तो समझ लिया कि सूरदास का अंत समय निकट आ गया है। उन्होंने अपने सेवकों से कहा कि, 'पुष्टिमार्ग का जहाज जा रहा है जिसे जो लेना हो ले ले।' आरती के बाद गोसाई जी रामदास, कुंभनदास, गोविंदस्वामी और चतुर्भुजदास के साथ सूरदास के निकट पहुँचे और सूरदास को, जो अचेत पड़े हुए थे, चैतन्य होते हुए देखा। सूरदास ने गोसाई जी की वत्सलता की प्रशंसा की। चतुर्भुजदास ने इस समय शंका की कि सूरदास ने भगवंश तो बहुत गाया, परंतु आचार्य बल्लभ का यशगान क्यों नहीं किया। सूरदास ने बताया कि उनके निकट आचार्य जी और भगवान में कोई अंतर नहीं है। गोसाई विट्ठलनाथ ने पहले उनके 'चित्त की वृत्ति' और फिर 'नेत्र की वृत्ति' के संबंध में प्रश्न किया तो उन्होंने क्रमशः 'बलि बलि बलि हों कुमरि राधिका नंद सुवन जासों रति मानी' तथा 'खंजन नैन रूप रस माते' वाले दो पद गाकर बताया कि उनका मन और आत्मा पूर्णरूप से राधा भाव में समाहित हैं। कहते हैं इस संदेश के बाद उनका निधन हो गया।

रचनाकार–व्यक्तित्व–महाकवि सूर कृष्ण भक्त के रूप में चर्चित रहे। उनके द्वारा रचित पदों में अपने आराध्य कृष्ण की बाल लीलाओं का मर्मस्पर्शी चित्रण है। उनके भक्त हृदय से जो अभिव्यक्त हुआ वही उनकी रचनाओं के माध्यम से हमारे समक्ष अनेक कृतियों के

रूप में आज भी विद्यमान है। 'सूर सागर' एक अमरग्रंथ है। कृष्ण के साथ तादात्मय हो जाने के कारण उनका व्यक्तित्व गौण हो गया और वे कृष्णमय हो गए। यही सूर का सूरत्व है। इसके बारे में कहा गया है–

"किंधौ सूर को सर लग्यौ किंधौ सूर की पीर।
किधौ सूर को पद लग्यौ, तन–मन धुनत शरीर।।"

कृतियाँ–महाकवि सूर वल्लभाचार्य जी से दीक्षा लेने के पूर्व से ही काव्य–सृजन में लीन थे। तब से लेकर जीवन पर्यन्त उसकी हृदय वीणा के स्वर विभिन्न राग–रागनियों के माध्यम से ध्वनित होते रहे। 'वार्त्ता–साहित्य' एवं समकालीन ऐतिहासिक ग्रंथों में वैसे तो सूर की किसी भी रचना का उल्लेख नहीं मिलता है, किंतु इस बात का संकेत अवश्य मिलता है कि सूर ने सहस्त्रावधि पद अथवा सवालाख पदों की रचना की थी। काशी नागरी प्रचारिणी सभा की खोज रिपोर्ट, इतिहास ग्रंथ एवं पुस्तकालयों में सुरक्षित ग्रंथों के आधार पर अब तक जिन ग्रंथों का पता चला है उनकी संख्या 25 बताई गई हैं–

(1) सूर सारावली (2) भागवत–भाष्य (3) सूर–रामायण (4) गोवर्धन लीला (5) भंवरगीता (6) प्राणप्यारी (7) सूरसाठी (8) सूरदास के विनय आदि के स्फुट पद (9) एकादशी महात्म्य (10) दशम् स्कंध भाषा (11) साहित्य लहरी (12) मान–लीला (13) नाग लीला (14) दृष्टिकूट के पद (15) सूरपचीसी (16) नल दमयंती (17) सूरसागर (18) सूर–सागर सार (19) राधारस केलि कौतूहल (20) दान लीला (21) ब्याहलो (22) सूरशतक (23) सेवाफल (24) हरिवंश टीका (संस्कृत) (25) रामजन्म

इन ग्रंथों में कुछ प्रकाशित और कुछ अप्रकाशित हैं।

डी. दीनदयाल गुप्त ने केवल सूरसागर, सूर सारावली तथा साहित्य–लहरी को ही सूर की प्रामाणिक रचनाएँ माना है। द्ववारिका प्रसाद पारिक एवं प्रभुदयाल मित्तल ने अपने काव्य ग्रंथ 'सूर निर्णय' में सूर की सात प्रामाणिक रचनाएँ मानी हैं–

(1) सूर सारावली (2) साहित्य लहरी (3) सूर सागर (4) सूर साठी (5) सूर पचीसी (6) सेवाफल (7) सूर के विनय संबंधी स्फुट पद।

आधुनिक आलोचकों ने सूर की तीन रचनाओं को ही प्रामाणिक माना है–

(1) सूर सारावली (2) साहित्य लहरी (3) सूर सागर

इनकी दृष्टि में अन्य ग्रंथ या तो सूर सागर के ही अंश हैं अथवा उनको सूर कृत मान लिया गया है क्योंकि उनमें कहीं–कहीं सूर के नाम की छाप है। अतः इनकी प्रामाणिकता संदिग्ध है।

सूर सागर–सभी विद्वान इस विषय में एकमत हैं कि महाकवि सूर ने कृष्ण भक्ति में डूबकर सहस्त्रों पद लिखे हैं। जिन्हें काव्य जगत में सूरसागर के नाम से जाना जाता है। 'वार्त्ता साहित्य' में सूर–साहित्य के विषय में दो उक्तियाँ अलग–अलग तरीके से लिखी हुई हैं।

प्रथम–"सूरदास जी ने सहस्त्रावधि पद किए हैं
ताको सागर कहिये सो जगत में प्रसिद्ध भये।"

द्वितीय—"सो तब सूरदास जी मन में विचारै
जो मैं तो मन में सवालाख कीर्तन प्रकट करिबे को संकल्प कियो है।
सो तामे तें लाख कीर्तन तौ प्रकट भये है।
सो भागवत इच्छा ते पच्चीस हजार कीर्तन ओर प्रकट करने हैं
'सूर सारावली' में भी इसी से मिलती—जुलती बात कही गई है—
'ता दिन ते हरि लीला गाई एक लक्ष पद बंद
ता को सार 'सूर—सारावली' गावत अतिआनन्द।'

यद्यपि हरिराय जी ने स्पष्ट रूप से सवालाख पदों का उल्लेख किया किंतु अब तक के अनुसंधान के फलस्वरूप केवल 8–10 हजार पद ही प्राप्त हो सके हैं। डॉ. श्याम सुंदर दास ने अपने ग्रंथ 'हिंदी भाषा और साहित्य' में केवल 8 हजार पद माने हैं। जबकि शिव सिंह 'सरोज' ने सूर के पदों की संख्या 6 हजार मानी है। द्वारिका प्रसाद पारिक और प्रभु दयाल मित्तल ने 'सूर निर्णय' में सूर के पदों की संख्या गणित के आधार पर 93 हजार 350 मानी हैं और इनके अतिरिक्त लीला संबंधी अनेक पद अलग से गिनाए हैं। यदि उन सबकी गिनती की जाए तो सूर के पदों की संख्या सवा लाख से भी कहीं अधिक पहुँचती है।

सूर—सुरावली—यह ग्रंथ सर्वप्रथम वेंकटेश्वर प्रेस, बंबई और नवल किशोर प्रेस, लखनऊ से 'सूर सागर' के संस्करणों के प्रारंभ में छाया गया था। इसीलिए कुछ विद्वान इसे सूरसागर का सार या उसकी भूमिका भी मानते हैं। इसके पदों की संख्या 1107 हैं। ग्रंथ का प्रारंभ इस प्रकार होता है—

'अथ श्री सूरदास जी रचित सूरसागर सारावली तथा सवा लाख पदों का सूची पत्र।'

सूर सारावली का प्रथम पद है।

बंदौ श्री हरिपद सुखदाई।

प्रस्तुत ग्रंथ में सूरदास जी ने इस संसार को होली का रूपक प्रदान किया हैं, जिसमें लीला पुरुष की अद्भुत लीलाएँ निरंतर चलती रहती हैं। क्रीड़ा करते—करते भगवान को सृष्टि रचना का विचार आया और उन्होंने स्वयं में से ही काल—पुरुष की अवतारणा की, जिसमें माया ने क्षोभ उत्पन्न किया। जिससे प्रकृति के सत्, रज व तम तीन गुण प्रकट हुए और इन तीनों गुणों से—पंचमहाभूत, चार अंतःकरण और दस प्राणों की उत्पत्ति हुई। इस प्रकार 28 तत्त्वों का प्रादुर्भाव हुआ। तत्पश्चात् नारायण की नाभि से कमल, कमल से ब्रह्मा का उद्भव हुआ। ब्रह्मा ने सौ वर्ष तक तप किया जिसके फलस्वरूप उन्हें हरि के दर्शन हुए। फिर उन्होंने ब्रह्मा को सृष्टि निर्माण की आज्ञा दी और ब्रह्मा ने 14 लोक, बैकुंठ, पाताल की रचना होली के खेल के रूप में ही कर डाली। ब्रह्मा के 10 पुत्र हुए तब शतरूपा और स्वयंभू का जन्म हुआ और भगवान ने पृथ्वी की रक्षा के लिए वराह अवतार धारण किया। इस प्रकार विभिन्न छंदों में लोकपालों, बन, उपवन, नदी, पर्वत 24 अवतार आदि की कथा कही गई और छंद संख्या 360 से कृष्णावतार की कथा प्रारंभ होती है, जिसमें कृष्ण से संबंधित समस्त लीलाओं का

वर्णन है। इस ग्रंथ की प्रामाणिकता पर विद्वान एकमत नहीं हैं। आचार्य मुंशीराम शर्मा और 'डी. दीनदयाल गुप्त इसे प्रामाणिक मानते है। डॉ. दीनदायल गुप्त का कहना है कि, चार–छः शब्दों को पकड़कर जो संभवतः अब तक के छपे सूर सागरों में, नहीं मिलते, इस 'ग्रंथ' को सूर कृत न कहना उचित नहीं है। प्रक्षिप्त शब्द व वाक्य सूर के सभी ग्रंथों में हो सकते है।

जबकि डॉ. ब्रजेश्वर बर्मा ने इसे अप्रामाणिक मानते हुए लिखा है, उपयुक्त विवेचन के निष्कर्ष स्वरूप यह निस्संकोच कहा जा सकता है कि कथावस्तु भाव भाषा शैली और रचना के दृष्टिकोण के विचार से 'सूर सारावली' सूरदास की प्रामाणिक रचना नहीं जान पड़ती। तथाकथित आत्मकथन और कवि छापों में भी यही संकेत मिलता है"

अतः यह ग्रंथ प्रामाणिक है या अप्रामाणिक इसकी गहराई में जाने से पूर्व यह कहा जा सकता है कि यह ग्रंथ होली गान के रूप में लिखा गया है। आचार्य मुंशीराम शर्मा ने इस संबंध में लिखा है अतः हमारी समझ में सारावली एक 'वृहद होली' नाम का गीत है। जिसकी टेर है–

'खेलत यह विधि हरि होरी हो वेद–विदित यह बात।'

इसी एक गीत की 1107 कड़ियाँ हैं जो सारावली के छंदों के रूप में प्रकट की गई हैं।

साहित्य लहरी–'साहित्य लहरी' महाकवि सूर के उन पदों का संग्रह है जिन्हें 'दृष्टिकूट' कह जाता है। इसमें रस, अलंकार और नायिका–भेद जैसी रचना शैली विद्यमान है। इसमें कुल 118 पद हैं। यद्यपि इस ग्रंथ की कोई प्राचीन हस्तलिखित प्रति नहीं मिलती है किंतु नागरी प्रचारिणी सभा की रिपोर्ट में सूरदास जी के दृष्टिकूट सटीक तथा 'सूरशतक' नाम की रचनाओं का उल्लेख है। इस ग्रंथ की दो टीकाएँ भी प्रकाशित हो चुकी हैं। नवल किशोर प्रेस, लखनऊ से सरदार कवि की टीका दो भागों में प्रकाशित हुई है। इसके प्रथम भाग में 118 और दूसरे भाग में 63 पद है। इस ग्रंथ का नाम 'श्री सूरदास के दृष्टिकूट सटीक' हैं। इस ग्रंथ की दूसरी टीका खड्ग विलास प्रेस, बांकीपुर से प्रकाशित हुई है, जिसके संग्रहकर्त्ता भारतेन्दु हरिश्चंद्र हैं।

साहित्य लहरी में दृष्टिकूट पदों का संग्रह है और इनका विषय राधा का नख–शिख वर्णन एवं मुक्त सौंदर्य वर्णन है। इन पदों में नायिका–भेद जैसे विषयों पर चर्चा की गई है और कहीं–कहीं शृंगार को अश्लीलता के चरम शिखर तक पहुँचा दिया गया है। इसीलिए साहित्यकारों का एक पक्ष इसे अप्रमाणिक मानता है। आलोचकों का कहना है कि सूर जैसे भक्त कवि को घोर शृंगारिक रचनाएँ लिखने की क्या आवश्यकता थी। डॉ. ब्रजेश्वर वर्मा साहित्य–लहरी को प्रामाणिक ग्रंथ नहीं मानते हैं। जबकि आचार्य मुंशीराम शर्मा ने इसे पूर्ण प्रामाणिक ग्रंथ माना है और इसके 118 वें पद को आधार बनाकर अनके कल्पनाएँ कर डाली हैं क्योंकि यही एक ऐसा पद है जिसको लेकर साहित्य लहरी को अप्रामाणिक बताने का प्रयास किया है।

डी. दीनदयाल गुप्त ने इसकी प्रामाणिकता के विषय में कहा है–

"साहित्य लहरी सूरदास के दृष्टिकूट पदों का ग्रंथ है जिसका संकलन सूर के ही जीवन काल में हो गया था। इसकी रचना के बाद भी सूर ने दृष्टिकूट पद लिखे और लोगों ने उन्हें

सूर–सागर से छांटकर मूल 'साहित्य–लहरी' में मिला दिया। यह ग्रंथ यद्यपि सूरसागर का अंश कहा जा सकता है फिर भी एक स्वतंत्र ग्रंथ है, जो अपनी निजी विशेषताएँ रखता है।"

'साहित्य लहरी' में राधा का नख–शिख वर्णन, श्रृंगार का उन्मुक्त वर्णन, नायिका भेद जैसे विषय चित्रित किए गए हैं, इसीलिए महाकवि सूर पर इस ग्रंथ को लेकर आरोप लगाया जाता है कि सूर जैसे भक्त कवि को विषय–वासना के सागर में गोते लगाने की क्या आवश्यकता थी।

प्रश्न 5. सूरदास की भक्ति के दार्शनिक आधारों की विवेचना कीजिए।

उत्तर– भक्ति भगवान के प्रति निवेदित अनुराग की एक पद्धति है। वह नाना प्रकार की होती है। इस भक्ति का सिद्धांत–पक्ष भी होता है। भक्ति का सिद्धांत–पक्ष ही उनकी दार्शनिकता होती है। सूरदास ने जीवन और जगत् के चरम लक्ष्य का साक्षात्कार किया था। इस संबंध में उनकी अपनी दार्शनिक दृष्टि है। सूरदास को महाप्रभु वल्लभाचार्य का शिष्यत्व प्राप्त हुआ था। वल्लभाचार्य जी ने शंकराचार्य के अद्वैत सिद्धांत के विरोध में शुद्धाद्वैतावाद की प्रतिष्ठा की थी। शुद्धाद्वैत का अर्थ है–शुद्ध अद्वैत–यानी वह जो ब्रह्म है, वह माया के संबंध से रहित है, इसलिए शुद्ध है। शुद्धद्वैत मार्तण्ड में श्रीगिरिधर जी ने इसका लक्षण देते हुए कहा है–"माया संबंध रहितं शुद्धमित्युच्यते बुधै" अर्थात् माया संबंध से रहित ब्रह्म को विद्वानों ने शुद्ध किया है। शुद्धाद्वैतवाद के अनुसार ब्रह्म अविकृत रूप में आविर्भूत होता है, इसलिए इसे अविकृत परिणामवाद भी कहा गया है। वल्लभाचार्य जी के विचारों का सूरदास पर प्रभाव पड़ना स्वभाविक था। सूरदास ने श्रीनाथ जी के मंदिर में दीर्घकाल तक कीर्तन सेवा की थी। उनके भक्ति–भावों से भरे पदों में, उनकी दार्शनिक विचारधारा भी सहज ही देखने में आ जाती है। वैसे सूरदास का विचार किसी प्रकार के दार्शनिक–सिद्धांतों को व्यक्त करना नहीं था फिर भी उनके भक्ति भावों से उनके दार्शनिक विचार उभर कर आ जाते हैं।

'दर्शन' मोटे रूप में ज्ञान को कहते हैं। ज्ञान की चरम परिणति परमात्मा से संबंध रखने वाले ज्ञान की है। जीव का उससे संबंध व्यक्त किया जाता है। जीव इस जगत में प्रादुर्भूत हुआ है, उसका जगत के साथ संबंध भी ध्यान देने योग्य है। इस तरह दार्शनिक मान्यता पर विचार करने के लिए हमें ब्रह्म, जीव, जगत आदि को दृष्टि में रखना होता है। साथ ही जगत् को भुलावे में फँसाने वाली माया भी आ जाती है। सूरदास के काव्य के दर्शन–पक्ष का विवेचन इसी आधार पर करना समीचीन है। यह विवेचना नीचे प्रस्तुत है–

(1) ब्रह्म–सूरदास जी के ब्रह्म–विषयक विचार वल्लभाचार्य जी के समान है। वल्लभाचार्य ने कृष्ण को परब्रह्म–रूप में माना है। सूरदास ने भी कृष्ण को परबह्म के रूप में अंकित किया है। कृष्ण इनके इष्टदेव हैं। उन्हें वे 'हरि' नाम से अभिहित करते हैं। सूरसागर के प्रथम पद–'चरन कमल वन्दों हरि राई' और 'हरि' शब्द श्रीकृष्ण के लिए यानी परब्रह्म के लिए आया है, ये ब्रह्म, ब्रह्मा, विष्णु, महेश से ऊपर हैं। उनके विषय में ब्रह्मा, शिव आदि भी कुछ नहीं जानते। इसलिए सूरदास कहते हैं–

जाको अंत न ब्रह्मा जाने सिव सनकादि न पावे।
सो अब देखो नंद–जसोदा हरषि–हरषि हलरावै।।

सूरदास के इस तरह के ब्रह्म–विषयक विचार परंपरा–प्रथित हैं। ईश्वर को निर्गुण–सगुण, गुणातीत, देवाधिदेव आदि कहने की प्राचीन पद्धति रही है। वल्लभाचार्य से सूरदास ने भागवत को सुना था। उसी के अनुसार उन्होंने कृष्ण के स्वरूप का आख्यान किया है। भागवत में कहा गया है कि यों तो भगवान के अनेक अवतार होते हैं पर कृष्ण तो स्वयं भगवान ही हैं—

"एते चांशकला पुँसः कृष्णास्तु भगवान स्वयम्"

सूरदास ने उन्हे अविनाशी, घट–घट वासी, पूर्ण ब्रह्म कहकर स्तुति की है। वे विष्णु के अवतार हैं। उनके विषय में कुछ भी ज्ञात नहीं है—

आदि सनातन हरि अविनाशी।
सदा निरंतर घट घट वासी।
पूरन ब्रह्म पुरान बखानै।
चतुरानन सिव अन्त ने जानै।।

ब्रह्म के विराट स्वरूप को भी सूरदास ने वर्णन किया है। श्रीकृष्ण ज्योतिस्वरूप हैं। वे सर्वव्यापक हैं। सप्त पाताल उनके चरण हैं, आकाश सिर है और सूर्य, चन्द्र, नक्षत्र तथा अग्नि में उसी का प्रकाश है—

चरन सप्त पाताल जाके, सीस है आकास।
सूर–चन्द्र–नक्षत्र–पावक, सर्व तासु प्रकाश।।

इस संबंध में यह अवेक्षणीय है कि भगवान के विराट रूप का जो वर्णन तुलसीदास ने रामचरितमानस में मन्दोदरी के मुख से व्यक्त किया है वह इस वर्णन की अपेक्षा अधिक विशद और सटीक है। उसके आरंभ की कुछ पंक्तियाँ इस प्रकार हैं—

पद पाताल सीस अज धामा। अपर लोक अंग–अंग विश्रामा।
भृकुटि विलास भयंकर काला। नयन दिवाकर कच धन माना।
जासु घ्रान अस्विनी कुमारा। निसि अरु दिवस निमेष अपारा।
श्रवन दिशा दस वेद बखानी। मारुत स्वास निगम निज बानी।

ब्रह्म–निरूपण में सूरदास की अभिव्यक्ति उतनी विस्तृत नहीं है, जितनी तुलसी की। पर सूरदास ने कृष्ण के ब्रह्मत्व का स्मरण पग–पग पर किया है। कृष्ण के बाल–रूप वर्णन तक में सूर उनके ईश्वरत्व को नहीं भूले हैं। इसलिए जब शिशु कृष्ण अपने पैर के अंगूठे को अपने मुख में डाल लेते हैं तो सूरदास ने प्रलय–काल के समय जैसी आशंका वर्णित की है—क्योंकि प्रलय के समय भी परमात्मा वट वृक्ष पर अपने पैर के अंगूठे को मुख में डालकर वटपथ पर शयन करते हैं। सूरदास द्वारा अभिव्यक्त उस प्रसंग की कुछ पंक्तियाँ द्रष्टव्य हैं—

उछरत सिंधू धराधर कांपत, कमठ पीठ अकुलाइ।
सेष सहसफन डोलन लागे, हरि पीवत जब पाई।।
बढ्यो वृच्छ बट, सूर अकुलाने गगन भयों उतपात।
महाप्रलय के मेघ उठे करि जहाँ–तहाँ आघात।।

इस प्रकार सूरदास के ब्रह्म, भक्तों को सुख देने के लिए लीला करने के लिए अवतरित हुए हैं। वे अव्यक्त हैं, निराकार है। सूरदास ने अव्यक्त को छोड़कर सगुण ब्रह्म के गुणों का गान इसलिए किया है क्योंकि 'अविगत की गति कहत न आवै', अर्थात् अव्यक्त की गति को व्यक्त करना शब्दों द्वारा कठिन है। गीता से भी इस बात की पुष्टि होती है। श्रीकृष्ण बतलाते हैं कि अव्यक्त में चित्त लगाने वालों को क्लेश अधिक होता है। 'क्लेशोऽधिककतरतेषामव्यकक्तसक्तचेतसाम।' वस्तुतः ब्रह्म को नेति–नेति और अव्यक्त कहा गया है। वेदांत का दूसरा सूत्र यही कहता है–'तदव्यक्तामाहहि' अर्थात् उस ब्रह्म को अव्यक्त कहा गया है। सूरदास ने ब्रह्म के विषय में विचार करके अपना मत इस प्रकार स्पष्ट कर दिया–

सब विधि अगम विचारहिं ताते सूर सगुन पद गावै।

निर्गुण ब्रह्म की भक्त–वत्सलता और कृपा का सूरदास ने बार–बार आख्यान किया है। कृष्ण की लीलाओं में भी भक्त के मन से भगवान का वह रूप नहीं उतरा है। रासलीला जैसे विवादस्पद प्रसंग भी भक्त की आँखों से देखने पर; अलौकिक के धरातल पर दिव्य लगते हैं। भागवतकार ने इसका बहुत अच्छा कथन किया है। वे कहते हैं–

रमे रमेशो ब्रजसुन्दरीभिः–
र्यथाभेकः स्वप्रतिबिम्बविभ्रमः।

अर्थात् जैसे नन्हा–सा शिशु निर्विकार भाव से अपनी परछाई के साथ खेलता है उसी प्रकार कृष्ण ने ब्रज की सुंदरियों के साथ क्रीड़ा की।

इस तरह मानव जैसी लीलाओं में ब्रह्म की आलौकिकता की अनुभूति सूर द्वारा की गई है। सामान्य लीलाएँ करते हुए भी उनके इष्ट साक्षात् परब्रह्म हैं। वे सांसारिकता से अलग एवं शुद्ध–बुद्ध हैं। इसी कारण सूर का सिद्धांत शुद्धद्वैतवाद कहलाता है।

वे निर्गुण सगुण हैं। जीवों को सुख देने के लिए वे विभिन्न प्रकार की लीलाएँ करने के लिए आते हैं। उनके आविर्भूत होने में उनमें कोई विकार नहीं आता इसीलिए इस मान्यता को अविकृत परिणामवाद भी कहा गया है। वल्लभाचार्य के मतानुसार ब्रह्म के तीन रूप हैं–

(1) आधि दैविक यानी परब्रह्म, (2) आध्यात्मिक यानी अक्षर ब्रह्म, (3) आधि भौतिक यानी जगत् ब्रह्म।

इनमें परब्रह्म सबसे विशिष्ट है। वह रस रूप है। श्रीकृष्ण वही है। परब्रह्म की प्राप्ति भक्ति से ही हो सकती है। वे सत्‌चित आनंद स्वरूप है। अक्षर ब्रह्म ज्ञान का विषय है। जगत् ब्रह्म भी ब्रह्म ही है क्योंकि वह ब्रह्म से ही आविर्भूत हुआ है। ब्रह्म–विषयक विचार सूरदास ने भी इसी प्रकार व्यक्त किए हैं। इसके अतिरिक्त ब्रह्म को व्यापक, अन्तर्यामी, गुणातीत्, आदि अनेक विशेषणों से विभूषित किया है।

(2) जीव–सूरदास ने ब्रह्म के विषय में जितनी चर्चा की है, उतनी जीव के संबंध में नहीं की। वल्लभाचार्य जी ने जीव को ब्रह्म का अंश माना है। उन्हीं की भाँति सूरदास भी जीव को ब्रह्म के अंश के रूप में स्वीकार करते हैं। इस तरह ब्रह्म और जीव के अद्वैत की भावना सूरदास

में भी थी। जीव ब्रह्म ही है, वह माया से आवृत्त है, ये शंकराचार्य के बहुचर्चित विचार हैं। सूरदास के विनय और भक्ति के पद, जो वल्लभाचार्य जी की भेंट से पूर्व निर्मित हुए थे। उन पर शंकराचार्य का प्रभाव हो तो कोई आश्चर्य की बात नहीं है। सूरदास का लक्ष्य सिद्धांत प्रतिपादन नहीं था। वे अपने मन के भावों को; भक्ति के उद्‌गारों को व्यक्त करना चाहते थे। शंकराचार्य के सिद्धांत 9वीं शताब्दी से 12वीं शताब्दी तक अबाध रूप से स्वीकृत होते गए। 12वीं शताब्दी के बाद से शंकर के मायावाद के विरोध में रामानुजाचार्य, मधवाचार्य, निम्कार्बाचार्य और वल्लभाचार्य–ये चार प्रसिद्ध भागवत संप्रदाय उठ खड़े हुए। शंकराचार्य के सिद्धांतों का चाहे स्वीकृत रूप में चाहे खंडन के रूप में प्रसंग अवश्य आता रहा।

वल्लभ–सिद्धांत के अनुसार भी जीव माया से आवृत्त माना गया है। वल्लभाचार्य ने अपने अणुभाष्य में पुरुषोत्तम में छः अप्राकृत धर्म माने हैं–(1) ऐश्वर्य, (2) वीर्य, (3) यश, (4) श्री, (5) ज्ञान, (6) वैराग्य। जीव के ये धर्म तिरोहित हो जाते हैं–'अस्य जीवस्यैश्वर्यादितिरोहितम्' अर्थात् जीव के ऐश्वर्यादि छः धर्म जाते रहते हैं। तब वह अपने स्वरूप को भूल जाता है। उसे कुछ का कुछ सूझने लगता है। इसलिए परिणाम में उसे दु:ख उठाना पड़ता है। जब जीव भगवान की सेवा–भक्ति करता है तो वह अपने पुनः उस स्वरूप को जान लेता है। अंश अंशी को पहचान लेता है। दु:ख की निवृत्ति हो जाती है।

सूरदास ने जीव की इस प्रकार की स्थिति को व्यक्त करते हुए अनेक पद कहे हैं। इस तरह का एक उदाहरण द्रष्टव्य है–

रे मन, आपु कौं पहिचानि।
सब जनम तैं, भ्रमत खोयौ अजहुं तो कछु जानि।।
ज्यों मृगा कस्तूरि भूलै सु तौ ताकै पास।
भ्रमत ही वह दौरि ढूंढै, जबहि पावै बास।।

जीव ब्रह्म से अलग होकर दु:ख–क्लेश आदि उठता है। वह सब उसके स्वयं के अज्ञान के कारण है। सूरदास ने–"यह आसा पापिनी दहै" (53), "अपुनपौ आपुन ही विसर्‌यौ" (369) " अपुनपो आपुन ही पायो।" (407) आदि पदों में जीव की इसी प्रकार की स्थिति का वर्णन किया है। अज्ञान के कारण जीव सांसारिकता में पड़ा हुआ दु:खी रहता है। अपने को पहचानने से उसके दु:ख दूर हो जाएँगे क्योंकि वह ब्रह्म का अंश है और ब्रह्म उसमें दूर नहीं है। ज्ञान के नेत्रों की आवश्यकता है। जीवों की कई कोटियाँ हैं–शुद्ध, संसारी, मुक्त। ईश्वर अनुग्रह से वह मुक्त होता है। सूरदास ने भगवान के भजन को और भगवान की कृपा को जीव के लिए सबसे अधिक कल्याणकारी माना है। जीव को जब ब्रह्म की प्राप्ति होती है तो वह सुख अनिर्वचनीय होता है। उसे गूंग के गूड़ की उपमा द्वारा समझाया गया है।

(3) जगत्–जगत् ईश्वर की रचना है। गोपाल के अंश से जगत् पैदा हुआ है। ब्रह्म का रूपांतर है। ब्रह्म अविकृत भाव से जगत् में आविर्भूत होता है। सबसे पहले आदि निरंजन निराकार ब्रह्म था। एक बार उनके मन में इच्छा हुई कि सृष्टि का विस्तार करूँ। उन्होंने सृष्टि की रचना की। यह रचना उस प्रकार हुई जिस प्रकार दर्पण में प्रतिबिम्ब दिखाई देता है। यानी

जगत् में ब्रह्म की शक्ति सर्वत्र वर्तमान है। जगत की न तो उत्पत्ति होती है न विनाश। केवल आविर्भावतिरोभाव होता है। सूरदास ने इसका अच्छी प्रकार वर्णन किया है।

जो हरि करै सो होइ, करता राम हरी।
ज्यों दरपन प्रतिबिम्ब, त्यों सब सृष्टि करी।।

जगत् के बारे में सूरदास की यह मान्यता वल्लभाचार्य के अनुसार है। वल्लभाचार्य जी वेद, गीता, ब्रह्मसूत्र को शब्द–प्रमाण के रूप में मानते हैं। इनके साथ वे श्रीमद्भागवत को भी शब्द–प्रमाण में लेते हैं। भागवत के अनुसार ही सूरदास ने जगत् की उत्पत्ति का, जिस प्रकार अन्य विचारों को लिया है, वर्णन किया है। उन्होंने इसीलिए कहा है–

कहे कछुक गुरु कृपा तै श्रीभागतवतऽनुसार'।

जगत् अथवा सृष्टि की उत्पत्ति के विषय में प्रायः सांख्य दर्शन के सिद्धांतों को बहुत स्वीकार किया गया है। सांख्य शास्त्र के अनुसार प्रकृति से महतत्त्व यानी मन पैदा होता है, मन से अहंकार, अहंकार से पंचतन्मात्राएँ, दश इंद्रियाँ।

पंचतन्मात्राओं से पंचभूत और इनसे एक पुरुष यानी जीव मिलकर 25 तत्त्व या 25 गुण। इनके द्वारा सृष्टि की उत्पत्ति की गई है।

"प्रकृते महान, महतोऽहंकारोऽहंकारात् पंचन्मात्रायुमलमिन्द्रियं, तन्मोत्रेभ्यः स्थूलभूतानि, पुरुष इति पंचाविशतिर्गुणः।"

सूरदास ने सूरसागर में सांख्य–शास्त्र की तरह ही सृष्टि की उत्पत्ति मानी है। भागवत में उसी प्रकार वर्णन मिलता है। सूरदास ने इसलिए इस प्रकार वर्णन किया है–

त्रिगुन प्रकृति तै महत्तत्व, महत्तत्व तै अहंकार।
मन इन्द्री सब्दादि पंच तातै कियो विस्तार।।
सब्दादिक तै पंचभूत सुन्दर प्रगटाए।
पुनि सबको रचि अंड, आप मैं आप समाए।।

इस संबंध में यह ध्यान देने योग्य है कि जगत् और संसार एक नहीं है। जगत् तो इस सृष्टि को कहते हैं। संसार यहाँ की सांसारिकता, बंधन मोह आदि है। माया के कारण जीव सांसारिकता में बंधता है। सूरदास ने जगत् को ब्रह्म का अंग मानकर उसे सत्य माना है पर सांसारिकता को सदैव मिथ्या कहा है। "मिथ्या यह संसार और मिथ्या यह माया" कह कर उसकी क्षणभंगुरता का आख्यान किया है। जीव को उस क्षणिक सांसारिकता के भुलावे में न आने का बार–बार आग्रह किया–

'गृह दीपक धन तेल तूल तिय सुत ज्वाला अति जोर'

आदि पंक्तियाँ संसार के मिथ्यात्व की ओर स्पष्ट संकेत करती है। जगत् से यह सांसारिकता भिन्न है। वल्लभ के मन में ब्रह्म और जगत कनक–कुंडल न्यास से एक ही हैं। स्वर्ण के आभूषण में जो स्वर्ण है वह भी असली स्वर्ण है। दोनों में आकृति का भेद है यही ब्रह्म और जगत् के विषय में भी जानना चाहिए। जगत् ब्रह्म का ही अविकृत परिणाम है। जगत् वही है जो ब्रह्म है। इसलिए इस सिद्धांत को अविकृत परिणामवाद कहना उपयुक्त है। जीव की सांसारिकता उस समय मिटती है जब उसे ईश्वर का अनुग्रह प्राप्त हो जाता है।

(4) माया—भक्तों ने माया पर विस्तार से विचार किया है। सूरदास ने अपनी मान्यता के अनुसार माया से संबंध रखने वाले अनेक पद रचे हैं। इनके माया संबंधी विचार शंकर के मायावाद से भिन्न हैं शंकर के मत में अविद्या माया है। उसका नाश होने से जीव सांसारिकता के बंधनों से मुक्त हो जाता है। वल्लभाचार्य ने माया को ईश्वर की शक्ति माना है। उसके स्वरूप विद्या और अविद्या हैं। माया के प्रभाव को सूरदास ने वल्लभाचार्य जी के अनुसार मानकर वर्णित किया है। माया की शक्ति बहुत अधिक है। उसके वश में हुआ जीव अनेक प्रकार के कष्ट उठाता है। माया एक नटी की तरह है वह अपने संकेत से जीव को करोड़ों नाच-नचाती है। यह माया ऐसी है जिसने किसको वश में नहीं कर लिया। सूरदास ने ब्रह्मा, नारद, शंकर, दुर्योधन आदि के उदाहरण देकर माया के प्रभाव का वर्णन किया है। ऐसा कौन व्यक्ति है जिसके साथ माया नहीं है। अतः वे कहते हैं—

अकथक यथाकी कछू, कहत नहीं काहिं आई (हो)
छैलन के संग यो फिरै जैसे तनु संग छाई (हो)

सूरदास ने माना है भगवान की भक्ति ही एक ऐसा उपाय है जिससे माया दूर हो सकती है। जब तक मन उसके वश में है जब तक मनुष्य माया में लिप्त रहता है और अपना भला-बुरा नहीं सोचता। सूरदास ने माया का प्रभाव और माया के नाश का उपाय-भगवान की सेवा का बहुत स्पष्ट शब्दों में वर्णन किया है—

माधो जू मन माया बस कीन्हो।
लाभ-हानि कछु समुझत नाहीं, ज्यों पतंग तन दीन्हौ।
गृह-दीपक, धन-तेज, तूल तिय, सुत ज्वाला अति जोर।
मैं मति हीन मरम नहि जान्यौ, परयौ अधिक करि दौर।
सूर स्यामसुन्दर जो सेवै, क्यों होवै गति दीन।

सूरदास ने फिर-फिर कर एक सी बातें अनेक पदों में माया के चुंगल में फँसे जीव के विषय में कही है। कहीं अविद्या का वर्णन किया है, कहीं तृष्णा का वर्णन किया है, कहीं आशा का वर्णन किया है। अपने मन को बार-बार समझाया है। ऐसा लगता है कि सूरदास के माया संबंधी विचार कहीं-कहीं संसार के लगावों के प्रति ऐसा भाव व्यक्त करते हैं जैसे—शंकराचार्य का मायावाद है। रज्जु में सर्प की मिथ्या प्रतीति, जिसे विवर्तवाद कहा गया है, नलिनी के शुक का उदाहरण ऐसी ही मिथ्या प्रतीति है। सूरदास पर पुष्टिमार्गीय पद्धति का प्रभाव होने से वे ज्ञान की अपेक्षा भगवान की भक्ति को माया के नाश के लिए आवश्यक मानते हैं। सूर की माया संबंधी मान्यता का मूल हमें तो इन पंक्तियों में लगता है—

सब तजि भजिए नन्द कुमार।
और भजे तै काम सरै नहिं मिटे न भव-जंजार।

वल्लभाचार्य के मत में माया के तीन रूप हैं—अविद्या रूप, विद्या रूप, शक्ति रूप। अविद्या के प्रभाव से जीव अपने को भूले रहता है। मोह, अज्ञान आदि के कारण ब्रह्म को भूल जाता है। विद्या रूप में माया अज्ञान का छेद कर देती है। हृदय की ग्रंथि को खोल देती है। सारे संशयों

को दूर कर देती है। शक्ति रूप में माया जगत् का कारण है। वह भगवान की शक्ति है। सूरदास ने अपने काव्य में सिद्धांततः इस प्रकार की माया संबंधी दृष्टि को स्वीकार किया है।

इस प्रकार सूरदास के काव्य में जाने-अनजाने अपनी भक्ति-भावना के सिद्धांत पक्ष अर्थात् दार्शनिक विचारों की अभिव्यंजना हुई है। विद्वानों ने उनके द्वारा वर्णित रास का अलौकिक प्रतीकार्थ भी अपने-अपने मतानुसार लगाया है। मोक्ष और भगवत्कृपा को भी दर्शन के चक्षुओं से देखा है। सूरदास का काव्य इतना विपुल विस्तार लिए हुए है जिसमें से जो मरजीवा बनेगा कुछ प्राप्त करेगा।

प्रश्न 6. सूरदास के काव्य में वात्सल्य के चित्रण पर प्रकाश डालिए।

उत्तर— सूरदास का काव्य प्रारंभिक स्तर पर अधिकांशतः उपास्य की बाल सुलभ चेष्टाओं का मौलिक काव्यात्मक उदाहरण कहा जा सकता है। वात्सल्य के अंतर्गत दो काव्य रूप हमारे सामने हैं—

(1) संयोग वात्सल्य—संयोग वात्सल्य के अंतर्गत कृष्ण के जन्म से लेकर बाल्यकाल की संपूर्ण चेष्टाएँ अत्यंत काव्यात्मक एवं मौलिक रूप से सूरदास की कविता में समाविष्ट है।

कृष्ण जन्म, गोकुल प्रवेश, जन्मोत्सव से होते हुए संपूर्ण बाल्यकाल, कृष्ण का बाल रूप में वर्णन, बाल-चेष्टाएँ, पारंपरिक बाल केलियाँ, माँ एवं शिशु का मनोवैज्ञानिक संबंध, शिशु की उत्तरोत्तर बढ़ती चेष्टाएँ, बाल-लीला, माखन चोरी एवं शिशुत्व का अद्भुत समागम, सूर के काव्य को स्वयं में एक प्रतिमान बना देते हैं।

सूरदास का वात्सल्य वर्णन इसलिए मूल्यवान है कि वहाँ रूपवर्णन ही नहीं बल्कि बाल मनोविज्ञान की गहरी परख भी मौजूद है।

कान्हा की बाल चेष्टाओं का सहज वर्णन सूरदास की कविता में प्राणतत्व भर देता है। यशोदा कान्हा को पालने में झुला रही हैं और उनको हिला-हिला कर दुलराती हुई कुछ गुनगुनाती भी जा रही हैं जिससे कि कृष्ण सो जाएँ—

जसोदा हरि पालने झुलावै
हलरावै, दुलराई मल्हावै, जोई-सोई कछु गावै
मेरे लाल को आउ निंदरिया, काहै न आनि सुवावै
तू काहैं नहिं बेगहीं आवै, तोको कान्ह बुलावैं।

माँ की लोरी सुनकर कृष्ण अपनी कभी पलक बंद कर लेते हैं, कभी होंठ फड़काते हैं। उन्हें सोता जान यशोदा भी गुनगुनाना बंद कर देती हैं और नंद जी को इशारे से बताती हैं कि कान्हा सो गए हैं। इस अंतराल में कृष्ण अकुला कर फिर जाग पड़ते हैं, तो यशोदा फिर लोरी गाने लगती है—

कबहूँ पलक हरि मूँद लेत हैं, कबहूँ अधर फरकावै।
सोवत जानि मौन ह्वै रहि रहि, करि करि सैन बतावे।
इहि अंतर अकुलाई उठे हरि, जसुमति मधुर गावैं।

इस पद में सूर ने अपने अबोध शिशु को सुलाती माता का बड़ा ही सहज, सुंदर और मार्मिक चित्रण किया है। माँ के मन की लालसा व सपनों को भी सूर ने बड़े जीवंत ढंग से अपने पदों में उतारा है। बड़े होते शिशु की दुनिया माँ के लिए अनमोल है। सूर ने अपनी सूक्ष्म दृष्टि से इसे देखा और कविता की भव्य पीठिका रची–

जसुमति मन अभिलाष करै।
कब मेरो लाल घुटुरुवनि रैंगे, कब धरनी पग द्वेक धरै।
कब द्वै दाँत दूध कै देखौं, कब तोतैं मुख बचन झरैं।
कब नंदहिं बाबा कहि बोलै, कब जननी कहिं मोहिं ररै।

कान्हा चाहते हैं उनकी चोटी बलराम भैया जितनी लंबी और मोटी हो जाए। माँ यशोदा को उन्हें दूध पिलाने का अच्छा मौका मिल जाता है और वे कहती हैं यदि तुम दूध पी लोगे तो तुम्हारी चोटी बलराम जितनी लंबी और मोटी जो जाएगी। बालकृष्ण दो–तीन बार तो माँ की बातों में आ जाते हैं फिर माँ को उलाहने देते हैं कि तू मुझे बहाने बना कर दूध पिलाती रही देख मेरी चोटी तो वैसी है–

मैया कबहिं बढ़ैगी चोटी।
किती बेर मोहि दूध पियत भई, यह अजहूँ छोटी।
तू जो कहति बल की बेनी ज्यौं, व्है लांबी मोटी।
काढ़त–गुहत न्हवावत जैहैं नागिनी–सी भुई लोटी।
काचो दूध पियावत पचि–पचि, देति ना माखन रोटी।
सूरज चिरजीवी दोउ भैया, हरि–हलधर की जोटी।

सूरदास के वात्सल्य रस की खासियत यह है कि माँ का भी मनोविज्ञान उनसे अछूता नहीं रहा। वह माँ जो स्वयं लाख डाँट ले पर दूसरों द्वारा की गई अपने बालक की शिकायत या डाँट वह सह नहीं सकती। यही हाल सूर की जसुमति मैया का है। जब कृष्ण और बलराम को मथुरा बुलाया जाता है, तो उनके अनिष्ट की आशंका से उनका मन कातर हो उठता है। माता को पश्चाताप है कि जब कृष्ण ब्रज छोड़ मथुरा जा रहे थे तब ही उनका हृदय फट क्यों न गया–

छाँडि सनेह चले मथुरा कत दौरि न चीर गह्यो।
फटि गई न ब्रज की धरती, कत यह सूल सह्यो।

इस पर नंद का दुःख यशोदा को याद दिलाने में गुरेज नहीं करता कि तू बात–बात पर कान्हा की पिटाई कर देती थी सो रूठ कर वो मथुरा चला गया है–

तब तू मारि बोई करत।
रिसनि आगै कहै जो धावत, अब लै भाँडे भरति।
रोस कै कर दाँवरी लै फिरित घर–घर घरति।
कठिन हिय करि तब ज्यौं बंध्यौ, अब वृथा करि मरत।

(2) वियोग वात्सल्य–सूर के वात्सल्य–वर्णन का संयोग पक्ष जितना मार्मिक एवं अद्वितीय बन पड़ा है, वियोग पक्ष उतना ही हृदयद्रावक और अनूठा हो चला है। वियोग

वात्सल्य की सबसे सुंदर झलक श्रीकृष्ण के मथुरागमन के अवसर पर लक्षित होती है। यह माँ का दिल ही है कि यशोदा पुत्रमोह के अधीन होकर देवकी को संदेश भिजवाती हैं कि ठीक है कृष्ण राजभवन में रह रहे हैं, उन्हें किसी बात की कमी नहीं होगी पर मेरे कान्हा को तो सुबह उठकर मक्खन–रोटी खाने की आदत है। वे तेल, उबटन और गर्म पानी देखकर भाग जाते हैं। मैं तो कान्हा की मात्र धाय ही हूँ पर चिंतित हूँ कि वहाँ मेरा बेटा संकोच में न पड़ा रह जाता हो–

संदेसो देवकी सौं कहियौ।
हौं तो धाय तिहारे सुत की कृपा करत ही रहियो।
उबटन तेल और तातो जल देखत ही भजि जाते।
जोई–जाई माँगत सोई–सोई देती करम–करम करि न्हाते।
तुम तो टेव जानतिहि ह्वै, हो तऊ मौहि कहि आवै।
प्रात उठत मेरे लाल लडैतेंहि माखन रोटी खावै।

इस प्रकार देखा जा सकता है कि वात्सल्य रस के अंतर्गत सूरदास के विश्लेषकों ने लक्षित भी किया है, सूर बाल–लीला–वर्णन में अपना सानी नहीं रखते हैं। उन्होंने वात्सल्य के संयोग एवं वियोग दोनों पक्षों का बड़ा ही मार्मिक चित्र प्रस्तुत किया है। इस क्षेत्र में अन्य कवि उनकी सरणी में बैठने में असमर्थ हैं। तभी जो आचार्य शुक्ल को कहना पड़ा है–"वात्सल्य और श्रृंगार के क्षेत्रों का जितना अधिक अद्घाटन सूर ने अपनी बंद आँखों से किया है, उतना किसी और कवि ने नहीं। इन क्षेत्रों का वे कोना–कोना झाँक आए।"

प्रश्न 7. सूर के काव्य में श्रृंगार के चित्रण की विवेचना कीजिए।

उत्तर– श्रृंगार को रस राज कहा जाता है। आचार्य आनंदवर्धन के अनुसार, "श्रृंगार रस समस्त सांसारिक प्राणियों के अनुभव का विषय होने के कारण कमनीयता की दृष्टि से प्रधान है।" वस्तुतः अपनी सहृदयता, व्यापकता, सरसता और मानव की मूल वृत्ति काम से संबंध रखने के कारण ही श्रृंगार को रसराज कहा गया है। श्रृंगार रस के दो पक्ष हैं–संयोग श्रृंगार और वियोग या विप्रलंभ श्रृंगार।

भक्त प्रवर महाकवि सूरदास ने अपनी भक्ति को रागात्मक आधार दिया है। माधुर्य भाव से मिश्रित भक्ति ही उनके मानस में बसी राधा कृष्ण की छवि को अनेक दिशाओं में चंचल और जीवंत बनाती है। सूर हिंदी साहित्य में श्रृंगार के अद्वितीय चितेरे हैं। तभी तो आचार्य रामचंद्र शुक्ल को कहना पड़ा कि श्रृंगार का रसराजत्व यदि किसी कवि ने दिखाया है तो इसी अंधे कवि सूर ने। अपनी बंद आँखों से वे श्रृंगार का कोना–कोना झाँक आए हैं। महाकवि सूर ने श्रृंगार के संयोग एवं वियोग दोनों पक्षों का प्रचुरता से वर्णन किया है।

संयोग वर्णन–आचार्य धनंजय के अनुसार, "जहाँ अनुकूल विलासी एक–दूसरे के दर्शन–स्पर्शन इत्यादि का सेवन करते हैं, वह आनंद से युक्त संयोग श्रृंगार कहलाता है।" संयोग श्रृंगार के वर्णन में नायक–नायिका के प्रेम की उत्पत्ति, आलम्बन का रूप चित्रण, नायक–नायिका की क्रीड़ाएँ, पारंपरिक छेड़छाड़ और उनके मिलने आदि का वर्णन किया जाता

है। सूर का संयोग वर्णन अत्यंत स्वाभाविक एवं मनोवैज्ञानिक है। सूर ने कृष्ण, राधा और गोपियों को आलम्बन बनाया है। राधा समस्त गोपियों का प्रतिनिधित्व करती है। राधा और कृष्ण का मिलन अत्यंत नाटकीय और चमत्कारपूर्ण परिस्थितियों में होता है। एक दिन कृष्ण भौंरा चकडोरी हाथ में लिए ब्रज की गलियों में खेलने के लिए निकलते हैं–

"खेलन हरि निकसे ब्रज खोरी।
कटि काछनी पीताम्बर धारे, हाथ लिये भौंरा, चकडोरी।
गए स्याम रवि–तनया के तट, अंग लसति चन्दन की खोरी।
औचक ही दिखी तहँ राधा, नैन बिसाल भाल दिये सेरी।
सूर स्याम देखत ही रीझे, नैन–नैन मिलि परी ठगौरी।"

राधा और कृष्ण के विशेष प्रेम की उत्पत्ति सूर ने रूप के आकर्षण द्वारा ही बताई हैं–

'बूझत स्याम कौन तू गोरी?
कहीं रहति काकी तू बेटी? देखि नाहि कबहूँ ब्रज खोरी।"

राधा भी चतुराई से उत्तर देती है–

"काहे को हम ब्रज तन आवति? खेलति रहति आपनी पौरी
सुनति रहति श्रवनन नंद ढोटा करत रहत माखन दधि चोरी।"

बाल क्रीड़ा के सखी–सखा आगे चलकर यौवन–क्रीड़ा के सखी–सखा बन जाते हैं। यही कारण है कि गोपियाँ उद्धव से स्पष्ट कह देती हैं–

लरिकाई को प्रेम कहो अलि, कैसे छूटे?"

सूर का यह संयोग वर्णन लम्बी–चौड़ी प्रेम चर्चा है जिसमें आनन्दोल्लास के न जाने कितने स्वरूपों का विधान है। रासलीला, दान–लीला आदि सब इसके अंतर्भूत है। कृष्ण अलौकिक सौंदर्य के सम्राट हैं, उनका अंग–प्रत्यंग आकर्षक है। कृष्ण के चंचल नेत्र तो गोपियों के आकर्षण का विषय है–

"देखि, री। हरि के चंचल नैन।
खंजन मीन मृगज चपलाई नहिं पटतर एक सैन।"

राधा–कृष्ण का प्रेम शनैः–शनैः विकसित होता है। आपकी छेड़छाड़, हास–परिहास में वे लीन रहने लगते हैं। एक दिन गाय दुहते समय कृष्ण को मजाक सूझा और अति अनुराग में वे ठिठोली करने लगे–

"धेनु दुहत अतिहि रति बाढी।
एक धार मथनी पहुँचावत, एक धार जहँ प्यारी ठाढ़ी।"

राधिका ने भी इस ठिठोली का प्रत्युत्तर दिया–

"तुम पै कौन दुहावे गैया। इत चितवत, उत धार चलावत एहि सिखायी मैया।"

कृष्ण की दान लीला भी आनंदित करने वाली हैं। वे समस्त गोपियों से गोरस का दान माँगते हैं। गोपियाँ भी गूढ़ार्थ से परिचित हैं, अतः कहती हैं–

"ऐसो दान मांगिये नहिं जौ, हम पै दियो न जाइ।
बन मैं पाइ अकेली जुवतिनि मारग रोकत धाइ।

हम जानतिं तुम यौं नहिं रहिहौ, रहिहौ गारी खाइ।
जो रस चाहो, सो रस नाहीं, गोरस पियौ अघाइ।"

आचार्य रामचन्द्र शुक्ल के अनुसार, "सुर का संयोग वर्णन एक क्षणिक घटना नहीं है, प्रेम–संगीतमय जीवन की गहरी चलती धारा है, जिसमें अवगाहन करने वाले को दिव्य–माधुर्य के अतिरिक्त और कुछ दिखाई नहीं पड़ता। राधा–कृष्ण के रंग रहस्य के इतने प्रकार के चित्र सामने आते हैं कि सूर का हृदय प्रेम की नाना उमंगों का अक्षय भंडार प्रतीत होता हैं।"

सूरदास ने राधा को स्वकीया के रूप में चित्रित किया है। वसन्त, फागुन, होली, जल क्रीड़ा आदि अनेक लीलाओं में राधा–कृष्ण भाग लेते हैं और गोपियाँ उनका दर्शन कर आनंदित होती रहती हैं–

"आजु हरि अदभूत रास रचायौ।
एकहिं सुर सब मोहित कीन्हे, मुरली नाद सुनायी।
अचल चले, चल थकित भए, सब मुनि जन ध्यान भुलायौ।"

गोपियाँ कृष्ण के साथ फाग खेलने के लिए और उनके आलिंगन सुख को पाने के लिए निकल पड़ती है।

"हरि संग खेलति हैं सब फाग।
इहिं मिस करत प्रगट गोपी, उन अन्तर की अनुराग।"

कुरुक्षेत्र में राधा–कृष्ण का वर्षों पश्चात् मिलन हृदयस्पर्शी है। इस संयोग सुख को प्राप्त कर राधा कृष्णमय और कृष्ण राधामय हो जाते हैं–

"राधा माधव भेंट भई।
राधा माधव, माधव राधा, कीट भृंगगति हवै जु भई।
माधव राधा के रंग रांचे, राधा माधव रंग भई।
माधव राधा प्रीति निरंतर, रसना करि सो कही न गई।"

प्रेम की मनोवृत्ति का जैसा विशद् एवं पूर्ण ज्ञान सूर को था वैसा किसी अन्य कवि को नहीं। सूरसागर में राधा–कृष्ण के रंग रहस्य के इतने चित्र हमारे समक्ष आते हैं कि सूर का हृदय प्रेम की नाना उमंगों का अक्षय भंडार प्रतीत होता है। सूर का संयोग वर्णन लम्बी चौड़ी प्रेम–चर्या है, जिसमें आंदोलन के जाने कितने रूपों का विधान किया गया है। इस प्रकार सूर ने शृंगार के रस–राजत्व को दिखाया है।

वियोग वर्णन–आचार्य भोज के शब्दों में, "जहाँ रति नामक भाव प्रकर्ष को प्राप्त हो, लेकिन अभीष्ट को न पा सके, वहाँ विप्रलम्भ शृंगार कहा जाता है।"

साहित्यकारों ने संयोग शृंगार की अपेक्षा वियोग शृंगार को अधिक महत्त्व दिया है। संयोग शृंगार के भावों का संकुचन होता है। प्रेमी और प्रेमिका एकांत चाहते हैं, जबकि वियोग शृंगार में आत्मा का विस्तार समस्त प्राणी जगत से लेकर जड़ पदार्थों तक होता है। प्रेम भक्ति को स्वीकारने वाले भक्त कवियों ने भक्ति के क्षेत्र में संयोग की अपेक्षा वियोग को अधिक महत्त्व दिया है।

वस्तुतः श्रृंगार रस को रस–राजत्व प्रदान करने वाला तत्त्व वियोग श्रृंगार ही है। महाकवि सूर ने श्रृंगार के क्षेत्र में मिलन–विरह की मार्मिक अनुभूतियों का गोपियों के द्वारा निरूपण करके अपने साहित्य में अद्भुत रसमयता ला दी है। डॉ. मुंशीराम शर्मा के शब्दों में, "सूर विप्रलम्भ–श्रृंगार के अद्वितीय कवि हैं। उनके सूरसागर में वियोगजन्य नाना प्रकार की मानसिक दशाओं की तरंगे उद्वेलित हो रही है, हृदय की घनीभूत पीड़ा आँसुओं की शतशत धाराओं में प्रकट होकर लहरें मार रही हैं।

सूर ने विरह के द्वारा प्रेम की पुष्टि व्यक्त की है। विरहाग्नि में तपकर प्रेम विशुद्ध हो जाता है। बाबू गुलाबराय सूरदास के विरह–वर्णन पर टिप्पणी करते हुए लिखते हैं, "सूर की गोपियों ने दुःख में अपना सहज चापल्य नहीं छोड़ा था, किंतु इन चापल्य की लहरों के भीतर विरह का बडवानल धधक रहा था इस विरह ने ही उनके संयोग के गाम्भीर्य को आलोकित किया। गोपियों का हास–विलास केवल जवानी की उठती तरंग न थी जो सहज विलीन हो जाती। विरह की अग्नि में वासना और ऐन्द्रिकता का कर्दम जल गया था और उनका प्रेम देदीप्यमान स्वर्ण हो निखर आया था।' विरह द्वारा प्रेम परिपुष्ट होने की बात को सूर ने इस प्रकार व्यक्त किया है–

ऊधौ! विरहौ प्रेम करै।
ज्यों बिनु पुट पर गहै न रंगहि पुट गहै रसहि परै।

काव्यशास्त्र के अनुसार वियोग की चार अवस्थाएँ होती हैं–

पूर्वराग, मान, प्रवास और मरण। यद्यपि सूर के काव्य में सभी अवस्थाओं का चित्रण मिलता है, तथापि उन्होंने प्रवास–वियोग का ही अधिक वर्णन किया है। प्रवास विरह कृष्ण के मथुरागमन से प्रारंभ होता है। कृष्ण नहीं लौटे और उनके बिना गोपियों के तन की सभी बातें बदल गई–

"मदन गोपाल बिना या तन की सबै बात बदली।"

गोपियाँ रात–दिन कृष्ण की स्मृतियों में लीन रहती हैं–

"हमको सपने हूँ में सोच।
जा दिन तैं बिछुरे नंदनंदन, ता दिन तै यह पोच।
मनु गोपाल आए मेरे गृह हँसि करि भुजा गही।
कहा कहौं बैरिन भई निद्रा, निमिष न और रही।"

जो प्रकृति संयोगावस्था में आनंद देने वाली होती है, वियोगावस्था में वही दुःखदायी हो जाती है। प्रकृति के इसी उद्दीपन रूप को सूरदास ने गोपियों के विरह को उद्दीप्त करने के लिए प्रचुरता से स्वीकार किया है। संयोगावस्था में मित्र बनी रहने वाली कुंजे वियोगावस्था में बैरिन वन गई है, शीतल लगने वाली लताएँ विषम ज्वाला के पुँज वन गई हैं–

"बिनु गुपाल बैरिनि भई कुंजैं।
तब वै लता लगति अति सीतल, अब भई विषम ज्वाल की पुंजै।
वृथा बहति जमुना, खग बोलत, वृथा कमल फूलति अलि गुजैं।"

वियोगिनी गोपियाँ अपने उजड़े नीरस जीवन से मेल न खाने के कारण वृंदावन के हरे–भरे पेड़ों को भी कोसती हैं–

"मधुवना तुम कत रहत हरे?
बिरह–वियोग स्याम सुंदर के ठाढ़े क्यों न जरे।"

इसी प्रकार रात उन्हें सांपिन–सी लगती है–

"पिया बिनु सांपिन कारी राति।"

वैष्णव आचार्यों ने प्रवासजन्य वियोग की एकादश दशाएँ मानी हैं–अभिलाषा, चिंता, स्मरण, गुण, कथन, उद्वेग, प्रलाप, उन्माद, व्याधि, जड़ता, मूर्च्छा और मृत्यु। और सूर ने सभी दशाओं का विस्तार से चित्रण किया है। आचार्य रामचन्द्र शुक्ल के अनुसार, "वियोग की जितनी अंतर्दशाएँ हो सकती है, जितने ढंगों से उन दशाओं का साहित्य में वर्णन हुआ है और सामान्यतः हो सकता है, वे सब उसके भीतर मौजूद हैं।"

जैसे–अभिलाषा की दशा–

"ऐसे समय जो हरिजू आवहि।
निरखि–निरखि वह रूप मनोहर नैन बहुत सुख पावहि।"

स्मृति की दशा–

"ऊधो क्यों राखी ये नैना।
सुमिर–सुमिर गुन अधिक तपत है, सुनत तुम्हारे बैना"

प्रलाप की दशा–

"बिनु गोपाल बैरिन मई कुंजै।
तब वै लता लगति अति सीतल अब भई विषम जाल की पुंजै।"

श्री कृष्ण के विरह का वर्णन सूर ने कम ही किया है, किंतु जितना भी किया है, वह चित्र अत्यंत मार्मिक है–

"हरि गोकुल की प्रीति चलाई।
सुनहु उपंगसुत मोहि न बिसरत ब्रजवासी सुखदायी।
यह चित होत जाउं मैं अबहिं, यहाँ नहीं मन लागत।
गोप सुग्वाल गाय वन चारत अति दुख पायो त्यागत।"

उद्धव जब ब्रज की दशा का वर्णन कृष्ण के समक्ष करते हैं, तो विरह–विदग्ध होकर कृष्ण कह उठते हैं–

"ऊधौ। मोहि ब्रज बिसरत नाहीं।
वृंदावन गोकुल वन उपवन सघन कुंज की छांही।"
हंस सुता की सुंदर कगरी अरू कुंजन की छांही।

कृष्ण के विरह में गोपियों के हृदय टूट रहे हैं। विरह–विषाद की ज्वाला से ब्रज जल रहा है। तभी उद्धव कृष्ण जैसी वेश–भूषा में आकर निर्गुण का उपदेश देते हैं, जो जले पर नमक का काम करता है। प्रेमोन्मादग्रस्त गोपियाँ अपनी विवशता, एकनिष्ठता को इस मार्मिकता से प्रस्तुत करती हैं–

"ऊधो! मन न भये दस बीस।
एक हु तौ सो गयौ स्याम संग, को अवराधे तुव ईस।"

उधर राधा की दशा भी अत्यंत दयनीय है–

'अति मलीन वृषभानुकुमारी।
हरि श्रम जलु अन्तर तन भीजै, ता लालच न धुवावति सारी।
अधो मुख रहति उरध नहिं चितवति, ज्यों गथ हारे थकित जुआरी।'

डॉ. रामकुमार वर्मा ने सूर के विप्रलम्भ की विशेषताओं का निरूपण इस प्रकार किया है–

"सूरदास ने मानव–हृदय के भीतर जाकर वियोग और करुणा के जितने भाव हो सकते हैं, उन्हें अपनी कुशल लेखनी से ऐसे अंकित कर दिया है कि वे अमर हो गए हैं। भावों में ऐसी स्पष्टता है मानो हम स्वयं उन्हें अनुभव कर रहे हों।"

डॉ. हजारी प्रसाद द्विवेदी के शब्दों में, प्लस विरह का कोई कूल–किनारा नहीं, कोई हद्दी–हिसाब नहीं।

सारांशत: सूर ने सहज चापल्य एवं व्यंग्य–विनोद की शीतल लहरों के अंतर्गत भी वियोग की बडवाग्नि का सहज चित्र अंकित किया है। निस्संदेह सूर की विरहिणी गोपियाँ तपस्विनी हैं, क्योंकि वियोगाग्नि के अंतर्गत उनकी समस्त इन्द्रिय–जन्य लालसायें एवं वासनाएँ नष्ट हो चुकी हैं और उनका कृष्ण–प्रेम कुंदन की भाँति निखर आया है। इसी कारण सूर ने निर्गुण पर सगुण की विजय दिखाकर ज्ञान पर भक्ति की अथवा संयोग पर वियोग की विजय दिखाई है और इसी कारण सूर वात्सल्य के साथ–साथ वियोग–वर्णन में भी सिद्धहस्त माने जाते हैं। डॉ. मुंशीराम शर्मा के अनुसार, सूर के हृदय की जो धड़कन और तड़फन विप्रलम्भ के वर्णन में प्रकट हुई है, उसमें मानो समस्त विश्व का हृदय योग दे रहा है।

प्रश्न 8. सूर के काव्य में लोक जीवन के चित्रण पर प्रकाश डालिए।

उत्तर– सूरसागर में ब्रज का लोक–जीवन अपने साकार रूप में उपस्थित हुआ है। ब्रज प्रदेश प्राचीन काल से ही आर्य संस्कृति का केंद्र रहा है। मुंशी राम शर्मा के शब्दों में, "ब्रज का अर्थ गोचर भूमि है, जहाँ पशु–विचरण करते हैं, तिनके चुगते और अपने शरीर को पुष्ट करते हैं। ब्रज के द्वादश वन अपनी नि:सर्ग सुषमा और – रमणीयता के लिए अत्यंत प्रसिद्ध है। इन वनों में पशुओं के लिए बड़े–बड़े चारागाह थे। सूर ने अपने सूरसागर में इन सबका हृदयहारी वर्णन किया है।"

कान्हा गाय चराने जाते हैं, गोपियाँ दूध–दही बेचने जाती हैं, कृष्ण मुरली बजाते हैं और इन सभी लोकप्रसंगों में प्रेम गुँथा हुआ है। दूध दुहा जा रहा है, माखन बिलोया जा रहा है और लोकजीवन के ये सभी प्रसंग एकदम स्वाभाविक रूप से सूर की कविता का हिस्सा बनते हैं। ब्रज के लोकपर्व, तिथि–त्योहार, उत्सव–समारोह बाजार–मेले आदि सूर की कविता में प्राण फूँक देते हैं। बाललीला वर्णन में जन्मोत्सव, छठी, बरही, नामकरण, अन्नप्राशन आदि अनेक दृश्यों का जीवंत वर्णन सूर काव्य के लोकपक्ष को बखूबी प्रकट करते हैं।

इस प्रदेश की बोली भी अपने साहित्यिक रूप में "ब्रज" नाम से प्रख्यात हुई। इस बोली के माध्यम से ब्रज की संस्कृति का विस्तार दूर–दूर तक हो गया और उसकी सरसता एवं भाव–प्रवणता ने यहाँ की जनता को, लोक समुदाय को अत्यंत प्रभावित किया।

सूरदास वल्लभाचार्य के प्रमुख शिष्य थे। उन्होंने अपनी रचनाओं में ब्रज–संस्कृति को पूर्ण रूपेण प्रतिफलित किया है। हिंदू धर्म में संस्कारों का विशेष महत्त्व है। सूर ने इन संस्कारों के वर्णन में ब्रज–संस्कृति का मनोहर रूप प्रस्तुत किया है।

(1) पुत्र–जन्म–संस्कार–आर्य संस्कृति में आदिकाल से ही पुत्र–जन्म का विशेष महत्त्व रहा है। यशोदा नंद से कहती हैं–

"आवहु कन्त, देव परसन भये, मुख देखी धाई।"

नन्द दौड़कर आते हैं। पुत्र का मुख देखते हैं। सूरदास पुत्र जन्म की खुशियों में ब्रजवासियों के साथ सम्मिलित होकर बधाई देते हैं–

"हाँ इक नई बात सुनि आई।
महरि जसोदा ढोटा जायौ, घर–घर होत बधाई।
द्वारैं भीर गोप–गोपिन की, महिमा बरनि न जाई।"

(2) गौचारण एवं किसान–प्रो. मैनेजर पांडेय कहते हैं, "सूर के काव्य में गोचारण का जो चित्रण है उसमें उस काल के गोचारण संबंधी अनुभवों के साथ अतीत के अनुभवों की स्मृति भी है, उनके गोचारण–गीतों में पुराने ग्वाल–गीतों की अनुगूँज है। सूर का काव्य अपने समय और समाज से जुड़ा हुआ काव्य है।" किसान के जीवन की जैसी समझ सूर की कविता में प्रकट है, वह उनके लोकजीवन पारखी होने का प्रमाण है। अपने एक पद में सूर खेती के विभिन्न रूपकों का प्रयोग करते नजर आते हैं। खेती के साधन, उसकी प्रक्रिया, कठिनाइयाँ और किसान का वह श्रम जो बरसात की मोहताज है वह सूर की नजरों में इस प्रकार है–

प्रभु जू यौं कीन्हीं हम खेती
बंजर भूमि गाउं हर जोते, अरु जेती की तेती।
काम क्रोध दोउ बैल बली मिलि रज तामस सब कीन्हौं।
अति कुबुद्धि मन हांकनहारे, माया जूआ दीन्हौं।
इंद्रिय मूल किसान, महा त्रिन अग्रज बीज बई।
जन्म जन्म को विषय वासना, उपजत लता नई।
कीजै कृपादृष्टि की बरषा, जन की जाति लुनाई।
सूरदास के प्रभु सौ करियै, होई न कान–कटाई।

पूरा पद रूपक है। महत्त्वपूर्ण है कि ये सभी रूपक खेती किसानी के हैं।

प्रश्न 9. सूर के काव्य में सगुण और निर्गुण का द्वंद्व किस प्रकार दिखाई देता है? विवेचना कीजिए।

उत्तर– सूर के काव्य में निर्गुण और सगुण का द्वंद्व निम्न प्रकार परिलक्षित होता है–

सूरदास की कृष्णभक्ति के संदर्भ में एक महत्त्वपूर्ण प्रश्न यह उठता है कि भक्तिकाल के एक महत्त्वपूर्ण पक्ष यानी निर्गुण–सगुण द्वंद्व में उनका पक्ष क्या है। जहाँ एक ओर उद्धव निर्गुण ज्ञान के प्रतीक हैं तो गोपियाँ सगुण का पक्ष लेती हैं। सूर अपने अकाट्य तर्कों के माध्यम से शुष्क ज्ञान की मजम्मत करते हैं। सूर की गोपियाँ प्रेम के मार्ग की अनथक पथिक हैं तो उद्धव को अपने ज्ञानमार्ग पर उत्कट भरोसा है। वे निर्गुणोपासक हैं, और पूर्ण ज्ञानी–योगी के प्रतीक भी। श्रीकृष्ण थोथे ज्ञान की असारता से उद्धव को वाकिफ कराना चाहते थे। उन्होंने एक युक्ति ढूँढी और उद्धव को निर्गुण ब्रह्म की उपादेयता समझाने के लिए उन्हें गोपियों के पास भेजा।

उद्धव ज्ञान के रथ पर सवार गोपियों को उसके मर्म से अवगत कराने पहुँचते हैं और निर्गुण ब्रह्म की उपादेयता गोपियों को समझाने लगते हैं। सूर की गोपियाँ अत्यंत आग्रह से पूछती हैं आप हमें निर्गुण ब्रह्म के ज्ञान को समझाने आए है लेकिन उनका परिचय तो दीजिए। सूरदास के निम्नपद में वे पूछती हैं कि निग्रुण ब्रह्म कौन है? कहाँ का रहने वाला है? उसके माता–पिता कौन हैं? उसकी पत्नी और दासियाँ कौन हैं? बिना परिचय के हम कैसे पहचानेंगी–

निर्गुण कौन देश को बासी
मधुकर हँसि समुझाय साँह दे बूझति साँच, न हाँसी।
को है जनक, जनति को कहियत; कौन नारि, को दासी।
कैसेबरन भेस है कैसो केहि रस में अभिलासी।

जहाँ एक ओर निर्गुण उद्धव को लगता है कि ज्ञान के माध्यम से ही ब्रह्म की प्राप्ति होती है। वहीं दूसरी तरफ सगुणवादी गोपियाँ ज्ञान को मन को बोझ मानती हैं। भक्त ज्ञानरूपी गठरी लेकर अपनी मंजिल नहीं पहुँच सकता। गोपियाँ उद्धव की तुलना उस व्यापारी से करती हैं जो ज्ञान और योग की गठरी बना अपनी शुष्क समझ बेचने ब्रज आया है जैसा कि निम्न पद में देखा जा सकता है–

आयो घोष बड़ो व्यापारी।
लादि खेप गुन ग्यान जोग की ब्रज में आय उतारी।

गोपियाँ उद्धव से लगातार बहस करती हुई प्रेम की तन्मयता का ऐसा साक्ष्य प्रस्तुत करती हैं, जिसमें उद्धव का ज्ञान दर्प चूर–चूर हो जाता है और वे भी गोपियों के रंग में रंग जाते हैं यथा–

सुनि–सुनि ऊधो प्रेम मगन भयो
लोटत धर पर ज्ञान गर्व गयौ।।

इस दृष्टि से सूरदास की कविता निर्गुण–सगुण द्वंद्व में सगुण के पक्ष में खड़ी होती है। इस द्वंद्व को एक और अर्थ में भी देखा गया है, जिसे मैनेजर पाण्डेय ने अपनी पुस्तक 'भक्ति आंदोलन और सूरदास का काव्य' में दर्ज किया–"मथुरा का ब्रज को यह संदेश नागर संस्कृति का लोक संस्कृति को, बुद्धि का हृदय को, ऐश्वर्य का प्रेम को दिया गया संदेश है।"

सूर की गोपियों ने मथुरा के लोगों के स्वभाव को पहचाना है। मथुरा के जिन लोगों से गोपियों का संपर्क हुआ, सभी स्वार्थी, छली और रसलोभी निकले। वे मृदुभाषी क्रूरकर्मा और कृतघ्न हैं साथ ही धर्मात्मा बनने का ढोंग भी रचते है जैसा कि निम्न पद में दर्शाया गया है–

मधुबन सब कृतज्ञ धरमीले।
अती उदार परहीत डोलत है, बोलत बचन सुरीले।

सूरकाव्य में बार–बार भ्रमरगीत में निर्गुण, ज्ञान और योग नगर से जोड़ा गया है। उद्धव से निर्गुण और योग का उपदेश सुनकर गोपियाँ कहती हैं–"यह प्रिय कथा नगर नारिन सौ कहहीं जहाँ कछु पावाहिं, यह निरगुन लैं तिनही सुनावहु, जे मुड़िया कसैकासी, या जे गाहक निरगुन के ऊधौ, ते सब बसत ईसपुरकासी।"

सूर के अनुसार योग, ज्ञान और निर्गुण का केंद्र काशी है। भ्रमरगीत में बार–बार काशी को निर्गुण ज्ञान का केंद्र कहा गया है। गोपियों को योग की बातें कपट–व्यभिचार लगती हैं। एक अर्थ में निर्गुण–सगुण द्वंद्व गाँव और नगर का द्वंद्व भी है। सूरदास ग्रामीण संस्कृति और नगर संस्कृति के द्वंद्व में अपना पक्ष चुनते हैं। शहर और गाँव के बीच जो नैतिक द्वंद्व है उसमें गाँव का आदमी शहर जाकर लौटता नहीं। लेकिन सूर काव्य में गाँव का जादू सर चढ़कर बोलता है। यही सूरदास की विशेषता है।

प्रश्न 10. सूरदास की नई उद्‌भावनाओं के संबंध में अपने विचार व्यक्त कीजिए।

उत्तर– महाकवि सूरदास का समग्र काव्य–जगत अत्यंत कलात्मक एवं भावपूर्ण है। इसमें उनकी अनूठी उद्भावनाएँ हैं। श्रीमदभागवतपुराण, गीतगोविंद (जयदेव), पदावली (विद्यापति) से प्रभावित होकर भी सूरदास अपने काव्य में नई उद्‌भावनाएँ संभव करते हैं। सूर के कृष्ण मानवीय हैं, वे अलौकिक ईश्वर को प्रधानता नहीं देते। सूर के यहाँ काव्य तत्त्व महत्त्वपूर्ण है भागवत में पुराण तत्त्व। उनके कृष्ण पारिवारिक और सामाजिक जीवन के कृष्ण हैं। संयोग श्रृंगार रस की तरह विप्रलम्भ श्रृंगार भी अत्यंत विस्तृत, व्यापक एवं सर्वांण पूर्ण है। 'भ्रमरगीत सार' की भूमिका में आचार्य रामचन्द्र शुक्ल का कथन है कि "वियोग की जितना अंतर्दशाएँ हो सकती है, जितने ढंगों से उनका साहित्य में वर्णन हुआ है और सामान्यतः हो सकता है, वे सब उसके भीतर मौजूद हैं।" उनका विरह–वर्णन इतना गहन और व्यापक है कि वह देश–काल और पात्र–मुक्त बन गया है। वास्तव में, सूर के विरह–वर्णन में एक दर्द है, टीस है, कसक है और विह्वलता है। सूरदास के वात्सल्य–भाव के पदों की प्रमुख विशेषता यह है कि उन्हें पढ़कर पाठक जीवन की नीरस और जटिल समस्याओं को विस्मृत कर उनमें तन्मय हो जाता है। सूर ने यदि वात्सल्य को अपने काव्य का विषय चुना तो वात्सलय ने भी सूर को ही अपना एक मात्र आश्रय बनाया है। उनके वात्सल्य रस के आलम्बन है–बालकृष्ण। उनका बाल मनोहर स्वरूप एंव बाल सुलभ चेष्टाएँ–उद्दीपन हैं, आश्रय हैं–यशोदा और नंद। इस क्षेत्र में सूर ने इतने भावों, अनुभवों और संचारी भावों की योजना की है कि वे साहित्य–शास्त्र को भी पीछे छोड़ गए हैं। आचार्य शुक्ल का मत है कि 'जिस क्षेत्र को सूर ने चुना है, उस पर उनका अधिकार अपरिमित है, उसके वे सम्राट है।'

सामान्य रूप से देखा जाए तो वात्सल्य रस के दो रूप है–संयोग वात्सलय और वियोग वात्सलय। सूर की अनुभूतियाँ अत्यधिक सहज, सरस, सुकुमार और सत्य के निकट हैं। उन्होंने

अपने काव्य में बाल सुलभ हृदय की चपलता, स्पर्धा, ईर्ष्या आदि सभी बालोचित गुण, क्रिया–व्यापार और सामान्य मातृहृदय के वात्सल्यमय स्नेह की समस्त अवस्थाओं का नैसर्गिक सौंदर्य प्रस्तुत किया है। उनके वात्सल्य रस युक्त पदों में एक माता के हृदय का मधु स्पन्दन है। सूर के वात्सल्य वर्णन पर रीझकर ही श्री वियोगी हरि ने उचित ही कहा है कि "सूर का दूसरा नाम वात्सलय है और वात्सलय का दूसरा नाम है सूर। दोनों का अन्योन्याश्रय संबंध है।" सूरदास के भाव पक्ष का विश्लेषण करते हुए तथा उन्हें मधुर एवं कोमल भावनाओं के चतुर चितेरे, रस के आक्षय स्रोत, आध्यात्मिक प्रेम के प्रवीण पारखी बताते हुए डॉ. सावित्री शुक्ला का मत है कि "सूरदास भारतीय संस्कृति का सहज रूप से कलात्मक उद्घाटन करते हुए आज भी सरसता, अभिनवता, सुचारूता और मनोवैज्ञानिकता को रसज्ञों के समक्ष प्रस्तुत करते हैं।"

श्री कृष्ण के अनन्य भक्त सूर ने भगवत् अनुग्रह की प्राप्ति हेतु हृदयस्थ भावों की अभिव्यक्ति जिस रूप में की है, वह भक्ति का रूप है। सूर के काव्य में प्रत्यक्ष और परोक्ष रूप में भक्ति के महत्त्व एवं उसकी श्रेष्ठता का प्रतिपादन दृष्टिगत होता है। उनके विनय संबंधी पदों में भक्ति योग के शरणगति–सिद्धांत की षड् विधियों के अलावा वैष्णव संप्रदाय की दैन्य, मान–मर्षता, भय दर्शन, भर्त्सना, आश्वासन, मनोराज्य और विचारण सप्त भूमिकाओं का निदर्शन हुआ है। विनय के पदों में अनन्यता, आत्मनिवेदन और वैराग्य–भावना के साथ–साथ अपालम्भ, साग्रह निवेदन तथा उद्बोधन के भावों का भी समावेश है। सूर की भक्ति संख्य भाव की है। अतः उन्होंने एक सखा के नाते कृष्ण के अंतरंग जीवन की सूक्ष्मातिसूक्ष्म अनुभूतियों को अपना स्वर दिया है।

'सूरसागर' में सख्य–भक्ति का दो रूपों में प्रस्फुटन हुआ है। पहला रूप है—ग्वाल–बालों के साथ कृष्ण का सखारूप में विचरण करना और दूसरा रूप है–ब्रजांगनाओं का श्रीकृष्ण के प्रति सहज प्रेम–भाव। सूरदास की काव्य–कला के दो पक्ष हैं—अनुभूति पक्ष और अभिव्यक्ति पक्ष। अनुभूति पक्ष तो सूर–काव्य का प्राण है। अनुभूति पक्ष ही उनकी सफलता है, सिद्धि है और सुख्याति है। उनकी अनुभूतियाँ अत्यंत सहज, सरल, सुकुमार और सत्य के निकट हैं। श्रीमद्भागवत के दशम स्कन्ध के जिन मौलिक विषयों ने उनकी काव्य–कला का शृंगार किया है, उन्हें तीन भागों में विभाजित किया जा सकता है—बाल–लीला, राधा–कृष्ण तथा गोपी–लीला और भ्रमरगीत। सूरदास एक भाषनिष्ठ कालाकार थे। जिस भाषा को उन्होंने अपने काव्य का माध्यम बनाया, वह उस क्षेत्र की जनभाषा थी। पारसौली, गोबर्द्धन, मथुरा तीनों की ब्रजभाषा क्षेत्रों में स्थित है। ब्रजभाषा को ही सूर ने अपनी प्रतिभा एवं कला के द्वारा सरस, संगीतमय, सुमधुर एवं संपन्न बना दिया। सूरदास जी के समय से पूर्व ब्रजभाषा का प्रयोग लोकगीतों में तो अवश्य हुआ होगा, किंतु उनसे पहले की ब्रजभाषा में लिखी हुई कोई महत्त्वपूर्ण साहित्यिक रचना उपलब्ध नहीं होती। इससे प्रकट होता है कि सर्वप्रथम सूरदासजी ने ही ब्रजभाषा को साहित्यिक महत्त्व प्रदान किया। आचार्य शुक्ल ने स्पष्ट शब्दों में कहा है—"इन पदों के संबंध में सबसे पहली बात ध्यान देने योग्य है कि चलती हुई ब्रजभाषा में सबसे पहली साहित्यिक रखना होने पर भी ये इतने सुडौल और परिमार्जित हैं। यह रचना प्रगल्भ और काव्यांगपूर्ण है कि आगे होने वाले कवियों की उक्तियाँ सूर की जूठन–सी जान पड़ती है।"

सूर की कथा में राधा को केंद्रीयता प्राप्त है। सूर की राधा की विशिष्टता बताते हुए आचार्य हजारीप्रसाद द्विवेदी ने लिखा है, "सूरदास की राधिका शुरू से आखिर तक सरल बालिका है। उनके प्रेम में चंडीदास की राधा की तरह पद–पद पर सास–ननद का डर भी नहीं है और विधापति की किशोरी राधिका के समान रुदन में ह्रास और ह्रास में रुदन की चातुरी भी नहीं है। इस प्रेम में किसी प्रकार की जटिलता भी नहीं है। घर में, वन में, घाट पर, कदंबतले, हिंडोले पर – जहाँ कहीं भी इसका प्रकाश हुआ है, वहीं पर अपने आपमें ही पूर्ण है, मानो वह किसी की अपेक्षा नहीं रखता और न कोई दूसरा ही उसकी खबर रखता है।"

प्रश्न 11. सूरदास की काव्य–भाषा और रूप विधान पर प्रकाश डालिए।

अथवा

सूरदास की काव्यात्मक उत्कृष्टता के प्रमुख आधारों की चर्चा कीजिए।

उत्तर– भाषा के रूप में महाकवि सूरदास ने ब्रजभाषा को अपनी साहित्य रचना का आश्रय बनाया। भाषा के सभी आंतरिक एवं बाह्यगुणों का उद्घाटन हमें सूरदास की कविता में दृष्टिगोचर होता है। भाषा की भावात्मकता, लालित्य, गीतात्मकता एवं सहज प्रांजल प्रवाह का उत्कृष्टतम उदाहरण महाकवि सूरदास की भाषा है। सूरदास की कविता में पाठक को ब्रज भाषा के लगभग सभी गुण एवं रूप देखने को मिलते हैं। शब्दों के तत्सम रूप, तद्भव रूप, अप्रस्तुत योजना के लिए मौलिक शब्द विन्यास, लोकोक्तियों एवं मुहावरे का प्रयोग, सहजता, उक्ति वैचित्र्य, शब्द की तीनों शक्तियों–अमिधा, लक्षणा एवं व्यंजना का उत्कृष्ट प्रयोग आदि कुछ सूरदास की काव्य–भाषा की मौलिक विशेषताएँ हैं। सूरदास जी ने जन–प्रचलित लोकभाषा को साहित्यिक क्षेत्र में अवतरित किया। फलस्वरूप उनकी भाषा में विभिन्न प्रकार के शब्द आ गए। सबसे अधिक शब्द उन्होंने संस्कृत से लिए। बोलचाल में संस्कृत शब्दों के विकृत रूप प्रयुक्त होते रहते हैं। सूरदास के काव्य में इन तद्भव शब्दों की बहुलता है। इसके अतिरिक्त सूरदास ने अन्य प्रांतीय भाषाओं के शब्दों तथा अरबी–फारसी जैसी विदेशी भाषाओं के शब्दों का भी प्रयोग किया है। इस प्रकार सूरदास द्वारा प्रयुक्त शब्द–समूह को निम्नांकित रूपों में वर्गीकृत किया जा सकता है–

(1) तत्सम, (2) तद्भव, (3) देशज या ग्रामीण शब्दावली, (4) प्रांतीय भाषाओं के शब्द तथा (5) विदेशी शब्द।

सूरदास जी ने तत्सम शब्दों का प्रयोग सबसे अधिक सिद्धांत निरूपण, स्तोत्र रचना तथा अप्रस्तुत योजना के प्रसंगों में किया है। इसके अतिरिक्त सूर–साहित्य में सर्वाधिक प्रयोग तद्भव शब्दों का ही मिलता है। सूरदास ने देशज शब्दों का भी प्रचुर परिमाण में प्रयोग किया है। कुछ देशज शब्द इस प्रकार हैं–बगदाइ, मोट, डहकावै, मॉड़ी, विगोवै आदि। सूर ने ब्रज भाषा के शब्द–भंडार को समृद्ध करने के लिए गुजराती, पंजाबी, राजस्थानी, अवधी आदि प्रांतीय भाषाओं के शब्दों का भी प्रयोग किया है। यथा–

(क) गुजराती – बियौ = दूसरा

'काके सरन जाऊं जदुनन्दन नाहिंन और वियौ।

(ख) राजस्थानी – पूरबली = पूर्वकालीन

'विभीषन को लंका दीन्ही पूरबली पहिचानि।'

(ग) पंजाबी – बिरियाँ = बेला, समय

'आवहु कान्ह सांझ की बिरियाँ'

(घ) अवधी – इहाँ – उहाँ = यहाँ – वहाँ

'हरि बिनु सुख नहिं न उहाँ'

सूर–काल में फारसी–अरबी अनेक भाषाओं के शब्द सामान्य हो गए थे। सूरदास ने ब्रज–भाषा को साहित्यिक प्रतिष्ठा प्रदान करने के लिए फारसी और अरबी शब्दों का स्वतंत्रतापूर्वक प्रयोग किया है किंतु उन्होंने इन शब्दों के तत्सम रूप की सुरक्षा की चिंता नहीं की। यथा–

(अ) 'साँची सो लिखहार कहाबै'

(ब) 'हरि है ऐसा अमल कमायौ।'

(स) 'जनम साहिबी करत गयो।' आदि ऐसे पद हैं कि जिनमें कवि ने फारसी–अरबी शब्दों की भरमार कर दी है।

रस–वात्सल्य (उसके दोनों रूप संयोग वात्सल्य एवं वियोग वात्सल्य) एवं शृंगार (दोनों रूप) दोनों ही रस–क्षेत्रों में सूरदास का काव्य अपना मौलिक स्वरूप प्रकट करता है, इसे 'रस–तत्व' के संबंध में भी समझा जा सकता है। अध्येताओं के अनुसार, ध्यातत्वय है कि कविवर सूर ने अपने सृजन में जिन रसों की निबन्धना की है, उनमें वात्सल्य और शृंगार ही प्रमुख हैं। अन्य रस तो प्रसंगवश ही आ गए हैं। इसका प्रमुख कारण है कि सूर की दृष्टि जीवन की विविधता की ओर नहीं गई है। उनकी दृष्टि बाल–क्रीड़ा, प्रेम के रंग–रहस्य और उसकी अतृप्त वासना तक ही परिसीमित है।

कविवर सूर विनोदी प्रकृति के व्यक्ति हैं। कृष्ण की बाल–छवि एवं क्रिया–कलापों तथा राधा की सरल सामान्य उक्तियों में हास्य रस के सुंदर परिपाक को देखा जा सकता है। नटवर नागर कृष्ण दही की चोरी के निमित्त किसी के घर में घुस जाते हैं और चोरी करते हुए ग्वालिन के द्वारा रंगे हाथ पकड़े जाते हैं। इनकार कर पाने की स्थिति न देखकर कृष्ण फौरन बात को घुमा देते हैं। उनका कथन हास्यास्पद है कि मैं अपना ही घर समझकर यहाँ आ गया था। दही में चींटी देखकर उसे निकालने लगा। कृष्ण की इस प्रकार की चतुरतापूर्ण बातें सुनकर ग्वालिन के अधरों पर मुस्कार थिरक उठती है। प्रमाण के लिए उदाहरण दृष्टव्य है–

मैं जान्यौ यह मेरो घर है, ता धोखे में आयौ।

देखत ही गोरस में चींटी, काढ़न को करनायौ।।

इसी प्रकार संयोग और वियोग वर्णन में हास्यरस के अनेकानेक चित्र 'सूर–सागर' में विद्यमान हैं। 'भहरात झहरात दावानल आयौ' वाले पद में भयानक रस की सुंदर अभिव्यंजना हुई है। दावानल–प्रसंग के अन्य पदों में करूण रस का भी सुंदर परिपाक हुआ है। 'प्रथमहिं देउँ गिरिहि बहाइ' वाले पद में रौद्ररस तथा 'आजु हौं हरिहि न सरल बहाऊँ' जैसे पदों में

वीररस, 'नन्दहिं कहत जसोदा रानी' वाले पद में अद्‌भुत रस तथा 'को को न तरयो हरिनाम' या 'मेरो मन अनत कहाँ सुखपावै' जैसे पदों में भक्तिरस की व्यंजना देखी जा सकती है।

कविवर सूर एक रससिद्ध कवि हैं। वात्सल्य और श्रृंगार रस के वर्णन में तो उन्होंने अपना सानी नहीं छोड़ा है। साथ ही अन्य रसों का यथाक्रम प्रवेश भी न्यूनाधिक रूप में अपने सृजन में कराया है। इस प्रकार रस की बूँदा–बाँदी से 'सूरसागर' सराबोर हो गया है।

अलंकार—अतः अलंकारों का सम्यक् विवेचन हो जाने के पश्चात् अब हम आलोच्य कवि सूर के अलंकार–विधान को देखना चाहेंगे। वस्तुतः अलंकारों का सर्वोत्तम प्रयोग उनकी स्वाभाविकता है। भावों के उद्रेक में स्वतः आए हुए अलंकार ही उत्तम माने जाते हैं। अलंकारों का सायास प्रयोग अच्छा नहीं है। इससे कविता का महत्त्व घट जाता है। कविवर सूर को अलंकारों के प्रति कोई विशेष मोह नहीं दिखाई पड़ता है। फिर भी सृजन–काल में अगर कोई अलंकार स्वभावतः आ गया है तो उन्होंने उसका उपयोग कर लिया है। वैसे सौंदर्य–चित्रण में उन्होंने अलंकारों का प्रयोग कुछ अधिक ही किया है। वर्णन को प्रभावेत्पादक और हृदयग्राही बनाने के लिए सादृश्यमूलक अलंकार अत्यधिक उपयोगी सिद्ध होते हैं। यही कारण है कि कविवर सूर ने राधा–कृष्ण तथा गोपियों के रूप–सौंदर्य के वर्णन में रूपक, उपमा, उत्प्रेक्षा, प्रतीप, व्यतिरेक, अपह्नुति, समासोक्ति तथा दृष्टांत आदि अलंकारों का प्रयोग बहुतायत से किया है।

रूपक अलंकार का प्रयोग करते हुए कवि ने कई स्थलों पर भावों में चमत्कार उत्पन्न किया है। एक उदाहरण दृष्टव्य है—

प्रीति कर दीन्ही गरे छुरी।
जैसे बधिक चुगा कपट–कन पाछे करत बुरी।
मुरली मधुर चेंप काँपा करि, मोर चन्द्र फँदवारि।
बंक विलोकनि, लगौ लोभबस, सकी न पंख पसारि।
तरुत छाँडि गए मधुवन कौ, बहुरि न कीन्ही सारि।
सूरदास प्रभु संग कलप तरू, उलटि न बैठी सारि।।

सादृश्यमूलक अलंकारों में उपमा का प्रमुख स्थान है। सूर ने कुछ पदों में परंपरागत उपमा का प्रयोग किया है और कुछ नवीन उपमाओं की उद्भावना भी की है। 'ज्यों जलहीन मीन तरुत त्यों व्याकुल प्रान हमारौ', 'उर भयो कुलिस समान', तथा 'लोचन चातक ज्यों हैं चातक' आदि पदों में उपमा के सुंदर प्रयोग को देखा जा सकता है। इसी प्रकार 'जसुदा मदन गोपाल सोवावै', 'देखियत काजिन्दी अति कारी' तथा 'देखियत चहुँ दिसि तैं घनघोरे' आदि छंदों में उत्प्रेक्षा की छटा दर्शनीय है। रूपकातिशयोक्ति अलंकारों का प्रयोग कवि ने वहाँ पर किया है, जहाँ गुह्यांगों या श्रृंगारिक अवसर आया है। 'अद्भुत एक अनूपम बाग' वाला पद रूपकातिशयोक्ति का अच्छा उदाहरण है। इसी प्रकार 'सखी री चातक मोहि जियावत' तथा 'हमारै हृदय कुलिसहु जीत्यौ' वाले पदों में प्रतीतक तथा 'नैना सावन भादौं जीते' एवं 'ऊधो अब हम समुझि भई' जैसे पदों में व्यतिरेक की सुंदर निदर्शना हुई है। 'चातक न होइ कोइ बिरहिन

नारि' वाला पद अपह्नाति का अच्छा उदाहरण है। 'बिनु पावस–पावस करि राखी' वाले पद में विभावना तथा 'ऊधौ तुम हौ अति बड़भागी जैसे पदों में विशेषोक्ति की छटा दर्शनीय है। विरोध मूलक अलंकारों में विभावना, विशेषोक्ति के साथ परिकर आदि अलंकारों की भी गणना होती है। इसमें साभिप्राय शोभा बढ़ाने–हेतु विशेषण का प्रयोग किया जाता है। 'सखी इन नैनति ते घन हारे' वाला पद परिकर अलंकार का अनुपम उदाहरण है।

छंद—सूरसागर के पदों में जहाँ भी वर्णन या कथा की प्रमुखता है, वहाँ दोहा, रोला अथवा रोला–दोहा का मिश्रित रूप तो मिलता ही है, दोहा–चौपाई के मिश्रण से निर्मित नवीन छंद रूपों का भी प्रयोग मिलता है। प्रगीतात्मकता अथवा गेयता के अनुरोध से छंदों के मिश्रित अथवा नए रूप उपयोग में लाए गए हैं।

जहाँ नाटकीय उतार–चढ़ाव वाले घटनाप्रसंग हैं, उदाहरण के लिए दानलीला आदि में, वहाँ रोला–दोहा का मिश्रित छंद मिलता है। पदरचना के अंत में दस मात्राओं की एक पंक्ति जोड़कर गए पद को और भी मनोहर बना दिया गया है।

सूरदास ने दोहा और चौपाई छंदों में भावप्रवाह की रक्षा के लिए दोहा–चौपाई छंदों में भी जगह–जगह नए ढंग से परिवर्तन किए हैं। उदाहरण के लिए फाग और होली के वर्णनों में ब्रज लोकगीत। संगीत का सम्मोहक प्रभाव उत्पन्न करने के लिए अनेक स्थलों पर मात्राओं में परिवर्तन किए गए हैं। डॉ. ब्रजेश्वर वर्मा का अनुमान है कि "कदाचित सूरदास ने ही सबसे पहले चौपाई की दो अर्धालियों के बाद 13 मात्राओं की एक पंक्ति जोड़कर एक त्रिपदी छंद का प्रयोग किया था। बाद में सूर के प्रयोगों की प्रभावोत्पादकता और मनोहारिता को देखकर राधाबल्लभ संप्रदाय के कवियों में खासकर सेवक जी, हरिराम व्यास, चतुर्भुज दास आदि ने इसका खूब प्रयोग किया।"

'दोहा' को आचार्य हजारी प्रसाद द्विवेदी हिंदी का जातीय छंद मानते हैं। कृष्ण–काव्य परंपरा में इस छंद का अत्यधिक उपयोग सबसे पहले सूरदास ने ही किया था। सूरसागर में अनेक पद ऐसे हैं जिनमें सूक्तियों के रूप में मार्मिक वक्तव्य दोहा छंद में ही प्रस्तुत किया गया है। दोहे के कलात्मक उपयोग के प्रमाण के रूप में 'सूर पच्चीस' की चर्चा की जाती है, चूँकि ये पच्चीसों दोहे अपने आप में एक स्वतंत्र काव्यखंड भी हैं और इसके एक–एक दोहे पृथक–पृथक भी अपनी सार्थकता रखते हैं।

सूरसागर में कवित्त, सवैया, छप्पय, कुंडलिया, हरिगीतिका, अरिल्ल आदि का भी अनेक स्थलों पर कथा, भाव या संगीत के अनुरोध से उपयोग किया गया है।

सूरसागर में छंदों की विविधता है। गीतिकाव्य में नई उद्‌भावनाओं के अनुसार छंदों के नए–नए प्रयोग कृष्णभक्त कवियों ने ही किए थे। सूरदास इस परंपरा के सूत्रधार और प्रवर्तक थे।

सूर काव्य का रूपविधान—सूरसागर अथवा महाकवि सूरदास के काव्य का रूपविधान क्या गीतिकाव्य जैसा है या प्रबंधकाव्य जैसा? अथवा इसमें दोनों का सह–अस्तित्व है? आभ्यंतरिक अभिव्यंजना और कथावाचन की शैली में वर्णनात्मकता– इन दोनों के जटिल

संयोजन से सूरसागर की पदावलियाँ रूपविधान के विश्लेषण की दृष्टि से समालोचकों के लिए अभी भी गुत्थी बनी हुई हैं।

रामायण, महाभारत आदि की तरह अथवा रामचरितमानस के समान सूरसागर का कथानक सुसंगठित और सुसंबद्ध नहीं है। महाकाव्य में कोई एक कथा होती है, उसका नायक होता है और घटनाओं का क्रम विकास होता है। अगर इस दृष्टि से देखें तो सूरसागर में भी एक कथा है, उसका नायक है और घटनाओं का आरोह–अवरोह भी है। पर मात्र इतनी समानता से सूरसागर को क्या हम महाकाव्य की संज्ञा दे सकते हैं? नहीं, इसे हम महाकाव्य नहीं मान सकते। हिंदी समालोचना में अभी तक किसी ने भी इसे प्रबंधकाव्य या महाकाव्य के रूप में स्वीकार नहीं किया है। इसके पीछे मुख्य कारण है सूरसागर में कथानक की विशृंखलता के बावजूद इसमें कथाकृति की आस्वाद और उसकी सरसता आदि से अंत तक है। इसमें कथा का नियोजन सर्गबद्ध नहीं है। इसकी कथा कांडों में भी विभाजित नहीं है। इसकी कथा का ढाँचा पुराणों में निबद्ध संरचना की अनुसरण करता है–अर्थात् श्रीमद्भागवत के समान इसकी कथायोजना भी बारह स्कंधों में बँटी हुई है। ऊपर से देखने पर बारह स्कंध तो हैं, पर वास्तविकता में इसकी कथासंरचना लीलाप्रसंग का अनुसरण करती है। डॉ. मैनेजर पांडेय की दृष्टि में लीलाक्रम के अनुसार सूरसागर को सात भागों में बाँटा जा सकता है–(1) विनय के पद, (2) बाललीला, (3) वृंदावन लीला, (4) माधुर्य लीला (अनुराग, चीरहरण, पनघटलीला, दानलीला, रासलीला और विरह लीला), (5) मथुरा लीला, (6) द्वारिका लीला और (7) अवतार लीला। सूरसागर में कथारस का अव्याहत प्रवाह उसके कथानक की एकात्मकता की प्रमाण है। "अव्यवहित कथारस" और "प्रगीतात्मकता"– दोनों की उपस्थिति के कारण कुछ समीक्षक इसे "गीतात्मक महाकाव्य" की संज्ञा देते हैं। ऐसे समीक्षकों में उल्लिखित डॉ. मैनेजर पांडेय भी हैं। उनकी मान्यता है कि इसका महाकाव्यत्व इसके आकार में कम, इसकी आत्मा के रूप में अधिक है। अपने विशिष्ट स्वरूप के कारण सूरसागर एक नए प्रकार का महाकाव्य है। यह साहित्य की शास्त्रीय परंपरा से स्वतंत्र लोकगीतों का संरचना की अनुसार रचित गीतात्मक महाकाव्य है।

प्रश्न 12. सूर काव्य की प्रगीतात्मकता पर उदाहरण सहित प्रकाश डालिए।

अथवा

"सूरदास का काव्य साहित्य और संगीत का उत्तम उदाहरण है।" इस कथन पर प्रकाश डालिए।

उत्तर– भगवान कृष्ण के परम भक्त होने के कारण सूरदास जी ने जो कुछ लिखा वह आत्म निवेदन के रूप में ही था। भावुक कवि के सहजोद्‌गार गीत रूप में ही निकल सकते थे। संयोग से सूरदास जी प्रतिभा संपन्न गायक थे अतः उनकी पदावली गेय ही हो सकती थी। उनकी कविता का विषय भी प्रेम और विरह था अतः उसकी सहज अभिव्यक्ति गीतात्मक ही संभव थी।

काव्य के दो स्वरूप माने गए हैं–प्रबंध और मुक्तक। गीत मुक्तक का भेद समझा जाता है। कारण यह है कि गीत आत्मनिष्ठ होता है, उसमें कथात्मकता का अभाव होता है। गीतकार अपनी अल्पकालीन अनुभूतियों को भावानुरूप स्वर देता है। अतः उसमें प्रबंध का अवकाश नहीं होता। किंतु सूरदास जी ने 'सूरसागर' में भगवान की लीलाओं को पदबद्ध किया है, उसमें कथा किसी न किसी रूप में विद्यमान है। इसमें लगता है कि उसमें प्रबंधात्मकता है। गिरि–धारन लीला, कालीनाग, लीला, भ्रमर–गीत जैसी लंबी कथाएँ और लंबे वर्णन मिलते हैं। सूरसागर में भी श्रीमद्भागवत की भाँति द्वादश स्कंध है। इतना होने पर भी वह भगवान की भाँति प्रबंधात्मक नहीं है। प्रबंध–काव्य में कथा–शृंखला आदि से अंत तक होती है और उसमें पूर्वापर संबंध बना रहता है, क्रम–परिवर्तन नहीं किया जा सकता। 'सूरसागर' के पदों में कथा–शृंखला नहीं है। लीला–वर्णन का अंग होते हुए भी प्रत्येक पद अपने आप में पूर्ण होता है। किसी पद को पूर्व–पद के संदर्भ की आवश्यकता नहीं प्रतीत होती। 'सूरसागर' के पदों का क्रम बदला जा सकता है। 'सूरसागर' के पद चाहे वे आठ पंक्तियों के हों और चाहे, साठ, प्रत्येक में एक पूरी लीला होती है। प्रायः लीलाएँ कई बार गायी गई हैं। उदाहरण के लिए गोवर्धन–लीला एक स्थल पर केवल छह पंक्तियों में गाई गई किंतु दुबारा वही दो सौ पंक्तियों में गायी गई। भ्रमरगीत लीला के तीन स्वरूप मिलते हैं। पहले स्फुट पदों में मुक्तक गीतों में गायी गई फिर समस्त लीला एक लंबे पद में गाई गई और तीसरी बार छंदात्मक पद में गाया गया। परिणाम यह होता है कि 'सूरसागर' में लीलाएँ इति से अथ पर जा पहुँचती है। एक ही लीला या वृत्त पर एक ही प्रकार के विचारों की पुनरुक्तियाँ मिलती हैं जो कि प्रबंध–काव्य की प्रकृति के सर्वथा विपरीत हैं। इसलिए 'सूरसागर' को प्रबंध काव्य कदापि नहीं कहा जा सकता यद्यपि उसमें कृष्ण, राम, वामन आदि अवतारों की पूरी–पूरी कथाएँ मिलती हैं।

सूरदास के गीतों की विशेषता उसकी वर्णनात्मकता है। सूरदास जी का उद्देश्य कथा कहना नहीं था पर लीलाओं का वर्णन करना था। वर्णन भी राग–रागिनियों से समन्वित गीतों में है। सूरदास जी ऐसे सिद्ध गायक थे कि लंबे–लंबे वर्णनों और छंदात्मक पदों को वे राग–रागिनियों में सफलता से आबद्ध कर देते थे। इसी कारण 'सूरसागर' के गीतों को वर्णनात्मक गीत या प्रगीत–वर्णन की संज्ञा दी जाती है।

गीति–काव्य का शरीर गेयत्व और प्राण प्रत्यक्ष आत्माभिव्यक्ति है। सुख–दुख की भाषावेशमीय अवस्था में जब कवि के भाव–स्वतः निकलते हैं तब उनका स्वरूप गीत के अतिरिक्त और कुछ नहीं होता। वह न शब्द जोड़ता है न छंद विधान पर ध्यान रखता है, वह तो अपने हृदय की भावना को गाकर और कभी रोकर व्यक्त करता है। सूर के पदों का गेयत्व अपूर्व है। उनके गान में शास्त्रीय राग–रागिनियों के शुद्ध स्वर–ताल उपलब्ध हैं। 'सूरसागर' में इतने अधिक राग–रागिनियाँ हैं कि समस्त जीवन संगीत में ही अर्पित करने वाले श्रेष्ठ संगीतज्ञ भी दाँतों तले उंगली दबाते हैं। इतना होने पर भी संगीत काव्य का सहायक ही है। संगीत भावुकता को अभिवृद्ध करने, सरसता का संचार करने और अनुकूल भावभूमि निर्माण करने में सहायक होता है। संगीत शब्दों की रमणीयता, ध्वन्यात्मकता तथा कल्पना की कमनीयता को बढ़ाता है।

तात्पर्य यह है कि सूर के पदों का गेयत्व बेजोड़ है। पदगत शब्द–संगीत अनुभूति की सूक्ष्मता को मूर्तिमान कर देता है। गेयत्व की रक्षा के लिए सूरदास जी प्रसाद गुण प्रधान शब्दावली को प्राथमिकता देते हैं। संस्कृत गर्भित शब्दावली को ग्रहण करते हुए भी वे ध्वनियों को मृदु करके गायन के अनुरूप कर देते हैं। जैसे–

सोभित कर नवनीत लिये।
घुटुरुन चलत रेनु तन मंडित मुख दधि लेप किये।।

इसमें 'शोभित' को 'सोभित', 'रेणु', को 'रेनु' करके तथा दन्त्य वर्णों की बहुलता और सानुनासिक ध्वनियों के संयोग से उसके गेयत्व को सघन कर दिया है।

कभी–कभी कवि सूरदास गायक की अपेक्षा आगे बढ़े हुए प्रतीत होते हैं। उनकी प्रवृत्ति अलंकार–विधान, उक्तिवैचित्रय अथवा शब्द–क्रीड़ा में रम जाती है। फिर भी सूरदास जी की वाणी शब्दार्थ–साधना में रत होते हुए भी संगीत की अवहेलना नहीं करती। दृष्टकूट–पदों में भी गेयत्व पूर्णरूपेण विद्यमान रहता है। वर्णनात्मक लंबे पदों की वस्तु गीत के अनुरूप नहीं है। उनमें पदों का बंधन भी होता है फिर भी सारे पदों को वे टेक से ऐसा बांधते है कि संगीतात्मकता का पुट बना रहता है।

आत्मभिव्यंजन–कवि की आत्मभिव्यक्ति का प्रतिफलन, मुक्तक, प्रबंध, नाटक, उपन्यास, सभी में होता है। किंतु गीत ही ऐसी विधा है जहाँ वह प्रत्यक्ष होता है। अन्यत्र कवि की अनुभूति परोक्ष में होती है, गीत में कवि आगे आकर उत्तम पुरूष में कथन करता है। मीराबाई के समस्त पद इसी प्रकार के हैं। सूरसाहित्य में कृष्ण लीला की प्रधानता होने पर भी कवि की प्रत्यक्ष आत्माभिव्यक्ति मिलती है। वे आत्मनिवेदन के रूप में ही पद–रचना करते थे। उनका समस्त जीवन अपने आराध्य के सम्मुख अपने ही सुख–दुख, हर्ष–विषाद आदि के नम्र निवेदन में व्यतीत हुआ। उन्हें श्रीनाथ जी के मंदिर में प्रतिदिन स्वरचित पदों से कीर्तन करने का कार्य प्राप्त था। कृष्ण की सरल लीलाओं का आश्रय पाकर उनकी समस्त अवरुद्ध मनोवृत्तियाँ, 'कृष्णार्पणमस्तु' बोलकर शत–शत धाराओं में प्रवाहित हो उठी। गोपांगनाओं के माध्यम से वे अपने ही हृदयीद्गारों का वर्णन करने लगे। उनकी दास्य सख्य, वात्सल्य और मार्धुय–भक्ति, कृष्ण की विविध लीलाओं में साकार हो उठी। विनय बधाई, क्रीड़ा, रस केलि और विरह के पदों में उनका हृदय झलक उठा। नंद यशोदा के वात्सल्य के द्वारा वे कृष्ण की बाल–छवि निरखने लगे। उन्होंने कृष्ण के रूप का वर्णन नहीं किया अपने हृदय पर पड़े कृष्ण सौंदर्य के प्रभाव को व्यक्त किया। बाल लीला में उन्होंने कृष्ण को खूब खिझाया माखन–चोरी में गोप बनकर सहयोग किया, दान–लीला में उनके सैनिक बने, गोपी और गोपांगना बनकर स्वकीया और परकीया प्रेम का परमानंद लूटा, भ्रमरगीत में अपनी विरह–कातर रसानुभूति को उपालम्भ के रूप में प्रस्तुत किया। तात्पर्य यह कि 'सूरसागर' के वस्तुगत आधार में भी कवि को व्यक्तिगत अनुभूति के लिए सम्यक क्षेत्र सुलभ है। प्रत्येक पद के अंत में तो सूरदास प्रत्यक्ष रूप से अपनी ही आत्मानुभूति व्यक्त करते हैं और उसकी छाया सारे पद पर छा जाती है। तात्पर्य यह कि वस्तुगत आधार और वर्णन के आधिक्य होने पर भी व्यक्तिगत अनुभूति–चित्रण के लिए क्षेत्र सुलभ है।

सूर के गीतिकाव्य की दूसरी विशेषता यह भी है कि सूरदास जी शास्त्रीय संगीत के नायक थे। संगीत का, स्वर–वैभव भी उसमें विद्यमान है। राग–रागिनियों की एक विशिष्ट पद्धति है। उसमें काल (प्रातः, दिन, सांय, रात्रि) और विषयानुरूप स्वरों का बंधन होता है। प्रातःकालीन रागों के स्वर और होते हैं, रात्रि या अर्द्धरात्रि के रागों के स्वर और उसमें शृंगार और विरह के राग और हैं तथा वीर, रौद्र भयानक और शांत रस के और है। सूरदास के विभिन्न रागों में इन सबका पूरा–पूरा ध्यान रखा गया है। इस प्रकार सूर की पद–रचना सामान्य कवि की पद रचना न होकर एक शास्त्रीय नायक की रचना भी है। साथ ही साथ सूरदास को ब्रज प्रांत के लोकगीतों–रसिया, होरी, हिडोरी, सोहर, बधाई, गाली और ब्याह के गीतों का भी पूर्ण परिज्ञान था। अतः इन पदों में लोकगीतों की सहज धुनें और सहज माधुरी उसमें मिलती है। आज तक सूर के पद लोकगीतों के रूप में ब्रज तथा अन्य प्रांतों में लोक गायकों के द्वारा मस्ती में गाए जाते हैं। सूरदास जी को छंद–रचना का ज्ञान ही नहीं था उन्होंने अपने पदों में दोहा, सोरठा, चौपाइ, रोला, सरसी, विष्णुपद, लावनी, कुंडल, हरिगीतिका, घनाक्षरी, कवित्त और दंडकों का प्रयोग किया है। विशेषता यह अवश्य है कि उन्होंने इन पदों का राग–रागिनी के स्वरों में बांध कर उन्हीं में नियंत्रित कर दिया। तात्पर्य यह कि सूर की पद–रचना में संगीत, लोक–गीत और छंदों की त्रिवेणी का संगम है। उसमें है तो गीतिकाव्य ही किंतु मुक्त और प्रबंध के काव्य रूप भी उसमें समाहित है।

प्रश्न 13. सूरदास के निम्नलिखित पदों की सप्रसंग व्याख्या कीजिए।

(i) आयो घोष बढ़ो ब्योपारी

आयी घोष बढ़ो ब्योपारी।
लादि खेप गुन ज्ञान–जोग की, ब्रज में आय उतारी।।
फाटक दै कर हाटक माँगत, भोरै निपट सु धारी।
धुर ही तै खोटी खायो है, लये फिरत सिर भारी।।
इनके कहे कौन डहकावै, ऐसी कौन अजानी?
अपनो दूध छाँडि को पीवै, खार कूप को पानी।।
ऊधो जाहु सवार यहाँ तै, बेगि गहरु जनि लावौ।
मुँह माँग्यो पैहो सूरज प्रभु, साहु हि आनि दिखावौ।।

उत्तर– संदर्भ–प्रस्तुत पद्यांश भक्तिकाल की सगुण काव्यधारा की कृष्ण भक्ति शाखा के प्रमुख कवि, पुष्टिमार्ग के जहाज, महाकवि सूरदास द्वारा रचित 'भ्रमरगीत सार से लिया गया है।

प्रसंग–इस पद में गोपियाँ उद्धव के ज्ञान योग के उपदेश पर व्यंग्य करती हुई आपस में वार्तालाप कर रही है।

व्याख्या–गोपी कहती हैं कि आज हमारी अहीरों की बस्ती में एक बहुत बड़ा व्यापारी आया है। उसने ज्ञान और योग के गुणों से संपन्न माल की खेप जहाँ ब्रज में (बेचने के लिए)

उतारी है। इसने यहाँ के लोगों को इतना अधिक भोला समझ लिया है कि निस्सार वस्तु (निर्गुण ब्रह्म) देकर वह उसके बदले में हमसे स्वर्ण (स्वर्ण के समान बहुमूल्य कृष्ण) माँगता है। परंतु इस व्यापारी का माल खोटा है, इसलिए इसे प्रारंभ से ही अपने इस व्यापार में हानि उठानी पड़ रही है। अर्थात इसका माल कोई नहीं खरीदता, इसलिए उसका भारी बोझ सिर पर उठाए इधर–उधर भटक रहा है। यहाँ ब्रज में ऐसा कौन अज्ञानी है जो इसकी बातों में आकर धोखा खा जाए अर्थात् इसका माल खरीद ले। अपने घर का मीठा दूध त्यागकर, ऐसा कौन मूर्ख है जो खारे कुँए का पानी पीए।

हे उद्धव! तुम यहाँ से शीघ्र ही चले जाओ, जरा भी देर मत लगाओ। यदि तुम अपने साहु (कृष्ण जिन्होंने तुम्हें यहाँ माल देकर बेचने भेजा है) को यहाँ लाकर हमें उनके दर्शन करवा दोगे तो बदले में तुम्हें मुँहमाँगी कीमत मिलेगी।

(ii) जसोदा हरि पालने झुलावै।
हलरावै दुलरावै मल्हावै जोई सोई कछु गावै।
मेरे लाल कौ आउ निंदरिया काहे न आनि सुवावै।
तू काहे नहिं बेगि सों आवै ताहे कौं कान्ह बुलावै।।
के बहुँ पलक हरि मूंद लेत हैं, अधर कबहुँ फटकावै।
सोवत जानि मौन है बैठी कर–कर सैन बतावै।।
हि अंतर अकुला उठे हरि जसुमति मधुरै गावै।
जो सुख सूर अमर मुनि दुर्लभ सो नंद भामिनि पावै।।

उत्तर– संदर्भ–प्रस्तुत पद सूर द्वारा रचित 'सूरसागर' से लिया गया है।

प्रसंग–माता यशोदा घर के काम–काज निबटाने हेतु बालक श्री कृष्ण को पालने में झूला, झूलाकर सुलाने का प्रयास कर रही है। बालक माता का सानिध्य पाने के लिए सोने और जागने का बहाना करता है। इस पद में माता का पुत्र के प्रति और पुत्र का माता के प्रति स्नेह भाव देखते ही बनता है।

व्याख्या–सूरदास जी कहते हैं कि माता यशोदा कृष्ण को पालने में झूला, झूलाकर सुला रही है इस क्रम में कभी पालने को हिलाती है, कभी बच्चे को पुचकारती है, हवा करती है साथ ही लोरी गाती हुई नींद से आग्रह करती है कि तुझे कोई साधारण बालक नहीं अपितु मेरा कान्हा तुम्हें बुला रहा है अतः जल्दी से आकर मेरे बालक को क्यों नहीं सुला देती। बाल सुलभ क्रीड़ा में बाल भगवान कृष्ण अभी अपनी पलक बंद कर लेते हैं और कभी अपनी पलकों को अधखुला सा कर लेते हैं। माता यशोदा सोचती हैं कि बालक को नींद आ गई है तब पालना हिलाना व गाना बंद कर देती है तब–तब बालक इशारा कर–करके बताता है कि अभी मैं सोया नहीं हूँ। इस प्रकार की बाल लीला देखकर माता का हृदय ममत्व भाव से भर उठता है, कवि सूरदास जी कहते हैं कि यह वह सुख है जो माता यशोदा प्राप्त कर रही है जैसा अमर मुनियों को भी दुर्लभ है।

विशेष–

(1) बाल सुलभ चेष्टाओं का सुंदर चित्र प्रस्तुत हुआ है।

(2) वात्सल्य रस एवं माधुर्य गुण का समावेश हुआ है।

(3) माता के हृदय को ममत्व भाव का अगाद्य सुख प्राप्ति हुई है।

(4) ब्रजभाषा में तुकान्त शैली का लयात्मक क्रम है।

(iii) ऊधो, मन नाहीं दस–बीस।
एक हुतो सो गयो स्याम संग, को आराधै ईस।।
देह अति शिथिल सबै माधव बिनु, जथा देह बिन सीस।
स्वासां अटकि रही आसा लगि, जीवहिं कोरि–बरीस।।
तुम तो सखा स्याम सुन्दर के, सकत जोग के ईस।
'सूरदास' रसिकन की बतियाँ, पुखौ मन जगदीश।।

उत्तर– संदर्भ–प्रस्तुत पद सूरदास द्वारा रचित 'सूरसागर' से लिया गया है।

प्रसंग–उद्धव निर्गुण ज्ञान के प्रसाद हेतु ब्रज में आता है और गोपियों से श्री कृष्ण के निर्गुण रूप की अराधना की बात कहता है। उसका उत्तर गोपियाँ इस पद में देती है। साथ ही अपने लौकिक प्रेम की स्थापना करती है। उद्धव के निर्गुण ज्ञान को ग्रहण न करने की विवशता भी दर्शाती हैं।

व्याख्या–सूरदास गोपियों के माध्यम से कहते हैं कि हे उद्धव, हमारे पास तो केवल एक ही मन था, हमारे पास दस–बीस मन होते तो एक मन हम तुम्हें भी देती, निराश नहीं करती किंतु हमारी इस विवशता पर भी आप ध्यान देवें। हमारे पास जो एक मन था वो तो श्री कृष्ण अपने साथ मथुरा ले गए, फिर निर्गुण कृष्ण की अराधना बिना मन हम कैसे करें। श्री कृष्ण के लौकिक प्रेम के कारण हम कितनी कमजोर हो गई हैं मानो बिना सूर के हमारे पास शरीर शेष रह गया है। इस शरीर में श्वास अटकी हैं वो भी उनके आने की आशा से, उनके आने की बात तो हम करोड़ों वर्षों तक करती रहेंगी। हे उद्धव तुम तो श्री कृष्ण के मित्र हो उनसे तुम्हारा लौकिक संबंध भी है, तुम्हारी ये कठोर बातें हमारे पल्ले नहीं पड़ेगी। अंत में सूरदास जी कहते हैं कि गोपियों को श्री कृष्ण के लौकिक प्रेम की बातें करने से ही हमारे द्वारा हमारे इष्ट की सच्ची अराधना है।

विशेष–(1) इस पद में निर्गुण भक्ति पर सगुण भक्ति की विजय दर्शाई गई है।

(2) वैष्णव परंपरा की सगुण भक्ति में लीला वर्णन में आनंद का जो स्रोत फूटता है–वह जनता के मन को स्पर्श करता है। इसी स्थिति के कारण सगुण भक्ति ही श्रेष्ठ है।

(3) लौकिक प्रेम के प्रति पूर्णशक्ति का भाव चित्रित हुआ है।

(4) बोलचाल की ब्रजभाषा में शब्दों का लयात्मक क्रम मिलता है।

❑❑❑

अध्याय 5

रसखान

भूमिका

ऐसा माना जाता है कि भक्ति आंदोलन की शुरुआत दक्षिण भारत में उन समुदायों के बीच हुई, जो सदियों से अपनी दबी–कुचली आवाज को व्यक्त नहीं कर पा रहे थे। उसी दलित आवाज ने भक्तिभाव के माध्यम से स्वयं को अभिव्यक्त किया। दक्षिण भारत के आचार्यों द्वारा ही यह आंदोलन उत्तर भारत में आया। भक्ति काल में कृष्ण–प्रेम की जो स्वरधारा समस्त भारत में बही, उसमें कृष्ण–प्रेम और भक्ति को अपना उपजीव्य बनाने वाले सहृदय भक्त कवियों में रसखान का विशेष महत्त्व है। ये ही भक्ति को दक्षिण भारत से उत्तर भारत में लेकर आए थे।

रसखान मूलतः भक्त कवि है और भक्तिकालीन कृष्ण भक्ति परंपरा में रसखान का विशिष्ट स्थान है। सगुण भक्ति की परंपरा के अंतर्गत आने वाली कृष्ण भक्ति शाखा के वे महत्त्वपूर्ण एवं विलक्षण कवि हैं। उनकी भक्ति मूलतः प्रेम में पगी हुई भक्ति है जिसमें उनका हृदय स्पंदित होता रहता है। उनकी इस भक्ति में प्रेम प्रस्थान भी है और सिद्धि भी।

रसखान की कविता में प्रेम का स्थान सर्वोपरि है। रसखान यह मानते हैं कि प्रेम के वशीभूत मनुष्य ही नहीं अपितु ईश्वर भी है और यह प्रेम लोक–लाज, मर्यादा से भी ऊपर है। उनके सवैये सचमुच रस (सरसता और प्रेम) की खान है। उनका कृष्ण–प्रेम धर्म और संप्रदाय की सीमाओं से परे है। वे सच्चे अर्थ में भारतीय संस्कृति के प्रतिनिधि है। रसखान में भी अन्य स्वच्छंद कवियों की तरह ही भाषा और शैली में वैयक्तिक विशेषता दिखाई पड़ती है। काव्य का प्रधान विषय प्रेम और सौंदर्य होने के कारण उन्होंने मुक्तक का आश्रय लिया और तदनुकूल भाषा और शैली का भी रूप प्रस्तुत किया। भाव–पक्ष की संपन्नता के साथ ही कलापक्ष का यह समायोग सचमुच इनके काव्य को रस की खान ही सिद्ध करता है।

प्रश्न 1. भक्ति आंदोलन में कृष्ण–भक्ति काव्य के स्थान की विवेचना कीजिए।

उत्तर– उत्तर भारत में भक्ति आंदोलन की शुरुआत चौदहवीं सदी के आरंभ में हुई, जबकि दक्षिण भारत में इसका आरंभ छठी–सातवीं सदियों में ही हो गया था। इस नए भक्ति साहित्य में संसार और गृहस्थ मार्ग को पूरी स्वीकृति प्राप्त थी। इससे भक्ति साहित्य को व्यापक सामाजिक आधार एवं स्वीकृति प्राप्त हुई। पहले यहाँ शैव मत को प्रमुखता प्राप्त हुई थी किंतु बाद के उदार तमिल शासकों ने वैष्णव को भी स्वीकार कर लिया। इन दोनों मतों की विशेषता रही कि इन्होंने जाति–बिरादरी के बंधनों पर प्रहार किया। भक्ति साहित्य की रचना में स्त्रियों की भी भूमिका रही, इससे स्त्रियों को भी अपने व समाज के बारे में सोचने का अवसर मिला।

इस क्षेत्र एवं समय के भक्तिकाव्य पर पुराणों का प्रभाव स्पष्ट परिलक्षित होता है। तमिल के भक्त कवि ईश्वर के अनेक अवतारों को अपनी रचनाओं में स्थान देते हैं। राम की तरह कृष्ण की लीलाओं पर भक्ति साहित्य की यहाँ रचना की गई। संत विष्णुचित्त ने कृष्णलीलाओं पर उसी तरह रचना की है, जैसे बाद में सूर ने ब्रजभाषा में। दूसरे शब्दों में भक्तिकाव्य परंपरा में रामकृष्ण से संबंधित जो सगुण परंपरा चली, उसका आदिस्रोत दक्षिण भारत के भक्ति साहित्य में पहले से मौजूद है और श्रीकृष्ण को चरितनायक बनाकर कृष्णकाव्य की जो धारा हिंदी में प्रवाहित हुई, उसके प्रमुख आचार्य महाप्रभु बल्लभाचार्य भी दक्षिण भारत से ब्रजक्षेत्र में आए थे, जिन्होंने दक्षिण भारत में रचित महापुराण भागवत को कृष्ण के प्रति भक्तिभावना को व्यक्त करने वाले एक स्रोत ग्रंथ के रूप में प्रतिष्ठित किया।

(1) हिंदी क्षेत्रों में भक्ति आंदोलन का उदय—भक्ति आंदोलन और भक्ति काव्य की रचना की शुरूआत सबसे पहले दक्षिण भारत के तमिलनाडु में छठी शताब्दी से हुई। यही आंदोलन दक्षिण भारत के आचार्यों की प्रेरणा से उत्तर भारत में फैला और यहाँ के पूर्व–स्थापित बौद्ध एवं जैन मतों के समक्ष एक नई लोकभावना को स्थापित किया, जो भक्ति के रूप में लोकजीवन में अपना स्थान बनाकर दूर–दूर तक विस्तार पा सकी। यह सर्वविदित है कि दक्षिण भारत के तमिल प्रदेश में आलवार भक्तों की सुदृढ़ परंपरा विद्यमान थी, इसमें आंडाल नाम की एक स्त्री–भक्त भी थी। इसकी विशेषता थी कि इसे आंदोलन के सूत्रधार उन जातियों के लोग भी थे, जिनको समाज में शूद्र और अछूत माना जाता था। इन्हीं में एक विशिष्ट और विलक्षण आचार्य रामानुज का नाम बहुत आदर के साथ लिया जाता है। इन्हीं रामानुजाचार्य ने भक्ति में समानता के विचार को प्रमुख स्थान देकर वैष्णव भक्ति–केंद्रित आंदोलन चलाया। यही आंदोलन विभिन्न आचार्यों के माध्यम से उत्तर भारत के हिंदी एवं हिंदीतर क्षेत्रों में फैला।

सामान्य जन के लिए जरूरी था कि उससे मस्तिष्क की जटिल बात की जगह, हृदय से निकली सरल एवं सहज बात की जाय। हृदय की बात के रूप में 'भक्ति–भावना' को लोक में व्यापक स्वीकृति प्राप्त हुई। दक्षिण के आलावार भक्त, अपने मन और हृदय की खुली, बेलाग एवं सच्ची बात कहते थे। इन्हीं कारणों से बारहवीं सदी में शंकर के मायावाद का विरोध करते हुए चार संप्रदाय–रामानुजाचार्य का श्री संप्रदाय, मध्वाचार्य का ब्राह्म संप्रदाय, विष्णु स्वामी का

रुद्र संप्रदाय और निम्बार्काचार्य का सनकादि संप्रदाय–विशेष तौर से सामने आए। ये सभी संप्रदाय शंकर के मायावादी दर्शन के विरोधी हैं। इनमें भगवान के अवतार रूपों की स्वीकृति है किंतु जीवात्मा की भिन्नता इन सभी में हैं। हिंदी में भक्ति–आंदोलन व भक्ति–साहित्य की रचना में इन चारों संप्रदायों की मान्यताओं व अवधारणाओं का विशेष प्रभाव रहा है। सच तो यह है कि इनकी प्रेरणा से उत्तरभारत के भक्ति आंदोलन की दार्शनिक आधारभूमि निर्मित हुई।

हिंदी क्षेत्रों में इन उक्त चारों संप्रदायों में से दो संप्रदायों– श्री एवं रुद्र का खास असर हुआ। इन संप्रदायों में श्री संप्रदाय के प्रवर्तक रामानुजाचार्य और विष्णुस्वामी के रुद्र संप्रदाय के अंतर्गत बल्लाभाचार्य की मान्यताओं एवं अवधारणाओं का विशेष योगदान रहा है। रामानुजाचार्य की चौथी या पाँचवीं शिष्य परंपरा में रामानंद हुए, जिनका अपने गुरु राघवानंद से मतभेद हो जाने की वजह से इन्होंने मठ का परित्याग कर दिया और उत्तर भारत में आ गए। आचार्य हजारी द्विवेदी ने इनके बारे में ठिक लिखा है कि "सच पूछा जाय तो मध्ययुग की समय स्वाधीन चिंता के गुरु रामानंद ही थे। प्रसिद्ध है कि भक्ति द्रविड़ देश में उत्पन्न हुई थी, उसे उत्तर भारत में रामानंद ले आए और कबीरदास ने उसे सप्तद्वीप और नवखंड में प्रकट कर दिया"।

भक्ति द्राविड़ी उपजी लाये रामानंद।
परगट किया कबीर ने सप्तदीप नवखंड।।

रुद्रसंप्रदाय में दीक्षित बल्लभाचार्य की प्रेरणा से श्रीकृष्ण केंद्रित ब्रजकाव्य तथा ब्रज संस्कृति को फूलने फलने का सुअवसर प्राप्त हुआ। इन्हीं की प्रेरणा से महाकवि सूरदास ने सूरसागर की रचना की और भक्ति में दास्यभाव से विरत होकर सखा एवं माधुर्य भाव को अपनाया।

(2) भक्ति का स्वरूपः निर्गुण एवं सगुण—विचारकों ने 'भक्ति' पर विचार करते हुए बतलाया है कि कर्म, ज्ञान और भक्ति–साधना के तीन अवयव हैं। इनमें ज्ञान को साधन के रूप में ग्रहण करके जो निराकर की भाव–साधना की जाती रही है, उसको 'निर्गुण भक्ति' नाम दिया गया है। आचार्य रामचंद्र शुक्ल ने इस बारे में लिखा है कि "यह सामान्य भक्तिमार्ग एकेश्वरवाद का एक निश्चित स्वरूप लेकर खड़ा हुआ, जो कभी ब्रह्मवाद की ओर ढलता था और कभी पैगंबरी खुदावाद की ओर। यह 'निर्गुण पंथ' के नाम से प्रसिद्ध हुआ।" हिंदी में नाथपंथ के प्रभाव से भक्ति का 'निर्गुण पंथ' कायम हुआ, जिसमें आंतरिक साधना तथा सर्वव्यापी निर्गुण ब्रह्म को पाने को ही मोक्ष का मार्ग माना गया। कबीर और सूफी कवियों पर नाथपंथी योगियों की साधना–पद्धति का प्रभाव स्पष्ट परिलक्षित होता है। इन रचनाकारों ने कई जगह योगियों की शब्दावली तक को ज्यों का त्यों अपना लिया है। योगियों ने अपनी निर्गुण–साधना–पद्धति में बतलाया है कि व्यक्ति को आत्मा की खोज में कहीं बाहरी बातों में पड़ने की जरूरत नहीं है। इसलिए ये बाहरी कर्मकांडो, पूजा–अर्चना आदि का खंडन करते हैं। माना जाता है कि नाथ पंथ के प्रसारक गुरु गोरखनाथ का पंथ प्रसिद्ध भारतीय षड्दर्शनों का

सारतत्व ग्रहण करके चला है। इस भक्ति–पद्धति में बहुदेवोपासना, अवतार और मूर्तिपूजा का खंडन किया गया तथा मुसलमानों में प्रचलित नमाज, रोजा आदि की व्यर्थता भी बतलाई गई। इस तरह निर्गुण पंथ पर चलने वाले संत कवियों ने भक्ति के क्षेत्र में प्रचलित बाहरी अनुष्ठानों एवं कर्मकांडों से सामान्य जन का ध्यान हटाकर ईश्वर प्रेम व सदाचरण को प्रतिष्ठित किया। लेकिन, सामान्य जन के लिए ब्रह्म माया, जीव, सृष्टि, प्रलय, अनहदनाद आदि की बातें दूर की कौड़ी ही रहीं। उनको जरूरत एक ऐसे भक्तिमार्ग की थी, जिसके सहारे से और जिसके कार्यों में वे महत् चरित्र की झाँकी देख सकें। भक्ति के लिए जरूरी है ऐसा ब्रह्म, जिसकी अपनी विशेषताएँ हों, जिनमें भक्त का हृदय तल्लीन होकर रम सके। उसकी गति अविगत न हो वरन् उसका एक विशेष रूप हो, वह गुणावतार हो और वह भक्त के हृदय के लिए अवलंबन का कार्य कर सके। सूर के शब्दों में–

अविगत गति कुछ कहत न आवै।
रूप रेख गुन जाति जुगुति बिन,
निरालंब मन चक्रित धावै।
सब विधि अगम विचारहिं ताते,
सूर सगुन लीला पद गावै।।

सगुण भक्ति को अपनाने वाले कवियों ने निर्गुण मार्ग की अगमता पर विचार करके सगुण मार्ग पर चलने का निर्णय किया। इस पंथ के प्रसिद्ध कवियों में सूर व तुलसी हुए, जिन्होंने क्रमशः कृष्ण व राम के चरित्रों को केंद्र में रखकर कृष्णभक्ति व रामभक्ति को प्रतिष्ठित किया। इन दोनों रचनाकारों पर भागवत का प्रभाव रहा है। भागवत पुराण को भक्तितत्व की दृष्टि से एक बेजोड़ ग्रंथ माना जाता है। इस भागवत पुराण ने रामायण और महाभारत की तरह भारतीय मानस का निर्माण किया है। यह सर्वविदित तथ्य है कि सूरसागर की रचना के पीछे भागवत पुराण की प्रेरणा रही है। किंतु यह तथ्य भी कम आश्चर्यजनक नहीं है। कि रामभक्त तुलसी के 'रामचरितमानस' की रचना अधिकांशतः भागवतपुराण के सिद्धांतों के आधार पर की गई है। भागवत में जो जगह श्रीकृष्ण की है, 'रामचरितमानस' में वही जगह राम को दी गई है। अंतर केवल माधुर्य भाव व दास्य भाव का है। कृष्ण भक्ति में जहाँ माधुर्यभाव का उल्लास मिलता है वहीं दास्य भाव के प्रेम में लोकरक्षण की आजोस्विता का।

(3) भक्ति आंदोलन में श्रीकृष्ण–भक्ति के चार संप्रदाय दक्षिण भारत में स्थापित हुए। इनमें रामानुजाचार्य के श्री संप्रदाय में विष्णु के अवतार नारायण की उपासना केंद्र में रही तथा मध्वाचार्य के ब्रह्म संप्रदाय में विष्णु की श्रीकृष्ण की उपासना पर विष्णुस्वामी एवं बल्लभाचार्य के रुद्र संप्रदाय तथा निंबाकाचार्य के सनकादि संप्रदाय में बल दिया गया। श्री संप्रदाय की शिष्य परंपरा में रामानंद ने आगे चलकर रामोपासना का प्रचलन आरंभ किया। इस धारा में राम, विष्णु के अवतार होकर भी परात्पर ब्रह्म के रूप में माने गए। श्री कृष्ण भक्ति में गोपीभाव को प्रधानता प्रदान कर, इसे भक्ति के एक नए मार्ग के रूप में प्रतिष्ठित करने कार्य गौड़ीय चैतन्य संप्रदाय ने किया।

कृष्णभक्ति काव्य परंपरा को भक्तिकालीन हिंदी कविता में सूर के माध्यम से प्रतिष्ठित कराने में रुद्र संप्रदाय के प्रमुख आचार्य बल्लभ का खास योगदान रहा है। 16वीं सदी में भक्ति–प्रवाह को समृद्धि प्रदान करने वाले लोगों में बल्लभाचार्य की प्रतिष्ठा सबसे अधिक रही है। इन्होंने श्रीकृष्ण को परब्रह्म मानते हुए उन्हें दिव्यगुणों से विभूषित 'पुरुषोत्तम बतलाया। इन्हीं पुरुषोत्तम श्रीकृष्ण की सब लीलाएँ नित्य हैं। बल्लभाचार्य ने ईश्वर के सगुण रूप को ही उनका असली पारमार्थिक रूप कहा। इन्होंने ही सूर को श्रीकृष्ण की वात्सल्य एवं किशोर जीवन की लीलाओं का वर्णन करने के लिए प्रेरित किया।

बल्लभाचार्य ने दक्षिण भारत से उत्तर में आकर ब्रज क्षेत्र को अपनी उपासना का केंद्र बनाया, जिससे ब्रजभाषा काव्य की महान रचना–परंपरा का विकास यहाँ हुआ। इन्होंने श्रीकृष्ण को श्रीनाथ जी के विग्रह में स्वरूप प्रदान कर अपनी उपासना–पद्धति में भोग, राग व विलास क्रियाओं को प्रमुख स्थान दिया। सूर की काव्य प्रतिभा का अनुमान लगाकर श्रीनाथ जी की कीर्तन सेवा का दायित्व बल्लभाचार्य ने उनको प्रदान किया।

श्रीकृष्ण को अवतारी, अलौकिक एवं सच्चिदानंद स्वरूप कहा गया हैं, जो इस संसार में आकर अनेक तरह की लीलाएँ इसलिए करते हैं कि यहाँ के सांसारिक भद्रजनों का रंजन एवं रक्षण दोनों हो सके। श्रीकृष्ण के महान अवतारी व्यक्तित्व की यह विशेषता बतलाई गई कि उनका लीला–विग्रह जितना ऐश्वर्यवान है उतना की प्रेममय भी। बल्लभाचार्य ने उनके इन दोनों रूपों को ही यद्यपि केंद्र में रखा था, किंतु भक्ति भावना में प्रेममय रूप की प्रतिष्ठा करने पर विशेष बल दिया। ई. पूर्व एक हजार वर्ष से लगाकर ई. पूर्व तीन हजार वर्ष तक के समय को विद्वानों ने श्रीकृष्ण का समय माना है।

कृष्ण का पहला उल्लेख साहित्यिक प्रमाण की दृष्टि से ऋग्वेद में मिलता है। यहाँ वे 85वें सूक्त के ऋषि के रूप में आए है। उनका यहाँ उल्लेख इंद्र के शत्रु के रूप में किया गया है और वे इंद्र से पराजित होते दिखलाए गए हैं जबकि आगे चलकर पौराणिक समय की वैष्णव परंपरा में श्रीकृष्ण, इंद्र का पराजित करते हैं।

ऐसी मान्यता रही है कि पौराणिक काल में जिस भागवत धर्म की प्रतिष्ठा भारतीय समाज में हुई, वह धर्म भी बौद्ध और जैन धर्मों की तरह हिंसा प्रधान ब्राह्मण धर्म के विरुद्ध प्रतिष्ठित हुआ। इस धर्म के प्रवर्तक के रूप में श्रीकृष्ण से संबंधित कथाओं का सृजन हुआ, जिनमें पारंपरिक वैदिक ब्राह्मणधर्म के शक्ति पुरुष इंद्र से श्रीकृष्ण का द्वंद्व एवं संघर्ष कथाओं की रचना की गई और लोकमानस की जरूरतों के अनुरूप इन संघर्षों में इंद्र की पराजय हुई।

उपनिषद काल में छांदोग्य उपनिषद में कृष्ण का उल्लेख मिलता है। बौद्ध परंपरा में व्यक्त देवकी पुत्र वासुदेव कृष्ण की पूजा के प्रचलन की प्राचीनता भी सिद्ध होती है। विभिन्न ऐतिहासिक प्रमाणों से यह बात पुष्ट होती है कि ई.पू. दूसरी सदी तक वासुदेव कृष्ण की प्रतिष्ठा देवस्वरूप में हो चुकी थी और भागवत धर्म लोकधर्म बन चुका था।

महाभारत के कृष्ण में व्यक्तित्व को कर्म से जोड़कर उसका विस्तार करते हुए व्यापक बनाया गया। इस तरह हम देखते हैं कि कृष्ण का व्यक्तित्व निर्माण एक दिन में नहीं हुआ

बल्कि वह निरंतर विकसित एवं रूपांतरित होता हुआ मध्यकाल में आकर ऐस परब्रह्म के रूप में प्रतिष्ठित किया गया जो अपनी लीलाओं के माध्यम से एक ओर तो लोकजीवन में आनंदभाव की पुष्टि करता है तथा दूसरी ओर उनकी जिजीविषा को पुष्ट करता हुआ जीवन के प्रति गहरी आस्था व कर्म संघर्ष करते हुए न्याय भावना को अवलंब प्रदान करता है। यही वजह रही कि भक्ति आंदोलन की कई शताब्दियों में अखिल भारतीय स्तर पर सभी आधुनिक भाषाओं में श्रीकृष्ण का चरित्र काव्य-रचना के केंद्र में रहा।

प्रश्न 2. कृष्ण भक्ति काव्यधारा में रसखान के स्थान पर प्रकाश डालिए।

उत्तर— हिंदी के विद्वानों में इस बात को लेकर बड़ा मतभेद है कि रसखान को कृष्ण भक्तों की पंक्ति में बैठाया जाए या रीतिमुक्त कवियों की परंपरा में रखा जाए? आचार्य रामचंद्र शुक्ल ने इन्हें कृष्ण भक्त माना है। दूसरी तरफ आचार्य विश्वनाथ प्रसाद मिश्र ने इन्हें "हिंदी की स्वच्छंद काव्यधारा का सबसे प्राचीन कवि ठहराया है।" डॉ. नगेन्द्र ने भी रसखान की स्वच्छंद वृत्ति को ही प्रधानता देते हुए लिखा है—"अपने युग में संपूर्ण कृष्ण भक्ति के गेय पदों में रचे जाने की परंपरा होते हुए भी रसखान द्वारा कवित्त और सवैया छंद को अपनाना उनकी स्वच्छंदवृत्ति का सूचक है। वे किसी परंपरा के बंधन में नहीं बंधे। उनकी भक्ति किसी सांप्रदायिक सिद्धांत में आबद्ध नहीं है। उनकी भक्ति हृदय की मुक्त साधना है और उनका श्रृंगार वर्णन भावुक हृदय की उन्मुक्त अभिव्यक्ति है। उनके काव्य में उनके स्वच्छंद मन के सहज उद्गार हैं। इसीलिए उन्हें स्वच्छंद काव्यधारा का प्रवर्तक कहा जाता है।" डॉ. नगेन्द्र की ये बातें सच हैं लेकिन देखना यह चाहिए कि रसखान ने उस स्वच्छंद वृत्ति का इस्तेमाल रीति स्वच्छंद कवियों की तरह किया है या कृष्ण भक्तों की तरह। यह सही है कि रसखान किसी भक्ति सप्रंदाय से अनन्य रूप से जुड़े न थे, हालाँकि उन्होंने गोसाईं विट्ठलनाथ जी से दीक्षा ली थी, लेकिन उनकी एकांत निष्ठा श्रीकृष्ण में ही थी। उनकी भक्ति भावना में उनकी स्वच्छंदवृत्ति ने कोई व्यवधान नहीं उपस्थित किया, न उसमें किसी तरह की कमी आने दी, बल्कि उसकी मार्मिकता, प्रगाढ़ता और तन्मयता में चार-चांद ही लगाया। रसखान ऐसे कृष्ण भक्त हैं जिन्हें किसी धर्म, संप्रदाय, जाति और परिपाटी से कुछ लेना-देना न था। उन्होंने सारी रूढ़ियों को तोड़कर श्रीकृष्ण को अपनाया और उनकी ऐसी भक्ति की कि रसखान का कृष्ण-प्रेम भक्ति का एक आदर्श बन गया। जिसने भक्ति का आदर्श उपस्थित किया हो, जिसने कृष्ण को छोड़कर दूसरे की ओर निगाह न की हो, जिसने कृष्ण की ही लीला भूमि में जीने-मरने से सार्थकता खोजी हो, जो जन्म-जन्मांतर तक कृष्ण का ही होकर रहना चाहता हो, यदि वह कृष्ण भक्त नहीं है, तो फिर इस श्रेणी में रखा जाएगा? क्या संप्रदाय-दीक्षित और संप्रदायानुयायी ही भक्त कहला सकता है, अन्य कोई नहीं? दरअसल रसखान स्वच्छंदवृत्ति के प्रेमोन्मत्त कृष्ण भक्त थे। उनके साहित्य का मूल्यांकन उन्हें कृष्ण भक्त मानकर ही किया जा सकता है।

हिंदी की कृष्ण भक्ति काव्यधारा में रसखान का विशिष्ट और महत्त्वपूर्ण स्थान है। कृष्ण भक्तों की नाम-गणना के समय जो नाम सहसा उभरते हैं वे हैं सूरदास, नन्ददास, कृष्णदास,

परमानंददास, कुंभनदास, मीरा और रसखान। वास्तव में रसखान और मीरा की कृष्ण भक्ति सांप्रदायिक कृष्ण भक्त कवियों से भिन्न है। उसमें सांप्रदायिक तत्त्वों और प्रवृत्तियों का अभाव है। उनकी भक्ति दीक्षाजन्म न होकर स्वाभाविक है। उन्हें उनका कृष्णप्रेम ही भक्ति–साधना की उस भूमि से खींच ले गया है जहाँ तमाम भक्त नियम–धर्म का पालन करते हुए पहुँचते हैं।

रसखान की विशिष्टता यह है कि वे कृष्ण के प्रेम में किसी भी हिंदू भक्त से अधिक पगे हुए दिखाई पड़ते हैं। उनकी कृष्ण भक्ति पर उनकी जाति और धर्म का कोई प्रभाव नहीं है। ऐसा लगता है कि वृंदावन पहुँचने के बाद रसखान ने अपना पूर्व जीवन एकदम बिसार दिया और वे केवल ब्रज की वह गोपी बनकर रह गए जिसने कृष्ण के रूप–सौंदर्य को देखने के बाद अपना आपा खो दिया और ब्रज में कृष्ण की बावरी बनी घूमती रही।

भक्ति की इस विशिष्टता के साथ रसखान ने काव्य–रचना में भी अपनी विशिष्ट पहचान बनाई। उन्होंने कृष्ण–काव्य की गीति शैली का परित्याग करके कवित्व–सवैया वाली शैली स्वीकार की और कृष्ण के प्रेम–सौंदर्य से संबंधित ऐसे–ऐसे सवैयों और कवित्तों की रचना की कि उन्हें पढ़कर–सुनकर लोगों के हृदय नाच उठे। रसखान के कवित्तों में वर्णनात्मकता जरूर है, लेकिन वह भावों से परिपूर्ण होने के कारण नीरस नहीं लगती। रसखान वास्तव में रस की खान हैं। रसात्मक वर्णन में वे बड़े कुशल हैं। एक तरह से रसखान की कविता रसात्मकता का पर्याय है।

रसखान, कृष्ण भक्त अवश्य थे किंतु कृष्ण भक्ति का जो रूप सूर, नंददास आदि कवियों में मिलता है, उससे कुछ भिन्न स्वरूप रसखान की प्रेमाभक्ति का हैं। वे 'प्रेम' के संबंध में अपना जो दर्शन व्यक्त करते हैं, वह उनको भक्ति के शास्त्रीय बंधनों से मुक्त भी रखता है। वे प्रेम का दर्शन इन शब्दों में व्यक्त करते हैं–

इक अंगी बिनु कारनहिं इक रस सदा, समान।
गनै प्रियहिं सर्वस्व जो, सोई प्रेम प्रमान।।

अंतः इनके श्रेणी–निर्धारण में यह मान्यता ही ज्यादा सटीक मालूम पड़ती है। कि ये कृष्ण भक्त कवियों, प्रेममार्गी सूफी कवियों और रीतिमार्गी प्रेम कवियों से भिन्न, अपनी स्वच्छंद भावना के कारण उक्त तीनों धाराओं से अपनी अलग पहचान बनाते हैं।

प्रश्न 3. 'रसखान स्वच्छंद भावना के कवि है' इस कथन की समीक्षा कीजिए।

अथवा

रसखान की प्रेमभावना पर प्रकाश डालिए।

उत्तर– हालाँकि रसखान कृष्ण भक्ति काव्य परंपरा में माने जाते हैं किंतु वे अपनी 'भक्ति' में भिन्न स्वरूप के रचनाकार हैं। वे प्रेम को ही अपना सर्वस्व मानते हैं और इसी भावना के कारण वे ब्रज के करील–कुंजों पर करोड़ों स्वर्ण जड़ित राज प्रासादों को न्योछावर कर देने का वचन भरते दिखाई पड़ते हैं। प्रेम भावना की यह उदात्तता उनको किसी भी भक्त के बराबर दर्जा दिला देने के लिए पर्याप्त हैं। फिर भी, उनकी भावनाओं का रूपाकार एक भक्त से ज्यादा एक प्रेमी कवि का ही दिखाई देता है।

भक्ति में भाव को व्यक्त करने का जो अंदाज होता है, उसमें भक्त को अपने आराध्य से दूरी का हल्का–सा अहसास अवश्य बना रहता है, लेकिन प्रेमभावना को व्यक्त करते हुए दूरी का अहसास पूरी तरह खत्म हो जाता है और आराध्य भी अपने परिवार के एक सदस्य के रूप में हो जाता है।

रसखान की भावाभिव्यक्ति में जैसे चुहलबाजी और अठखेलियों का आवेग मिलता है, वैसा प्रेमभावना में ही संभव हो पाता है, भक्ति भावना में नहीं। अतः इनके संबंध में यही तथ्य ज्यादा संगत एवं उचित जान पड़ता है कि रसखान स्वच्छंद भाव धारा के कवि है और गोस्वामी विट्ठलनाथ का शिष्य बन जाने पर भी वे बल्लभ संप्रदाय के पुष्टिमार्गीय सिद्धांतों के फेर में न पड़कर कृष्णानुराग तक ही सीमित रहे। प्रेम ही उनके लिए सर्वस्व है।

भक्ति में भी असली बात प्रेम की ही हैं। भक्ति से यदि विश्व प्रेम भावना में विस्तार नहीं होता है तो वह दो कौड़ी से ज्यादा कीमती नहीं। जो हमको 'प्रेम' की संकुचित सीमाओं से ऊपर उठाकर जगत–जीवन का प्रेमी बना देने की ओर प्रेरित करता है, प्रेम भावना में ऐसा आदात्य रसखान के काव्य में देखने को मिलता है।

किंवदती के अनुसार, रसखान किसी 'मोहिनी' पर आसक्त हो गए थे, उनकी यही आसक्ति प्रेम के देवता श्रीकृष्ण के सौंदर्य पर मुग्धता में परिवर्तित हो गई और प्रेम की सच्ची भावना ने उनको माधुर्य भाव को व्यक्त करने वाला एक ऊँचे दर्जे का कवि एवं प्राणी बना दिया। वे कवि के रूप में जितने बड़े प्रेमी कवि थे, उतने ही व्यक्ति के रूप में भी थे। यदि ऐसा नहीं होता तो जो रूपांतरण उनके व्यक्तित्व एवं जीवन–व्यवहार के स्तर पर हुआ, वह शायद ही हो पाता। प्रेमभाव का वास्तव में ही यदि जीवन–व्यवहार पर कोई असर होता है और उससे व्यक्ति के व्यवहार में भी रूपांतरण होता है तो रसखान इसका एक अच्छा उदाहरण है।

रसखान की प्रेमभावना—जहाँ तक रसखान की प्रेमभावना का प्रश्न है, उसकी उदात्तता, उसकी व्यापकता एवं विस्तार में है, जो इस संसार के संबंधों की सीमाओं से आगे जाकर जीव एवं प्रकृति मात्र के अनुराग तक ऊँची उठ जाती है। इस भावना में उस अभिजात्य और कुलीनता के मिथ्या दर्प के प्रति तिरस्कार एवं उपेक्षा का भाव है, जो हमारे जीवन के सहज सौंदर्य के बीच में सभ्यता के नाम पर दीवार की तरह खड़ा हो जाता है। ऐसी भावनाओं का प्रसार कदाचित रसखान की कविता में ही मिलता है, जहाँ वे अपनी प्रेमभावना के भीतर मनुष्य के साथ पशु, पक्षी, पेड़–पौधे, नदी, तालाब आदि सभी को समेट लेते हैं।

कौन ऐसा व्यक्ति होगा, जो अपनी वर्ग स्थिति की उच्चता के दंभ का परित्याग करके ब्रज के गोकुल गाँव के ग्वाल–बालों के साथ अपना जीवनयापन करना पसंद करेगा। प्रेमभावना के समक्ष यहाँ धन–वैभव, सत्ता–संपन्नता की चमक धुँधली एवं फीकी पड़ जाती है और प्रेम भावना से बड़ा जीवनमूल्य और कुछ नहीं रह जाता।

रसखान की कविता जब हमारी मूल्य भावना के इस ऊँचे स्तर का स्पर्श करती है, तो आधुनिक युग के समता व बंधुत्व के भाव को पुष्ट करने वाली बन जाती है जैसा कि रसखान के निम्न सवैये में देखा जा सकता है—

मानुष हों तो वही रसखानि बसौं ब्रज गोकुल गाँव के ग्वारन।
जो पसु हों तौ कहा बस मेरौ चरौं नित नंद की धेनु मँझारन।।
पाहन हों तो वही गिरि कौ, जो धर्यौ कर छत्र पुरंदर धारन।
जो खग हौं तो बसेरो करौं मिलि, कालिन्दी कूल कदंब की डारन।।

निश्चय ही रसखान इस पद में स्पष्ट कर रहे है कि वे इस दूसरे जन्म में क्या बनना पसंद करेंगे? इसी प्रश्न के उत्तर में कदाचित उन्होंने अपनी भावना को इस रूप में व्यक्त किया होगा। यहाँ देखने की बात यह है कि कवि की भावना व कविता एकरूप हो गई है। शब्दों तक का संयोजन इस तरह का बन पड़ा है कि जैसे कवि की भावसरिता कालिंदी के रूप में प्रभावित हो उठी हो। आज के काव्य–चिंतन के संदर्भ में कविता और परिवेश के रिश्ते को भी यहाँ से समझा जा सकता है। जब कोई किसी के प्रति सच्चे रूप में अनुरक्त होता है तो उसकी संपूर्ण परिस्थितियों एवं परिवेश के साथ।

त्याग व बलिदान की भावना से प्रेम की भावना में औदात्य, आता है। वह सच्चे अर्थ में अपारिग्रही होती है। संचय और अतिरिक्त मूल्य के लिए प्रेम में शायद ही कोई स्थान हो। वहाँ न तो राजसत्ता का वैभव व शक्तिमद आकर्षित करता है, न आठों सिद्धि और नौ निधियों से प्राप्त सुख। त्याग जितने ऊँचे दर्जे का होगा, प्रेमभावना भी उतनी ही उदास और व्यापक आधार वाली होगी। निम्नलिखित सवैया रसखान की प्रेमाभिव्यक्ति का उत्कृष्ट उदाहरण है–

या लकुटी अरु कामरिया पर राज तिहूँ पुर कौ तजि डारौं।
आठहुँ सिद्धि नवो निधि कौ सुख नंद की गाय चराय बिसारौ।।
रसखानि कबों इन आँखिन सौं ब्रज के बन बाग तड़ाग निहारौं।
कोटिक हैव कलधोत के धाम, करील के कुंजन ऊपर वारौं।

वस्तुतः यह केवल रसखान की प्रेमभावना ही नहीं है वरन् इसमें प्रेम–निष्ठा का उनका पूरा सिद्धांत छिपा हुआ है। जब तक किसी व्यक्ति, समाज या देश में त्याग का ऐसा हौसला नहीं आ पाता, तब तक सच्ची प्रेमभावना का उदय हो पाना बहुत मुश्किल होता है। प्रेम की चरमावस्था तक पहुँचने के लिए जरूरी है कि प्रेमी में अपने प्रिय के लिए सर्वस्व त्याग करने का माद्दा हो। यह हौसला रसखान के यहाँ कदम–कदम पर मौजूद है, अन्यथा कौन बेवकूफ होगा, जो करील के कुंजों पर करोड़ों स्वर्ण–प्रसादों को न्योछावार कर देगा। रसखान के इन सवैयों में हम एक ऐसी सभ्यता और सांस्कृतिक मूल्यों को पाते हैं, जो मुनाफाखोरी वाली बजारू दुनिया के विपरीत एक निर्मल, निश्छल व सहज–स्वाभाविक और आत्मीयता से भरीपूरी दुनिया है जो आज भी हमारे आधुनिक विवेकी मन को राहत पहुँचाने में समर्थ दिखाई पड़ती है।

इसी एक खासियत और है कि यह एक मिथकीय आवरण की दुनिया होते हुए भी इस आवरण को हटाकर भीतर से एक भाव संपन्न दुनिया से हमारा साक्षात्कार कराती है। प्रकारांतर से यहाँ सामंती सत्ता के प्रतिरोध में उसके समानांतर लोक के सौंदर्य की अभिव्यंजना की गई है। लकुटी, कामरिया, गाय, ब्रज के वन, बाग, तड़ाग और करील कुंज यहाँ लोक

सौंदर्य की अपनी रेखा खींच रहे हैं। इनके सामने तीनों लोकों के राज, आठों सिद्धियों और नो निधियों का सुख तथा करोड़ों स्वर्ण–प्रसादों का सौंदर्य फीका पड़ जाता है। इस तरह यहाँ हम कृष्ण के सौंदर्य में साधारण सौंदर्य की प्रतिष्ठा देखते हैं जो आभिजात्य के सौंदर्य के मुकाबले प्रस्तुत की गई है।

किसी तरह की असाधारणता का चमत्कार रसखान की प्रेमभावना के आलंबन श्रीकृष्ण के सौंदर्य में नहीं है। उनका पीतांबर पहने घर आँगन में खेलना–खाना किसको आकर्षित नहीं करता। ऐसे बालकृष्ण के हाथ में काग का माखन रोटी छीन ले जाना किसी तरह की चमत्कार प्रियता न होकर हमारे सामान्य लोकजीवन की उस छवि का अंकन है, जो आज की सभ्यता में पगे उत्तर आधुनिकतावादी लोगों के लिए कौतूहल का विषय हो सकती है। जिसे कवि ने अत्यंत ही सहज ढंग से हमारे सम्मुख इस प्रकार प्रस्तुत किया है–

धूर भरे अति सोभित स्याम जू तेसी बनी सिर सुदर चोटी।
खेलत खात फिरैं अँगना पग पैंजनी बाजती, पीरी कछौटी।।
व छवि को रसखानि बिलोकत बारत काम कला निज कोटी।
काग के भाग बड़े सजनी हरि हाथ सों लै गयौ माखन रोटी।।

साधारणता का रसखान की प्रेमभावना से गहरा रिश्ता बना रहा है। यह भी कहा जा सकता है कि साधारणता में ही वह अपनी स्थिति को पाती है। साधारणता ही उसका आधार है। अन्यथा क्या वजह है कि जिसका सेस, महेश, गणेश, दिनेश, सुरेश आदि निरंतर गायन करते हैं और जिसे वेदों में अनंत, अनादि, अखंड और अभेद प्रकृति वाला बतलाया गया है तथा जिसकी थाह का अनुमान नारद, शुक्र, व्यास सरीखे ज्ञानी ऋषि–मुनियों को भी नहीं है, ऐसे सर्वगुण एवं सर्वशक्ति संपन्न को अहीर जाति की सामान्य छोरियाँ छछिया भर छाछ के लिए नाच नचा रही हैं–

सेस गनेस महेस दिनेस सुरेसहु जाहि निरंतर गावैं।
जाहि अनादि अनन्त अखण्ड अछेद अभेद सुबेद बतावै।।
नारद से सुक व्यास रटैं पचि हारे तऊ पुनि पार न पावै।
ताहि अहीर को छोहरिया छछिया भरि छाछ पै नाच नचावै।।

प्रेम–भावना में सबसे प्रमुख भूमिका में नेत्र ही रहते आए हैं। नेत्र ही हैं, जिनसे पहली बार प्रिय का दर्शन होता है। प्रिय के सौंदर्य का साक्षात्कार नेत्रों से होता है। जब ये नेत्र अपने प्रिय के रंग में रंग जाते हैं तो फिर किसी के मनाए नहीं मानते। उनकी दशा उन मधुमक्खियों जैसी हो जाती है, जो शहद के आकर्षण में उसी की भीतर फँसकर रह जाती है जैसा कि रसखान के निम्न पद में देखा जा सकता है–

प्रेम पगे जू रंगे रंग साँवरे मानैं मनाये न लालची नैना।
धावत हैं उत ही जित मोहन रोक रुकै नहीं घूँघट ऐना।।
कानन लौं कल नाहिं परै सखि प्रीति में भीजे सुने मृदु बैना।
रसखान भई मधु की मखियाँ अब नेह कौ बंधन क्यों हूँ छुटै ना।।

लौकिकता का गहरा पुट रसखान की प्रेम भावना में है। श्रीकृष्ण का प्रेममय रूप पूरी तरह मानवीय है। इस वजह से यहाँ सौंदर्य के आकर्षण में बिंधा हुआ मन बाहरी मर्यादाओं को त्याग कर एक–दूसरे के भीतर समा जाने की तजबीजें सोचता है प्रेम में मिलन की जो उत्कंठा आकुलता व विह्वलता होती है, वह रसखान के काव्य में कितने ही रूपों में देखी जा सकती है। जी.पी.एच. की पुस्तकों का मुख्य उद्देश्य ज्ञान के साथ–साथ अच्छे नम्बर दिलाना है।

प्रश्न 4. रसखान के जीवन चरित्र पर प्रकाश डालिए।

उत्तर– मध्यकालीन कविता के श्रेष्ठ कवियों में एक रसखान के जन्म और जीवन के प्रामाणिक साक्ष्य के अभाव में ठीक–ठाक निर्णय करना कठिन है कि उनका जन्म कब और कहाँ हुआ था। अलग–अलग साहित्योतिहास के इतिहासकारों ने उनकी कृति 'प्रेम वाटिका' के आधार पर उनके जन्म जन्मस्थान को लेकर कुछ अनुमान लगाए हैं जो कि इस प्रकार हैं–

जन्म–रसखान के जन्म के संबंध में विद्वानों में मतभेद पाया जाता है। अनेक विद्वानों ने इनका जन्म संवत् 1615 ई. माना है और कुछ विद्वानों ने 1630 ई. माना है। रसखान स्वयं बताते हैं कि गदर के कारण दिल्ली श्मशान बन चुकी थी, तब उसे छोड़कर वे ब्रज चले गए। ऐतिहासिक साक्ष्य के आधार पर पता चलता है कि उपर्युक्त गदर सन् 1613 ई. में हुआ था। उनकी बात से ऐसा प्रतीत होता है कि वह गदर के समय वयस्क थे और उनका जन्म गदर के पहले ही हुआ होगा। रसखान का जन्म संवत् 1590 ई. मानना अधिक समीचीन प्रतीत होता है। भवानी शंकर याज्ञिक ने भी यही माना है। अनेक तथ्यों के आधार पर उन्होंने अपने इस मत की पुष्टि भी की है। ऐतिहासिक ग्रंथों के आधार पर भी यही तथ्य सामने आता है। यह मानना अधिक प्रभावशाली प्रतीत होता है कि रसखान का जन्म 1590 ई. में हुआ होगा।

जन्म स्थान–रसखान के जन्म स्थान के विषय में अनेक विद्वानों ने अनेक मत प्रस्तुत किए है। कई तो रसखान के जन्म स्थान पिहानी अथवा दिल्ली की बताते हैं, किंतु यह कहा जाता है कि दिपाली शब्द का प्रयोग उनके काव्य में केवल एक बार ही मिलता है। जैसा कि पहले लिखा गया है कि रसखान ने गदर के कारण दिल्ली को श्मशान बताया है। उसके बाद की जिंदगी उसकी मथुरा में गुजरी। शिवसिंह सरोज तथा हिंदी साहित्य के प्रथम इतिहास तथा ऐतिहासिक तथ्यों एवं अन्य पुष्ट प्रमाणों के आधार पर रसखान की जन्म–भूमि पिहानी जिला हरदोई माना जाए। हरदोई जनपद मुख्यालय पर निर्मित एक प्रेक्षाग्रह का नाम 'रसखान प्रेक्षाग्रह' रखा गया है। पिहानी और बिलग्राम ऐसी जगह हैं, जहाँ हिंदी के बड़े–बड़े एवं उत्तम कोटि के मुसलमान कवि पैदा हुए।

नाम एवं उपनाम–जन्म स्थान तथा जन्म काल की तरह रसखान के नाम एवं उपनाम के संबंध में भी अनेक मत प्रस्तुत किए गए हैं। हजारी प्रसाद द्विवेजी जी ने अपनी पुस्तक में रसखान के दो नाम लिखे हैं–सैय्यद इब्राहिम और सुजान रसखान। जबकि सुजान रसखान की एक रचना का नाम है। हालाँकि रसखान का असली नाम सैय्यद इब्राहिम था और "खान'

उसकी उपाधि थी। नवलगढ़ के राजकुमार संग्रामसिंह जी द्वारा प्राप्त रसखान के चित्र पर नागरी लिपि के साथ–साथ फारसी लिपि में भी एक स्थान पर "रसखान' तथा दूसरे स्थान पर "रसखों' ही लिखा पाया गया है। उपर्युक्त सबूतों के आधार पर कहा जा सकता है कि रसखान ने अपना नाम "रसखान' सिर्फ इसलिए रखा था कि वह कविता में इसका प्रयोग कर सके। फारसी कवियों की नाम चसिप्त में रखने की परंपरा का पालन करते हुए रसखान ने भी अपने नाम खाने के पहले "रस' लगाकर स्वयं को रस से भरे खान या रसीले खान की धारणा के साथ काव्य–रचना की। उनके जीवन में रस की कमी न थी। पहले लौकिक रस का आस्वादन करते रहे, फिर अलौकिक रस में लीन होकर काव्य रचना करने लगे। एक स्थान पर उनके काव्य में "रसखो' शब्द का प्रयोग भी मिलता है।

नैन दलालनि चौहटें म मानिक पिय हाथ।
"रसखो' ढोल बजाई के बेचियों हिय जिय साथ।

उपर्युक्त साक्ष्यों के आधार पर कहा जा सकता है कि उनका नाम सैय्यद इब्राहिम तथा उपनाम "रसखान' था।

बाल्यकाल तथा शिक्षा–रसखान एक जागीरदार पिता के पुत्र थे। इसलिए इनका लालन पालन बड़े लाड़–प्यार से हुआ माना जाता है। ऐसा इसलिए कहा जाता है कि उनके काव्य में किसी विशेष प्रकार की कटुता का सरासर अभाव पाया जाता है। एक संपन्न परिवार में पैदा होने के कारण उनकी शिक्षा अच्छी और उच्च कोटि की गई थी। उनकी यह विद्वत्ता उनके काव्य की साधिकार अभिव्यक्ति में जग जाहिर होते हैं। रसखान को फारसी, हिंदी एवं संस्कृति का अच्छा ज्ञान था। फारसी में उन्होंने "श्रीमद्भागवत' का अनुवाद करके यह साबित कर दिया था। इसको देख कर इस बात अभास होता है कि वह फारसी और हिंदी भाषाओं के अच्छा वक्ता होंगे। रसखान ने अपना बाल्य जीवन अपार सुख–सुविधाओं में गुजारा होगा। उन्हें पड़ने के लिए किसी मकतब में जाने की आवश्यकता नहीं पड़ी होगी।

व्यक्तित्व–अब्राह्म जार्ज ग्रियर्सन ने लिखा है सैय्यद इब्राहिम उपनाम रसखान कवि, हरदोई जिले के अंतर्गत पिहानी के रहने वाले, जन्म काल 1573 ई.। यह पहले मुसलमान थे। बाद में वैष्णव होकर ब्रज में रहने लगे थे। इनका वर्णन 'भक्तमाल' में है। इनके एक शिष्य कादिर बख्श हुए। सांसारिक प्रेम की सीढ़ी से चढ़कर रसखान भगवदीय प्रेम की सबसे ऊँची मंजिल तक कैसे पहुँचे, इस संबंध की दो आख्यायिकाएँ प्रचलित हैं। 'वार्ता' में लिखा है कि रसखानि पहले एक बनिए के लड़के पर अत्यंत आसक्त थे। उसक जूठा तक यह खा लेते थे। एक दिन चार वैष्णव बैठे बात कर रहे थे कि भगवान् श्रीनाथ जी से प्रीति ऐसी जोड़नी चाहिए, जैसे प्रीति रसखान की उस बनिए के लड़के पर है। रसखान ने रास्ते में जाते हुए यह बात सुन ली। उन्होंने पूछा कि 'आपके श्रीनाथ जी का स्वरूप कैसा है'? वैष्णवों ने श्रीनाथ जी का एक सुंदर चित्र उन्हें दिखाया। चित्रपट में भगवान की अनुपम छवि देखकर रसखानि का मन उधर से फिर गया। प्रेम की विह्वल दशा में श्रीनाथ जी का दर्शन करने यह गोकुल पहुँचे। गोसाई विट्ठलदास जी ने इनके अंतर के परात्पर प्रेम को पहचानकर इन्हें अपनी शरण में ले लिया। रसखानि श्रीनाथ जी के अनन्य भक्त हो गए।

दिव्य धाम यात्रा—पैतालीस साल की अवस्था में रसखान ने भगवान के दिव्य धाम की यात्रा की। प्रेमदेवता राधारमण ने अंतिम समय में उनको दर्शन दिया था। उन्होंने भगवान के सामने यही कामना की, विदा—बेला में केवल इतना ही निवेदन किया—

मानुष हौं तौ वही 'ससखान' बसौं ब्रज गोकुल गांव के ग्वारन।
जो पसु हौं तौ कहा बस मेरौ चरौं नित नंद की धेनु मंझारना।।
पाहन हौं तौ वही गिरि कौ जो धरयौ कर छत्र पुरंदर धारना।
जो खग हौं तो बसेरौ करौं नित कालिंदी कूल कदंब की डारन।।

भक्त के हृदय की विवशता का कितना मार्मिक आत्मनिवेदन है यह। भगवान की लीला से संबद्ध दृश्यों, स्थलों, जीवों के प्रति कितनी समीचीन आत्मीयता है। भगवान के सामने ही उनके प्राण चले बसे। जिनके चरणों की रज के लिए कोटि—कोटि जन्मों तक मृत्यु के अधिदेवता यम तरसा करते हैं, उन्होंने भक्त की कीर्ति को समुज्ज्वलतम और नितांत अक्षुण्ण रखने के लिए अपने हाथों में अन्त्येष्टि—क्रिया की। प्रभु की कृपा का अंत पाना कठिन है, असंभव है। प्रेम के साम्राज्य में उनकी कृपा का दर्शन रसखान जैसे भक्तों के ही सौभाग्य की बात है।

प्रश्न 5. रसखान के रचना—संसार का परिचय दीजिए।

अथवा

रसखान के साहित्य पर प्रकाश डालिए।

उत्तर— रसखान वास्तव में 'यथानामस्तथागुण:' की कहावत को चरितार्थ करने वाले भक्त कवि हैं। इनका काव्य किसी प्रयास का फल नहीं बल्कि मन के भावों की सहज अभिव्यक्ति है। रसखान का काव्य वास्तव में अलौकिक भक्ति का सफल सोपान है। रसखान श्रीकृष्ण जी के प्रति समर्पित, भावुक व प्रेम भक्त रहे। वे जन्म जन्मान्तरों में किसी न किसी रूप में कृष्ण से संबंधित वस्तुओं के सामीप्य का आनंद प्राप्त करना चाहते थे। "जो खग हों तो बसेरो करों मिलि कालिंदी कूल कदंब की डारन।"

कवि श्रेष्ठ रसखान ने किसी प्रबंध काव्य की रचना नहीं की। भावनाओं की उमंग में आने पर स्वभावत:, कंठ से जो उद्‌गार व्यक्त होते वही कवित्त या सवैये का रूप बन जाता। रसखान की मुख्यतया चार रचनाएँ मानी जाती हैं—(1) सुजान रसखान , (2) प्रेमवाटिका, (3) दानलीला तथा (4) अष्टयाम।

संवेदना और शिल्प दोनों दृष्टियों से "सुजान रसखान" रसखान की अनमोल रचना है। इसमें प्रेम, भक्ति, कृष्ण लीला, रूप माधुरी, वंशी प्रभाव, ब्रज प्रेम आदि से संबंधित सरल प्रसंगों का सुंदर वर्णन हुआ है। सुजान रसखान स्फुट छंदों का संग्रह है, जिसमें 181 सवैये, 17 कवित्त, व 12 दोहे तथा 4 सोरठे हैं। सब मिलाकर इसमें 214 पद हैं। दूसरी कृति 'प्रेमवाटिका' है जिसमें 53 दोहे हैं और यह कृति राधा और कृष्ण को आधार बनाकर प्रेम को गूढ़ तत्त्वों को विवेचित करती है। 'दीनलीला' तीसरी कृति है जिसमें सिर्फ 11 छंद हैं और वह

संक्षिप्त है। इस कृति में भी राधा-कृष्ण ही हैं जिनके पौराणिक प्रसंग को संवाद के माध्यम से प्रस्तुत किया गया है। 'अष्टयाम' नामक उनकी चौथी कृति दोहों में कृष्ण के जगने कौतुक करने तथा सोने का वर्णन है। इसके अतिरिक्त रसखान के 5 स्फुट छंदों के साथ 10 छंद ऐसे भी मिले हैं जो संदिग्ध हैं।

(1) सुजान रसखान—सुजान रसखान में श्रीकृष्ण के प्रति विविध प्रकार से रसखान ने अपने मनोभावों को व्यक्त किया है।

(क) "मो मन मानिक लै गयौचितै चोर नँद नंद।
अब बे मन मै क्या करूँ, परी फेर के फंद।।"

(ख) "स्याम सघन घन घेरि के, रस बरस्यौ रसखानि।
भई दिमानी पान करि, प्रेम गद्य मन मानि।।"

(ग) "जल की न घट भरै, मग की न पग धरै।
घर की न कछू करै बैठी भरै साँसुरी।।
एकै सुनि लोट गई एकै लोट पोट भई,
एकनि के कृगनि निकसि आए ऑसुरि।।
कहै रसखानि सो सबै ब्रज वनिता बधि।
बधिक कहाय हाय भई कुल हाँसुरी।
करियै उपाय बाँस डारियै कटाय।
नाहिं उपजैगो बाँस नाहिं बाजै फैरि बाँसुरी।।"

(2) प्रेमवाटिका—रसखान की अत्यंत लोकप्रिय तिरेपन दोहों में विरचित एक लघु काव्य कृति है। इसका रचनाकाल सं. 1671 माना जाता है। इस कृति में राधा कृष्ण को प्रेमवाटिका के मालिन माली मानकर अनूठे प्रेम तत्त्व का निरूपण किया है। इस 'प्रेमवाटिका' में रसखान के हृदय की भक्ति वाटिका की झलक मिलती है। 'प्रेमवाटिका' में प्रेम भावना का महत्त्व बतलाया गया है—

(क) "इक अंगी बिनु कारनहि, इक रस सदा समान।
गनै प्रियहि सर्वस्व जो, सोई प्रेम प्रमान।।"

(ख) "वेद मूल सब धर्म, यह कहै सवै श्रुति सार।
परम धर्म है ताहु त, प्रेम एक अनिवार।।"

(ग) "अकथ कहानी प्रेम की, जानत लैली खूब।
दो तमहुँ जहँएक भै मन मिलाइ महबूब।।"

उनकी सरस अनुभूतियों की वल्लरी पर विकसित प्रेम कलिकाओं की सुगंध भावुक हृदयों को रससिक्त कर देती हैं। विद्यानिवास मिश्र जी लिखते हैं—"रसखान उस 'अनिवार' प्रेम ग्रंथ के यात्री हैं जो कमल तंतु से भी अधिक कोमल है और तलवार की धार से भी अधिक तेज है— जितना सीधा है उतना टेढ़ा है।"

(3) दानशीलता—केवल ग्यारह छंदों की एक लघु रचना है जिसमें राधा कृष्ण के सरस श्रृंगारिक संवाद के माध्यम से पौराणिक कथा का आख्यान हुआ है।

"एरी कहा वृषभान पुरा की, तौ दान दिये दिन जान न पैहों।
जौ दधिमाखन देहु जू चाखन अत लाखन या मँग ऐहों।।
नाहिं तौ जो रस सो लैहो जु गोरस बेचन फेरिए न जैहों।
नाहक नारि तू रारि बढ़वति गारि दियैं फिरि आपहि दैहों।।

(4) अष्टयाम—दोहों में विरचित एक लघु कृति है जिसमें श्रीकृष्ण के दिन रात के क्रियाकलापों का मनोहारी वर्णन किया गया है।

करि पूजा अरचन तहों, बैठत श्री नन्दलाल।
वंशी बाजत मधुर धुनि, सुनि सब होत निहाल।।
ए सजनी लीनौ लला, लह्यो नन्द के गेह।
चितयो मृदु मुसकाई कै हरि सबै सुधि गेह।।

इनके अलावा रसखान ने सारंग राग का एक घमार भी लिखा है जिसमें होली के रसरंग और प्रेमपूर्ण गालियों का वर्णन किया गया है।

एक उदाहरण प्रस्तुत हैं—

मोहन हो हो हो हो होरी।
काल्ह हमारी आँगन गारी दे आयौ सो कोरी।
अब क्यों दुरि बैठे जसुदा ढिग निकासी कुंज बिहारी।
उमगि उमगि आई गोकुल की वे सब भई भन वारी।
तबहिं लाल ललकार निकारे रूप सुधा की प्यासी।
लपटिं गई घनस्याम लाल सों चमक चमक चपला सी।
काजर दे भजि भरि भरूवा क हँसि हँसि ब्रज की नारी।
कहै रसखानि एक गारी पर सौ आद बलिहारी।

रसखान के काव्य का मूल रस श्रृंगार है जिसके अवलंब स्वयं श्रीकृष्ण हैं और राधा उस अवलंब का महत् भाव हैं। कृष्णभक्ति की परंपरा में होते हुए भी रसखान ने अन्य कवियों की तरह न तो गए पदों की रीति को स्वीकार किया और न ही भक्ति में श्रृंगार का प्रतिकार किया। इस रूप में उनका काव्य स्वच्छंद मार्ग का सूत्रपात करता है। रसखान कहते भी हैं— 'त्यों रसखानि वही रसखानि जु है रसखानि सो है रसखानी।'

प्रश्न 6. रसखान के काव्य में व्यक्त प्रेम के स्वरूप पर प्रकाश डालिए।

उत्तर— रसखान स्वच्छंद वृत्ति के प्रेमोन्मत्त कवि हैं। उनकी प्रेम—भावना, धर्म—संप्रदाय और लोक—लाज की मर्यादा में ऊपर उठी हुई वह उदात्त भावना है जिसे अंकुठ प्रेम कहा जाता है जिसमें न कुछ पाने का चाह होती है, न कुछ देने का अभिमान और न किसी के प्रति किसी प्रकार द्वेष, दम्भ, ईर्ष्या और पाखंड होता है। रसखान के प्रेम—दर्शन, प्रेमानुभूति और तत्संबंधी अन्य विशेषताएँ निम्नानुसार हैं—

प्रेम—दर्शन—'प्रेम—वाटिका' में रसखान ने अपने प्रेम—दर्शन की सैद्धांतिक अभिव्यक्ति की है और 'सुजान—रसखान' में उसकी व्यावहारिक प्रतीति कराई है। रसखान की मान्यता है

कि प्रेम में ही वास्तविक आनंदानुभूति होती है, चाहे वह विद्यानंद हो या ब्रह्मानंद। प्रेम परमात्मा के ही समान अनिर्वचनीय है। वह कमल–तंतु से भी अधिक सूक्ष्म और कोमल तथा कृपाण की धार से भी अधिक तीक्ष्ण और कठोर है। यह ज्ञान, धर्म, उपासना, शास्त्रादि से परे वह परमानुभूति है जिसमें काम, क्रोध, मद, लोभ, मोह, भय, द्रोह आदि की कोई स्थिति नहीं होती। वह विषय–वासना और कामना–रहित होता है। आदर्श प्रेम अकारण और एकांगी होता है, एक रस रहता है और प्रिय को ही अपना सर्वस्व मानता है–

इक अंगी बिनु कारनहिं, इक रस सदा समान।
गनै प्रियहिं सर्वस्व जो, सोई प्रेम प्रमान।।

इस प्रेम की फाँस कठिन होती है। इसमें 'प्राण तरफि निकरै नहीं, केवल चलत उसाँस' वाली दशा होती है। प्रेम–पथ 'अनिवार' होता है, इस पर चलकर लौटना मुश्किल होता है तथा इस पर चलना, न चलना भी अपने वश में नहीं होता। इसमें पीड़ा ही पीड़ा होती है लेकिन प्रेमी उसी में आनंदित रहता है–

सिर काटो, छेदो हियो, टूक–टूक करि देहु।
पै वाके बदले बिहँसि, वाह–वाह ही लेहु।।

जो प्रेम–फाँस में फँस कर मर जाता है, वही सदा जीवित रहता है, वह विरोधाभास ही प्रेम का सच है–

प्रेम फाँस में फँसि मरै, सोई जियै सदाहि।
प्रेम–मरन जाने बिना, मरि कोउ जीवत नाहिं।।

प्रेम में सामान्यतया दो मनो (हृदयों) के एक होने की बात कहीं जाती है लेकिन इसका चरमोत्कर्ष तो दो शरीरों के एक होने में है। यही आदर्श गोपियों ने प्रस्तुत किया और उन्हें अनन्यता प्राप्त हुई–

जदपि जसोदा नंद अरू, ग्वाल बाल सब अन्य।
पै या जग में प्रेम कौ, गोपी भईं अनन्य।।

प्रेम हरि रूप है, हरि प्रेम के अधीन हैं। प्रेम वह शुद्ध तत्व है जिसे पाने के बाद बैकुण्ठ और हरि की भी चाह नहीं रह जाती–

जेहि पाये बैकुण्ठ अरू, हरिहूँ की नहिं चाहि।
सोइ अलौकिक, सुद्ध सुभ, सरस, सुप्रेम कहाहि।।

प्रेमादर्श–रसखान उपर्युक्त शुद्ध, सरस, निष्काम, अनिवार और अलौकिक प्रेम–पंथ के दृढ़ पथिक हैं और उनका आदर्श हैं गोपियाँ। गोपियों की प्रीति में कोई चाह नहीं, कोई वासना नहीं और यदि कोई चाह है भी, तो वह केवल श्रीकृष्ण के रूप–रसपान की और उनकी सरस लीलाओं के सुख–भोग की जो प्रकारान्तर से श्रीकृष्ण का ही अपना सुख है। कृष्ण को चाहना, कृष्णमय होना है। गोपियाँ इसी कृष्णमयता को जीती हैं और धन्य हो जाती हैं। रसखान उसी तरह कृष्णमय होकर जीने में ही धन्यता का अनुभव करते हैं–

वैन वही उनको गुन गाइ औ कान वही उन बैन सों सानी।
हाथ वही उन गात सरै अरू पाइ वही जु वही अनुजानी।।

जान वही उन आन के संग और मान वही जु कहै मनमानी।
त्यों रसखानि वही रसखानि जु है रसखानि सो है रसखानी।।

प्रेमानुभूति के विविध संदर्भ : क्रीड़ाएँ एवं लीलाएँ—रसखान ने जो प्रेम–वर्णन किया है, उनके प्रधान माध्यम गोपी और कृष्ण हैं। उन्हीं के बहुविध प्रेम–व्यापारों के वर्णन में ही रसखान की प्रेमानुभूति अंतर्निहित है।

रसखान के प्रेम–वर्णन में संयोग शृंगार की प्रधानता है। संयोग के अंतर्गत उन्होंने मुख्यतः तीन पक्षों को अपनी अभिव्यक्ति में जगह दी है—

(1) **रूप–वर्णन**—रूप, प्रेम का पहला चरण होता है और रूप–सौंदर्य प्रिय को सबसे पहले मुग्ध करता है नायक और नायिका एक–दूसरे के रूप सौंदर्य को देखकर परस्पर आकर्षित होते हैं और उनमें प्रेम अंकुरित हो जाता है। प्रायः देखा जाता है कि कवियों ने केवल नायिका के मोहक रूप का वर्णन कर नायक को उसके प्रति सम्मोहित दिखाया गया है। यह प्रवृत्ति रीतिकालीन कवियों में अधिक पाई जाती है, पर रसखान ने नायक–नायिका दोनों के रूप–सौंदर्य का वर्णन किया है और प्रेम की रूढ़ रीति का पालन नहीं किया है। उनके नायक कृष्ण का रूप–वर्णन देखिए—

मोतिन माल बनी नटके लटकी लटवा लट घूंघरबारी।
अंग ही अंग जराव लसै अरु सीस लसै पगिया जरतारी।
पूरब पुन्यनि तें रसखानि सु मोहिनी मूरति आनि निहारी।
चार्‌यौ दिसानि की लै छबि आनि के झाँके झरोखे में बाँके–बिहारी।।

अर्थात् नटवर कृष्ण के गले में मोतियों की माला लटक रही है और घुँघराले केशों की लट भी लटक रही है। उनके अंग–अंग में जड़ाऊ आभूषण हैं तो सिर पर पगड़ी शोभायमान है। रसखान कहते हैं कि ऐसे अप्रतिम–रूप–सौंदर्य का दर्शन पूर्व जन्म के पुण्यों का ही फल है जो चारों दिशाओं की छबि लेकर दृश्य हुई है और जिस बाँके बिहारी की एक झलक पाने को लोग अपने–अपने झरोखों से निहारने का यत्न कर रहे हैं।

इस अप्रतिम सौंदर्य के स्वामी कृष्ण को जो गोपी एक झलक भर देख लेती है, वह उन पर मोहित हो जाती है। कृष्ण का सौंदर्य उनके हृदय में अटक जाता है, स्थिर हो जाता है—

तैंन लख्यों जब कुंजनि तें बनिके निकस्यौं भटक्यौ मटक्यौ री।
सोहत कैसो हरा टटक्यौ उठ कैसो लसै लटक्यौ री।
को रसखानि फिटे फटक्यौ हटक्यौ ब्रजलोग फिरे भटक्यौ री।
रूप सवै हरि वा नट को हियरे अटक्यौ अटक्यौ री।।

इस कृष्ण की जितनी मोहक देहदृष्टि है उतना ही मोहक उनका भागवत् आकर्षण है। उनकी आँखों की मार इतनी तीक्ष्ण और प्रभावशाली है कि गोपियाँ देखने भर से ही अपना–आपा खो देती हैं और उसके बाद क्षण–भर के लिए भी उनकी स्मृति से मुक्त नहीं हो पातीं—

नैननि बंक बिसाल के बनानि झलि सके अरू कोन न बेली
बेधत हैं हिय तीछन कोर सुमार गिरी तिय कोंटिक हेली।

छोड़ै नहिं दिनहूँ रसखानि सु लागी फिरै द्रुम सौ जनुबेली।
रोरि परी छवि की ब्रजमंडल कुंडल गड़नि कुंतल केली।।

रसखान ने इसी तरह अपनी नायिका राधा के रूप–सौंदर्य को भी उकेरा है और उनका दिव्य छवि को अप्रतिम बनाया है–

श्री मुख कों न बखान सकैं, वृषभान सुता जू को रूप उजारों।
हे रसखान तू ज्ञान संभार तरैनि निहार जु रीझनहारो।
चारु सिंदूर को लाल रसाल लसै ब्रज बाल को भाल टिकारो।
गोद में मानौं विराजत है घनश्याम के सारे की सारे को सारो।।

राधा के चेहरे का सौंदर्य इतना अनुपम है कि उसका वर्णन संभव ही नहीं है। वह सौंदर्य तो स्वयं प्रकाशमान है। उस रूप को वही महसूस कर सकता है जिसने नक्षत्रों की दिव्य आभा को देखा हो। राधा के मस्तक पर सुंदर सिंदूर का तिलक ऐसे शोभायमान हो रहा है मानो चंद्रमा अपनी गोद में मंगल को लिए हुए हो।

रूप–वर्णन में रसखान ने अपूर्व प्रतिभा का परिचय दिया है जिसे देखकर हम ठगे से रह जाते हैं।

(2) प्रेम–व्यापार का चित्रण–उन्होंने गोपियों को अधिकतर श्रीकृष्ण की रूप–माधुरी का छक कर पान करते हुए और उनकी मधुर लीलाओं का आनंद लूटते हुए चित्रित किया है। गोचारण लीला, दान लीला , चीरहरण लीला, रासलीला, निकुंज लीला आदि श्रीकृष्ण की वे लीलाएँ हैं जिनसे गोपियों में कृष्ण के प्रति 'अनिवार प्रेम' पैदा हुआ। कृष्ण की गोचारा लीला के आनंद–रस से भरी हुई गोपी कहती हैं–'गाइगो तान, जमाइगो नेह, रिझाइ गौ प्रान, चराइ गौ गैया।' गायों को चराते हुए कृष्ण ने लोगों को मुरली की मीठी तान सुनाई, उनमें प्रीति पैदा की और उनके प्राणों को हर लिया। उन्होंने यही कार्य अपनी सभी लीलाओं के माध्यम से किया। उनकी माखन लीला और चीरहरण लीला की करतूतों का बखान करती हुई एक गोपी कहती है–

काहू को माखन चाखि गयो, अरु काहू को दूध–दही ढरकायो।
काहू को चीर लै रुख चढ़यो, अरु काहू को गुंजछटा छहरायो।।

इन प्रसंगों से गुजरती हुई गोपियाँ दानलीला में बड़ी ढीठ हो जाती हैं और कृष्ण से कह देती हैं–'गोरस के मिस जो रस चाहत सो रस कान्हू जू नेकु न पैहौ।' लेकिन जब एक दिन कृष्ण उसे अकेली पाए गए तो–'पाले परी री अकेली लली, लला लाग लियो सु कियो मन भायो।' कहने का तात्पर्य यह है कि अपनी विभिन्न सरस लीलाओं के माध्यम से श्रीकृष्ण ने गोपियों के अंतस्तल में जो गहरी प्रीति पैदा की, रसखान उसका वर्णन करते अघाते नहीं और इसी बहाने वे कृष्ण की मधुर लीलाओं के प्रति अपनी प्रेम–भावना भी व्यक्त करते हैं।

कहा गया है कि कृष्ण की सरस लीलाओं के माध्यम से गोपियों में वह प्रीति–भावना पैदा हुई जिसके कारण वे अपनी कुल–मर्यादा छोड़ बैठीं और रात–दिन उन्ही के ध्यान में डूबी रहने लगीं। एक गोपी अपनी आँखों की दशा का वर्णन करती हुई कहती हैं–

उनहीं के सनेहन सानी रहैं, उनहीं के जु नेह दीवानी रहैं।
उनहीं को सुनैन औ बैन त्यों सैन सों चैन अनेकन ठानी रहैं।।
उनहीं संग डोलनि मैं रसखानि सबै सुख–सिन्धु अघानी रहैं।
उनहीं बिन ज्यों जलहीन ह्यै मीन–सी आँखि मेरी आँसुवानी रहैं।।

कृष्ण के रंग में गोपियाँ ऐसी रंगी कि फिर उन पर दूसरे रंग का प्रभाव पड़ा ही नहीं–'और तो रंग रह्यौ इक रंग सोई रंग रह्यौ री।' कृष्ण के रंग में रंग जाने और उनकी 'बाँकी अदा', 'बंक विलोकनि' तथा 'मीठी मुस्कान' के हाथ बिक जाने का परिणाम यह हुआ कि गोपियों को कृष्ण–दर्शन के बिना एक पल भी चैन मिलना दूभर हो गया। उन्हें कृष्ण ने 'वियोग बिथा की जो मजूरी' दी, वह उन्हें इतनी भारी पड़ी कि उनके जीवन का सारा सुख चैन छिन गया और वे उन्हें तलाशने के लिए वन–वीधिन में भटकने लगीं–'बीथिन डोलति हैं रसखानि, रहैं निज मंदिर मैं पल नाहीं।' कृष्ण के नैन बाण से बिद्ध गोपियाँ यद्यपि इस निष्कर्ष पर पहुँच जाती हैं–'जो कोउ चाहै भलौ अपनौ तो सनेहु न काहूँ सों कीजियौ माई।' लेकिन वे इस सत्य–पथ का अनुगमन नहीं कर पातीं। उनकी मजबूरी तो यह है कि जब वे कृष्ण को जरा–सा देख लेती हैं तो उनका मन उनके वश में रह ही नहीं जाता–'पै कहा करौं वा रसखानि बिलोकि हियो हुलसै, हुलसै, हुलसै।' निष्कर्ष यह है कि रसखान ने गोपियों के संयोगकालीन प्रेम–विरह का जो वर्णन किया है उसमें रूप–लिप्सा, साहचर्य–सुख और रसकेलि–आनंद की प्रगाढ़ता तो है ही, एक पल के भी विछोह को न सह सकने वाली प्रीति–दशा की तड़प, बेचैनी और आकुलता भी मार्मिकता विद्यमान है। रसखान ने पूर्ण विरह का चित्रण कम किया है। कृष्ण के मथुरा चले जाने के बाद उद्धव–आगमन पर गोपियों की विरह–दशा को चित्रित करने में रसखान का मन बहुत कम रमा है। वे इस प्रसंग में गोपियों से केवल इतना ही कहला पाते हैं–

जानति ना हम और कछू मुख देखि जियें नित नंदलला को।
जात नहीं रसखानि हमें तजि, राखन हारो है मोर पखा को।।

यहाँ सूर के भ्रमर गीत जैसी न तो भाव–प्रवणता और वाग्विदग्धता है और न दार्शनिक वाद–विवाद।

(3) नायिका–भेद का चित्रण–इसी तरह नायिका–भेद के चित्रण में भी रसखान ने श्रृंगार के संयोग का मनोरम वर्णन किया है और नायिकाओं के भेद–उपभेदों का स्वाभाविक चित्रण किया है। नायिका–भेद के सुरत भाव को देखिए रसखान ने कैसा वर्णन किया है–

वह सोई हुती परजंक लली लला सु आइ भुजा भरिकै।
अकुलाइ के चौंकि उठी सुडरि निकरी है अंकिन तें फरिकै।
झटका झटकी मैं फटौ पटुका दरकी अंगिया मुकता फरिकै।
सुख बोल कढ़े रिस से रसखानि हटौ जू लला निशिया धरिकै।

रसखान कहते हैं कि नायिका पलंग पर सोई हुई थी कि अचानक कृष्ण वहाँ आ धमके। कृष्ण ने उस नायिका को बाँहों में भर लिया। वह नायिका घबरा गई और उसकी निद्रा टूट गई। उसने बहुत प्रयत्न किया कि वह कृष्ण के बाहुपाश से निकल जाय, पर इस छीना–झापटी में

उसकी चोली ही फट गई। इस पर वह क्रोधित होकर कृष्ण को भला–बुरा कह पड़ी। इस तरह हम देखते हैं कि रसखान ने श्रृंगार के संयोग पक्ष के तीनों ही रूपों का अपूर्व वर्णन किया है जो अनेक छंदों में तथा अनेक अवसरों के चित्रणों में दिखाई देता है।

प्रेम की अंतर्दशाएँ–रसखान के प्रेम–निरुपण में संयोगकालीन प्रेम–विरह की ही प्रधानता होने के कारण प्रेम की उन अंतर्दशाओं का चित्रण बहुत कम हो सका है जो प्रिय के दूर चले जाने के बाद प्रेमी या प्रेमिका के अन्तस्तल में नाना प्रकार से 'हूक' और 'टीस' पैदा करती है, फिर भी उन्होंने कृष्ण के रूप सौंदर्य पर लुब्ध और उनकी सरस लीलाओं से उन्मत्त–प्रमत्त गोपियों की तड़प, बेचैनी, अभिलाषा, विवशता, उत्कंठा, गुण–कथन, स्मरण, बावलापन, आदि दशाओं का मार्मिक वर्णन किया है।

वात्सल्य–भाव–रसखान ने मुख्यतः गोपी–कृष्ण की प्रीति (श्रृंगार भाव) का ही वर्णन किया है। उन्होंने वात्सल्य भाव के केवल दो छंद लिखे हैं। एक छंद में उन्होंने बालकृष्ण को सजाती–सँवारती हुई यशोदा का वह रूप दिखाया है जिससे वात्सल्य भाव टपकता हैं और दूसरे छंद में कृष्ण के बाल–सौंदर्य का वर्णन करते हुए उनके हाथ से मक्खन लगी रोटी को छीन लेने वाले कौवे के भाग्य की सराहना की गई है। इन दोनों छंदों से इतना तो पता चलता ही है कि रसखान के भीतर वात्सल्य भाव भी भरा हुआ था लेकिन वे उसे अपेक्षित विस्तार न दे सके।

इस प्रकार हम देखते हैं कि रसखान के काव्य में प्रेम अनेक स्तरों पर प्रभावी है। श्रृंगार के संयोग और वियोग के सभी पक्षों पर रचित रचनाओं के साथ–साथ प्रेम की महत्ता को व्यक्त करते रसखान उसे अलौकिक बनाते हुए भी उसकी लौकिकता का भी ध्यान रखते हैं।

प्रश्न 7. रसखान के काव्य में व्यक्त भक्ति के स्वरूप का विवरण दीजिए।

उत्तर– रसखान उच्च कोटि के भावावेशी कृष्ण भक्त थे। उन्होंने एक रूपवती स्त्री के 'मान' को तोड़कर और उसके रूप–गर्व के घड़े को 'फोड़कर' नन्द के कुमार श्रीकृष्ण से अपना नाता जोड़ा था। यह उनकी लौकिक प्रीति का भग्वत्प्रीति में पर्यवसान था। प्रेम का यह रूपांतरण और उदात्तीकरण इतने सहज और स्वाभाविक रूप में हुआ था कि फिर उसमें कभी किसी तरह का व्यवधान न पड़ा और रसखान जब एक बार रस की 'खानि' श्रीकृष्ण को समर्पित हुए तो फिर उन्हीं के होकर रहे गए।

रसखान का भक्ति–दर्शन–भक्ति की अनेक तरह से परिभाषा की गई है। इसे ईश्वर के प्रति परम अनुरक्ति कहा गया है। रसखान भी इसी प्रेम–पंथ के पथिक हैं। श्रीकृष्ण के रूप–सौंदर्य और उनके लीला–माधुर्य में पगा रहना ही उन्हें अभीष्ट है और इसे ही वे कृष्ण भक्ति मानते हैं। उनकी दृष्टि में वही प्राण सार्थक है जो कृष्ण के रूप पर रीझता है, वही सिर सार्थक है जो कृष्ण के चरणों में झुकता है और वही भाव सार्थक है जो कृष्णार्पित है। इस तरह रसखान मन, वचन, कर्म और भाव से कृष्णमय हो जाने की ही भक्ति मानते हैं। उनकी यह भक्ति परम–प्रेम स्वरूपा है। इस भक्ति में किसी प्रकार के विधि–निषेध, व्रत–उपवास और

पूजा–पाठ की कोई जरूरत नहीं है। रसखान स्पष्ट शब्दों में कहते हैं कि शरीर में भस्म लगाने, पंचाग्नि तापने, तीर्थाटन और जप–तप करने से कोई फायदा नहीं होगा, यदि प्यार से नन्द के कुमार के दरबार में सेवा नहीं की और उनको चाहभरी दृष्टि से देखा नहीं–

जप बार–बार, तप, संजम, बयार व्रत
तीरथ हजार अरे बूझत लबार को।
कीन्हों नहिं प्यार, सेयो दरबार चित,
चाह्यो न निहारो जो पै नन्द के कुमार को।।

रसखान निश्छल प्रेमाभक्ति के अनुयायी हैं। वे प्रेम–मार्ग की सहजता के कायल हैं। उनका उपदेश है कि दुर्भाव रहित होकर और सत्संग करते हुए श्रीकृष्ण में अपने मन को वैसे ही लगाना चाहिए जैसे जल भरते समय पनिहारिन का ध्यान गागर पर होता है–

मिलिये सबसौं दुरभाव बिना, रहिये सतसंग उजागर में।
रसखान गुबिन्दहि यों भजिये जिमि नागरि को चित गागर में।।

यह वह सहज प्रेभाभक्ति है जिसके लिए किसी प्रकार के कर्मकांड की जरूरत नहीं होती। प्रभु इसी सहज, निश्छल और अगाध प्रेमासक्ति के वशीभूत हैं। इसका प्रमाण यह है कि शेष, महेश, गणेश, दिनेश आदि उसका गुणगान करते थकते नहीं, वेद जिसे अछेद्य और अभेद्य बताते हैं और नारद–शुकदेव आदि जिसका पार (रहस्य) नहीं पाते हैं, वहीं ब्रह्म (ईश्वर) प्रेम के वशीभूत होकर नन्द और यशोदा की गोदी में खेलता है, राधा के पैरों को पलोटता (दबाता) है और ब्रज की गोप–बालाओं के जरा से मक्खन के लिए नाना नाच नाचता रहता है। अभिप्राय यह कि जो ज्ञान–ध्यान से परे है, वह भक्ति और प्रेम के इतना अधीन है कि वह अपने भक्तों और प्रेमियों की हर इच्छा को पूरा करने के लिए सदा तत्पर रहता है। यह भक्ति की सहजता, सरलता, महत्ता के साथ–साथ उसकी प्रभुता का श्रेष्ठ उदाहरण है।

रसखान की भक्ति के आलंबन–रसखान की भक्ति के आलंबन अतुलित रूप–सौंदर्य संपन्न श्रीकृष्ण हैं जिनकी रूप–छवि और मधुर लीलाओं ने संपूर्ण ब्रज की गोपियों को प्रेमोन्मत्त कर दिया। रसखान जब दिल्ली के सत्ता–संघर्ष और मारकाट से ऊबकर शांति की खोज में वृंदावन पहुँचे तो वह श्रीकृष्ण की छवि को देखकर ठगे से रह गए। उस क्षण उनके नेत्रों और हृदय में कृष्ण की जो छवि समाई, वह जीवन भर न निकली और रसखान उसी छवि में डूबे हुए सरस कवित्तों की रचना करके अपनी भावाभिव्यक्ति करते रहे। कृष्ण–दर्शन के बाद रसखान की जो दशा हुई, उसका वर्णन उन्होंने इन शब्दों में किया–

प्रीतम नन्द किशोर, जा दिन तें नैननि लग्यौ।
मन पावन चितचोर, पलक ओट नहि सहि सकौं।।

रसखान ने अपने आराध्य श्रीकृष्ण की मोहक रूप–छवि का वर्णन करते हुए उस पर अपने को गोपी–भाव से न्योछावर किया है। स्पष्ट है कि रसखान का ध्यान योगिराज कृष्ण या महाभारत के युद्ध–नायक कृष्ण पर नहीं रहा, उसके स्थान पर उन्होंने मोहक व्यक्तित्व के प्रति अपने को समर्पित किया और अपने भीतर यह भरोसा भी रखा कि यह 'माखन चाखन हारो' व्यक्तित्व वाला प्रभु ही उनकी हर तरह से रक्षा करने में समर्थ है–

काहें को सोच करै रसखानि कहा करिहै रविनन्द विचारो।
ता खन जा खन राखिए माखन चाखन हारो सो राखन हारो।।

रसखान ने एकाध छंद में यद्यपि कृष्ण के दनुज–दलन और पतितोद्धार संबंधी कृत्यों का स्मरण किया है किंतु उनके मन में कृष्ण की लीलामूर्ति ही समाई रही और वे उसी के रूप–छवि का बराबर गान–ध्यान करते रहे। उनके आराध्य श्रीकृष्ण का रूप कुछ इस प्रकार है—सिर में मोर–मुकुट, कानों में कुंडल, शरीर पर पीताम्बर, अधरों पर मीठी तान वाली मुरली, कटाक्ष युक्त बड़ी–बड़ी आँखे, घुँघराली अलकें, मृदु मुस्क्यानि और छेड़खानि करने वाली रसीली एवं बाँकी अदा। ब्रज–गोपियाँ कृष्ण के इसी रूप पर मुग्ध थीं और रसखान भी उसी पर न्योछावर थे।

भक्ति भाव—प्रत्येक भक्त भगवान को किसी न किसी भाव से भजता है। भक्ति–शास्त्रों में दास्य, सख्य, वात्सल्य, शृंगार और शांत में से किसी भाव का आश्रय लेकर भगवद्भक्ति का उपदेश दिया है। रसखान ने मुख्यतया शृंगार भाव से श्रीकृष्ण की उपासना की है जिसे 'गोपी–भाव' कहना अधिक समीचीन है। जिस भाव से ब्रज की गोपियों ने श्रीकृष्ण को चाहा, वही भाव रसखान का भी है। जैसे गोपियाँ श्रीकृष्ण के रूप–सौंदर्य पर लुट गईं, उनकी मुरली की मधुर ध्वनि को सुनकर कुलकानि छोड़ बैठीं, उसी तरह रसखान भी कृष्ण के एक–एक अंग की शोभा और उनकी मोहनी अदा पर न्योछावर हो गए। उनकी 'सुजान–रसखान' रचना के सभी कवित्त और सवैये गोपी–भाव से ही लिखे गए हैं। हर छंद में कोई न कोई गोपी अपने सौंदर्याकर्षण, प्रेम, विह्वलता और श्रीकृष्ण के मधुर व्यक्तित्व के प्रति उत्सर्गशीलता का ही वर्णन करती हुई चित्रित हुई है। वह गोपी स्वयं रसखान हैं। कहते हैं कि रसखान को गोपी भाव सिद्ध हो गया था। वे हमेशा उसी भाव–दशा में निमग्न रहते थे। रसखान के सवैये गोपी–भाव की चरम अभिव्यक्ति हैं। गोपियों की प्रेम–दशा ही रसखान की अंतर्दशा है।

गोपी–भाव उदात्त शृंगार या विशुद्ध प्रेम–भाव का पर्याय है। रसखान की भक्ति में यह भावना अपने चरम रूप तक भी पहुँची है लेकिन वहाँ वासना न होकर प्रेम की सांद्रता (प्रगाढ़ता) है और वह अकुंठ प्रेम का उदाहरण बन गई है।

रसखान ने कृष्ण के युवा–रूप–सौंदर्य के साथ–साथ उनके बाल रूप के प्रति भी अपनी निष्ठा दिखाई है लेकिन वह ज्यादा परिपुष्ट नहीं हुई है, हालाँकि वात्सल्य–भाव वाले उनके दो छंद भी काफी मार्मिक एवं प्रभावशाली हैं।

भक्ति का उद्देश्य—रसखान निष्काम भाव के भक्त हैं। वे श्रीकृष्ण के अनन्य प्रेमी हैं। कृष्ण प्रेम ही उनका साधन है और वही साध्य भी। इसके अतिरिक्त उन्हें कुछ न चाहिए—न धन–दौलत, न रूप–यश और न राजपाट का सुख, ऐश्वर्य। वे तो इन सबको व्यर्थ मानते हैं। उनकी धारणा है कि मणि–माणिक्य से बने बड़े–बड़े महल, उन पर लगी गजमोतियों की झालरें और इंद्र के सिंहासन को लज्जित करने वाला राजपाट आदि सब व्यर्थ है यदि नन्द के कुमार श्रीकृष्ण के प्रति स्नेह नहीं है—'ऐसे भये तो कहा रसखानि जो साँवरे ग्वाल सों नेइ न लैयत।" उन्हें तो श्रीकृष्ण के प्रेम की दरकार है, उनके रूप–सौंदर्य को देखते रहने की

विकलता है, उन्हीं के संसर्ग–सान्निध्य में नित्य रहने की एकमात्र अभिलाषा है। उन्हें ब्रज में बसने, नन्द की गायों के बीच चरने, ब्रज की गलियों को बुहारने और कालिन्दी के तट पर कदम्ब की डालों पर पक्षी के रूप में कलरव करने में ही सबसे बड़ा सुख है। वे ब्रज के करील–कुंजों की सुखद छाया के समक्ष करोड़ों सोने के महलों को न्योछावर कर सकते हैं और नन्द की गायों को चराकर ऋद्धियों और सिद्धियों के सुख को बिसार सकते हैं। तात्पर्य यह है कि उन्हें अपनी भक्ति और प्रीति के फलस्वरूप केवल श्रीकृष्ण का रूप–दर्शन, उनका सामीप्य–सुख और ब्रजधाम में निवास ही काम्य है। वे भगवान से कहते हैं—

जो रसना रसना विलसै तेहि देहु सदा निजनाम उचारन।
मो कर नीकी करें करनी जु पै कुंज कुटीरन देहु–बुहारन।।
सिद्धि समृद्धि सबै रसखानि लही ब्रज–रेनुका अंग सँवारन।
खास निवास मिलै जु पै, तौ वही कालिन्दी कूल–कदम्ब की डारन।।

प्रश्न 8. मध्ययुगीन काव्य परंपरा में रसखान के स्थान का निर्धारण कीजिए।

उत्तर— काल की दृष्टि से रसखान विक्रम की सत्रहवीं शती के कवि थे जो कि निश्चित ही भक्तिकाव्य धारा के अवसान व रीतिकाव्य धारा के उदय का काल था। हिंदी साहित्य का भक्तिकाल साहित्य रचना और कलात्मक अभिव्यक्ति की दृष्टि से स्वर्ण युग माना जाता है।

कृष्ण काव्य परंपरा का प्रसार आदिकालीन अपभ्रंश काव्य से लेकर रीतिकाल तक है। रसखान की गणना कृष्ण भक्ति शाखा के अंतर्गत की जाती है किंतु इन्होंने स्वच्छंद प्रकृति से ही काव्य रचना की। घनानंद, ठाकुर, आलम, बोधा आदि स्वच्छंद काव्य धारा के कवियों की प्रवृत्तियाँ रसखान के काव्य में स्पष्ट रूप से देखी जा सकती हैं। उन्होंने कृष्ण भक्त कवियों की तरह गीत रचना की प्रणाली को बहुत कम महत्त्व दिया तथा अपने हृदय के भावों को सवैया तथा दोहों में व्यक्त किया। उन्होंने अपनी काव्य प्रवृत्ति का एक ऐसा मार्ग बनाया जो स्वयं निर्मित था।

रसखान, बिहारी तथा घनानंद ब्रजभाषा के तीन ही कवि ऐसे हैं जिनकी कविता परिमार्जित तथा सुव्यवस्थित है। यह जानकर आश्चर्य किया जा सकता है कि इनमें ब्रजभाषा के कवि सूरदास जी का नाम नहीं आया, किंतु ध्यान देने की बात है कि सूरदास जी ने जितनी शक्ति भाव–द्योतन की ओर लगाई है, उतनी काव्य सौष्ठव की ओर नहीं लगाई। निस्संदेह अंतर्वृत्तियों को पहचानने की जो सूक्ष्म दृष्टि सूरदास जी के पास थी, वह किसी को नहीं प्राप्त हो सकी किंतु यहाँ भाव–पक्ष का विचार न होकर भाषा–पक्ष का विचार हो रहा है और यह सुगमतापूर्वक देखा जा सकता है कि उनकी भाषा में जितना सौंदर्य है उससे कहीं अधिक सौंदर्य उनके बाद के इन कवियों की भाषा में है।

ब्रजभाषा के अंतिम महाकवि जगन्नाथदास 'रत्नाकर' ने एक स्थान पर कहा है कि यदि ब्रजभाषा का व्याकरण बनाना हो तो रसखान, बिहारी और घनानंद का अध्ययन करना चाहिए। इन तीनों महाकवियों की भाषा–विशेषता भी पृथक–पृथक है। बिहारी की भाषा

परमार्जित एवं साहित्यिक है। घनानंद में लाक्षणिक प्रयोग ही अधिक हैं। इन दोनों कवियों ने भाषा को कुछ सँवारने का प्रयास किया है, किंतु रसखान ने ठीक उसका स्वाभाविक रूप लिया है और इसी कारण वे ब्रजभाषा के तीन प्रमुख कवियों में स्थान पा सके।

प्रश्न 9. मध्ययुगीन काव्य के कला वैशिष्टय पर प्रकाश डालते हुए उसमें रसखान की स्थिति को स्पष्ट कीजिए।

उत्तर– रसखान का काल हिंदी–काव्य के परम उत्कर्ष का काल था। सम्राट अकबर के सुव्यवस्थित शासन के कारण जनता धन–माल से निश्चिंत होकर कला–प्रिय बन रही थी। उस समय सभी ललित कलाएँ उन्नत अवस्था में थीं। आचार्यों द्वारा अनेक संप्रदाय चलाए जा रहे थे और जनता की अनुयायी बन रही थी। कवियों का आदर केवल जन–समाज में ही नहीं, राजदरबारों में भी होता था। बीरबल, गंग और रहीम जैसे कवि अकबर के दरबार में सम्मान पा रहे थे। स्वयं अकबर भी कुछ कविता करता था। महाप्रभु बल्लभाचार्य की शिक्षा का प्रभाव उत्तर भारत में भलीभाँति पड़ चुका था। राधाकृष्ण की उपासना जोर पर थी। प्रत्येक कवि राधा–कृष्ण की लीलाओं पर कविता करके लोकप्रिय बनना चाहता था।

उस समय में ब्रजभाषा का अखंड राज्य था, यद्यपि जायसी और तुलसीदास जी के अत्यंत लोकप्रसिद्ध ग्रंथ अवधी भाषा में लिखे गए थे, फिर भी उन दो एक ग्रंथों के कारण अत्यंत प्राचीन काल से काव्यभाषा के रूप में व्यवहृत होने वाली ब्रजभाषा की प्रधानता में कोई अंतर नहीं आ सका था। मुसलमान भी अपनी कट्टरता छोड़कर हिंदू भक्त और कवियों के स्वर में स्वर मिलाने लगे थे। भाषा के माधुर्य तथा भावों के मोह ने बादशाह तक को ब्रजभाषा में रचना करने के लिए विवश कर दिया था।

रसखान के समय से कुछ ही पूर्व हिंदी कविता बहुमुखी हो चुकी थी। भिन्न–भिन्न विषय भिन्न–भिन्न शैलियों में व्यक्त करने की क्षमता रखने वाले कवियों का आविर्भाव हो चुका था। हिंदू–मुसलमान तथा जाति–वर्ण का भेद दूर कर एक ओर ज्ञानक्षेत्र में कविता का आविर्भाव हो चुका था। हिंदू–मुसलमान तथा जाति–वर्ण का भेद दूर कर एक ओर ज्ञानक्षेत्र में कविता को स्थान मिला और दूसरी ओर सूफियों की प्रेम–पीर सुनाई पड़ रही थी। नीति तथा अन्योक्तियों की छटा भी दिखाई दे रही थी और ब्रजकुंजों की रासलीला का भी स्मरण किया जा रहा था। श्री सीताराम जी की शुद्ध भक्ति करने वाले कवि भी थे तथा राधाकृष्ण के नाम की आड़ में घोर श्रृंगार वर्णन करने वाले रसिक भी। इसी दौरान रीतिग्रंथों की रचना भी की गई।

रसखान जिन कवियों के समकालीन थे उनमें ज्ञानाश्रयी शाखा के कवि दादूदयाल, प्रेममार्गी सूफी कवि जायसी तथा उसमान, रामभक्ति–शाखा के महान कवि तुलसीदास कृष्ण भक्ति–शाखा के भक्तवर सूरदास जी, नीति–ग्रंथकारों में प्रधान रहीम कवि तथा रीति–ग्रंथकारों के आचार्य महाकवि केशवदास प्रमुख हैं। उस समय तक ब्रजभाषा मँज–सँवर कर परिष्कृत तथा शुद्ध हो गई थी। अनूठी भाव–व्यंजना का क्षेत्र भी ब्रज–कवियों ने तैयार कर दिया था, छंदोविधान संबंधी शिथिलता भी समाप्त हो चली थी।

सामान्य रूप से, रसखान की गणना कृष्णभक्ति–शाखा के अंतर्गत की जाती है। इसका कारण यह है कि कृष्ण भक्ति–शाखा में सौंदर्योपासना तथा मधुर भाव की ही प्रधानता थी। रसखान सौंदर्योपासक तथा रसिक थे, वे कृष्ण–भक्ति से केवल प्रभावित ही नहीं थे, वरन् स्वयं भी सच्चे कृष्ण–भक्त थे। कृष्ण के सौंदर्य, वेशभूषा, मुरली तथा लीलाओं पर मुग्ध और जी–जान से न्यौछावर थे किंतु इन्होंने सर्वथा स्वच्छंद प्रकृति से ही काव्य रचना की। कभी किसी बंधन में नहीं पड़े। हालाँकि प्रेममार्गी कवियों का कुछ प्रभाव भी इन पर पड़ा है। रीतिकाल का भी प्रवेश हो जाने के कारण रसखान की कविता गतिभंग या न्यूनाधिक मात्रा के दोष से मुक्त रही।

प्रश्न 10. रसखान के मुक्तक काव्य पर संक्षिप्त टिप्पणी लिखिए।

अथवा

'रसखान ने अपने हृदय के उद्‌गारों को मुक्तक शैली में प्रकट किया' इस कथन की समीक्षा कीजिए।

उत्तर– किसी खंडकाव्य या महाकाव्य की रचना करना स्वच्छंद कवि रसखान का लक्ष्य नहीं था। उन्हें तो अपने हृदय के मार्मिक उद्‌गारों को प्रकट करना था जिसके लिए उन्हें मुक्तक से सुंदर और उपयुक्त कोई दूसरा माध्यम नहीं जँचा। रसखान का मुक्तक–काव्य दिव्य प्रेम अथवा अलौकिक श्रृंगार का काव्य है।

सामान्यतया श्रृंगारपरक मुक्तकों के अंतर्गत ऐहिकतापरक रचनाएँ आती हैं जिनमें प्रायः नायक–नायिका की श्रृंगारी चेष्टाएँ, भाव–भंगिमा तथा संकेत–स्थलों का सरस वर्णन होता है। मिलन काल की मधुर क्रीड़ा तथा वियोग के क्षणों में बैठे आँसू गिराना अथवा विरह की ऊष्णता से जमीन–आसमान सभी का जलना, ऐसी अनेक अत्युक्तिपूर्ण रचनाएँ श्रृंगार–मुक्तक के ही अंतर्गत आती हैं।

श्रृंगारी मुक्तककारों ने नायक–नायिकाओं की संयोग–वियोग की अवस्थाओं और विभिन्न ऋतुओं का वर्णन किया। रसखान काव्य में भी उपर्युक्त प्रकार के श्रृंगार–मुक्तकों की रचना मिलती है जिसका एक उदाहरण निम्नानुसार है–

मोहन के मन भाइ गयो इक भाइ सौं ग्वालिनें गोधन गायौ।
ताकों लग्यो चट, चोहट सौं दुरि औचक गात सों गात छुवायौ।
रसखानि लही अति चातुरता चुपचाप रही अब लौं घर आया।
नैन नचाइ चितै मुसकाइ सु ओट ए जाइ अँगूठा दिखायौ।।

इस पद में श्रृंगार के अंतर्गत नायक–नायिका की चेष्टाओं के गत्यात्मक चित्र प्रस्तुत किए गए हैं। स्वतंत्र मुक्तक के लिए प्रेम–श्रृंगार, नीति, वीर रस आदि कोई भी विषय उपयुक्त हो सकता है। रसखान की अधिकांश रचनाएँ स्वतंत्र मुक्तक स्वीकार की जा सकती है। उदाहरण के लिए भक्ति और श्रृंगार संबंधी मुक्तक निम्नानुसार प्रस्तुत है–

मोर पखा सिर ऊपर राखिहौं गुंज की माल गरे पहिरौंगी।
ओढ़ि पितम्बर ले लकुटी बन गोधन ग्वारन संग फिरौंगी।

भावतौ तोहि मेरी रसखानि सो तेरे कहें सब स्वांग करौंगी।
या मुरली मुरलीधर के अधरान धरी अधरा न धरौंगी।

इन पदों का अवलोकन करने के उपरांत यह तो सर्वथा स्पष्ट है, कि रसखान मुक्तक रचनाओं के कवि हैं। वास्तव में कृष्णभक्त कवियों की यह महती विशेषता रही है कि वे प्रबंध–रचना में बहुत कम प्रवृत्त हुए हैं। इसका प्रधान कारण यही था कि उनकी दृष्टि भगवान कृष्ण की सौंदर्यमूर्ति पर ही केंद्रित थी, उनकी शक्ति और शील पर नहीं।

रसखान तो प्रकृत्या सौंदर्योपासक और प्रेमी जीव थे ही अतएव इनमें इस प्रवृत्ति का होना स्वाभाविक भी था। उन्होंने मुक्तक के माध्यम से प्रेम–विह्वल होकर हावभाव की प्रवाहमयी और प्रेमोत्पादक व्यंजना की है जो उनकी असाधारण सफलता का प्रतीक है।

मुक्तक के लिए प्रौढ़, प्रांजल और समासयुक्त भाषा उपयुक्त है। मुक्तक के छोटे से कलेवर में भावों का सागर भरने के लिए इसी प्रकार की भाषा उत्तम मानी गई है। साधारणतया सफल मुक्तक काव्य में हृदय को झंकृत करने की क्षमता होती है। रसखान के अधिकतम मुक्तक सवैया और कवित्तादि छंद में लिखे होने के कारण अपनी लयात्मकता के कारण ये गीतिकाव्य के बहुत निकट स्थान पाते हैं।

प्रश्न 11. रसखान की काव्य–भाषा पर अपने विचार व्यक्त कीजिए।

अथवा

रसखान की काव्यभाषा की विशेषताएँ बताइए।

अथवा

रसखान के काव्य के वक्रोक्ति विन्यास का विस्तारपूर्वक वर्णन कीजिए।

उत्तर– कविता कवि के भावों, अनुभवों एवं विचारों की कलात्मक अभिव्यक्ति है। हर कवि अपने अनुभूत यथार्थ को कविता के विभिन्न उपकरणों भाषा, छंद, अलंकार आदि के माध्यम से पाठक तक संप्रेषित करने की कोशिश करता है। इस कला में जो कवि जितना ही दक्ष होता है, उसकी कविता उतनी की प्रभावोत्पादक एवं आकर्षक होती है। इस दृष्टि से रसखान एक सफल एवं समर्थ कवि हैं। वे अपने कवित्व–सवैयों के माध्यम से न केवल अपने भावों को पाठकों–श्रोताओं तक संप्रेषित करने में पूरी तरह सफल हुए हैं वरन् अपेक्षित प्रभाव–सृष्टि करने में भी उन्हें पर्याप्त सफलता मिली है। लोग उनके कवित्व–सवैयों से वैसे ही अनादित एवं प्रभावित होते हैं जैसे कि सूर के मार्मिक पदों से। रसखान की कविता भी सूर–काव्य की तरह पीयूषवर्षी है।

काव्य भाषा–भाषा अभिव्यक्ति का सशक्त माध्यम है। कविता भाषा में ही संभव होती है। कोई भी कवि उपयुक्त काव्य–भाषा द्वारा ही अपने भावों को पाठक या श्रोता तक संप्रेषित करने में सफल होता है।

रसखान के काव्य का शिल्प सौंदर्य–भाषा भावों की अनुगामिनी है। रसखान ने अपने हृदयगत भावों की अभिव्यक्ति तदनुरुप भाषिक संरचना में प्रस्तुत की। रसखान के काव्य के

आस्वादन में उनके संवेदना सौष्ठव के साथ–साथ उनके शिल्प सौष्ठव का भी महत्त्वपूर्ण स्थान है। रसखान की भाषा का श्रुतिमाधुर्य अभूतपूर्व है।

रसखान की भाषा—सोलहवीं शताब्दी में ब्रजभाषा साहित्यिक आसन पर प्रतिष्ठित हो चुकी थी। भक्त–कवि सूरदास इसे सार्वदेशिक काव्य भाषा बना चके थे। किंतु उनकी शक्ति भाषा सौष्ठव की अपेक्षा भाव द्योतन में अधिक रमी। इसीलिए बाबू जगन्नाथ दास रत्नाकर ब्रजभाषा का व्याकरण बनाते समय रसखान, बिहारी लाल और घनानंद के काव्याध्ययन को सूरदास से अधिक महत्त्व देते हैं। बिहारी की व्यवस्था कुछ कड़ी तथा भाषा परिमार्जित एवं साहित्यिक है। घनानंद में भाषा–सौंदर्य उनकी 'लक्षणा' के कारण माना जाता है। रसखान की भाषा की विशेषता उसकी स्वाभाविकता है। उन्होंने ब्रजभाषा के साथ खिलवाड़ न कर उसके मधुर, सहज एवं स्वाभाविक रूप को अपनाया। साथ ही बोलचाल के शब्दों को साहित्यिक शब्दावली के विकट लाने का सफल प्रयास किया।

उनकी काव्य भाषा शुद्ध, परिमार्जित साहित्यिक ब्रजभाषा है। अजस्र प्रवाह उनकी काव्य शैली की अनूठी विशेषता है। माधुर्य और प्रसाद गुण की सहज संपृक्ति के कारण उनकी काव्य भाषा एकदम सरस एवं जीवंत बन गई है।

(1) शब्द–संपदा और शब्द शक्ति—रसखान की समर्थ भाषा में विभिन्न प्रकार के शब्दों संग्रह हैं। उन्होंने अपने भाषा ज्ञान और प्रयोग निरीक्षण का भली–भाँति सदुपयोग किया है। रसखान ने तद्‌भव शब्दावली का बहुत प्रयोग किया है। उन्होंने देशज और प्रचलित शब्दावली का पर्याप्त प्रयोग किया है और पांडित्य–प्रदर्शन की प्रवृत्ति से अपने को सदैव दूर रखा है। अरबी, फारसी के शब्दों को भी ब्रज के वातावरण के अनुकूल ही ढालकर प्रयुक्त किया है। वे प्रयोग एकदम सरल और चलते हुए भी हैं। उदाहरणार्थ अजूबी, मरजा, जावाजी, ताख, महबूब, सुमार, नेजा, दिल, साहबी, गदर, गरूर, मियाँ, खूब, तमासों आदि।

प्रेमवाटिका में सिद्धांत–निरूपण के कारण संस्कृत शब्दावली का अधिक प्रयोग किया है ब्रज के उत्तराधिकार के रूप में संस्कृत की विपुल शब्दावली उन्हें प्राप्त हुई थी। अतएव रसखान विषयानुकूल भाषा और शैली के परिवर्तन में निपुण थे। उदाहरणार्थ–अयनि, बरन (वर्ण), छंद, आम, अनुपम, अमित, मात्सर्य, कज्जलः, ललित, मकराकृत, कुंडल, माल, ब्रह्म,सास्त्रन्, वचनामृत, सबिसेष, सर्वस्व, सरूप, विद्या, पुरान, सृब्द्ध, मित्र, कलह आदि। इनमें से संस्कृतिनिष्ठ और शुद्ध संस्कृत के भी शब्द मिलते है।

अवधि के भी शब्द मिश्रित हैं– अबार, पियारी, दुवारी, ताहि, आहि, अस, केरी; आई आदि। पूर्वी प्रयोग के अंतर्गत 'मेरी सुनो मति आई अली जहाँ जौनी गली हरि गावत हैं' में 'जीनी' पूर्वी प्रयोग है।

रसखान ने प्रमुख भावपूर्ण स्थलों पर अभिधा में भी चमत्कार दर्शाया है। जैसे–

बैन वही उनको गुन गाइ और कान वही उन बैन सों सानी।
देस बिदेस के देखे नरेसन रीझ की कोऊ न बूझ करैगो।।
वेई ब्रह्म ब्रह्मा जाहि सेवत है रैन–दिन,

सदासिव सदा ही धरत ध्यान गाढ़े है।
गावैं गुनी गनिका गंधर्व और सारद सेव सबै गुन गावत।।

उपर्युक्त पंक्तियों में रसखान के मन की अभिलाषा अभिधा शक्ति द्वारा व्यक्त हुई है। कृष्ण के बाल–रूप का चित्रण भी अभिधा द्वारा किया गया है–

आजु गई हुती भोर ही हौं, रसखानि रई वहि नंद के भौनहिं।
वाकों जियो जुग लाख करोर जसोमति को सुख जात कह्यो नहिं।
तेल लगाइ लगाइ के अंजन भौंह बनाइ बनाइ डिठौंनहि।
डालि हमेलनि हार निहारत वारत ज्यों चुचकारत छौनहि।
धूरि भरे अति सोभित स्यामजू तैसी बनी सिर सुंदर चोटी।
खेलत खात फिरै अंगना पग पैजनी बाजति पोरी कछौटी।

उक्त छंद से यह भी स्पष्ट होता है कि लक्षणा–व्यंजना का सौंदर्य न होने पर भी कृष्ण का बालसौंदर्य सर्वशक्ति–संपन्न है। रसखान ने भक्ति और प्रेम–संबंधी बाल–लीला के पदों में अभिधा शक्ति का चमत्कार प्रदर्शित किया है। फिर भी समस्त रचनाएँ रसपूर्ण एवं भावपूर्ण है।

रसखान–काव्य में रूढ़ि लक्षणा के भी प्रयोग मिलते हैं। ये प्रयोग उनके भाषाधिकार के सूचक हैं–

कुंजगली में अली निकसी तहाँ साँकरे ढोटा कियो भटभेरो।
याई री वा मुख की मुसकान गयो मन बूड़ि फिरे नहिं फेरो।
डोरि लियो दृग चोरि लियो चित डार्‌यो में प्रेम का फन्द घनेरो।
कैसी करौं अब क्यौं निकसौं रसखनि पर्‌यो तन रूप को घेरो।।

यहाँ मन बूड़ना में रूढ़ि लक्षणा है। मन वास्तव में डूबा नहीं है। इसका लक्ष्यार्थ यह है कि मन कृष्ण के सौंदर्य के वशीभूत हो गया है। रूप के घेरों का लक्ष्यार्थ है एक बार देख लेने के पश्चात् गोपी का हृदय कृष्ण के रूप से प्रभावित हो गया।

इस प्रकार उनकी रचना में लक्षणादि शब्दशक्तियों के अनेक उत्तम उदाहरण मिलते हैं। उनकी भाषा पारदर्शी है। शब्दों में निबद्ध भावों में अनुभूति की मूर्तता है। नेत्रों के सम्मुख एक नवीन स्फूर्तिमय चित्र उपस्थित हो जाता है। इसे प्रस्तुत करने के लिए रसखान ने व्यंजना शक्ति की सहायता ली है। भक्ति–भाव से पूर्ण पदों में उनके सुंदर भाव व्यंजित होते हैं।

रसखान–काव्य वर्णित भावों के अनुकूल ही माधुर्य और प्रसाद गुण से संपन्न है। उनकी उदार कोमल वृत्ति के कारण उनकी भाषा प्रवाहमयी बन पड़ी है जो अत्यंत सहज और कोमलकांत पदावली से युक्त है। उन्होंने कहीं भी शब्द को विकृत करने का प्रयत्न नहीं किया है। अत्यंत स्वाभाविक ढंग से उनके मार्मिक उद्‌गार व्यक्त हुए हैं।

रसखान ने व्यंजक शब्दों के प्रयोग द्वारा भावाभिव्यंजना की सर्वाधिक समर्थ बनाया है। ब्रजभाषा में तो स्वतः स्वाभाविक सौंदर्य, लोच और काव्यात्मक सरसता के गुण पाए जाते हैं जिससे हर प्रयोग जमा हुआ अथवा व्यंजक और लचीलापन लिए हुए रहता है। ऐसी सर्वशक्तिमयी भाषा में रसखान ने अपनी अपूर्व क्षमता दिखाकर उसे और भी अधिक व्यंजक

बना दिया है– उदाहरणार्थ, 'नैनन में बिहँसी हैं', उत्तमताहि जरी सी', 'टाँक सी लाँक कुलकानि की मेड़ लखी', 'कुलकानि हिया तजि भाजति है', 'लाज बिदा करि दीनी', 'भागति भूख न भूषन भावें', 'पाग मरोरनि में उरझावैं', 'कुल को पुल टूट्यो' इत्यादि। ऐसे व्यंजक और अर्थपूर्ण वर्णनों से कवि की भाषा अति समर्थ बन पड़ी है। गूढ़ अर्थ, ध्वनि, मर्मस्पर्शिता और आंतरिकता का भी प्रचुर समावेश है। जिससे रससंचार और भावोद्रेक प्रबल हो गया है। इस प्रकार इन व्यंजक प्रयोगों के द्वारा उनकी भाषा में असाधारण सौंदर्य–दृष्टिगोचर हुआ है।

इससे यह प्रकट होता है कि अपनी स्वाभाविक भाषा के माध्यम से उन्होंने कोमल और सरल शब्दों का प्रयोग सहज ही किया है।

(2) अलंकार–रसखान के काव्य में अलंकारों का सुरुचिपूर्ण प्रयोग मिलता है, किंतु अलंकारों के प्रति मोह उनमें दृष्टिगत नहीं होता। अनुप्रास, श्लेष, यमक जैसे शाब्दिक अलंकारों ने रसखान की काव्यभाषा को श्रवण सुंदर बनाने में योग दिया है तो उपमा, उत्प्रेक्षा, रूपक जैसे अर्थालंकारों ने कवि के भावों की अर्थवत्ता बढ़ाने का काम किया है।

"छकि छेल छबीली छटा छहराइ के कौतुक कोटि दिखाइ रही।"
(अनुप्रास)
"लटकी लटमों, ग मीननि सों बनसी जिय वा नट की अटकी।"
(श्लेष)
"हम तौ ब्रज कौ बसिबौई तजौ बसरी ब्रज बैरिन तू बसरी।"
(यमक)
"अति लाल गुलाल दुकूल ते फूल अली, अलि कुंतल राजत हैं।
मखतूल समान के गुंज छरानि मैं किंसुक की छवि छाछत हैं।
(उपमा)
"नैन दलालनि चौहटैं मन मानिक पिय हाथ।
रसखाँ ढोल बजाइ के, बैच्यो हिय जिय साथ।।"
(रूपक)
"पहले दधि लै गइ गोकुल में चख चारि भए नटनागर पै।
रसखानि कारी उनि मैनमई कहैं दान दै दान खरै अर पै।।"
(उत्प्रेक्षा)

अतिशयोक्ति–रसखान की अतिशयोक्तियाँ केवल वैचित्र्य प्रदर्शन बनकर ही नहीं रह गई हैं वरन् अभिप्रेत वर्ण्य विषय के उत्कर्ष में पूर्ण सहायक हुई हैं। राधा के सौंदर्य चित्रण में अतिशयोक्ति देखिए–

बासर तुंजु कहै बिकरै रवि को रथु माँझ अकाश अरै री।
रैन यहै गति है रसखानि छपाकर आँगन तै न टरै री।
द्यौस निस्वास चल्यौई करै निसि द्यौस की आस न पाय धरै री।
तेरी न जात कछू दिन राति बिचारे बटोही की बाट परै री।।

व्यतिरेक–रसखान काव्य में व्यतिरेक का प्रयोग एकाध स्थलों पर ही हुआ है। एक सखी अपनी दूसरी सखी से कह रही है कि कृष्ण के रूप लावण्य को देखते ही लोक लाज के बंधन स्वतः छूट जाते हैं–

खंजन मीन सरोजनि की छवि गंजन नैन लला दिन होनो।
भौंह कमान सों जोहन को सर बेधत प्राननि नंद को छोनो।
(यहाँ नंद का छौना ही सर से बेधता है)

विरोधमूलक–विरोध के कारण अमान्य उक्ति भी अनोखा चमत्कार उपस्थित करती है। अतः उसमें काव्य–सौंदर्य बढ़ जाता है। रसखान काव्य में इसकी योजना बहुत थोड़ी है क्योंकि वे भावुक सहज और सरल भक्त थे।

काव्य उनकी तीव्र भावाभिव्यक्ति का साधन था। उनका ध्यान वचन–वैदग्ध्य में नहीं था। वे सीधी सरल बात सर्वथा कहते थे। उन्होंने प्रेम–मार्ग को सीधा भी बताया है और टेढ़ा भी–

कमल तंतु सौ छीन अरु कठिन खड्ग की धार।
अति सूधौ टेढ़ो बहुरि, प्रेम पंथ अनिवार।।

(3) छंद–रसखान की सानुप्रास कविता में कवि की उदात्त वाणी का सहज संगीत ही है। छंद प्रयोग का वैविध्य रसखान के काव्य में दृष्टिगत नहीं होता। उन्होंने केवल तीन ही छंदों का प्रयोग किया है–सवैया, कवित्त और दोहा।

"सुनियै सबकी कहियै न कछू रहियै इमि या मनवा गर में।
यह जा कों लसै मुख चंद समान कमान सी भौंह गुमान हरैं।।"
(दुर्मिल सवैया)
"बॉकी मरोर गही मृकुटीन लगीं अँखियाँ तिरछिानि तिया की।
टांक सी लांक भई रसखानि सुदामिनि, दूनी हिया की।।"
(मत्तगयंद सवैया)
"स्रवन कीरतन दरसनहिं जो उपजत सोई प्रेम।
सुद्धासुद्ध विभेद तें द्वै विध ताके नेम।।
जोहन नंदकुमार को गई नंद गेह।
मोहि देखि मुसकाइ कै बरस्यौ मेह सनेह।।"
(दोहा छंद)

सवैयों के प्रयोग में तो रसखान सिद्धहस्त हैं। यही कारण है कि बहुत समय तक रसखान सवैये के पर्याय बन रहे। कृष्ण काव्य प्रणयन की परंपरागत गेय पद शैली को त्याग कर कवित्त सवैये की शैली को अपनाना रसखान की स्वच्छंद वृत्ति का परिचयक है।

(4) मुहावरे–मुहावरों के प्रयोग से भाषा में एक प्रकार की प्रभावोत्पादकता आ जाती है। समर्थ कवि ही मुहावरों का उपयुक्त प्रयोग कर सकते हैं। मुहावरों में भी भेद होता है, कुछ लोक–प्रचलित रहते हैं तथा कुछ काव्य परंपरा में ही सीमित रहते हैं। केवल काव्य–क्षेत्र के मुहावरों से भाषा में उतना प्रभाव नहीं आता जितना कि लोक–प्रचलित मुहावरों के प्रयोग से

आता है। रसखान ने उन्हीं मुहावरों का प्रयोग किया है जो जन–समाज में प्रसिद्ध हैं, जिसके कारण रसखान की भाषा की प्रभावोत्पादनशक्ति कुछ बढ़ गई है। उदाहरण के लिए, देखिए 'अब ही दिना द्वै में रसखानि बात फैलि जैहे कहाँ लौ सयानी चंदा हाथ दुराइबो' 'हाथों से चाँद छिपाना' बहुत प्रसिद्ध मुहावरा है। 'पाले परो मैं और लली' में 'पाले पड़ना' मुहावरा गोपी की दीनावस्था को और भी बढ़ा काव्य–रस को प्रगाढ़ कर देता है। 'आँख से आँख लड़ना' मुहावरा कौन नहीं जानता होगा। 'नेम कहा जब प्रेम कियो, अब नाचिए सोई जो नाच नचावै' में 'नाच नचाना' मुहावरे से ग्रजबालाओं की दयनीय दशा प्रकट हो रही है। 'या ते कहूँ सिख मान भटू, यह हेरनि तेरे ही पैड़ परैगी'। 'पैड़ परना' (पीछे पड़ना) मुहावरे से सखी की शिक्षा में और भी प्रभाव बढ़ गया है।

(5) वक्रोक्ति विन्यास—वक्रोक्ति का अर्थ है—वक्र उक्ति अर्थात् किसी बात को विशिष्ट रूप से कहना। आचार्य कुंतक ने वक्रोक्ति के छः भेद किए हैं जो विकास क्रम से वैज्ञानिक पद्धति पर आधारित है और काव्य के लघुत्तम अवयव से लेकर उसके महत्तम रूप महाकाव्य तक क्रमशः विकसित होते जाते हैं, रसखान के काव्य में वक्रोक्ति स्थल इस प्रकार हैं—

(क) वर्ण विन्यास वक्रता—यह प्राचीन आचार्यों में अनुप्रास नाम से प्रसिद्ध है। अनुप्रास और यमक शब्दालंकारों का चमत्कार इसी वक्रता में अंतभूर्त है। इसके अंतर्गत स्वल्प व्यवधान के साथ एक या एकाधिक वर्णों का सन्निवेश सौंदर्य—संपन्न प्रतीत होता है। रसखान के काव्य में इस प्रकार के उदाहरण अनेकशः मिलते हैं, यथा—

गावै गुनी गनिका गंधरब और सारद सेस सबै गुन गावत।

यहाँ 'ग' वर्ण और 'स' वर्ण का सन्निवेश काव्य में सौंदर्य की वृद्धि कर रहा है। इसी प्रकार—

घर ही घर घेरु घना घरिहाइनि आगें न साँस भरौ।

प्रस्तुत पंक्ति में 'घ' वर्ण कवि के चमत्कार कौशल को प्रदर्शित करता है। वर्णन विन्यास वक्रता के अंतर्गत ही वर्गांत से युक्त स्पर्श अर्थात् ककार से लेकर मकार तक वर्णों की आवृत्ति को भी ग्रहण किया गया है। यथा—

जा दिन तें निरख्यो नंद नंदन कानि तजी घर बंधन छूट्यौ।

यहाँ 'द' तथा 'ध' वर्ण अपने वर्ग के अंतिम वर्ण के साथ संयुक्त होकर द्वित्व रूप में निबद्ध है, जिससे काव्य में चारुत्व का समावेश हो गया है। इसी प्रकार यमक (शब्दालंकार) भी वर्ण विन्यास का चमत्कार है जो सहृदयों का हृदयहारी होता है। रसखान के काव्य में ऐसे अनेक उदाहरण यत्र–तत्र प्रयुक्त हुए हैं, यथा—

जो रसना–रसना बिलसै तेहि देहु सदा निज नाम उचारन।
या मुरली मुरलीधर के अधरान धरी अधरा न धरौंगी।

(ख) पदपूर्वार्ध वक्रता—वर्ण के उपरांत काव्य का दूसरा अवयव पद है, जो अनेक वर्णों का समुदाय रूप होता है। पद के दो अंग हैं—पदपूर्वार्ध और पदपरार्ध। पद पूर्वार्ध से अभिप्राय प्रातिपदिक (मूल शब्द) तथा धातु अथवा मूल शब्द की वक्रता से है। कुंतक ने इसके आठ मुख्य भेद किए हैं। यहाँ सुविधानुसार मुख्य भेदों को ही ग्रहण किया गया है।

रूढ़िवैचित्र्य वक्रता में पुरातन रूढ़ शब्द में अभिनव अर्थ भरकर उसे अपूर्व सौंदर्य से मंडित किया जाता है। यथा–

कोऊ रमा भजि लेहु महा धन कोऊ कहूँ मन वांछित पावौ।
है रसखानि मेरे वही साधन और त्रिलोक रहो कि नसावो।।

यहाँ रूढ़ शब्द 'साधन' को कृष्ण के अर्थ में ग्रहण किया गया है, जो रसखान का साध्य है। कृष्ण के सिवाय उन्हें किसी की चिंता नहीं है। चाहे तीन लोक रहे या न रहे।

'पर्याय वक्रता' समानार्थक संज्ञा शब्द के कुशल प्रयोग से उत्पन्न चमत्कार का नाम है। संज्ञा शब्द के प्रयोग से परमोत्कृष्ट पर्यावक्रता होती है। ध्वनिवादियों ने इसे पर्याय–ध्वनि और अलंकार वादियों ने परिकरालंकार के नाम से अभिहित किया है। यथा–

प्रीतम नंद किसोर जा दिन ते नैननि लग्यौ।
मन भावन चितचोर पलक ओढ़ नहीं सहि सकों।।

यहाँ कृष्ण के लिए 'नंद किशोर' 'मन भावन' और 'चितचोर' शब्दों का प्रयोग किया गया है क्योंकि इन शब्दों से जो भाव व्यंजित हुआ है वह कृष्ण के अन्य 'गोविंद', 'बृजराज', 'स्याम' आदि पर्यायों से संभव नहीं है। इसी प्रकार जहाँ उक्ति में वैचित्र्य उत्पन्न करने की इच्छा से वस्तु का निगूहन (वस्तु गोपन) किया जाता है, वहाँ संवृत्तिवक्रता होती है। यथा–

आवत लाल गुलाल लिए मग सूने मिली इक नार नवीनी।
त्यों रसखानि लगाइ हिये भटू मौज कियो मन नाहिं अधीनी।।
सारी फटी सुकुमारी हटी अंगिया दरकी सरकी रंगभीनी।
गाल गुलाल लगाइ कै अंक रिझाई विदा कर दीनी।।

यहाँ नायक ने गुलाल लगाते, अंगिया दरकाते जो कुछ किया, जिसकी शब्देन अभिव्यक्ति गर्हित हो जाती। अतः उसे निगूहित कर सुंदर बना दिया है। जहाँ सौंदर्य लिंग प्रयोग पर आश्रित रहता है अथवा लिंग का चमत्कार पूर्ण प्रयोग सौंदर्य की सृष्टि करता है वहाँ लिंग वैचित्र्य वक्रता रहती है। यथा–

जो मनमोहन ऐसी बसी तो सबै रही कहौ मुख गोरस जागै।।

यहाँ मनमोहन (कृष्ण) शब्द पुल्लिंग है और 'बसी' शब्द स्त्रीलिंग है। इन दोनों का समानाधिकरण चमत्कार का विधायक है। सामान्यतः इस प्रकार का समानाधिकरण विशेष गुण नहीं कहा जा सकता है। उपमान और उपमेय का समान लिंग होना ही अधिक उचित है।

(ग) पद परार्ध वक्रता–काव्य में प्रत्यय अंश से भी रम्यता उत्पन्न होती है। काल, कारक, वचन और पुरुष आदि सामान्यतः प्रत्यय में छिपे रहते हैं। इसलिए इस वक्रता को प्रत्यय–वक्रता भी कहा जाता है। कुंतक ने पद परार्धवक्रता के छः मुख्य भेदों का वर्णन किया है।

जहाँ कवि वर्तमान के धरातल पर अतीत और अनागत के चित्र अंकित करता है। उसकी दृष्टि में भूत और भविष्य वर्तमान से मिले हुए दिखते हैं, यही काल वैचित्र्य वक्रता है। अलंकारविदों ने इसे 'भाविक' नाम दिया है। यथा–

या मुरली मुरलीधर की अधरान धरी अधरा न धरौंगी।

यह एक विरही गोपी की कातर उक्ति है। यहाँ 'धरौंगी' भविष्यत्कालिक क्रियापद चमत्कार का आधार है।

काव्य में वैचित्र्य उत्पन्न करने के लिए जहाँ कवि इच्छापूर्वक संख्या अर्थात् वचन का विपर्यय कर देते हैं, वहाँ कुंतक के मत से वचन वक्रता होती है। रसखान की निम्न उक्ति वचन वक्रता का ही चमत्कार है—

जिन मोहि लिया मन मोहन को रसखानि सदा हमको दहि हैं।
मिलि आओ सबै सखी भाग चलैं अब तो ब्रज में बंसुरी रहि है।

यहाँ सामान्यतः मुरली के लिए एक वचन 'जिस' शब्द का प्रयोग करने की अपेक्षा 'जिन' बहुवचन का प्रयोग आंतरिक अन्विति को व्यक्त करने के लिए किया गया है।

निपात से अभिप्राय उन अवयवों से है जो अवयव—रहित अव्युत्पन्न पद होते हैं। कुशल कवि इनका भी रसोत्कर्ष के लिए पूरा उपयोग करता है। निपात अर्थ के द्योतक ही होते हैं। वाचक नहीं। निपात का कुशल उपयोग निपात—वक्रता के नाम से अभिहित है। रसखान के काव्य में निपात का प्रभूत प्रयोग परिलक्षित होता है। यथा—

बैन वही उनको गुन गाई औ कान वही उन बैन सौं सानी।
हाथ वही उन गात सरै अरु पाई वही जु उही अनुजानी।।

यहाँ 'वहीं' का प्रयोग अत्यंत अर्थगर्भित है। वह कृष्ण के उत्कट प्रेम की गरिमा और तज्जन्य आश्चर्य को व्यक्त करता है।

(घ) वाक्य वक्रता—वाक्य की वक्रता सामान्यतः पदार्थ अथवा अर्थ की वक्रता है। इसमें वस्तु का, उत्कर्ष—युक्त स्वभाव से सुंदर रूप में केवल शब्दों द्वारा वर्णन होता है। अतएव वाक्य वक्रता का दूसरा नाम वस्तु वक्रता भी है। इसके दो भेद हैं—सहजा और आहार्या।

सहजा का अर्थ है वस्तु के स्वभाव का सुंदर वर्णन, जो नारी अंगों के सौंदर्य और प्रकृति की रंगोज्ज्वल छटा के रूप में अधिक रमणीय होता है। रसखान ने इनमें नारी—सौंदर्य का वर्णन दो—तीन छंदों में, राधा के रूप—वर्णन के अंतर्गत किया है। यथा—

जाको लसै मुख चंद समान कमानी सी भौंह गुमान हरै।
दीरघ नैन सरोजहुँ तै मृग खंजन मीन की पाँ दरै।।
रसखान उरोज निहारत हों मुनि कौन समाधि न टरैं।

राधा की वयः संधि का यह परंपरागत वर्णन सुंदर बन पड़ा है। यौवनागम से राधा की तिरछी और भृकुटी तक फैली आँखों ने गर्वीली वक्रता धारण कर ली है। स्पष्टतः काव्य—वस्तु की यह रमणीयता कवि—कौशल जन्य है और रसखान जैसे सुकुमार—स्वभाव युक्त कवि के अनुकूल है।

आहार्य का अर्थ है निपुर्ण तथा शिक्षाभ्यास आदि द्वारा संपादित रूप। यह सहज वस्तु से भिन्न और उत्पाद्य होती है। आधुनिक आलोचना शास्त्र की शब्दावली में उसे 'कल्पित' कहते हैं। इससे वर्ण्य के एक होने पर भी अभिव्यंजना प्रणाली की भिन्नता के कारण शब्द—चित्रों में विभिन्नता आ जाती है। यथा—

है कुच कंचन के कलसा न ये आम की गाँठ मढीक की चाम है।
कुच बैनी नहीं मृग नैननि की ये नसैनी लगी यमराज के धाम है।।

यहाँ कुंच कंचन के साथ कामिनी के आकर्षण को झुठलाया गया है। वस्तुतः नारी के सौंदर्य पर मुग्ध हो कृष्ण–प्रेम–भक्ति से भटक जाना मूर्खता है। यहाँ वस्तु का वास्तविक रूप छिप गया है और एक नवीन लोकोत्तर रूप प्राप्त हो गया है। यही वस्तु का आहार्य रूप है। इसमें वह सहज न होकर उत्पाद्य है। रसखान के काव्य में वस्तु वक्रता का चेतन और अचेतन दोनों ही रूपों में चित्रण हुआ है।

प्रश्न 12. रसखान की रस योजना पर टिप्पणी कीजिए।

उत्तर– सामान्यतः शृंगार रस के उद्दीपन सखा–सखी, चंद्र–चंद्रिका, दूत–दूती, उनके वचन, उपवन, षट्ऋतु, पुष्प आदि माने गए हैं। नायक–नायिका की अथवा मुख्यतः आलंबन की चेष्टाएँ भी उद्दीपन में अंतर्गणित हैं। रसखान के उद्दीपनों का वर्णन बहुत कम किया है। जो किया भी है वह कृष्ण की प्रेम–क्रीड़ाओं के संदर्भ में ऋतुओं अथवा प्राकृतिक उपकरणों को जुटाने में ही हुआ है। फिर भी वे कुंजों, सँकरी गलियों और वनप्रांतर आदि का नाममात्र का उल्लेख करते हैं। उन्होंने ब्रज और वृंदावन की छटा का काव्यात्मक वर्णन कभी नहीं किया। वनक्रीड़ा के प्रसंग में भी प्राकृतिक दृश्यावली उन्होंने अंकित नहीं की। एकाध स्थलों पर सिर्फ इतना ही कहा है–

कुंजन नंदकुमार बसै तँहा मार बसै कचनार की डारन।

अर्थात् उस वनस्थली के कचनार वृक्ष भी मादक और मोहक वातावरण उत्पन्न करते हैं जिससे कामोद्रेक होता है। उनके नायक कृष्ण की समस्त लीलाएँ प्रकृति की रम्य स्थली में ही हुई। इसलिए उनका विस्तृत वर्णन करने का रसखान के लिए पर्याप्त अवसर था जिसका उन्होंने उपयोग नहीं किया। भगवान के रूप पर अनन्य भाव से रीझ जाने वाले प्रेमी कवि के लिए यह सर्वथा स्वाभाविक था। इसलिए उन्होंने श्रीकृष्ण के गुण, अलंकरण और चेष्टाओं को ही मुख्य रूप से उद्दीपक के रूप में चुना। यही बात गोपिकाओं के लिए भी कही जा सकती है। रसखान के काव्य में गोकुल के बाग, तड़ाग, कुंज, गली आदि का प्रसंगतः उल्लेख मात्र मिल जाता है।

रसखान के काव्य में गोपी–कृष्ण के मिलन प्रसंग पर संयोग शृंगार के अनेक उदाहरण मिलते हैं–

खंजन मीन सरोजन को मृग को मद गंजन दीरघ नैना।
कुंजन ते निकस्यौं मुसकात सुपान भर्‌यो मुख अमृत बैन।
जाइ रहै मन प्रान बिलोचन कानन में रुचि मानत चैना।
रसखानि करयो घर मो हिय मैं निसिबासर एक पलौ निकसै ना।।

इस पद में कृष्ण आलंबन विभाव हैं। कृष्ण का मादक रूप, कुंज से उनका बिहँसते हुए निकलना, पान से भरा मुख, अमृत वाणी आदि उद्दीपन विभाव हैं। संचारी भाव और अनुभाव के

न रहने पर भी दर्शन लाभ द्वारा संयोग शृंगार ध्वनित हो रहा है। कृष्ण का रूप इतना लुभावना है कि जहाँ आँखें चार हुई कि गोपियाँ भी उस पर निछावर सी हो गई। श्रीकृष्ण से मिलने का सुख तो है ही, साथ ही प्रियतम से संबद्ध वन, बाग, तड़ाग, कुंज गली आदि को देखने का सुख भी कम नहीं। इसीलिए गोपिका इन सबके साथ श्रीकृष्ण से मिलने, हँसने, गाने की औत्सुक्यपूर्ण अभिलाषा करती प्रसन्न होती है। संयोग में हर्ष, उल्लास इत्यादि के वर्णन की पद्धति पुरानी है। रसखान ने भी उसका स्वच्छंदतापूर्वक अनुसरण किया है। उनकी यह महती विशेषता है कि दोहे जैसे छोटे छंद में भी हर्ष और उल्लास का चित्रण कर संयोग शृंगार का मार्मिक दृश्य उपस्थित किया है। मिलन के इस उदाहरण में सम–संयोग का सुंदर निरूपण है। दोनों पक्षों का हर्षपूर्वक यह मिलन वास्तविक संयोग को चरितार्थ करता है–

अंक विलोकनि हँसनि मुरि, मधुर बैन रसखानि।
मिले रसिक रसराज दोउ, हरखि हिये रसखानि।।

रसखान ने संयोग की तुलना में वियोग पक्ष पर बहुत कम काव्य–रचना की है, क्योंकि वे अपने प्रिय को सर्वदा समीप ही देखते रहे। दूसरे रसखान–काव्य में अधिकांश में श्रीकृष्ण ब्रज प्रदेश से बाहर जाते ही नहीं। उन्होंने भ्रमरगीत संबंधी जो छंद लिखे हैं वे भी तुलना में बहुत कम है। फलतः विरह–वर्णन की अधिक निदर्शना नहीं मिलती। परंतु वियोग–वर्णन के रूप में उन्होंने जो कुछ भी लिखा है वह पर्याप्त मार्मिक है।

❑❑❑

प्रश्न पत्र

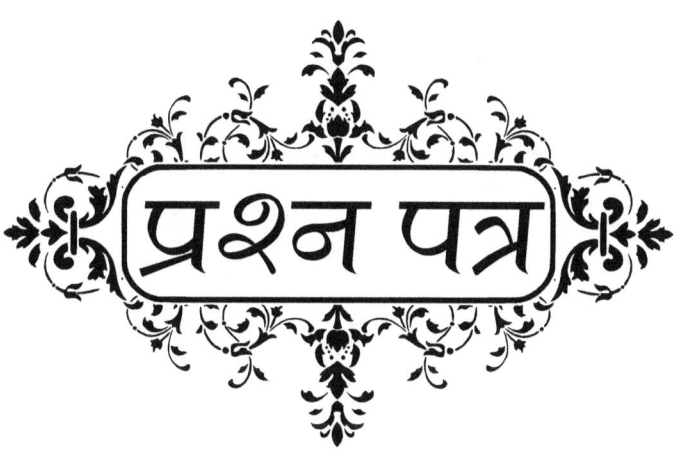

एम.एच.डी.–23 : मध्यकालीन कविता–1
सैम्पल पेपर–I

नोट: प्रत्येक खंड से प्रश्नों के उत्तर दिए गए निर्देशों के अनुसार दीजिए।

'खंड क'

इस खंड से किन्हीं दो प्रश्नों के उत्तर प्रत्येक लगभग 500 शब्दों में दीजिए।

प्रश्न 1. भक्तिकाल के संदर्भ में मध्ययुगीनता की अवधारणा को स्पष्ट कीजिए।
उत्तर— देखें अध्याय–1, प्र.सं.–1

प्रश्न 2. 'रसखान स्वच्छंद भावना के कवि है' इस कथन की समीक्षा कीजिए।
उत्तर— देखें अध्याय–5, प्र.सं.–3

प्रश्न 3. भारत में सूफीमत के आगमन पर विस्तारपूर्वक चर्चा कीजिए।
उत्तर— देखें अध्याय–2, प्र.सं.–4

प्रश्न 4. सूरदास के काव्य में वात्सल्य के चित्रण पर प्रकाश डालिए।
उत्तर— देखें अध्याय–4, प्र.सं.–6

'खंड ख'

इस खंड से किन्हीं चार प्रश्नों के उत्तर प्रत्येक लगभग 300 शब्दों में दीजिए।

प्रश्न 5. रसखान की काव्यभाषा की विशेषताएँ बताइए।
उत्तर— देखें अध्याय–5, प्र.सं.–11

प्रश्न 6. भारतीय सूफी काव्य के ऐतिहासिक योगदान पर प्रकाश डालिए।
उत्तर— देखें अध्याय–2, प्र.सं.–5

प्रश्न 7. रसखान के साहित्य पर प्रकाश डालिए।
उत्तर— देखें अध्याय–5, प्र.सं.–5

प्रश्न 8. संत रविदास जी के जीवनवृत्त पर प्रकाश डालिए।
उत्तर— देखें अध्याय-3, प्र.सं.-3

प्रश्न 9. भक्तिकाल के अध्ययन में हिंदी साहित्य के आरंभिक इतिहासकारों के योगदान का मूल्यांकन कीजिए।
उत्तर— देखें अध्याय-1, प्र.सं.-5

प्रश्न 10. 'चंदायन' की भाषा शैली पर प्रकाश डालिए।
उत्तर— देखें अध्याय-2, प्र.सं.-13

'खंड ग'

प्रश्न 11. निम्नलिखित में से किन्हीं दो पर संक्षिप्त टिप्पणी लिखिए।
(a) रविदास के काव्य-रूप
उत्तर— देखें अध्याय-3, प्र.सं.-11

(b) गजानन माधव मुक्तिबोध
उत्तर— देखें अध्याय-1, प्र.सं.-7

(c) दादू दयाल
उत्तर— देखें अध्याय-3, प्र.सं.-2

(d) निर्गुण मतवाद
उत्तर— देखें अध्याय-1, प्र.सं.-2

❑❑❑

एम.एच.डी.–23 : मध्यकालीन कविता–1
सैम्पल पेपर–II

नोट: प्रत्येक खंड से प्रश्नों के उत्तर दिए गए निर्देशों के अनुसार दीजिए।

'खंड क'

इस खंड से किन्हीं दो प्रश्नों के उत्तर प्रत्येक लगभग 500 शब्दों में दीजिए।

प्रश्न 1. काल विभाजन की परंपरा बताते हुए पूर्व मध्ययुग का समय निर्धारित कीजिए।
उत्तर— देखें अध्याय–1, प्र.सं.–3

प्रश्न 2. रसखान के काव्य में व्यक्त प्रेम के स्वरूप पर प्रकाश डालिए।
उत्तर— देखें अध्याय–5, प्र.सं.–6

प्रश्न 3. रविदास की भक्ति के विविध आयामों पर प्रकाश डालिए।
उत्तर— देखें अध्याय–3, प्र.सं.–5

प्रश्न 4. सूफीमत पारंपरिक इस्लाम से कितना मेल खाता है और किन बिंदुओं पर वह इससे अलग है? स्पष्ट कीजिए।
उत्तर— देखें अध्याय–2, प्र.सं.–3

'खंड ख'

इस खंड से किन्हीं चार प्रश्नों के उत्तर प्रत्येक लगभग 300 शब्दों में दीजिए।

प्रश्न 5. 'चंदायन' की कथावस्तु का वर्णन कीजिए।
उत्तर— देखें अध्याय–2, प्र.सं.–6

प्रश्न 6. 'भक्त कवि के रूप में सूरदास का मूल्यांकन करते हुए सूर के विरह वर्णन की विशेषताएँ बताइए।
उत्तर— देखें अध्याय–4, प्र.सं.–2

प्रश्न 7. भक्तिकाल के संदर्भ में आचार्य रामचंद्र शुक्ल की मान्यताओं का विश्लेषण कीजिए।
उत्तर— देखें अध्याय–1, प्र.सं.–6

प्रश्न 8. कृष्ण काव्य की परंपरा पर प्रकाश डालिए।
उत्तर— देखें अध्याय–4, प्र.सं.–1

प्रश्न 9. 'चंदायन' में अभिव्यक्त प्रेम के स्वरूप की चर्चा कीजिए।
उत्तर— देखें अध्याय–2, प्र.सं.–7

प्रश्न 10. निर्गुण काव्य परंपरा पर प्रकाश डालते हुए उसके प्रमुख कवियों का परिचय दीजिए।
उत्तर— देखें अध्याय–3, प्र.सं.–2

'खंड ग'

प्रश्न 11. निम्नलिखित में से किन्हीं दो पर संक्षिप्त टिप्पणी लिखिए।
(a) बीजक
उत्तर— देखें अध्याय–1, प्र.सं.–8

(b) रसखान की प्रेमभावना
उत्तर— देखें अध्याय–5, प्र.सं.–3

(c) मध्ययुगीनता की धारणा
उत्तर— देखें अध्याय–1, प्र.सं.–1

(d) सूफी
उत्तर— देखें अध्याय–2, प्र.सं.–2

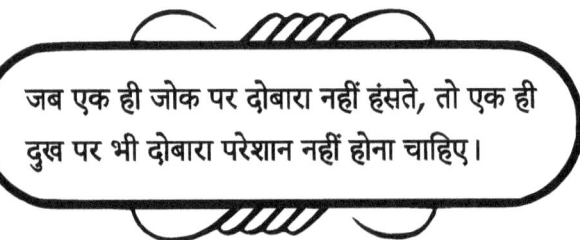

जब एक ही जोक पर दोबारा नहीं हंसते, तो एक ही दुख पर भी दोबारा परेशान नहीं होना चाहिए।

एम.एच.डी.–23 : मध्यकालीन कविता–1
गेस पेपर–I

नोट: प्रत्येक खंड से प्रश्नों के उत्तर दिए गए निर्देशों के अनुसार दीजिए।

'खंड क'

इस खंड से किन्हीं दो प्रश्नों के उत्तर प्रत्येक लगभग 500 शब्दों में दीजिए।

प्रश्न 1. भक्तिकाव्य को डॉ. रामविलास शर्मा एवं गजानन माधव मुक्तिबोध ने किस तरह से समझा है? स्पष्ट कीजिए।

प्रश्न 2. इस्लाम और सूफीमत की प्रमुख मान्यताओं पर प्रकाश डालिए।

प्रश्न 3. सूरदास की भक्ति के दार्शनिक आधारों की विवेचना कीजिए।

प्रश्न 4. सूरदास की नई उद्‌भावनाओं के संबंध में अपने विचार व्यक्त कीजिए।

'खंड ख'

इस खंड से किन्हीं चार प्रश्नों के उत्तर प्रत्येक लगभग 300 शब्दों में दीजिए।

प्रश्न 5. भक्तिकाव्य मध्ययुगीन साहित्य है, कैसे? तर्क सहित स्पष्ट कीजिए।

प्रश्न 6. मध्ययुगीन काव्य परंपरा में रसखान के स्थान का निर्धारण कीजिए।

प्रश्न 7. रविदास की सामाजिक चेतना के विभिन्न पक्षों पर प्रकाश डालिए।

प्रश्न 8. रसखान के काव्य में व्यक्त भक्ति के स्वरूप का विवरण दीजिए।

प्रश्न 9. निर्गुण काव्य की अवधारणा को स्पष्ट कीजिए।

प्रश्न 10. 'चंदायन' में पात्रों के स्वभाव का चित्रण किस प्रकार किया गया है? समझाइए।

'खंड ग'

प्रश्न 11. निम्नलिखित में से किन्हीं दो पर संक्षिप्त टिप्पणी लिखिए।

(a) रसखान के मुक्तक काव्य

(b) सगुण मतवाद

(c) रामविलास शर्मा

(d) मनोन्मनी अवस्था

❑❑❑

जिंदगी में अच्छे लोगों की तलाश मत करो बल्कि खुद अच्छे बन जाओ, आपसे मिलकर शायद किसी की तलाश दूर हो जाए।

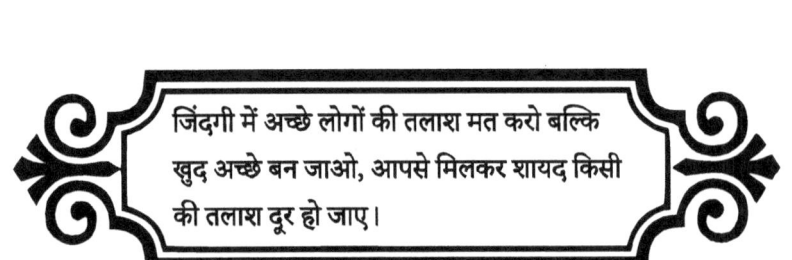

एम.एच.डी.–23 : मध्यकालीन कविता–1
गेस पेपर–II

नोट: प्रत्येक खंड से प्रश्नों के उत्तर दिए गए निर्देशों के अनुसार दीजिए।

'खंड क'

इस खंड से किन्हीं दो प्रश्नों के उत्तर प्रत्येक लगभग 500 शब्दों में दीजिए।

प्रश्न 1. सगुण काव्यधारा के प्रमुख पारिभाषिक शब्दों पर प्रकाश डालिए।

प्रश्न 2. सूफी कवि मुल्ला दाऊद का संक्षिप्त परिचय देते हुए उनकी रचना 'चंदायन' पर प्रकाश डालिए।

प्रश्न 3. भक्तिकालीन प्रमुख कृष्णभक्त कवियों का परिचय दीजिए।

प्रश्न 4. भक्ति आंदोलन में कृष्ण-भक्ति काव्य के स्थान की विवेचना कीजिए।

'खंड ख'

इस खंड से किन्हीं चार प्रश्नों के उत्तर प्रत्येक लगभग 300 शब्दों में दीजिए।

प्रश्न 5. भारत में सूफी संतों के आगमन और उनके प्रभाव का मूल्यांकन कीजिए।

प्रश्न 6. प्रमुख निर्गुण कवियों की विचारधारा को स्पष्ट कीजिए।

प्रश्न 7. निर्गुण काव्य परंपरा में रविदास का स्थान निर्धारित कीजिए।

प्रश्न 8. चंदायन में लोकजीवन का वर्णन किस रूप में हुआ है? स्पष्ट कीजिए।

प्रश्न 9. कृष्ण-काव्य परंपरा में मीरा का महत्त्व रेखांकित कीजिए।

प्रश्न 10. रविदास के काव्य के विभिन्न पाठों पर विचार करते हुए उनकी काव्य-भाषा के शब्द भंडार पर एक लेख लिखिए।

'खंड ग'

प्रश्न 11. निम्नलिखित में से किन्हीं दो पर संक्षिप्त टिप्पणी लिखिए।
(a) सूरदास का जीवन परिचय
(b) रसखान का जीवन चरित्र
(c) शून्यावस्था और सहजावस्था
(d) अजपा जप

एम.एच.डी.–23 : मध्यकालीन कविता–1

जून, 2020

नोटः प्रथम प्रश्न अनिवार्य है। शेष प्रश्नों में से किन्हीं तीन प्रश्नों के उत्तर दीजिए।

प्रश्न 1. निम्नलिखित पद्यांशों में से किन्हीं दो की संदर्भ सहित व्याख्या कीजिए–

(क) सुनहु चीर कस पहिर कुवाँरी।
फुँदिया राध सेंदुरिया सारी।।
पहिर मधवना औ कसियारा।
चकवा चीर चौकरिया सारा।।
मुँगिया पटल अंग चढ़ाई। मडिला छुदरी भर पहिरायी।।
मानों चाँद कुसँमी राती। एकखँड छाप (सोह) गुजराती।।
दरिया चँदरौटा औ बुखारू। साज पटोरें बहुल सिंगारू।।
चोला चीर पहिर जो चाली, जानों जाइ उड़ाइ।।
देखत रूप बिमोहे देवता, किंतहुत अछर (ि) आइ।।

उत्तर– प्रसंग–प्रस्तुत काव्यांश भक्तिकाल के निर्गुण काव्यधारा की 'प्रेममार्गी सूफी शाखा' के कवि मुल्ला दाऊद की रचना 'चंदायन' से संकलित है। इन पंक्तियों में नायिका का नख–शिख वर्णन प्रस्तुत किया गया है।

व्याख्या–कवि ने नायिक का रमणी रूप में चित्रण करते हुए उसके वस्त्रों पर प्रकाश डाला है कि जब एक कुवाँरी स्त्री सेंदुरिया वस्त्र धारण करती है तो समग्र संसार उसके प्रति उन्मुख हो जाता है। उस स्त्री का रूप वर्णन इतना शोभावान हो रहा है कि मन में उल्लास की भावना को व्यक्त कर रहा है। चकवा जो एक ऐसा जल पक्षी है जिसकी प्यास वर्षा की पहली बूँद से ही समाप्त होती है तथा उसी पहली बूँद व घूँट के लिए लालायित होकर अपनी आत्मा को तृप्त करता है परंतु आज उसके मन पर भी पहरा हो गया है उस रमणीय स्त्री को देखकर।

नव–शिख वर्णन में आगे बढ़ते हुए कवि कहते हैं कि मूँग की भाँति नायिका का यौवन खिल उठा है जो अपनी चरम सीमा पर आ पहुँचा है। जिस तरह चाँद अँधेरी रात में कुसुम अर्थात् पुष्प की भाँति खिल उठता है उसी प्रकार नायिका का रूप वर्णन भी इस प्रकार खिल उठा है कि उसकी रोशनी से हर कोई अलौकित हो रहा है तथा कभी न खंडित होने वाली दृष्टि उस पर पड रही है। दरिया की भाँति उनके यौवन की भी गहराई असीम है जिसकी शोभा उनके द्वारा किया गया साज–श्रृंगार बढ़ा रहा है। जब नायिका श्रृंगार से युक्त रमणीय वस्त्र पहनकर चलती है तो मानों ऐसा लग रहा है कि वह सबके हृदय पर अधिकार जमाते हुए उन्हें अपने अधीन कर रही है। इस अधीनता में वह स्वयं बंधे चले आ रहे हैं। अंत में कवि कहते हैं कि

देवता भी उस रमणीय नायिका के रूप व मोह में स्वयं को बंधने से नहीं रोक पा रहे हैं। नायिका के रूप–सौंदर्य में इतना आलोक व आत्मानुभूति प्राप्त करने वाला आनंद है कि देवताओं को भी उसके अतिरिक्त अन्यत्र कुछ भा नहीं रहा है। नायिका का अलौकिक सौंदर्य चर–अचर सभी को अपने प्रेमपाश में बाँधने पर विवश कर रहा है।

विशेष–(i) पंक्तियाँ तुकांत हैं।

(ii) शृंगार रस का वर्णन है।

(iii) ठेठ अवधि एवं व्यावहारिक ब्रज भाषा का प्रयोग है।

(iv) नायिका का रमणीय रूप में चित्रण है।

(ख) दया भाव हिरदै नहीं, भखहिं पराया मांस।
ते नर नरकहिं जाइहिं, सत भाषै रैदास।।

उत्तर– प्रसंग–प्रस्तुत काव्य–पंक्तियाँ हिंदी साहित्य के भक्तिकालीन कवि रविदास द्वारा रचित वाणी (सबद) से संदर्भित हैं।

व्याख्या–इन पंक्तियों में कवि रैदास (रविदास) ने अपनी सामाजिक चेतना का स्पष्टीकरण करते हुए संदेश दिया है कि जिस मानव–हृदय में दया भाव नहीं है तथा दूसरों को दुखी व संपीड़ित करने में उन्हें आनंद आता है ऐसे स्वार्थी व लोभी मनुष्य का नरक के अतिरिक्त अन्य कोई मार्ग नहीं है। रैदास ने इस संसार की वास्तविकता को भली–भाँति देखा व समझा था इसलिए वह जानते हैं कि जो मनुष्य दूसरों का हित करने के बजाय उनका अहित करने का प्रयास करते हैं ऐसे कपटी मनुष्य इस संसार में कलंक की भाँति हैं जो नरक में ही प्रस्थान करते हैं। इसलिए सदैव बुरे कार्यों से बचाव करते हुए सेवार्थ का मार्ग अपनाकर अपना जीवन सरल व सफल बनाने का प्रयास करना चाहिए।

विशेष–(i) पंक्तियाँ तुकांत हैं।

(ii) सामाजिक चेतना का वर्णन है।

(iii) मानवता का उपदेश दिया गया है।

(iv) व्यावहारिक ब्रज भाषा का प्रयोग है।

(ग) ऊधो! मन नहिं हाथ हमारे।
रथ चढ़ाय हरि संग गए लै मथुरा जबै सिधारे।।
नातरु कहा जोग हम छाँड़हि अति रूचि कै तुम ल्याए।।
हम तौ झकति स्याम की करनी, मन लै जोग पठाए।।
अजहूँ मन अपने हम पावैं तुमतें होय तो होय।
सूर सपथ हमैं कोटि तिहारी कहौ करैंगी सोय।।

उत्तर– प्रसंग–प्रस्तुत काव्यांश हिंदी साहित्य के पूर्व मध्यकाल अर्थात् भक्तिकाल के कृष्णभक्ति काव्य परंपरा के सर्वश्रेष्ठ भक्त कवि सूरदास द्वारा रचित 'सूरसागर' के भ्रमरगीत से संकलित है। इन पंक्तियों में कृष्ण का गोपियों को संदेश उद्धव द्वारा सुनाया गया है।

व्याख्या–इन पंक्तियों के माध्यम से गोकुल की गोपियों की उस विरह–दशा व व्यथा का वर्णन है जब कृष्ण अपने प्रेम–भाव में गोपियों को छोड़कर मथुरा चले जाते हैं। विरहिणी

गोपियाँ जब कृष्ण की प्रेमाख्यानक भक्ति में अत्यंत विचलित व व्याकुल होने लगती हैं तब कृष्ण उद्धव के द्वारा उन्हें (गोपियों को) समझाने का प्रयत्न करते है परंतु गोपियों उद्धव से कहती हैं कि उद्धव हमारा मन हमारे हाथ में नहीं है क्योंकि अनेक प्रयत्न करने पर भी वह कृष्ण के प्रति उन्मुख हो ही जाती है। कृष्ण ने पहले हम पर अपने प्रेम का रंग–चढ़ाया और बाद में वह स्वयं ही उसे ले गए मथुरा प्रस्थान करके। हमारा मन कृष्ण के प्रेम–पाश व स्मरण में इस प्रकार लीन है कि किसी अन्य चीज में हमें रुचि ही नहीं है। हम तो श्याम की करनी अर्थात् श्याम से प्रेम करने की सजा भोग रहे हैं जो जोग लगाकर श्याम मथुरा गए हैं उसे भूलना सरल कार्य नहीं है। मन लै जोग पठाए के माध्यम से गोपियाँ कह रही हैं कि हमारा मन तो कृष्ण अपने साथ ले गए हैं। हृदय तो कृष्ण के पास है और निर्जीव सा शरीर हमारे पास। उद्धव तुम जो हमें समझाने आए हो तो हमारे एक प्रश्न का जवाब दो कि क्या तुम हमें इसी क्षण हमारी विरह वेदना व व्याकुलता से मुक्त कर सकते हो। जो मन कृष्ण प्रेम में रमा हुआ है वह मन हमें वापिस दे सकते हो। इस तरह गोपियाँ उद्धव के आग्रह प्रस्ताव का खंडन करते हुए स्वयं को कृष्ण के प्रति प्रेम व भक्ति भाव में लिप्त कर विरहिणी मार्ग पर प्रशस्त करे रखने का अखंड संकल्प लेती है। उनके इस अटूट प्रेम–भाव एवं भक्ति की पराकाष्ठता को देख सूर ने भाव–विभोर होते हुए गोपियों के माध्यम से स्वयं की भक्ति को कृष्ण के समक्ष प्रस्तुत करते हुए आग्रह किया है कि अब इन विरहिणी गोपियों का वियोग दूर करो और अपने दर्शन से सबको तृप्ति का वरदान ग्रहण कराओ। इस तरह सूर भक्ति की व्याकुलता को गोपियों के माध्यम से व्यक्त कर रहे हैं।

विशेष–(i) पंक्तियाँ तुकांत है।

(ii) काव्य–भाषा ब्रज है।

(iii) गोपियों की विरह वेदना का वर्णन है।

(iv) माधुर्य भाव की भक्ति है।

(v) पुनरूक्ति प्रकाश अलंकार का प्रयोग है।

(घ) या लकुटी अरु कामरिया पर राज तिहूँ पुर को तजि डारौ।
आठहुँ सिद्धि नवो निधि को सुख नन्द की गाइ चराइ बिसारौं।।
रसखानि कबौं इन आँखिन सों ब्रज के बन बाग तड़ाग निहारौं।
कोटिक रौ कलधौत के धाम करील के कुंजन ऊपर वारौं।

उत्तर– प्रसंग–प्रस्तुत काव्यांश हिंदी साहित्य के उत्तर मध्यकालीन कवि (रीतिकाल के रीतिमुक्त कवि) रसखान की रचनाओं के सवैया छंद से संकलित है। इन पंक्तियों में उन्होंने कृष्ण की अलौकिक सुंदरता का वर्णन किया है।

व्याख्या–कवि रसखान कृष्ण के अलौकिक रूपों का वर्णन करते हुए अपनी भक्ति–भावना को व्यक्त करते हैं। वह कृष्ण का रूप वर्णन करते हुए कहते हैं कि पीताम्बर वस्त्र धारण किए कृष्ण की कमर पर कमरबंध अति सुशोभित हो रहा है जिस पर संसार के समग्र सुखों व ऐश्वर्य को त्यागा या न्यौछावर किया जा सकता है। जब ग्वालों के संग कृष्ण गाय चराने जाते हैं तब उस दृश्य को देखना अत्यंत पुण्यार्थ व आत्मा को तृप्ति प्रदान करने वाला लगता है। आठहुँ सिद्धि नवों निधि को प्राप्त करने पर भी वो सुख नहीं प्राप्त होता जो कृष्ण की बाल–लीला को

देखकर प्रदान होता है। रसखान कहते हैं कि ये आँखें यह देखकर तृप्त हो जाती हैं कि ब्रज के खातिर कृष्ण संसार के सभी सुख व सुविधाओं का त्याग करने से भी पीछे नहीं हटते हैं। ऐसे कृपामयी कृष्ण की कृपा व अलौकिक छटा को देखने के लिए तो कोई भी अपना सर्वस्व लुटा सकता है। ऐसे कृष्ण के चरणों में तो करोड़ों धाम समर्पित हैं जो संसार को कृष्ण से दूर करे। अत: रसखान भाव-विभोर होकर कहते हैं कि जिस स्थान पर कृष्ण का धाम व मन-हृदय में उसके प्रति अटूट भक्ति हो वही स्थान सर्वोपरि है। कृष्ण की लीला लोगों को इस प्रकार प्रभावित व आनंदित कर रही है कि वो अपने समग्र दुख-संताप को भी भूल जा रहे हैं। इस तरह रसखान ने कृष्ण के प्रति अटूट भक्ति का बखान किया है।

विशेष—(i) संपूर्ण पंक्तियाँ तुकांत हैं।
(ii) सवैया छंद है।
(iii) ब्रज भाषा से युक्त पंक्तियाँ हैं।
(iv) भक्ति-भाव है।
(v) दर्शन-शास्त्र है।

प्रश्न 2. सूफी काव्य परम्परा का परिचय दीजिए।
उत्तर— देखें अध्याय-2, प्र.सं.-5

प्रश्न 3. निर्गुण काव्य परम्परा में रविदास का महत्त्व प्रतिपादित कीजिए।
उत्तर— देखें अध्याय-3, प्र.सं.-4

प्रश्न 4. सूरदास की कविता की अंतर्वस्तु पर विचार कीजिए।
उत्तर— देखें अध्याय-4, प्र.सं.-5

प्रश्न 5. रसखान की प्रेमभावना का विवेचन कीजिए।
उत्तर— देखें अध्याय-5, प्र.सं.-3

प्रश्न 6. निम्नलिखित में से किन्हीं दो पर टिप्पणियाँ लिखिए—
(क) बीजक
उत्तर— देखें अध्याय-1, प्र.सं.-8(2)

(ख) भ्रमरगीत
उत्तर— देखें अध्याय-1, प्र.सं.-10(8)

(ग) 'मैना' का चरित्र
उत्तर— देखें अध्याय-2, प्र.सं.-12(3)

(घ) भक्तिकाव्य में मध्ययुगीनता
उत्तर— देखें अध्याय-1, प्र.सं.-2

एम.एच.डी.–23 : मध्यकालीन कविता–1
दिसम्बर, 2020

नोटः प्रथम प्रश्न अनिवार्य है। शेष प्रश्नों में से किन्हीं तीन प्रश्नों के उत्तर दीजिए।

प्रश्न 1. निम्नलिखित पद्यांशों में से किन्हीं दो की संदर्भ सहित व्याख्या कीजिए–

(क) भादों मास निसि भई अँधियारी। रैन डरावन हौं धनि बारी।।
बिजलि चमक मोर हियरा भागै। मंदिर नाह बिनु डहि डहि लागै।।
संग न साथी न सखी सहेली। देखि फाटि हिय मंदिर अकेली।।
तिहि दु:ख नैन फूटि निसि बहै। धरती पूरि सायर भर रहे।।
निकर चलउँ पौं चली न जाई। भुई बूड़ि रहा जल छाई।।
दुरजन बचन स्रवन कै, लोर बिदेसहि छायउ।।
नीर लाइ नैन दुइ बरखा, सिरजन रोइ बहायउ।।

उत्तर– प्रसंग–प्रस्तुत काव्यांश भक्तिकाल के निर्गुण काव्यधारा की 'प्रेममार्गी सूफी शाखा' के कवि मुल्ला दाऊद की रचना 'चंदायन' से संकलित है। इन पंक्तियों में उन्होंने मैना के माध्यम से एक विरहिणी स्त्री का चित्रण किया है।

व्याख्या–मैना एक साधारण ग्रामीण नारी है जो पति के वियोग में व्याकुल है। अपनी दुसह स्थिति का वर्णन करते हुए वह कहती है कि भादों मास घनघोर अँधकार से युक्त होता है जिसकी रातें इतनी डरावनी हैं कि वह वियोग की पीड़ा को अत्यंत तीव्र कर देती हैं। आकाश में जब बिजली चमकती है तो विरहिणी मैना के मन में एक घात होने लगता है और उसे अपने प्रियतम की चिंता तीव्र रूप से सताने लगती है। जिस तरह मंदिर में ईश्वर की प्रतिमा विराजमान न होने से वह एक खंडहर की भाँति प्रतीत होता है उसी प्रकार जिस स्त्री के जीवन में प्रियतम का प्रेम व अनुराग न हो वह जीवन व्यर्थ सा प्रतीत होता है। मैना का यह विरह अत्यंत विकराल रूप लेकर उसकी व्याकुलता को बढ़ा देता है। जिस मंदिर रूपी भवन में बैठी वह अपने ईश्वर रूपी प्रियतम की प्रतीक्षा कर रही है उसी भवन में उसके साथ न कोई सहेली है और न ही कोई साथी। उसे स्वयं अकेले व्याकुल देखकर विधि का भी हृदय खंडित–खंडित हो रहा है। विरह की दशा में वह नैनों से अश्कों की धारा प्रवाहित कर रही है जिसमें पूरी धरती डूबी सी प्रतीत हो रही है। उसके इस वियोग से संसार भी प्रवाहित हो रहा है क्योंकि उसके नेत्रों से बहते एक–एक आँसू समग्र मानस जन में बेचैनी जगा रहे हैं। चाँदा द्वारा जब मोर (मैना का पति) को ग्वाला व चरवाहा कहकर लज्जित किया गया था तभी वह युद्ध में चला गया मैना के लाख मना करने पर भी। इस दुख व वेदना को वह मर्मस्पर्शी रूप से प्रकट करती हैं सिरजन के समक्ष।

विशेष–(i) पंक्तियाँ तुकांत हैं।

(ii) ठेठ अवधि भाषा का प्रयोग है।

(iii) श्रृंगार रस के वियोग पक्ष की मर्मांतक पीड़ा व वेदना है।

(iv) प्रेम के प्रति पराकाष्ठता व एकनिष्ठता की भावना है।

(v) लौकिक प्रेम वर्णन है।

(ख) दीन दुखी के हेत जउ, बारै अपने प्रान।
'रविदास' उह नर सूर कौं, सांचा छत्री जान।।

उत्तर– प्रसंग–प्रस्तुत काव्य–पंक्तियाँ हिंदी साहित्य के पूर्व मध्यकालीन अर्थात् भक्तिकाल के ज्ञानामार्गी शाखा के निर्गुण कवि रविदास (रैदास) द्वारा रचित वाणी (**सबद**) में संकलित हैं। इन पंक्तियों के माध्यम से उन्होंनें सच्चे क्षत्रिय धर्म का चित्रांकन किया है।

व्याख्या–रैदास (रविदास) कहते हैं कि सच्चा क्षत्रिय एवं वीर वही होता है जो अपने प्राणों का मोह किए बगैर ही दुखी व निर्जनों की सेवा में सदैव तत्पर रहे। वे वीरता की परिभाषा देते हुए कहते हैं कि जिसके हृदय में किसी अन्य के दुख को देखकर संताप व व्याकुलता विद्यमान हो जाए वही नर वास्तविक रूप से क्षत्रिय होता है। क्योंकि जिस मन व हृदय ने किसी के दुख का साधारणीकरण कर लिया वही मर्मस्पर्शी पीड़ा से होते हुए दुख व संताप को मिटाने का अथक प्रयास एवं प्रयत्न करेगा। एक सच्चे वीर व क्षत्रिय बनने के लिए हृदयस्पर्शी होना आवश्यक है ताकि निस्वार्थ भावना से लोगों के संताप को दूर किया जा सके। अतः वही वास्तविक क्षत्रिय है जो दूसरों के दुख व संताप से अवगत होकर उसे दूर करने का अथक प्रयास करे तथा अपने प्राणों से परे दूसरे की रक्षा करने में तत्पर रहे।

विशेष–(i) पंक्तियों में तुकबंदी का प्रयोग किया गया है।

(ii) सरल शब्दों में गंभीर भावों का प्रकटीकरण है।

(iii) एक सच्चे क्षत्रिय की परिभाषा व प्रेरणा दी गई है।

(iv) मानवता का संदेश दिया गया है।

(v) वीर रस (ओज गुण) की अभिव्यक्ति है।

(ग) मैं दुहिहौं मोहिं दुहन सिखावहु।
कैसें गहत दोहनी घुटुवनि, कैसैं बछरा थन लै लावहु।
कैसैं लै नोई पग बाँधत, कैसै लै गैया अटकावहु।
कैसैं धार दूध की बाजति, सोई सोइ विधि तुम मोहिं बतावहु।
निपट भई अब साँझ कन्हैया, गैयनि पै कहुँ चोट लगावहु।
सूर श्याम सौं कहत ग्वाल सब, धेनु दुहन प्रातहि उठि आवहु।।

उत्तर– प्रसंग–प्रस्तुत काव्य पंक्तियाँ हिंदी साहित्य के पूर्व मध्यकाल अर्थात् भक्तिकाल के कृष्णभक्ति काव्य परंपरा के सर्वश्रेष्ठ भक्त कवि 'सूरदास' के रचना–संग्रह 'सूर–सुखसागर' के 'वृंदावन लीला' खंड के शीर्षक 'गोदोहन' से ली गई हैं। इन पंक्तियों में कृष्ण ग्वालों से विनय विनती कर रहे हैं कि वह उन्हें दूध दुहन की सभी विधियाँ सिखा दें।

व्याख्या—श्याम अर्थात् कृष्ण जब ग्वालों को गाय चराते देखते हैं तो उनके मन में भी इस कार्य के प्रति उत्साह उमड़ आता है। सूरदास ने बड़े ही भाव-विभोर से इस लीला का वर्णन करते हुए कहा है कि बालक कृष्ण (कान्हा) का ग्वालों से इस तरह बाल्य हठ करना कि मैं भी दूध दुहना सीखना चाहता हूँ, तो मुझे भी सिखा दो। किस प्रकार दूध दुहते समय गाय को घुटने में पकड़कर रखते है तथा जिस प्रकार तुम बछड़े को थन तक लाते हो मुझे भी वह सिखा दो। सूर कृष्ण की लीलाओं से सबका मन मोह लेना चाहते हैं तथा सभी तक आनंद की चरमानुभूति पहुँचाते हुए गोदोहन लीला का विस्तार करते हुए कहते हैं कि कृष्ण कहते हैं मुझे भी सिखा दो कि कैसे नोई (पैर बाँधने की रस्सी) बाँधा जाता है। किस प्रकार उछलती-कूदती गाय को एक स्थान पर स्थिर किया जाता है। जिस विधि-विधान से तुम दूध की धार को बर्तन के पात्र में एकत्र रखते हो वह विधि मुझे भी सिखला दो। सूरदास कहते हैं कि जब बालक कृष्ण अपने बाल हठ को नहीं छोड़ते हैं तब समग्र ग्वाले भी उनकी इस विनम्र याचना को अस्वीकार नहीं कर पाते हैं और बड़े प्रेम भाव से वह कान्हा को समझाते हैं कि अब तो सूर्य ढल चुका है, संध्या की बेला आ गई है। यदि अब हम तुम्हें दूध दुहना सिखायेंगे तो गैयन अर्थात् गायों को चोट लग सकती है। अंतः ग्वाले कहते हैं कि हे कान्हा! तुम प्रातः काल हमारे पास आना तब हम तुम्हें दूध दुहने की समस्त विधियाँ विस्तार पूर्वक बतलाएंगे। इस तरह ग्वाले कृष्ण के बालहठ पर विराम लगाते हैं।

विशेष—(i) प्रत्येक पंक्तियाँ तुकात्मक हैं।
(ii) काव्य भाषा ब्रज है।
(iii) 'गोदोहन' का विस्तृत वर्णन है।
(iv) बाल हठ है।
(v) 'सोई-सोई' में अनुप्रास अलंकार है।
(vi) पंक्तियाँ सरस व प्रवाह युक्त हैं।
(vii) ग्रामीण लोक-जीवन का वर्णन है।

(घ) आवत लाल गुलाल लियें मग सूने मिली इक नार नवीनी।
त्यौं रसखानि लगाइ हियें मौज कियौ मन माहिं अधीनी।
सारी फटी सुकुमारी हटी अंगिया दर की सरकी रगभीनी।
गाल गलाल लगाइ कै अंक रिझाइ बिदा करि दीनी।।

उत्तर— प्रसंग—प्रस्तुत काव्यांश हिंदी साहित्य के उत्तर मध्यकाल अर्थात् रीतिकाल के रीतिमुक्त कवि रसखान की रचना 'सुजान-रसखान' से लिया गया है। इन पंक्तियों में कवि ने होली का दृश्यांकन किया है माधुर्य भाव में।

व्याख्या—रसखान ने कृष्ण व गोपियों के मध्य होली वर्णन को बड़े ही उल्लासमयी रूप से प्रकट किया है। कवि कहते हैं कि जिस प्रकार कृष्ण ने गोपियों संग होली खेली है, उन्हें गुलाल लगाया है तथा रंगों से भिगो दिया है उसी प्रकार गोपियाँ भी कृष्ण के प्रेम रंग में रंग गई हैं। गोपियाँ कृष्ण के अवगुणों की चर्चा करते हुए कह रही हैं कि कृष्ण ने उनके साथ होली खेलकर उन्हें अपने अधीन बना लिया है। गोपियाँ कृष्ण के प्रति माधुर्य भक्ति व प्रेम-भाव में

मगन हो चुकी हैं। कृष्ण ने जिस तरह गोपियों को रंगों में भिगोया है, उसी तरह गोपियाँ भी डूबे रहना चाहती हैं तथा इससे पार नहीं पाना चाहती है। रसखान ने गोपियों की विरह-व्यथा का वर्णन करते हुए कृष्ण को छलिया बताया है जो पहले तो गोपियों को अपने प्रेम रंग में भिगो जाते हैं परंतु बाद में उनसे विदा लेकर उन्हें विरह की अथाह वेदना में डुबो जाते हैं। इसी तरह कवि ने पहले संयोग व बाद में वियोग रस का प्रकटीकरण किया है। जहाँ कृष्ण पहले तो गोपियों को अपने प्रेम-पाश में बाँध लेते हैं परंतु बाद में उन्हें छोड़कर चले जाते है और गोपियाँ स्वयं को एक विरहिणी की भाँति तड़पड़ाते हुए कृष्ण की छवि व लीलाओं के स्मरण में डूब जाती हैं।

विशेष—(i) पंक्तियाँ तुकात्मक हैं।
(ii) ग्रामीण जन-जीवन का चित्रण है।
(iii) शृंगार रस का संयोग एवं वियोग दोनों पक्ष है।
(iv) रति भाव है जो शृंगार रस का स्थायी भाव है।
(v) काव्य भाषा ब्रज है।

प्रश्न 2. 'चंदायन' की भाषागत विशिष्टताओं का विश्लेषण कीजिए।
उत्तर— देखें अध्याय-2, प्र.सं.-13

प्रश्न 3. भक्तिकाल के संदर्भ में आचार्य रामचन्द्र शुक्ल की मान्यताओं का विश्लेषण कीजिए।
उत्तर— देखें अध्याय-1, प्र.सं.-6

प्रश्न 4. भक्तिकालीन प्रमुख कृष्णभक्त कवियों का परिचय दीजिए।
उत्तर— देखें अध्याय-4, प्र.सं.-2

प्रश्न 5. सूरदास के वात्सल्य वर्णन की विशिष्टता पर विचार कीजिए।
उत्तर— देखें अध्याय-4, प्र.सं.-6

प्रश्न 6. निम्नलिखित में से किन्हीं दो पर टिप्पणियाँ लिखिए—
(क) भक्तिकाल में मध्ययुगीनता
उत्तर— देखें अध्याय-1, प्र.सं.-2

(ख) नंददास
उत्तर— देखें अध्याय-4, प्र.सं.-2(2)

(ग) 'चंदायन' के प्रेम तत्व
उत्तर— देखें अध्याय-2, प्र.सं.-7(5)

(घ) रसखान का मुक्तक काव्य
उत्तर— देखें अध्याय-5, प्र.सं.-10

www.ingramcontent.com/pod-product-compliance
Lightning Source LLC
LaVergne TN
LVHW021808060526
838201LV00058B/3285
9789389601978